Wolfgang Proß

Jean Pauls
geschichtliche Stellung

Max Niemeyer Verlag Tübingen 1975

ISBN 3-484-18039-0

Vorbemerkung

Die vorliegende Arbeit wurde von Prof. Dr. Friedrich Sengle, München, angeregt und im Sommersemester 1974 als Dissertation angenommen.
Trotz der langen Entstehungszeit haben Neuerscheinungen wie Hans Scholz' ›Welt und Form des Romans' (1973) und zuletzt Harichs Interpretation von Jean Pauls Werk als »Revolutionsdichtungen«, sowie der Sammelband in der Reihe ›Wege der Forschung‹ (Darmstadt 1974) die Forschungslage in Richtung auf die von mir erstrebte Re-Historisierung des Autors nicht verfolgt. Eine Einarbeitung in die Druckfassung wurde deshalb nicht mehr vorgenommen. Bedauerlicherweise erschien der erste Band der Fortsetzung der Hanser-Ausgabe ebenfalls erst während der Drucklegung und damit zu spät für mein Buch.
Der Stiftung Maximilianeum und ihrem Vorstand, Herrn Dr. Karl Riedl, der Studienstiftung des Deutschen Volkes sowie dem St. John's College, Oxford und seinem Senior Tutor, Mr. T. J. Reed, bin ich für eine großzügige Förderung meiner Arbeit verpflichtet. Jutta und Peter Assel, Heidi Bade, Claire und Martin Davies und Wolfgang Mickisch danke ich fürs Zuhören und Diskutieren.
Meinen Eltern und meinen Freunden Jutta, Peter und Wolfgang ist das Buch gewidmet.

W. P.

Inhalt

Einleitung:

Wissenschaftstradition und atypische Züge im Werk Jean Pauls

1. Es mag befremden, das Thema ›Jean Pauls geschichtliche Stellung‹ ohne erläuternde Einschränkung über der hiermit vorgelegten Arbeit zu lesen. Ursprünglich war dies eine provisorische Formulierung, um die literatur- und philosophiegeschichtliche Position des Autors in ihrer Isolation und sein Verhältnis zu den Zeitgenossen zu untersuchen. Da eine biographische Darstellung jedoch zu viele Schwierigkeiten geboten hätte, Prinzipien der historischen Einordnung herauszustellen – auch wenn sie vorzüglich geeignet ist, die Wiederkehr oder ständige Präsenz wesentlicher Elemente und Fragestellungen sichtbar zu machen –, bot es sich zunächst an, die Darstellung in die Erörterung von Einzelproblemen aufzulösen: das Verhältnis zu Epochen (Barock, Aufklärung, Empfindsamkeit, Klassizismus, Romantik) und Gattungen (Roman, Idylle, Satire) sichtbar zu machen, vor dem persönliche Bezüge, vor allem zu Moritz, Herder und Fichte, daneben zu den Weimarer und Berliner Literaturparteien, klarere Umrisse gewinnen konnten.[1] Nun macht es die umfassende Aufnahmebereitschaft dieses Autors bereits Handbüchern zur Mühe, die wichtigsten Einflüsse zu fixieren und so eine historische Einordnung zu ermöglichen,[2] nachdem Jean Paul darauf

---

[1] Es ist hier zunächst von den Möglichkeiten die Rede, die sich logisch anboten; kein Zweifel, daß beide Formen sich in diesem Rahmen nicht realisieren ließen.

[2] Vgl. dazu etwa Bruno Markwardt, Handbuch der deutschen Poetik. III. Band, Berlin 1958, bes. S. 393–422. - Entgegen dieser verwirrenden Aufzählung von Einflüssen hat Eduard Berend in der Einleitung zur Ausgabe der ›Vorschule‹ (SW I/11) eine Liste der wichtigsten ästhetischen und philosophischen Literatur gegeben, die Jean Paul studiert hat (vgl. ebd. S. VI). Man beachte vor allem, daß die Lektüre während der Universitätszeit (unter dem Einfluß von Platners Vorlesungen!) zurückgeht und daß die heute in dieser Namensliste Bedeutendsten erst vom reifen Jean Paul gelesen (freilich als solche auch anerkannt) wurden; unter den Namen der Schullektüre sei besonders auf Diderot, auf Kants ›Betrachtungen über das Gefühl des Schönen und Erhabenen‹ und auf Riedels ›Theorie der schönen Künste und Wissenschaften‹ hingewiesen.

verzichtet, in seinem Werk Ästhetik, Philosophie, enzyklopädisches Sach- und Kuriositätenwissen und theologische Fragen vom Erzählstoff zu sondern, wie er umgekehrt theoretische Abhandlungen gern in Erzählformen kleidet. Zudem hat Eduard Berends historisch-kritische Ausgabe mit der Erläuterung der zahlreichen Lektüreanspielungen gezeigt, daß diese vielfach Anlaß oder Ergänzungsmaterial für die Erzählgegenstände des Romanschriftstellers Jean Paul waren, also Resultate aus Problemen, die den »Satiriker« Jean Paul in den achtziger Jahren beschäftigt hatten und die er jetzt in Erzählform darstellt. Diese Anspielungen dienten in den Romanen seinem musivischen poetischen Verfahren, während die Prinzipien, nach denen sie erfaßt und eingesetzt wurden, bereits festgelegt waren.[3]

Ein derartiges Verfahren der Darstellung in Einzelproblemen löst also die Aufgabe nicht, welche der Themenstellung zugrunde liegt: die Ursachen des Eindrucks von Fremdheit zu klären, den Jean Paul auf den Weimarer Klassizismus ebenso wie auf die Romantiker machte,[4] zu denen ihn die Literaturgeschichte (trotz seiner Distanzierung) meist ohne Umstände zählt oder als deren Vorläufer sie ihn deklariert. Dieser Eindruck von Fremdheit wird von den Interpreten seither immer wieder bestätigt, nunmehr aber – statt an der Situation der Zeit Jean Pauls untersucht – durch Behauptung der »Modernität«, der vorausweisenden Züge des Autors in steigendem Maße neu bewertet.[5] Die Frage jedoch, unter welchen Aspekten Jean Paul dieses vielfältige Material erfaßt und in sein Werk eingegliedert habe, erscheint mir der eigentliche Schlüssel

---

[1] Berend gibt Aufschluß über diese Kompositionsweise in der Einleitung zum ersten Band der zweiten Abteilung der SW (S. V-XII). Vgl. hierzu auch W. Höllerers Nachwort zu Hanser I, S. 1332-1336 sowie W. Raschs Aufsatz ›Die Erzählweise Jean Pauls‹ (127), S. 108/109.

[4] Vgl. die Zusammenstellung der Urteile bei Kemp/Miller/Philipp, Jean Paul. (123), 1. Kap. (›Jean Paul im Urteil der Zeitgenossen‹ S. 7-24.

[5] Seit Börnes Gedenkrede (1825) neigt die Sekundärliteratur dazu, den utopisch-visionären Aspekt im Werk Jean Pauls unbeschadet seines Charakters als ernst gemeinten Ausdrucks von Jenseitshoffnung zu verselbständigen; vgl. etwa Marie-Luise Gansberg, Weltverlachung und das ›rechte Land‹. Ein literatursoziologischer Beitrag zu Jean Pauls ›Flegeljahren‹. In: DVj 1968, S. 373-398. Der Anschluß an Blochs ›Prinzip Hoffnung‹ scheint mir das Resultat der Interpretation vorwegzunehmen: der angeblich in diesem Traum aktualisierte politische Hintergrund ließe sich ebenso dem vor einer ganz anderen politischen Konstellation entstandenen ›Hesperus‹-Einschub ›Über die Wüste und das gelobte Land des Menschengeschlechts‹ entnehmen. Der Ansatz vernachlässigt den Ursprung des utopischen Geschichtsdenkens in der Schulung Jean Pauls an Leibniz, Bayle und Shaftesbury, aus der auch der vom Historismus so negativ bewertete Eudämonismus hervorgeht.

zur Interpretation seiner Schreibweise und darüber hinaus zu seiner »geschichtlichen Stellung« zu sein, und ihre Darlegung bildet das Ziel dieser Arbeit. Die Überlagerung von Elementen der Spätaufklärung durch die Parolen der rasch aufeinanderfolgenden bzw. gleichzeitig bestehenden Literaturgruppen (Sturm und Drang, Klassizismus, Frühromantik) erlaubt für Jean Paul ohnehin nicht, eine einzige Richtung oder Beziehung zu diesen Gruppen als grundlegend anzunehmen. Ich bin versucht, eben das Prädikat anzuwenden, mit dem Jean Paul einem der letzten Werke Herders, der ›Adrastea‹, seine Anerkennung aussprach: »eine Palingenesie und Wiederbringung des achtzehnten Säkulums«,[6] weil es die Wende, die das letzte Jahrzehnt des Jahrhunderts mit sich bringt, geistig nicht mitvollzogen hat. Diese manifestiert sich in der Durchsetzung der kritischen Schule Kants in der Philosophie, die zugleich die Restauration der Religion als eines von der Vernunft autonomen Bereiches des Dogmas anbahnt, in der Absetzung der Naturrechtslehre durch die historische Rechtsschule, wodurch dem Typus der Jean Paulschen Satire die Grundlage entzogen wird, und in der von ihm abgelehnten Verselbständigung der Ästhetik zu einer reinen Kunstwissenschaft. In all diesen Punkten ist die Entwicklung über den Autor hinweggegangen, mit dem Resultat, daß die Verbindung von physiologischen, philosophischen, religiösen und ästhetisch-pragmatischen Problemen in seinem Werk auf polyhistorischer Grundlage von der Jean Paul-Forschung nicht rezipiert wurde. Vielmehr wurden und werden Züge des Gesamtbildes ausgesondert; so erscheint seine Vorliebe für den Magnetismus als »Obskurantismus« oder das Festhalten an Unsterblichkeits- und Gottesglauben als »Mystik«;[7] und während man sich bemüht, das Spätwerk stärker zur Interpretation heranzuziehen, verdeckt die Trennung des Frühwerks von den Erzählwerken nach 1790 die Entstehung der Probleme, die in diese Erzählwerke übernommen werden. So ist es nötig, auch die Elemente in die Interpretation mit einzubeziehen, die im allgemeinen als stilistische und inhaltliche Besonderheiten, als Abstrusitäten oder überflüssiger Ballast gelten: die beliebig

---

[6] Jean Paul an Herders Frau, 11. Mai 1803. Vgl. Briefwechsel Herder / Jean Paul, Ausg. Stapf (24), S. 122.

[7] David H. Wittenberg, Elysäischer Zwischenraum. Glossen zu Jean Paul. (bei H. L. Arnold (112), S. 13-25. Wittenberg apostrophiert Jean Pauls Vorliebe für den Magnetismus als »Obskurantismus« (S. 18) und handelt von der Tradierung von Mystik in Jean Pauls Versuchen, die Unsterblichkeit der Seele zu beweisen. Dies ist ein Vorwurf, der der aufgeklärten Religiosität Jean Pauls nicht gerecht wird; vgl. dessen Unterscheidung von mittelalterlicher Mystik und dem romantischen Mystizismus in der ›Vorschule der Ästhetik‹ (Hanser V, S. 424-426).

eingefügt scheinenden Zitate, die physiologisch-medizinischen Abschweifungen, die Aggregate von Texten, die sich als Vor- und Nachschriften oder Einschübe präsentieren, und selbstverständlich die Schriften über Magnetismus, Naturwissenschaft und Unsterblichkeit, die keineswegs vom Erzählwerk isolierbar sind. Im Gegenteil: sie wachsen aus ihm in dem Moment heraus, in dem sie drohen, den Umfang und Anschein eines ›Romans‹ zu sprengen, wie der ›Titan‹ zeigt: die Arbeit an ihm wird begleitet vom ›Kampaner Tal‹, mit dem Gefolge der ›Vorschule‹ und ›Levana‹, während nur der philosophische Appendix der ›Clavis Fichtiana‹ in den Roman integriert wird. (Deshalb erscheinen übrigens auch die ›Flegeljahre‹ relativ frei gehalten von Exkursen.) Nur wenn dies berücksichtigt wird, läßt sich die scheinbar so disparate Schreibweise Jean Pauls ganz beurteilen, wie er es fordert (und dabei eine beachtenswerte Metapher aus der Physiologie anwendet, deren Theorie ihm aus seiner Studienzeit bei dem Leipziger Mediziner, Physiologen und Philosophen Ernst Platner vertraut ist):[8]

> Freilich, die poetische Seele läßt sich, wie unsere, nur am ganzen Körper zeigen, aber nicht an einzelnen, obwohl von ihr belebten Fußzehen und Fingern, welche etwan ein Beispielsammler ausrisse und hinhielte mit den Worten: seht, wie regt sich das Spinnenbein!

2. Die Klärung der historischen Bedeutung Jean Pauls hat demnach die Erfassung möglichst vieler Themen zur Voraussetzung.[9] Denn wenn das Selektionsverfahren, das bestimmte Aspekte des vorliegenden Werkes für relevant erklärt und damit für die Bildung von Kategorien erst sichtbar macht, andere Aspekte an den Rand drängt, verschwinden ganze thematisch wesentliche Bereiche – als »atypisch«[10] – aus dem

---

[8] Vorschule der Ästhetik. III. Programm, §14 Instinkt des Genies und der geniale Stoff, Hanser V, S. 65.

[9] Angesichts der Fülle der Probleme, die sich aus den in der Berend-Edition gesicherten Texten bereits ergeben, hat sich der Verfasser prinzipiell zur Beschränkung auf dieses Material entschlossen, auch wenn es verlockend gewesen wäre, unedierte Texte, vor allem die (in der Staatsbibliothek Berlin (Ost)) vorhandenen Manuskripte und Exzerpte zur Geschichte heranzuziehen.

[10] Der Begriff des ›Atypischen‹ entstammt Alfred Schütz' Diskussion des Gewöhnungseffekts an bestimmte Wissensinhalte, die als fraglos gegeben erscheinen: »Typen sind stets mehr oder minder anonyme Typen. Je anonymer die Typen sind, um so mehr Gegenstände unserer Erfahrung begreifen wir als den typischen Aspekten zugehörig. Zugleich wird aber der Typus immer weniger konkret. Sein Inhalt verliert mehr und mehr an Bedeutung, das heißt auslegungsmäßig wird er immer irrelevanter. Hinsichtlich jeder Art von Typus verhalten sich Anonymität und Inhaltsfülle umgekehrt proportional: Je anonymer der Typus, desto größer ist die Zahl der atypischen Züge, die der

konkret erfahrene Gegenstand in seiner Einmaligkeit zeigt. Je voller der Inhalt eines Typus ist, um so geringer wird die Anzahl der atypischen Merkmale sein, aber auch um so geringer wird die Zahl der Erfahrungsgegenstände sein, die unter einen solchen Typus fallen.« (Schütz, Das Problem der Relevanz (105), S. 92; vgl. den Abschnitt S. 90–98). - Es geht hier nicht darum, die Erörterungen der Einleitung »philosophisch« aufzuwerten; deshalb wird auch eine grundlegende Erörterung der Prinzipien der Arbeit, wie sie sich aus der angeführten Sekundärliteratur ergeben könnte (vgl. Bibliographie, Nr. 95–110, S. 267), nur in der Abweisung des Versuches einer ›geschichtsphilosophischen‹ Deutung Jean Pauls geboten. Die Funktion der methodischen Prinzipien kann sich schließlich nicht an ihrer isolierten Darlegung erweisen. Meine Vorarbeiten, die sich zunächst auf Jean Pauls Verhältnis zu Klassik und Romantik konzentriert hatten, demonstrierten jedoch, daß die Jean Paul-Forschung in einer »selektiven Aufmerksamkeit des Bewußtseins« befangen ist (die Formulierung stammt von Thomas Luckmann in der Einleitung zu Schütz' ›Problem der Relevanz‹, S. 22), die in einem in der Forschung seltenen Kontrast zur philologischen Dokumentation steht. So bedarf es zunächst der Untersuchung der Ursachen, die zu dieser seltsamen Forschungslage führen: sie lassen sich nicht in kausaler und abstrakter Weise auf eine ideologisierte Wissenschaftssituation zurückführen, da die gleichen Züge innerhalb des Jean Paul-Bildes durchgängig vom Biedermeier bis zur Gegenwart auftreten. Die Ausgangslage für die Interpretation des Dichters verweist mit ihrer Selbstbeschränkung auf die Romane, die Idyllen und die ›Vorschule‹ vielmehr auf eine Verhärtung des Interpretationsrahmens, der sich auch bei der Abkehr von der immanenten Methode (und damit der Dominanz des Humor-Problems) zugunsten der zeitgeschichtlichen Interpretation (mit der Französischen Revolution als Bezugspunkt) nicht ändert. Was jedoch nötig ist, ist gleiche Aufmerksamkeit für die Unsterblichkeitsproblematik der ›Selina‹, für Vierneissels Nachtgedanken über seine verlorenen Fötusideale (GW I/16, S. 135–137) und für die Unterschiede in der Erziehung von Knaben und Mädchen in der ›Levana‹, wie für ›Humor‹ oder ›Revolution‹ im Werk Jean Pauls. »Man muß sich aber immer daran erinnern,« schreibt Schütz (im Anschluß an die oben zitierte Stelle), »daß sich die Typizität nicht nur auf das schon erworbene Wissen bezieht, sondern auch zugleich auf den Erwartungsbestand – besonders auf die Potentionen, die diesem Wissen anhaften. Die Typizität erstreckt sich nämlich auf die Erwartung, daß die zukünftigen Erfahrungen diese und jene typischen Merkmale im gleichen Grad der Anonymität und Konkretion erkennen lassen werden.« (ebd. S. 92–93) Das eng gesteckte Ziel der Anwendung vor allem an der Disziplin der Wissenssoziologie orientierter Theorie im Rahmen dieser Arbeit enthält eine bescheidene pragmatische Motivierung: die empirisch-synchrone Deutung der geschichtlichen Situation des Autors bedarf der logischen Überprüfung des vorhandenen Wissensbestandes, da dieser viele Texte als »abgelegen« bezeichnen muß, weil in ihnen jene typischen Züge nicht wiederkehren. Als ›atypisch‹ erscheinen dabei die polyhistorischen Quellen, und wenn in dieser Arbeit dem Cardano, Cudworth, Helmont, Hutcheson, Stahl und Platner mehr Bedeutung zukommt als Goethe, Schiller, Kant und Fichte, so bedeutet das nicht die Aufstellung einer neuen diachronischen Ahnenreihe. Es gibt dafür zwei Gründe: es ist einmal ein geläu-

die erwähnte Vernachlässigung des Zusammenhanges von Frühwerk und »eigentlichem« Romanwerk die Tatsache – die hier im ersten Kapitel des zweiten Teiles ausführlich dargestellt ist –, daß die Romanhandlungen Jean Pauls in ihren Erzählkernen auf literarischen Umformungen der philosophischen Probleme beruhen, mit denen sich der junge Autor, als philosophischer, am ›Polyhistor‹ Morhofs geschulter Autodidakt und als Schüler Ernst Platners beschäftigt hatte; die philosophischen, satirischen und literarischen Versuche, die dem Erscheinen der ›Unsichtbaren Loge‹ vorausgehen, sind Experimente, einen Stil zu finden, der seinen Intentionen angepaßt ist: unsystematisch und zwanglos in der Manier Sternes, der in freier Kombinatorik eine Kette philosophischer Themen in eine lockere Handlungsfolge einzubringen vermag, nachdem die Philosophie Jean Paul in isolierter Behandlung nicht mehr genügte. Daraus ergeben sich für die Interpretation der Handlungsabläufe wie für die Bewertung der Schreibweise wichtige Konsequenzen, die schließlich in eine historische Fragestellung einmünden: Jean Pauls Romantypus befindet sich in einer Gegenströmung zu dem historisch-pragmatischen Erzählstil, der sich in der poetologischen Diskussion um den Roman in der Spätaufklärung immer stärker durchsetzt und gegen den dieser in seinen Werken ständig polemisiert.[11] Damit

---

figer Irrtum, unter dem Zwang des Innovationsdenkens die zeitgenössische Umgebung des historischen Gegenstandes automatisch als verpflichtend für die Darstellung und Wertung zu betrachten. Der Historiker Marc Bloch hat diese Haltung treffend mit einem astronomischen Vergleich kritisiert: »On se représente le courant de l'évolution humaine comme fait d'une suite dé brèves et profondes saccades, dont chacune ne durerait que l'espace de quelques vies. L'observation prouve, au contraire, que, dans cet immense continu, les grands ébranlements sont parfaitement capables de se propager des molécules les plus lointaines jusqu'aux plus proches. Que dirait-on d'un géo-physicien qui, se contentant de dénombrer les myriamètres, estimerait l'action de la lune sur notre globe beaucoup plus considérable que celle du soleil? Pas plus dans la durée que dans le ciel, l'efficacité d'une force ne se mesure exclusivement à la distance.« (Marc Bloch, Apologie pour l'histoire ou Métier d'historien. Paris ⁶1967, S. 12) - Der zweite Grund liegt in der philologischen Aufgabe der Arbeit: auf Quellen hinzuweisen, die zur Deutung vorzüglich der atypischen Stellen heranzuziehen sind, um das polyhistorische Interesse Jean Pauls in seiner Motivierung zu zeigen. Der Rückgriff auf Autoren wie die genannten zur Verteidigung der eigenen, von der Schule Kants und den benannten Tendenzen bedrohten eigenen Position muß dabei, vor allem unter dem Prinzip der dargestellten ›Rationalisierung‹ im Sinn Max Webers, die Form einer diachronischen Darstellung annehmen (vgl. dazu den fünften Abschnitt des ersten Teils).

[11] Vgl. die herausfordernde Abfolge der genannten Ereignisse im Titel des ›Siebenkäs‹: ›Ehestand, Tod und Hochzeit des Armenadvokaten F. St. Siebenkäs‹. - Eine wichtige Darlegung der Entwicklung dieser Diskussion findet sich bei Georg Jäger (143), S. 114–127.

steht er im Widerspruch zu einem Romankonzept, das der ästhetisch-philosophischen Literaturbetrachtung die Idee einer »apriorischen Heimat« für diese Gattung noch vor dem Auftreten der realistischen Programmatik geliefert hat.[12] Unter diesem Aspekt ist es nicht möglich, Jean Pauls Erzählweise, in der der Kommentar wichtiger ist als das Geschehen, gerecht zu werden. Es gibt bei ihm kein bares ›Faktum‹ der Erzählung, das sich interpretieren ließe. Zusätzlich wird die isolierte Behandlung einzelner Werke dadurch erschwert, das Wiedererscheinen von Themen oder Personen aus früheren (und späteren) Werken heranziehen zu müssen. Diese Verflechtungen, mit denen Jean Paul seine Werke zusammenbindet und den Eindruck ihrer zeitlichen Folge spielerisch kaschieren zu wollen scheint, erschwert es, den Werkbegriff anzuwenden, der von der Autonomie des einzelnen Kunstwerks im Gesamtwerk des jeweiligen Autors als selbstverständlich ausgeht. Die Vor- und Rückverweise demonstrieren jedoch, daß es – von der ›Unsichtbaren Loge‹ bis zur ›Selina‹ – eine allen Werken Jean Pauls gemeinsame und entwicklungslose Grundlage der angesprochenen Themen gibt. Die Skizzen, Satiren und philosophischen Versuche der Zeit zwischen 1780 und 1790 gehören als notwendige geistige Voraussetzung und als stilistische Grundlegung der Romane ebenso zum Jean Paulschen Gesamtwerk wie das Spätwerk, das durchaus die bisherige Arbeit des Dichters fortsetzt, ohne eindeutig »restaurativ« oder, in ›progressivem‹ Sinn, »desillusioniert« zu sein, wie es die Interpreten Jost Hermand und Uwe Schweikert gerne deuten möchten.[13] Der Irrtum und vor allem die vollkommen gegensätzliche Tendenz der beiden Interpretationen resultiert daraus, daß mit dem Zerfall des Klassizismus und der Gruppe der Frühromantiker für das Spätwerk Jean Pauls die Folie verschwindet, an der

---

[12] Die Formulierung entstammt Lukács ›Theorie des Romans‹, die damit hinsichtlich der Realismus-Auffassung auch durch seine Zuwendung zum Marxismus unverändert blieb (vgl. Georg Lukács, Schriften zur Literatursoziologie. Neuwied und Berlin ² 1963. S. 89ff.). - Gegen die Anwendung des Begriffes des ›Realistischen‹ in dieser unhistorisch-idealistischen Konstruktion hat sich, gerade für das 18. Jahrhundert, Norbert Miller in seinem Nachwort zu einer deutschen Ausgabe von Henry Fieldings ›Tom Jones‹ gewandt: München 1971 (2 Bde.), S. 584–627 (Bd. 2): Charaktere und Karikaturen. Über die Romankunst Henry Fieldings. (hierzu bes. S. 608ff.).

[13] Jost Hermands Interpretation des ›Komet‹ ist enthalten im Aufsatz ›Napoleon im Biedermeier‹. In: J. H., Von Mainz nach Weimar, 1793–1919. Stuttgart 1969, S. 99–128. Mit der These von der »restaurativen Wendung« gerät er in schärfsten Konflikt zu Uwe Schweikerts ›Komet‹-Buch (129) und seiner zentralen These von der Durchdringung des Scheins der reaktionären Wirklichkeit mit den Mitteln der Aufhebung der ästhetischen Illusion. Zu diesen gegensätzlichen Interpretationen vgl. den vierten Abschnitt des ersten Teils.

die geistesgeschichtliche Interpretation des Autors sich zu orientieren pflegte, ohne auf die Kontinuität in diesem Werk Rücksicht zu nehmen. 3. Der Antiklassizismus ist, ebenso wie sein Vorläufertum zur Romantik, Bestandteil eines typisierten Jean Paul-Bildes der Literaturgeschichtsschreibung, das den Autor in einer historisch-systematischen Notlösung mit Hölderlin und Kleist in einer äußerst heterogenen Trias der Weimar-Antipoden zusammenfaßt. Die Geschichte dieses Bildes ist für die Erstellung heute noch geltender Kategorien verantwortlich; aus ihr geht vor allem hervor, weshalb ein derart großer Teil Jean Paulscher Texte für die Interpretation von vornherein als abseitig und unbedeutend erscheint. Zunächst fehlte Jean Paul, gerade in der Zeit seiner Wiederentdeckung durch George und seine Schule, der Rang eines »klassischen« Autors, ein Urteil, das vom sittengeschichtlichen Prinzip der Literarhistorie des 19. Jahrhunderts diktiert war und von der George-Schule (Gundolf, Kommerell) aufrecht erhalten wurde.[14] Die reflexiven und poetischen Qualitäten, die »sich in nichts als in der bloßen Gesinnung bewähren«, »mußten« für eine national gesinnte Literaturbetrachtung, wie sich Gervinus ausdrückt, »zur Verdammnis der gesamten Lebens- und Schriftstellerrichtung Jean Pauls führen«, obwohl der Faszination dieses Unterhaltungsmomentes selbst Gervinus noch erlegen war.[15] Denn dieses Moment, das im besten Fall als »bloße Ge-

---

[14] Schlosser ist es, der die Trennung von Fakten und Interpretation mit dem Argument rechtfertigt, daß er »nicht Literar- sondern Sittengeschichte« schreibe. Vgl. F. C. Schlosser. Geschichte des achtzehnten Jahrhunderts und des neunzehnten bis zum Sturze des französischen Kaiserreichs. Mit besonderer Rücksicht auf den Gang der Literatur. Zweiter Band: Bis zum allgemeinen Frieden um 1763. Heidelberg 1853 (4. durchaus verbesserte Auflage), S. 457. - Als Jean Paul seine Autobiographie unter dem Titel »Wahrheit aus meinem Leben« ankündigte und damit auf ›Dichtung und Wahrheit‹ anspielte, nannte ihn Goethe pikiert einen »Philister«, und Gundolf schließt sich dem Wort seines Meisters getreulich an (F. Gundolf. Goethe. Berlin ¹1907, S. 607-608).

[15] G. G. Gervinus. Schriften zur Literatur. Hrsg. von Gottfried Erler. Berlin 1962. Jean Paul: S. 476-479, vgl. S. 478 und 479. - Es handelt sich hier um einen Abschnitt aus Gervinus Autobiographie, der zeigt, daß ein Dilemma zwischen privater ästhetischer und nationalliterarischer Bewertung besteht. Dieses Problem stellt sich nicht nur in Deutschland; man vgl. die Doppelwertung Ariosts durch Francesco de Sanctis, die unter ästhetischen Aspekten (im Zürcher Exil, bei Vorlesungen 1856/57) positiv, dann aber in der Beurteilung im Rahmen der nationalliterarischen Betrachtung nach der Einigung Italiens negativ ausfällt (de Sanctis war inzwischen der erste Kultusminister des geeinigten Italien gewesen). Vgl. Lanfranco Caretti. Ludovico Ariosto. In: Il Quattrocento e l'Ariosto. (Vol. III della Storia della letteratura italiana) Garzanti Milano 1966, S. 785-895, hierzu S. 789-790.

sinnung«, im übrigen, wie von Treitschke, als seichtes Unterhaltungsbe-
dürfnis gedeutet wurde, erscheint als Passivität gegenüber der deutschen nationalen Entwicklung, der die Klassiker als integraler Bestandteil zugehörig sein sollten:

> Also wurde die neue Dichtung und Wissenschaft auf lange Jahrzehnte hinaus
> das mächtigste Band der Einheit für dies zersplitterte Volk, und sie entschied
> zugleich den Sieg des Protestantismus im deutschen Leben.
>
> ... der Idealismus, der aus Kants Gedanken und Schillers Dramen sprach,
> gewann eine neue Gestalt in dem Heldenzorne des Jahres 1813. Also hat un-
> sere classische Literatur von ganz verschiedenen Ausgangspuncten her dem
> nämlichen Ziele zugestrebt wie die politische Arbeit der preußischen Monar-
> chie.[16]

Freilich läßt sich unter dem Blickwinkel der ex post-Betrachtung und
unter Invokation der »deutschen Misere« der Kleinstaaterei ein Autor
wie Jean Paul als Opfer der nationalen Zustände darstellen:

> Der Einzige, der damals mit hohen künstlerischen Absichten sich dem Dienste
> der komischen Muse widmete, ward durch die zerfahrene Unfertigkeit des
> deutschen geselligen Lebens zugrunde gerichtet.[17]

Diese dem biedermeierlichen Jean Paul-Bild entgegengesetzte Sonderung des Dichters vom Bereich politischer Wirksamkeit beließ beim
Neubeginn des Interesses für ihn nur Spielraum für ästhetische Fragen:
damit wurde eine Interpretationsweise inauguriert, welche die Kategorien der ›Vorschule der Ästhetik‹ fraglos als Schlüssel für die Texte heranzog, entgegen Jean Pauls Beteuerung ihres antinormativen und antisystematischen Charakters und der angestrebten Unparteilichkeit in
der Beurteilung der Literatursituation.[18] Diese Tendenz besteht fort, ob-

---

[16] Heinrich von Treitschke, Deutsche Geschichte im 19. Jahrhundert. Erster
Theil: Bis zum zweiten Pariser Frieden. Leipzig ³1882 (¹1879), S. 88 u. S. 90.

[17] Ebd., S. 203.

[18] Vorschule der Ästhetik, Vorrede zur ersten Ausgabe (Hanser V, S. 26): »Da
der Verfasser dieses lieber für jedes Du parteiisch sein will als für *ein* Ich: so
befiehlt er seinen Lesern, nicht etwa in dieser philosophischen Baute ein heim-
liches ästhetisches Ehr- und Lehrgebäude, an meine biographischen Bauten
angestoßen, eine Zimmermannbaurede oben auf dem Giebel des Gebäudes zu
erwarten, sondern lieber das Gegenteil. Schneidet denn der Professor der
Moral eine Sittenlehre etwa nach seinen Sünden zu? Und kann er denn nicht
Gesetze zugleich anerkennen und übertreten, folglich aus Schwäche, nicht
aus Unwissenheit? Das ist aber auch der Fall der ästhetischen Professuren.
Als rechte Unparteilichkeit rechnet er es sich an, daß er fast wenige Autoren mit Tadel belegte als solche, die großes Lob verdienen; nur diese sind es
wert, daß man sie so wie Menschen, die selig werden, in das *Fegfeuer* wirft;
in die Hölle gehören die Verdammten.«

wohl Arbeiten zur Stil- und Gattungsgeschichte, die Jean Paul zwar selten zum Mittelpunkt nehmen, einen doch genaueren Einblick in die Vorgeschichte von Satire und Empfindsamkeit sowie deren Einfluß auf die aufstrebende Gattung des Romans erlaubten und sich damit für die historische Deutung fruchtbarer erweisen könnten als die zyklische Anwendung von Jean Pauls Kategorien auf seine eigenen Werke.[19] Aber die auf Jean Paul spezialisierte Forschung zeigt sich an diesen Fragen im allgemeinen desinteressiert, wie sie schon das Erscheinen von Eduard Berends historisch-kritischer Ausgabe in Verehrung hingenommen hatte, statt aus den dort gegebenen Entschlüsselungen hinreichend Folgerungen zu ziehen: man vergleiche die Monographie von Johannes Alt (1925) einmal mit derjenigen Max Kommerells (1933), um festzustellen, wie gering die Wirkung des Erscheinens dieser grundlegenden Edition (1927 die ersten Bände) geblieben ist – Kommerell[20] scheint sie geradezu zu ignorieren.[21] In geradezu paradoxer Weise zu der von Berend

---

[19] Vgl. hierzu die Arbeiten von Beatrix Brandi-Dohrn (117) und Peter Michelsen (89) zum Einfluß der englischen Vorbilder und besonders Sternes, von Georg Jäger (143) und Norbert Miller (151) zur Empfindsamkeit, von Jörg Schönert (154) und Maria Tronskaja (158) zur Satire sowie von Eva Becker (72) und Klaus R. Scherpe (92) zur Gattungspoetik. – Von Tronskaja und Schönert erschienen im Jean Paul-Jahrbuch Rezensionen (VI, 1971). Typisch ist, daß unter gattungsgeschichtlichem Aspekt bei Schönert auf die Kontinuität der Satire im Werk Jean Pauls besonderen Wert gelegt wird (vgl. (154), S. 169–171), im Gegensatz zur spezialisierten Jean Paul-Forschung.

[20] Es erscheint mir unerläßlich, gerade im Zusammenhang mit dieser Bemerkung darauf hinzuweisen, daß sich die an Autoren geäußerte Kritik immer auf die angegebene Stelle bezieht, aber keineswegs eine Stellungnahme darstellt, die darüber hinaus den Verfasser beurteilt. Innerhalb der zu Jean Paul gehörigen Fragen erscheint mir aber deutliche Stellungnahme nötig, da der Gegenstand Jean Paul seine Interpreten zum Verwischen von Standpunkten und Argumenten neigen läßt. So hat etwa W. Benjamin Kommerells Buch ›Der Dichter als Führer in der Deutschen Klassik‹ sehr scharf rezensiert (vgl. (96), S. 429–436), während er in seiner Rezension der Jean Paul-Monographie, die das Klassik-Bild Kommerells nicht im geringsten modifiziert, dem Autor freundlich Bestätigung der zuerst angefochtenen Autorität zubilligt (vgl. (114), hierzu S. 494–495).

[21] Unter den jüngeren Publikationen vgl. etwa die Sammlung von Arnold (112) oder besonders Ulrich Profitlich, Der seelige Leser. Untersuchungen zur Dichtungstheorie Jean Pauls. (Bonner Arbeiten zur deutschen Literatur 18) Bonn 1968, sowie Heinrich Bosse, Theorie und Praxis bei Jean Paul. § 74 der Vorschule der Ästhetik und Jean Pauls erzählerische Technik, besonders im Titan. (Abhandlung zur Kunst-, Musik- und Literaturwissenschaft 87) Bonn 1970. Profitlich begnügt sich, in seinem Buch die Stellen, in denen Jean Paul sein Publikum an- oder bespricht, zu sammeln, um eine »Wirkungsästhetik« des Verhältnisses Autor-Publikum zu konstruieren (S. 7–8), während Bosse Jean Pauls poetologische Aussagen (genau: einen einzigen Paragraphen)

geleisteten Arbeit hat sich der Eindruck eines erratischen Blockes in der wohlvermessenen literarischen Landschaft um 1800 erhalten, der zudem dem Beschauer je nach dessen Standort ganz verschieden zu erscheinen vermag. Lyrische Stilisierung und Unvermögen zum Klassischen (George und Kommerell); Kulturkritik und Vorwegnahme der Probleme des modernen Bewußtseins (Kommerell und Rehm), die an Nietzsche und Dostojewski gemessen wurden;[22] stilistische Experimentierfreude, mit Joyce, Proust, Beckett oder Broch vergleichbar (Rasch und Baumann);[23] und nun sich ankündigend der »politische« Jean

---

der Untersuchung der Erzähltechnik, wiederum vornehmlich eines Romans nur, zugrunde legt und freimütig zugibt, er nehme dieses Verfahren nun einmal für sinnvoll an (S. V), ohne daß diese Voraussetzung einer weiteren Erörterung bedürftig erscheint. -
Der Vergleich zwischen den Monographien von Kommerell (124) und Alt (111), die mir bei weitem vorzuziehen scheint, deutet die Entwicklung der Jean Paul-Interpretation an, unbeschadet der vorhandenen Zeugnisse zu argumentieren. Kommerell hatte bereits einige Bände der Berend-Edition zur Verfügung (1933), während Alt, der ohne sie auskommen mußte (1925), bessere Quellenkenntnis besitzt. Kommerell hat von ihm mannigfach profitiert, dies aber durch das Fallenlassen der biographischen Darstellungsweise und die esoterische Diktion geschickt kaschiert. Man vgl. etwa die umfassende Interpretation des ›Titan‹ als Scheiterns am ›Klassischen‹ und der ›Flegeljahre‹ als eines Erholens von diesem Versuch (bei Alt S. 213–217 u. ff., zu den ›Flegeljahren‹ S. 288–289; Kommerell S. 109, S. 114–116 sowie den gesamten Abschnitt zum ›Titan‹, das siebte Kapitel des ersten Buches). Sie unterscheiden sich dadurch, daß Alt es als das Ziel Jean Pauls in der ›Titan‹-Periode ansieht, seine Eigenart vor den Angriffen aus Weimar und Berlin zu wahren (S. 195), während Kommerell eine Frage nach der Berechtigung (!) des ›Titan‹ stellt: Gibt es, so frägt er, oder darf es »eine Dichtung über Frevel und seine Sühne« geben, die Schillers Dramen und Gedichten nicht ähnelte? - Statt diese wirklich nicht sinnvolle Frage zu beantworten, ist darauf zu verweisen, daß Jean Pauls eigenes Geständnis, hier als Konkurrent gegen Goethe anzutreten, nicht als Grundlage der Interpretation ernsthaft verwendet werden kann, wie es Kommerell hier tut (S. 164 u. 165). Ähnliche literarische Kraftsprüche sind in dieser Zeit wirklich nicht so selten (man denke an Kleist, der im ›Guiskard‹ die griechischen Tragiker und Shakespeare zusammen übertrumpfen möchte)!
[22] W. Rehm führt in seinem Buch ›Jean Paul – Dostojewski. Eine Studie zur Gestaltung des Unglaubens.‹, Göttingen 1962, seine Gestaltung des Themas, die mit dem Spätmittelalter beginnt, fort (vgl. Experimentum medietatis, erstmals 1947/48).
[23] Gerhard Baumann (113), S. 40 zog damit die Folgerung aus dem von W. Rasch gewürdigten einheitlichen ›interruptiven‹ Erzählstil Jean Pauls ((111), S. 92 und 102f.). Auch der Hanser-Verlag, der 1969 eine dreibändige Auswahl aus der sechsbändigen Ausgabe publizierte, warb mit der Analogie Jean Pauls zu Beckett und Nathalie Sarraute (aber wohl nicht mit zu großem Erfolg, da sich viele Exemplare dieser Ausgabe bald in Antiquariaten fanden).

11

Paul, als Resultat einer literaturpolitischen Umwertung, die an das biedermeierliche Bild des Dichters anschließt, statt auf historische Untersuchungen zurückzugreifen[24] – das sind die Stichworte, die eine Geschichte der Jean Paul-Interpretation seit Georges Eintreten für den Dichter bezeichnen. Allen Formen der Stellungnahme liegt jedoch das gleiche Bild, der nämliche Selektionsbestand an Werken und Aspekten zugrunde. Zwar variiert der jeweilige Akzent nach dem Ausgangsthema, aber die Bewertung selbst erfolgt nach peronalistischen Gesichtspunkten oder innerhalb des Begriffsdualismus Klassik/Romantik; die Resultate unterscheiden sich jedoch nicht vom typischen Bild, das die Urteile der Restaurations- und der Realismuszeit geprägt haben, auch wenn diese eine Alternative zwischen politisch-utopischer Deutung (Biedermeier) und ästhetischer Beurteilung (Realismus) zu bieten scheinen. Eine positive Beurteilung des Dichters aus literaturpolitischen Motiven, welche die Klassik in ihrem Exponenten Goethe in negativen Kontrast zu Jean Paul stellt, bestätigt durch die bloße Umkehr der Vorzeichen früherer Bewertungen ebenfalls das geltende Schema typischer Züge, das auf der selektiven Erfassung des Dichters im 19. Jahrhundert beruht; sie inauguriert jedoch – gerade in der marxistisch beeinflußten Sekundärliteratur – eine Wiederkehr des sittengeschichtlichen Prinzips, das eine Trennung von Fakten und Interpretation zugunsten eines geschichtsphilosophischen Konstrukts durchführt.[25]

---

[24] Vgl. die Beiträge von Wolfgang Harich (120, 121) sowie die Aufsätze von Hans G. Helms bei Arnold (112): ›Über Jean Pauls Romankategorien‹ (S. 1–6) und ›Jean Paul, ein politischer Autor‹ (S. 98–102); ferner ebd. die Berichte von P. Krumme / B. Lindner und R. R. Wuthenow zur Jean Paul-Literatur.

[25] Vorweg sei – als Ergänzung zu der im Folgenden aufgeführten historischen Literatur zu diesem Thema – auf Hans Mayers Aufsatz über ›Jean Pauls Nachruhm‹ (125) verwiesen. Er enthält einen Überblick über die literaturgeschichtliche und literarische Stellung des Dichters vom Biedermeier bis George und Karl Kraus, gibt aber keine Begründung für die rasche Verdrängung Jean Pauls aus seiner bedeutenden Stellung. Die Feststellung, daß die »Versöhnung zwischen Aufklärung, Rousseauismus und deutschen Zuständen« in Jean Pauls Werk nicht gelungen sei (S. 254), schließt an die sittengeschichtliche politische Beurteilung an; auch scheint mir der Einfluß Rousseaus auf den Autor zu vordergründig-spekulativ gefaßt (schon Kommerells Buch zu diesem Thema, 1924 erschienen, kommt über bloßes Vergleichen nur wenig hinaus, ohne den Einfluß dezidiert nachzuweisen). Die »reichsdeutsche« Ideologisierung, d. h. die selektive Erfassung Jean Pauls, wird von Mayer nicht beseitigt; eine Würdigung dieses Aufsatzes bietet Krogoll (4), S. 445–446. - Der ertragreiche Ansatz marxistischer Arbeiten liegt nicht in Arbeiten wie den in Anm. 24 genannten Umwertungsversuchen von Harich oder Helms, sondern paradoxerweise in den positivistischen Ergebnissen, die auf der Suche nach Texten zur geschichtlichen Legitimation der eigenen Position zutage gefördert wurden. Vor allem Gulygas Buch (82) enthält Material, das für die Un-

Schreibt Max Kommerell, Jean Paul sei »der symbolischen Menschheitsstufe unwiderruflich entfremdet«, die Goethe erreicht habe (ohne die Allegorien von dessen Alterswerk zu berücksichtigen), so wird heute Jean Paul gerade deshalb, Goethe als »diametral« entgegengesetzt, zum Autor, der die gesellschaftlichen Verhältnisse seiner Zeit durchschaut.[26] Aufschlußreich ist in beiden Fällen, bei Kommerell wie dem »modernen« Interpreten Hans G. Helms, die Berufung auf ein »Rechtha-

---

tersuchung des historischen Kontexts zu Jean Paul von großer Bedeutung ist;
neben Dessoirs Geschichte der Psychologie (80) eine der Grundlagen für die
Geschichte der Physiologie und Psychologie des 18. Jahrhunderts, trotz der
abenteuerlichen Darstellung Goethes im 5. Kap. der Arbeit (S. 128-169). -
Deutlich wird die Rolle des sittengeschichtlichen Prinzips für die marxistische
Theorie in Alfred Schmidts Buch ›Geschichte und Struktur. Fragen einer marxistischen Historik‹, München 1971, das schon in der Titelgebung bewußt an
die ›Historik‹ Droysens anknüpft (vgl. auch S. 16). Freilich nur an die Methodik, wie der Autor ständig betont - aber gerade der Optimismus, ein umfassendes ›Organon‹ des Erfassens geschichtlicher Wirklichkeit
theoretisch-abstrakt zu konzipieren, ist es, der den Marxisten Schmidt anzieht
(vgl. S. 19; zu Droysen vgl. die Zusammenfassung bei Georg Iggers (142),
S. 137-147, bes. S. 145 u. 146 zur Methodik und dem Verstehensbegriff Droysens). Dieses Konzept setzt jedoch eine bewußt wertende weltanschauliche
Grundlage voraus. Was hier als sittengeschichtliches Prinzip bezeichnet wird,
ist die Wertung, die einem teleologischen Grundgedanken in der Interpretation der geschichtlichen Wirklichkeit folgt. Insofern unterscheidet sich Droysen von Schlosser nicht (von dem wir den Begriff entlehnten), obwohl er an
diesem das kompendienhafte Sammeln und Beurteilen von Einzelvorgängen
als nicht eigentlich ›historisch‹ kritisierte (Iggers (142), S. 139). Schlossers politisch moralisierende Darstellungsweise ist so vom Gang der Geschichte in
Richtung auf eine deutsche Nation überzeugt, daß er einer ›Methodik‹ noch
nicht bedarf, wie es sich dann bei Droysen in der an Hegel orientierten Geschichtsschreibung gebot (vgl. hierzu auch Sengle, Biedermeierzeit II (94),
S. 296-298: Der Ausgleich von Individualismus und Kollektivismus, bes. S. 297
den Angriff von Eduard Gans auf Schlosser; den Forderungen von Gans entspricht die überpersönliche Methodik Droysens, vgl. Iggers, S. 145-146).
[26] Kommerell (124), S. 20-21; vgl. auch S. 185: »Die Seele, die etwas geschaut
hat, ersucht den Künstler-Verstand Jean Pauls, den man einem rastlos in seinen Schätzen wühlenden Juwelenhändler vergleichen möchte, um ein Kleinod
von der unausdenkbar, tiefen von ihm geschauten Traumfarbe. Ganz ein solches hat er nicht, aber ähnliche.« - Wie sehr sich diese Polarisierung von Goethescher Symbolkunst und Jean Paulscher Technik festgesetzt hat, zeigt die
Zusammenfassung, die Bernhard Böschenstein seinem Aufsatz ›Leibgeber
und die Metapher der Hülle‹ gibt (bei Arnold (112), S. 44-48): »Wieder zeigt
sich die Ohnmacht des humoristischen Dichters, die Idee im Gewand der Körper verbindlich zu überliefern, in einer absurden Konkretisierung der Körperwelt, die sich niemals als symbolische Repräsentation, sondern als unmittelbare Illustration eines gewandlos bleibenden Gedankens zu geben hat.« (ebd.
S. 48). Helms, ebd. S. 98.

ben« Jean Pauls, das diesem selbst unbewußt sei, und das sie, die »bewußten« Interpreten, deshalb für sich reklamieren dürfen. Dieses Verfahren ist symptomatisch für die Kunst der Normierung, welche die Jean Paul-Literatur an ihrem Gegenstand zu üben pflegt und die in ihrer Willkür in paradoxem Widerspruch zur exakten philologischen Basis der Berend-Edition und der bibliographisch klaren Lage der Sekundärliteratur steht. – Kommerell überträgt schlichtweg die Bezeichnung »Greis-Kind«, die Jean Paul seinem Fibel gibt, auf den Autor selbst: Goethe gegenüber behielt dieser »anders Recht«, »nicht wie ein Führer, sondern wie ein weises Kind oder eine heilige alte Frau«.[27] Diese wissenschaftlich nicht nachvollziehbare Feststellung verleiht dem Interpreten das Recht, über den offensichtlich naiven, aber doch hellsichtigen Autor zu verfügen:

> Es widerfährt Jean Paul im Titan mehr als einmal, daß die Gestalten anderes, mitunter Größeres aussagen, als er selbst mit ihnen sagen will.

> Nie ist der Schatten einer politischen Erfahrung durch Jean Paul hindurchgegangen. Dennoch formte er Gaspard.[28]

Weil die Identifikation von Albanos Vater mit Goethe zur Entstehungszeit des ›Titan‹ unverkennbar in Jean Pauls Intention lag, mußte Kommerell der Figur seine politische Bewertung Goethes zuteilen, und zwar

---

[27] Jean Paul, Leben Fibels, Hanser VI, S. 539, Z. 18/19. - Kommerell (124), S. 171.
[28] Kommerell (124), S. 221 u. 261. - Korff setzt die positive Bewertung Gaspards fort, allerdings mehr unter der Betonung der Erzieherrolle von Albanos Vater, der aus diesem einen ›klassischen‹ Menschen forme. Vgl. H. A. Korff, Geist der Goethezeit, III. Teil: Frühromantik. Leipzig ¹ 1956. Buch I, II. Hochstufen: 7. Die Auseinandersetzung mit dem Romantischen (S. 122–169, hierzu s. S. 168). Korff gelangt dabei zur Schlußfolgerung, daß Jean Paul neben das Menschenideal des *Bürgers* Wilhelm Meister dasjenige des *Fürsten* Albano stelle (ebd. S. 169). Zum Gegensatz Albano-Gaspard sei hier auf den ersten Band des ›Titan‹, 1. Jobelper., 5. Zykel (Hanser III, S. 39–44, bes. ab S. 41) verwiesen; von einer Ausbildung Albanos zum ›hohen Menschen‹, wie Jean Paul sein Idealbild nennt, durch Gaspard kann nicht die Rede sein. Die Definition des ›hohen Menschen‹ (vgl. ›Unsichtbare Loge‹, Hanser I, Extrablatt zum 25. Sektor, S. 221–224) bezeichnet Gaspards Charakterzüge als diesem Ideal konträr, welches zudem nicht an einen Stand gebunden ist und im Gegenteil sogar einer gewissen Wendung gegen die Gesellschaft (durch seine »steilrechte Ausdehnung«, H. I, S. 221, Z. 21) nicht entbehrt (wie auch die Figuren Leibgeber / Schoppe und Vult demonstrieren). Dadurch hebt sich der ›hohe Mensch‹ von der Universalität, wie sie sich der Bürger des 18. Jahrhunderts zusprach, scharf ab (vgl. hierzu Martino (87), S. 338–356). Hier spielen natürlich auch biographische Episoden (Freundschaftsbünde) sowie die Vorbilder der Freimaurer und Illuminaten (schon der Titel ›Unsichtbare Loge‹ verweist darauf) eine Rolle.

unter bewußter Umdeutung von Jean Pauls Stellungnahme, die von Goethes passiver Haltung im Atheismusstreit um Fichte provoziert wurde. Aber Kommerell übersieht zudem, daß Gaspard eine Wiederaufnahme der Figur des Lord Horion aus dem ›Hesperus‹ darstellt und damit die behauptete Einmaligkeit Gaspards hinfällig ist; vielmehr ist deutlich, daß es sich bei beiden Figuren um Vertreter desselben Typus handelt, der durch den Kontrast seiner intellektuellen Kälte zum Enthusiasmus der »hohen Menschen« Albano und Viktor in der Konstellation der Figuren eine bestimmte Funktion erfüllt: die Geisteshaltung des Stoizismus zu repräsentieren, die Jean Paul im Konzept des »hohen Menschen«, das ein ›Extrablatt‹ der ›Unsichtbaren Loge‹ programmatisch entwickelt, bereits zurückweist. »Von hohen Menschen – und Beweis, daß die Leidenschaften ins zweite Leben und Stoizismus in dieses gehören« lautet der Titel des Extrablatts zum Fünfundzwanzigsten oder XXII. Trinitatis-Sektor der ›Loge‹ (vgl. Hanser I, S. 221–224), und Morhofs ›Polyhistor‹ und den Schriften des Shaftesbury-Schülers Hutcheson entstammen die Argumente gegen die Trostlosigkeit einer rein diesseitig orientierten Weltsicht stoischer Prägung. Sie ist es, die Jean Paul Goethe unterschiebt, wenn er nach Fichtes Demission an Jacobi schreibt:

Goethe ... ist Gott gleich, der nach Pope eine Welt und einen Sperling mit gleichem Gemüte fallen sieht, um so mehr, als er keines von beiden schafft; aber seine Apathie gegen fremde Leiden nimmt er schmeichelnd für eine gegen die seinigen.[29]

[29] Brief vom 4. Juni 1799, zit. nach Harich (121), S. 214–215. - Zu Morhof vgl. ›Polyhistor‹ Tom. II, Lib. II, Par. I, Cap. VIII: De principiis sectae Stoicae physicis (S. 190–194) und ebd. (Bibl. 37) Par. II, Cap. XI: De mundo § 4 u. 5 (S. 318ff.). Zu Hutchesons Argumenten gegen die Selbstliebe und den damit verbundenen Antistoizismus vgl. Martino (87), S. 196–197. Zur Ergänzung ist weiter auf Diderots Enzyklopädie-Artikel ›Unempfindlichkeit‹ zu verweisen (vgl. (13), S. 403–405), der Jean Pauls differenzierende Stellungnahme geprägt hat. Diderot unterscheidet zwischen Gleichgültigkeit als innerer Ruhe und Unempfindlichkeit als innerer Erstarrung. Letztere ist es, die Jean Paul als Übertreibung der z. B. an Epiktet gebilligten Haltung des Stoizismus verurteilt (er gebraucht dabei die Bezeichnungen »Fohismus« und »Quietismus«, obwohl er auch hier noch synonym von ›Stoizismus‹ spricht). - Prinzipiell ist jedoch hinzuzufügen, daß mit gleichem Recht wenn dieser Argumentationsweise auf Grund isolierter Stellen Gültigkeit zukäme - von einer Annäherung Goethes an Jean Paul die Rede sein könnte, nachdem dieser in den ›Noten und Abhandlungen‹ zum ›West-Östlichen Divan‹ (vgl. (123, S. 16–18) ein positives Urteil über Jean Pauls Stil und die ›Levana‹ abgegeben hatte. Selbstverständlich handelt es sich um ein Zusammenrücken der älteren Autoren, aber darüber hinaus ist bemerkenswert, daß Goethe vor allem die ethische Komponente in der Verknüpfung der Gegenstände von Jean

Die Identifikation mit Goethe ist also für die Interpretation der Roman-
figur von sekundärem Interesse; sie enthält – unbeschadet der moralischen Gewichtigkeit der Stellung, die Jean Paul für seinen philosophischen Gegner Fichte hier bezieht – einen bloßen Reflex der augenblick-
lichen Gruppierungen des literarischen Lebens, ohne daß die Figur Gaspards im Hinblick darauf konzipiert worden wäre. Die Fehldeutung
liegt in der »realistischen« Auswertung von Handlung und Personen in
den Werken Jean Pauls begründet, die dem typisierenden Verfahren des
Autors nicht angemessen ist, wie bereits angedeutet wurde (vgl. S. 7).

Der »politische« Autor Jean Paul, bei Kommerell noch wider Wissen und Willen, tritt uns auch bei Hans G. Helms entgegen:

> Jean Paul kann nicht entgangen sein, daß, was unter Gesellschaft subsumiert
> wird, gewissermaßen die Resultante aller sie konstituierenden Einzelnen ist ...

> Indem Jean Paul dem Einzelnen das allgemeine Ordnungssubstrat als grinsen-
> de Fratze vorhält, bedeutet er ihm die Folgen des politischen Delegats und
> auch die Mittel, um sie zu beseitigen. Derartige Kunst muß wohl politisch
> genannt werden.[30]

Pauls polyhistorischem Verfahren hervorhebt. Damit findet er einen Bezugspunkt zu dem ihm – unter Schillers Einfluß – aus ästhetischen Motiven zunächst suspekten Autor, in Parallele zum Rückblick auf die Entstehung des
›Werther‹ in ›Dichtung und Wahrheit‹ (Dritter Teil, dreizehntes Buch). Dort
ist die Rede von der »Absonderung des Sinnlichen vom Sittlichen, die in der
verflochtenen kultivierten Welt die liebenden und begehrenden Empfindungen spaltet, [und diese] bringt auch hier eine Übertriebenheit hervor, die
nichts Gutes stiften kann.« (Artemis-Ausgabe Bd. 10, S. 632).

[30] Helms, bei Arnold (112), S. 98 u. 99. – Wenn Jean Paul ein ›politischer‹ Autor
ist, warum hält er dem Leser nur das »Substrat« (?) der politischen Ordnung
vor, nicht diese selbst? Ebenso ist unklar, was mit dem Begriff des ›Delegats‹
gesagt ist: ist ein Gesellschaftsvertrag im Sinne Hobbes' oder Rousseaus gemeint, oder kann generell von einem ›Mißtrauen‹ Jean Pauls gegen konstitu-
tionelle und repräsentative Staatsformen die Rede sein, bevor es diese im absolutistischen Deutschland gab (was bei Helms nicht unmöglich wäre –
schließlich läßt er Jean Paul auch den ›Komet‹ für das Proletariat schreiben,
»ehe es das recht eigentlich gab«, S. 99)? Vor Abschluß meiner Arbeit been-
dete meine Kollegin Heidi Bade eine Dissertation über »Jean Pauls politische
Schriften« (Tübingen 1974), in der sie deren Verhältnis zu zeitgenössischen
Ereignissen und deren Wirkung vornehmlich auf das Spätwerk untersucht sowie die pessimistische Stellungnahme des Dichters zur aufkommenden Restauration begründet. Auf diese Arbeit sei hier generell verwiesen und nur
vorweggenommen, daß sich Helms' Konstruktionen daraus nicht belegen lassen. Zudem, die Alchimistengeschichte von Nikolaus Marggraf als exemplarische Darstellung der »Methode der Kapitalerzeugung« (S. 99) zu dekla-
rieren, hat über den Verblüffungseffekt eines gelungenen Concetto hinaus mit
wissenschaftlicher Beweisführung – wie sie eine literatursoziologische Analyse verlangte – nichts zu tun. Das Problem liegt darin, ob der Epoche Jean

Ein schlechthin »progressives« Geschichtsbild reklamiert hier Jean Pauls Gegnerschaft zur Klassik – ohne diese genauer zu bestimmen[31] – für sich und paßt das vorliegende Material der eigenen teleologisch unterlegten Sinndeutung der Geschichte nach Bedarf an. Die Position von Helms ist mit der Kommerells insofern identisch, als beide im Bezug zur Klassik – mit Benjamins Worten – »die einmalige geschichtliche Konstellation im Leben von Jean Paul« zu erkennen glauben.[32] Kommerell versucht, den Autor für sein Klassik-Verständnis zu retten, indem er ihn als »Sonderfall« in den Kreis der kanonisierbaren Personen einbezieht.[33] Für Helms dagegen bleibt die Gestalt Jean Pauls in einer Weise

---

Pauls eine Gesellschaftsverständnis zuzusprechen ist, das eine Historisierung des eigenen gesellschaftlichen Daseins impliziert, wie sie mit dem Marxismus zutage tritt. Und dazu ist die ›feudale‹ Epoche Jean Pauls nicht reif, es sei denn, Helms nähme auch diesen Widerspruch in Kauf! Zu diesem Problem ist auf einen Aufsatz von Gerhard Hess über ›Wandlungen des Gesellschaftsbildes in der französischen Literatur‹ hinzuweisen, der das Problem der Unterscheidung der gesellschaftlichen Selbstdarstellung in der Literatur der vorindustriellen Periode von unserem gegenwärtigen Verständnis zum Gegenstand hat (Gerhard Hess, Gesellschaft, Literatur, Wissenschaft. Ges. Schriften 1938–1966. München 1967, S. 1–13, bes. S. 4–5).

[31] Die Invektive gegen die »griechenzende« Formnachahmung, welche als Hauptbeweis für den Antiklassizismus Jean Pauls der ›Geschichte meiner Vorrede‹ zur zweiten Auflage des ›Quintus Fixlein‹ entnommen wird (Hanser IV, S, 15–42), stellt einen Angriff auf die Position einer unkritischen, dazu nur formalen und stilistischen Vorbildlichkeit der Antike dar, also auf die »Form ohne alle Materie« (ebd. S. 26). Der Angriff enthält damit schon Untertöne des Angriffs auf die idealistische Philosophie, des Denkens ohne alle ›sinnliche‹ Materie. Dies tut der Einschätzung der ›Klassiker‹ auf der Ebene weltliterarischer Wertung keineswegs Eintrag: Jean Paul äußert sogar, daß Autoren wie Klopstock, Herder und Schiller »rück- und nachwärts selber den Griechen klassisch« sein würden, wenn das möglich wäre (Vorschule der Ästhetik, Dritte Abt., I. oder Miserikordias-Vorlesung, 4. Kap. ›Über Einfachheit und Klassischsein: Hanser V, S. 354–355). Gerade dies sollte man immer beachten, wenn man die ›Geschichte meiner Vorrede‹ interpretiert. Das Desinteresse Jean Pauls an literarischen Richtungskämpfen, das ihm eine ungewöhnliche Objektivität in der Bewertung neuer Autoren verschaffte – wie sich Schopenhauer gegenüber oder in der Förderung E. T. A. Hoffmanns bestätigte, im Gegensatz zu Goethes Versagen an Kleist, Schillers an Hölderlin – verbietet es ihm auch, den Gegner als bloßen Artisten zu denunzieren, gerade angesichts seiner eigenen artifiziellen Haltung.

[32] W. Benjamin, in seiner Rezension von Kommerells Monographie (114), S. 495.

[33] Kommerell (124), S. 163: »Es wurmt ihn [Jean Paul], so sonderlich zu sein, und er möchte seine Sonderheit vom Wesen der Dinge her beurkunden.« Schließlich gelingt ihm im ›Titan‹ »eine jeanpaulische Art von Klassik, die er sich abgewann.« (ebd. S. 214).

vorbildhaft, in der ihn bereits die Jungdeutschen gegen und über Goethe gestellt haben: als »Künstler, Tribun und Apostel«, um eine Formulierung Heines zu gebrauchen. Freilich ist dies keine gewollte Übereinstimmung von Seiten Helms', aber seine Feststellung von der Funktion des Autors als »subjektivem Vermittler« »zwischen äußerer und innerer Wirklichkeit«, deren Distanz durch die Bewußtheit der eigenen Rolle aufgehoben würde, besagt letztlich dasselbe wie Heines Begründung für Jean Pauls Anziehungskraft auf die Jungdeutschen: bei beiden bestehe kein Unterschied zwischen »Leben und Schreiben«, sie würden »nimmermehr die Politik trennen von Wissenschaft, Kunst und Religion«.[34]

Übereinstimmung (hinsichtlich der Klassik als Bezugspunkt) und unterschiedliche Wertung bei Kommerell und Helms demonstrieren zwar ein augenblickliches Bestreben, das biedermeierliche Bild Jean Pauls, politisch akzentuiert, gegen dasjenige zur Geltung zu bringen, das sich von der ästhetisch negativen Bewertung des Realismus abgelöst und der eigenständigen Leistung des Autors zugewandt hatte, unter Bevorzugung des Lyrikers; aber der Prozeß der Typisierung, welcher die früher genannten Problembereiche der Physiologie, der Rolle der Naturrechtstheorie für die Satire, des Unsterblichkeitsglaubens im Rahmen aufklärerischen Religionsdenkens und der pragmatischen, antinormativen Ästhetik beharrlich an den Rand der wissenschaftlichen Erfassung gedrängt bzw. davon ausgeschlossen hatte, wird durch die Alternative des Anschlusses an eines der beiden Bilder nicht rückgängig gemacht.[35] Die Darstellung des Prozesses, mit dem die genannten Probleme zu Sedimenten einer geschichtlichen Wirklichkeit wurden, vielmehr über die die Entwicklung so hinwegging, daß die Bedeutung ihres Zusammenhangs verdrängt wurde, ist die Voraussetzung für die erforderliche Re-Historisierung Jean Pauls, um ihr Vorhandensein in seinem Werk zu

---

[34] Helms, bei Arnold (112), S. 3; Heine, Die romantische Schule, 3. Buch (Ausg. Walzel, Bd. VII) S. 139–140.

[35] Die Betonung von zwei Varianten des typischen Jean Paul-Bildes mag zunächst als Vereinfachung erscheinen, die gerade einigen sehr erfolgreichen immanenten Arbeiten (Böckmanns, vgl. (115), oder Raschs, (127) u. a.) nicht gerecht zu werden scheint, vor allem in der strikten Trennung beider Typen. Ich übersehe nicht, daß Elemente aus beiden Varianten gemeinsam auftreten, aber die logische Klärung des Interpretationsrahmens erfordert hier eine künstliche Abstraktheit. Natürlich wird in der Darstellung später von diesem ›idealen‹ klassifizierenden Verfahren Abstand genommen (zur theoret. Rechtfertigung vgl. Weber, Wissenschaftslehre (108), S. 340–342). - Eine andere Frage, die sich ergeben kann, ist die nach der Berechtigung der Annahme, daß die Typisierungen des historischen Bildes des letzten Jahrhunderts derart unabhängig von ihrer historischen Umgebung weiterleben können. Der Versuch der Einleitung, dies zu demonstrieren, wird im Lauf der Arbeit fortgeführt.

rechtfertigen und sie – entgegen ihrem bisherigen Status als abstrusen archivalischen Materials – für die historische Deutung fruchtbar zu machen.

4. Die Geschichtsschreibung des letzten Jahrhunderts macht den Prozeß der Festlegung Jean Pauls und der Reduktion auf typische Züge deutlich faßbar. In Wirths »Geschichte der deutschen Staaten« (1847) erscheint Jean Paul noch unter der Reihe großer Autoren der »klassischen« Zeit (ein Ausdruck, der vermieden wird); er überragt sogar Goethe[36] und steht neben Schiller und dem für den Historiker »größten Mann des Jahrhunderts«, neben Herder.[37] Aber gleichzeitig legt Wirth Prinzipien dar, die Jean Pauls aufklärerischer Auffassung von Staat und Freiheit widersprechen: der Historiker wendet sich vor allem gegen die Tendenz, den Staat »philosophisch zu construiren«, d. h. ihn als »Wunschbild« menschlicher Gleichheit in Fähigkeiten, Handlungen und Anspruch auf Glück zu betrachten. Dieser »Konstruktion« stellt er ein »Grundgesetz der Natur« der staatlichen Organisation »aus edlen und unedlen Bestandtheilen« entgegen. Die Formulierung dieser organologischen Staatsauffassung im Angriff auf die philosophisch-aufgeklärte, die ob ihrer französischen Einflüsse ohnehin verdächtig ist,[38] und die Interpretation der staatlichen und der geistigen Geschichte als eines parallelen Verlaufs[39] beläßt für Jean Paul (wie für die übrigen Autoren) nur noch Feststellungen einer Progressivität, die alle Konkretisierung vermeidet:

Alle strebenden Geister des achtzehnten Jahrhunderts, Liscov und Lessing, Abbt und Herder, Klopstock und Bürger, Schiller und Jean Paul, waren von dem Hauche der Freiheit durchdrungen, und wirkten bald mit minderem, bald mit größerem Selbstbewußtsein auf die Hervorhebung der Menschenwürde hin.[40]

Jean Pauls – nirgends systematisierte – Auffassung vom Verhältnis Individuum/Staat enthält jedoch Elemente, die dem organologischen Konzept zuwiderlaufen und die präziser formulierbar sind als

---

[36] Die Geschichte der deutschen Staaten von der Auflösung des Reiches bis auf unsere Tage von Johann Georg August Wirth. 1. Band, Karlsruhe 1847, S. 9 u. S. 17.

[37] Ebd., S. 17.

[38] Ebd., S. 6–7: »Man glaube nicht, daß solcher Unterschied nur auf der Erziehung beruht, er liegt vielmehr in der Art der Organisation selbst. Die Geschichte der Deutschen hat dieß auf eine unwiderlegbare und zugleich äußerst deutliche Weise dargetan.«

[39] Ebd., S. 10: »So nahm die Bildung auch einen historischen [!] Gang, schloß sich an die Vergangenheit an, und bemühte sich, die Verbesserung der Volkszustände aus dem eigenen Geiste der Nation hervorzurufen.«

[40] Ebd., S. 9.

in einem »minder oder mehr« bewußten (man denke an Kommerell und Helms!) Eintreten für Freiheit und Menschenwürde; er geht aus von einer »Forderung des Glücklichseins für geschaffene Wesen«, die den Grundsatz formuliert: »Der Mensch verdient weder sein Glück noch sein Unglück.«

> Es ruft (fodert) in uns so stark als das moralische Gesetz – und am Ende ist es auch die Stimme desselben – daß jedes lebende Wesen glücklich sei, insofern es von einem bewußten [?] heiligen Gott geschaffen worden. Nichtssein oder Frohsein – dieß ist hier nicht die Frage, sondern das Recht. Keinen Wurm darf der Allmächtige ohne Entschädigung sich krümmen lassen. Freude ist noch früher, als die höhere Stufe, Moralität. – Kein Wesen soll auf seine *ewigen* Kosten zum zerquetschten Unterbau für das *übrige* All dienen müssen; denn alle Theilchen des All würden dann zu Schuldnern und Räubern des wimmernden Theilchens, und es ist einerlei, wie viele schuldig sind an eines.[41]

Dieser Absatz eines Fragments zu einer geplanten Fortsetzung des ›Kampaner Tals‹, deren Vorarbeiten schließlich für die ›Selina‹ verwendet wurden, erhebt eine moralische Forderung, die metaphysisch gerechtfertigt wird; Jean Paul orientiert sich damit am Eudämonismus, der von Kant und Humboldt an von der idealistischen Geschichtsauffassung angegriffen wird.[42] Denn dieses Prinzip, das der Schulung an Leibniz, Bayle und Shaftesbury entstammt, negiert die »Nothwendigkeit einer organischen Gliederung des Staates und also auch die Verschiedenheit der Stände«, die für den Historiker Wirth aus dem »Gang der schaffenden Natur« resultiert.[43] Diesen »Gang der Natur« mißachtet ihm zufolge die Theorie vom Gesellschaftsvertrag und von der menschlichen Gleichheit; und befriedigt stellt er fest, daß die französische Revolution wie die politischen Krisen Frankreichs seit Napoleons Sturz »die Strafe des feindseligen Bruches mit der geschichtlichen Entwicklung der Völker [und die] Strafe des Austauschens gefährlicher Redensarten und sozialer Theorien gegen organische Bildungsgesetze des Staatslebens« sind.[44]

Nun handelt es sich aber bei Jean Pauls zitierter Äußerung nicht um »soziale Theorie«, sondern seine Anschauung entspringt, unter dem Eindruck der Lektüre Pufendorfs, naturrechtlichem Denken,[45] das noch in

---

[41] Entwürfe zu: Neues Kampaner Thal. 123. Foderung des Glücklichseins für geschaffene Wesen. GW II/4, S. 133–215, (S. 159–60) Nr. 123.

[42] Vgl. hierzu Iggers, Deutsche Geschichtswissenschaft. (142), S. 56 und S. 66/67.

[43] Wirth (Angaben s. Anm. 36), S. 10.

[44] Ebd., S. 11.

[45] Wichtigste Quellen für Jean Pauls Geschichtsbetrachtung sind der ›Sechste Schalttag‹ des ›Hesperus‹ mit dem Titel ›Über die Wüste und das gelobte Land des Menschengeschlechts‹ (1792 geschrieben; Hanser I, S. 867–875) und die erste Abhandlung der 1809 entstandenen ›Dämmerungen für Deutschland‹

20

Einklang mit theologischen Prinzipien steht:[46] das bedeutet nicht die Anerkennung einer positiven Religion oder gar Konfession, sondern Jean Paul stützt sich hier auf eine teleologische Deutung der Welt, die ein rechtliches Prinzip der Gleichheit aller Lebewesen und den Anspruch auf die Befriedigung kreatürlicher Lebensfreude zur Grundlage hat. Ebenso wie der eudämonistische Glücksanspruch fällt aber auch die Teleologie der Welt hinsichtlich dieses Glücksanspruchs der Lebewesen dem Angriff Kants – als Angriff auf die »Physikotheologie« vorgetragen[47] – zum Opfer. Daraus resultiert für die künftige Entwicklung

---

(›Über den Gott in der Geschichte und im Leben‹, Hanser V, S. 921–926). Vgl. ferner verschiedene Äußerungen in den ›Bemerkungen über den Menschen‹, 1. Bändgen. In: GW II/1, S. 3–66 (geschrieben 1782–1793).

[46] Vgl. hierzu die ›Historia iuris naturalis‹ des Buddeus, die der Ausgabe von Pufendorfs ›De officio hominis et civis iuxta legem naturalem Libri duo‹ als Einleitung vorangestellt ist (London 1737, S. 1–89). Dort heißt es S. 54/55: ».. . Hugo Grotius praeter naturae leges alias adhuc esse, quae universo hominum generi a Deo latae sint, subinnuit, a libera quidem Numinis voluntate profectas, eas tamen utiles adprime omnibus valdeque necessarias.« [. . . Hugo Grotius gab den grundlegenden Hinweis darauf, daß es außer den Naturgesetzen noch andere Gesetze gibt, die dem ganzen Menschengeschlecht von Gott gegeben wurden und die, gerade da sie aus dem freien Willen des höchsten Wesens hervorgegangen sind, deshalb allen besonders nützlich und sehr notwendig sind.] Diese Gesetze lassen sich aber, wie Buddeus fortfährt (S. 56), nur unter Schwierigkeiten festlegen, und dienen, seit Thomasius als »positive« Rechte [!] bezeichnet, der Ergänzung und der Kontrolle des geltenden Rechts: »Utique, ut mihi videtur, ad ἀνομίαν illarum actionum, quae naturae lege prohibitae demonstrari nequeunt, nihil accomodatius: unde & ipse non dubitavi huic subscribere sententiae, & naturalibus divinas istas positivas, quae omnes tamen homines obstringant, adjungere. [Wie mir scheint, gibt es zumal zum Nachweis der Widerrechtlichkeit jener Handlungen, die unter Berufung auf die Natur nicht für verboten erklärt werden können, nichts Geeigneteres: deshalb habe ich auch keine Bedenken, mich jenem Satz [d. h. des Grotius in der Interpretation Thomasius'] anzuschließen und den natürlichen Gesetzen jene positiven göttlichen hinzuzufügen, die dann freilich für alle Menschen Geltung besitzen (d. h. im Gegensatz zu den jeweils verschiedenen, partikulären »natürlichen« Gesetzen)].

[47] Der Angriff Kants erfolgt in zwei Stufen, in der Abhandlung ›Der einzig mögliche Beweisgrund zu einer Demonstration des Daseins Gottes‹ (1763 erstmals gedruckt) noch unter strikter Berücksichtigung theologischer Ansprüche («. . . so ist das Übernatürliche . . . nur weit bis in die Schöpfung hinausverschoben, und dadurch unbeschreiblich vermehrt worden.« Vgl. Kant, Vorkritische Schriften (28), S. 669), während die ›Kritik der reinen Vernunft‹ die Gottesidee »als ein regulatives Prinzip der Vernunft . . . und nicht als eine Behauptung einer an sich notwendigen Existenz« eindeutig festlegt, woraus sie die »Unmöglichkeit des physikotheologischen Beweises« ableitet (vgl. Kant, Kr. d. r. V. (29), S. 547 und 548ff.). Dagegen bezieht nun Jean Paul seinerseits Stellung im Angriff auf Kants und Fichtes Abstraktion von der empirisch-sinnlichen Realität.

21

die Befreiung der Religion von der Herrschaft der Vernunft; sie wird damit der Geltung konfessioneller Dogmen und, was schwerwiegender ist, der Verwendung durch den Staat überlassen, gegen die die Aufklärung – und Jean Paul hier eingeschlossen – so leidenschaftlich protestiert hatte. Gleichzeitig werden Recht und Staat ihrer theologisch formulierten moralischen Verpflichtung entkleidet und das Naturrecht zugunsten einer Betrachtung des Bestehenden als eines »naturgesetzlich« Entstandenen verdrängt. – Freilich ist Kants Angriff zunächst in dem Ziel motiviert, eine »gereinigte Weltweisheit« zu erstellen,[48] und die Reaktion der preußischen Kulturbehörden unter Wöllner auf Kants Schrift »Über die Religion innerhalb der Grenzen der bloßen Vernunft« demonstriert, daß der Staat des Spätabsolutismus zunächst eine Beförderung des Atheismus befürchtete,[49] die Jean Paul aus der idealistischen Philosophie seinerseits ebenfalls herausgelesen hat und die seine Kritik an ihr – freilich unter ganz anderen Vorzeichen – veranlaßt hat.[50] Aber die Interpretation des Sieges der Kantischen Philosophie durch die nationalgesinnte Geschichtsschreibung erhellt,[51] daß die aufklärerischen Grundlagen, auf denen die Ausbildung des Dichters beruhte, nunmehr einer radikalen Kritik unterzogen wurden, deren romantisch-restaurative Basis manche der Themen nicht wieder in den Gesichtskreis der Forschung geraten ließen und vor allem die Sicht auf ihre Kohärenz im Werk Jean Pauls zerstörten. Denn zusammen mit der nationalistischen Aufwertung der Religiosität – zur Rechtfertigung des Protestantismus als Staatsreligion (katholischer »Jesuitismus« und das »Muckertum« des Pietismus werden zusammen diskreditiert)[52] – führt die Deutung von

---

[48] Vorkritische Schriften (28), Der einzig mögliche Beweisgrund ..., S. 678.

[49] Kant hat dieser Affäre in der Vorrede zum ›Streit der Fakultäten‹ 1798 ein Denkmal gesetzt, das in einem bedeutenden Resumee seiner Position endet: Der Staat möge die Philosophie sich selbst überlassen, solange sie nicht mit der Religion als Bereich staatlicher Machtausübung interferiert. Vgl. Kant, Werke Bd. VI (Ausgabe Weischedel), S. 273–274.

[50] Dies ist ja auch der eigentliche Anlaß des Streits mit Fichte; man vgl. zur religiösen Entwicklung Ayraults Darstellung der Krise (s.(71), hierzu bes. S. 575–576), die den Umschlag der dogmatisch entleerten, aber um so stärker irrational bedürftigen Religion in ihrer Entwicklung auf die Romantik mit ihrer kritiklosen Annahme der religiösen Dogmen demonstriert.

[51] Treitschke (Angaben s. Anm. 16) re-interpretiert Kants Sieg in diesem Ausmaß, daß er ihm die »Fixierung der Grundgedanken des gereiften Protestantismus auf lange Zeit hinaus« (S. 100) zuspricht und sogar die Erfolge der Befreiungskriege als »praktisches« Resultat von Kants Theorie betrachtet, ebenso wie die Kunst der ›Klassik‹ hier ihre Rechtfertigung erfährt. – Zur Frage der Aneignung Kants durch die nationalistische Geschichtsschreibung vgl. Carlo Antoni, Der Kampf wider die Vernunft (70), Kap. VIII.

[52] So die von Wilhelm Zimmermann überarbeitete ›Geschichte der Deutschen‹

Kant zu einer Diskriminierung der Aufklärung in Deutschland, vor allem der englischen und französischen Einflüsse, zu einer Überbewertung der Eigenständigkeit des nationalen Geisteslebens und vor allem zur Aufwertung des Irrationalismus. Die deutsche Entwicklung soll von allem ausländischen Einfluß isoliert werden und kann damit von Null beginnen, wie die Überschrift eines Kapitels zur Aufklärung von Schlossers »Geschichte der Aufklärung« verrät: »Streben nach Licht und nach einer dem Geist des übrigen Europa angemessenen Literatur in Deutschland bis auf die Literaturbriefe«.[53]

Das glorifizierte Bild des Protestantismus erlaubt durch die Rückprojektion Kants in die Geschichte der aufklärerischen Religion es nicht mehr, Jean Pauls Religiosität zu interpretieren bzw. läßt nur zu deutlich die Distanz seines »ästhetisch-vernünftigen« von dem neu etablierten »historisch-dogmatischen« Christentum aufscheinen.[54] Dieses beansprucht als seinen Restaurator eben den Schleiermacher, dem Jean Paul vorgeworfen hatte, er gebe »dem Worte Religion eine neue, unbestimmte, poetische Bedeutung, der doch ohne sein Wissen die alte theologische zugrunde liegt ...« und fördere damit »die mehr dichterische als philosophische Toleranz für jeden Wahn, besonders für jeden abergläubigen der Vorzeit«.[55] Der entscheidende Akzent für die Be-

---

Wirths, 4. Auflage, Stuttgart 1865, Bd. 4, S. 433, deren Titel jetzt lautet: Die Geschichte der Deutschen vom Untergang des Deutschen Reiches bis zur Gegenwart.

[53] F. C. Schlosser, Geschichte des achtzehnten Jahrhunderts und des neunzehnten bis zum Sturze des französischen Kaiserreichs. Mit besonderer Rücksicht auf den Gang der Literatur. Vierte, durchaus verbesserte Auflage, Heidelberg 1853. Erster Band: Bis zum Belgrader Frieden, s. S. 542.

[54] Die Unterscheidung macht Joseph Hillebrand: Die deutsche Nationalliteratur im XVIII. und XIX. Jahrhundert. Historisch und ästhetisch-kritisch dargestellt. 3. Auflage, durchgesehen und vervollständigt vom Sohne des Verfassers. Gotha 1875, S. 597.

[55] Hanser III, Clavis Fichtiana: Protektorium für den Herausgeber. S. 1030–31 Anm. 1 und S. 1030, Z. 15-17. - Man vgl. hierzu auch die Behandlung Schleiermachers bei Zimmermann / Wirth (s. Anm. 52), S. 433: Schleiermacher erscheint, vom Autor zu Zwingli in Parallele gesetzt, als Vertreter »wahrer Religiosität«, der sie zu patriotischen Zwecken wiederbelebt, »als der Quell des tatkräftigen Glaubens, das Gemüth, hier ganz vom Unglauben der Afterweisheit und genialthuenden Frivolität ausgetrocknet, dort verlechzt an der dürren und anbefohlenen Rechtgläubigkeit, von den Trümmerstücken eines ehemals schönen, christlichen Baues für immer verschüttet zu sein schien.« Zimmermann übernimmt hier, um die Rolle Schleiermachers als »Reformator« des Protestantismus zu kennzeichnen, Wirths Darstellung der Situation in Deutschland am Beginn des siebzehnten Jahrhunderts (vgl. den ersten Band der Erstauflage, Karlsruhe 1847, S. 47!); der Stand der aufklärerischen Religion wird damit entsprechend desavouiert. Das fortschreitend aufklä-

wertung dieses Vorgangs liegt nicht in einer Beurteilung der aufklärerischen Haltung Jean Pauls als »progressiv« und dementsprechend
der romantischen Religiosität Schleiermachers (und in stärkerem Maße
ihrer Auswertung durch die preußische Historiographie) als »restaurativ« bzw. »reaktionär«, sondern darin, daß das Gefüge von Theologie
und Naturrecht, bisher unter der gemeinsamen Kontrolle der Vernunft
stehend, zerbricht.[56] Die Wendung gegen die englische und französische
Aufklärung wird unter diesem Aspekt einsichtig; die Verteidigung der
– soeben restaurierten – Staatsreligion ist es, die Schlosser über Shaftesbury schreiben läßt:

> Mit seiner Art, die Staatsreligionen zu bekämpfen, hängt ganz genau das Be-
> streben zusammen, eine gewisse Art der Moral zu begründen, die der Religion
> nicht bedarf und ihr vorangeht.[57]

Indem Shaftesbury derart als Vorläufer Voltaires und Montesquieus
gleichsam denunziert wird, muß natürlich sein Einfluß auf Deutschland
geleugnet werden (und er wird bei seiner Wiederentdeckung durch
Weiser 1916 zunächst vornehmlich idealistisch interpretiert).[58] Daran
schließt an, daß der Einfluß von Shaftesburys bedeutendstem Nachfolger Francis Hutcheson auf Jean Paul von der Forschung nicht rezipiert
wurde und deshalb die Ausbildung des Primats der Moral vor den Formen positiver Theologie bei Jean Paul zugunsten des allgemein gehalte-
nen Begriffes religiöser ›Heterodoxie‹ zurücktreten mußte. Drei
Abhandlungen Jean Pauls entstammen dieser Anregung durch die englische Moralphilosophie: die erste noch als isolierte philosophische
Abhandlung über die Selbstliebe, die ein verzweifeltes Bemühen Jean

---

rungsfeindliche Legitimationsbedürfnis und der Abstand vom biedermeierlichen Bild Wirths werden hier sehr deutlich. - Es ist hier daran zu erinnern, daß
die Frage, wie weit die gefällten Urteile, die hier zitiert werden, zu Recht
bestehen, außerhalb der Untersuchung liegt; es handelt sich um die Darstellung von geschichtlichen Positionen, die nicht auf ihre »innere Wahrheit« be-
fragt werden. Dies geschieht im Sinn der Weberschen Soziologie, und der
Satz von Carlo Antoni: »Das geistige Leben wird dabei in seinen Ursachen
erklärt, wird objektiv betrachtet, wie eine Natur ohne innere Wahrheit.«, der
als Vorwurf gemeint ist, enthält eine meiner Ansicht nach positive Beurteilung
Webers (vgl. Antoni, Vom Historismus zur Soziologie (131), S. 225-226).
[56] Mit Hans Blumenbergs Begriff (s. (75), passim) ließe sich formulieren, daß die
vorhandenen ›Stellen‹ neu besetzt werden: nur, der Verbund der Positionen
wird nicht wieder hergestellt - ein Vorgang der Rationalisierung im Weberschen Sinn (generell ist hierzu auf den Aufsatz von Dux (98) zu verweisen).
[57] Schlosser (Angaben s. Anm. 53), S. 386.
[58] Vgl. (159). - Besondere Betonung erfährt hier der Begriff der »inneren Form«
und der Einfluß auf die Ethik der Klassik, die als neoplatonische Richtung
interpretiert wird (s. S. 240-261).

Pauls um Verständlichkeit als Philosoph zeigt (1790), die zweite und dritte bemerkenswerterweise in die Texte des ›Siebenkäs‹ und das ›Fixlein‹ integriert.[59] Die hier ausgebildeten Argumente zugunsten eines idealisierten Sensualismus und einer Moral, die nicht Ich-bezogen, sondern göttlich inspiriert ist, wird dann in den Angriffen auf Fichte und den Schriften zur Unsterblichkeit von großer Bedeutung.[60]

Nun wird aber in der Historiographie gerade diese Frage der aufklärerischen Religiosität auch Bewertungskriterium für die Entwicklung der Literatur und für einzelne Autoren; Treitschke erstellt dabei das Bild einer beinahe konfliktlosen Kontinuität des Protestantismus und seines auf Literatur wie staatliches Leben gleich wohltuend wirkenden Einflusses: daß »der Deutsche zugleich fromm und frei« und daß die »Literatur protestantisch wurde und doch nicht confessionel«. Während die Aufklärung in England und Frankreich im Kampf »mit der Herrschsucht unfreier Kirchen und der finsteren Hartgläubigkeit dumpfer Volksmassen« hochgekommen sei und Gott nur als »Maschinenmeister« der Welt betrachte, habe die deutsche Aufklärung im Protestantismus die kirchliche Überlieferung »mit noch schärferen Waffen angegriffen«:

> ... jedoch die Kühnheit ihrer Kritik ward ermäßigt durch eine tiefe Ehrfurcht vor der Religion. Sie weckte die Gewissen, welche der englisch-französische Materialismus einschläferte; sie bewahrte sich den Glauben an den persönlichen Gott und an den letzten Zweck der vollkommenen Welt, die unsterbliche Seele des Menschen. Der fanatische Kirchenhaß und die mechanische Weltanschauung der französischen Philosophen erschien den Deutschen als Zeichen der Unfreiheit; mit Widerwillen wandte sich Lessing von Voltaires Spöttereien, und der Student Goethe lachte mit der Selbstgewißheit der zukunftsfrohen Jugend über die greisenhafte Langeweile des ›Système de la nature‹. Das evangelische Pfarrhaus behauptete über das 18. Jahrhundert hindurch noch seinen alten wohlthätigen Einfluß auf das deutsche Leben, und nahm an dem Schaffen der deutschen Literatur warmen Antheil. Wenn unsere Kunst nicht zum Besitzthume des ganzen Volkes zu werden vermochte, so

---

[59] Auch Hutcheson erscheint auf der frühen Leseliste Jean Pauls (vgl. Anm. 2; s. GW I/11, S. VI); zum Autor selbst vgl. auch Martino (87), S. 193–197. - Bei Jean Paul sind folgende Texte heranzuziehen: ›Es giebt keine eignnüzige Liebe, sondern nur eignnüzige Handlungen.‹ (1790), in GW II/3, S. 233–251; weiter das ›Erste Fruchtstück‹ des ›Siebenkäs‹: ›Brief des Dr. Viktor an Kato den Älteren über die Verwandlungen des Ich ins Du, Er, Ihr und Sie oder das Fest der Sanftmut am 20'en März.‹, Hanser II, S. 416–432, mit einem ›Nachschreiben an Jean Paul‹, S. 433–440. Schließlich vgl. das dritte Stück des Anhangs zu ›Fixlein‹, das den selben Titel trägt wie die Abhandlung von 1790 (Hanser IV, S. 219–225).

[60] Den Zusammenhang dieser Argumente und den Begriff des idealisierten Sensualismus erklärt ein Abschnitt des ersten Kapitels in Teil II der Arbeit.

danken wir doch der Verjüngung des deutschen Protestantismus den großen Segen, daß die sittlichen Anschauungen der Höchstgebildeten Fühlung behielten mit dem Gewissen der Masse, daß endlich Kants Ethik auf die evangelischen Kanzeln und bis in die niedrigsten Schichten des norddeutschen Volkes eindrang. Die sittliche Kluft zwischen den Höhen und Tiefen der Gesellschaft war in Deutschland schmäler als in den Ländern des Westens.[61]

Der Vorwurf ungenügender Sittlichkeit trägt für Autoren wie Wieland zur Weitergabe des Verdammungsurteils der Göttinger Hain-Dichter wie der Romantiker bei; als bemerkenswert, auch in Hinsicht auf Jean Paul, erscheint dabei ein Urteil Schlossers, das über Pope und Swift gefällt und denen Wieland gleichgestellt wird:

> ... er [Swift, und ebenso Wieland] traf den Punkt, in welchem das gemeine Volk und vornehmer Pöbel zusammentreffen. Er verdrängte das Große, das Geniale, das Hohe, das Poetische, welches allerdings oft wunderlich sein mag, weil es aus dem Mittelalter stammt, und förderte dagegen das Belustigende, Gemeinnützige, Deutliche, Verständige.[62]

Diese Verurteilung der Witz-Kultur des 18. Jahrhunderts, die auch vor der Religion nicht haltmachen wollte, beschreibt die Tendenzen, die für die selektive Wiederentdeckung Jean Pauls durch die George-Schule wirksam werden sollten: nämlich in der Trennung von Unterhaltung und Höhenflug, die einerseits den Idealismus als teilhabend an der nationalen Entwicklung ausweist, andererseits den »sensus communis« deklassiert und damit den Test des Lächerlichen, den alles Erhabene nach Shaftesbury zu bestehen hat, um die Echtheit seiner ›gravitas‹ zu erweisen, als unzulässig betrachtet:

> For that which can be shown only in a *certain light*, is questionable. Truth, 'tis suppos'd, may bear *all*, lights: and one of those lights or natural mediums, by which things are to be view'd, in order to a thorow recognition, is *Ridicule* it-self, or that manner of proof by which we discern whatever is liable to just raillery in any subject. So much, at least, is allow'd by all, who at any time appeal to this *Criterion*.

> All politeness is owing to liberty. We polish one another, and rub off our corners and rough sides by a sort of *amicable collision*. To restrain this, is inevitably to bring a rust upon mens understandings. 'Tis a destroying of civility, good breeding, and even charity it-self, under pretence of maintaining it.[63]

---

[61] Treitschke (Angaben s. Anm. 16), S. 93.

[62] Schlosser (s. Anm. 53) rückt Wieland außerdem in die diffamierende Nähe Kotzebues (Bd. 1, S. 456); ein anderes Mal (in Bd. 2, S. 557) heißt es: Wieland, als »Schriftsteller für das große Publikum«, »hatte *nur* Kenntnisse, Geschicklichkeit und Talent, keinen erfindenden oder schaffenden Geist.«

[63] Shaftesbury, Sensus Communis. An Essay on the Freedom of Wit and Humour. (51), Vol. I, S. 52 und S. 55–56.

5. Die Trennung, wie sie Schlosser im oben angeführten Urteil vornimmt, und die in Kommerells Satz von der Trennung von »Kunst und Rechenschaft« bei Jean Paul – im Vergleich zu Goethes Symbolkunst – noch nachwirkt,[64] bereitet einmal die Überbewertung des lyrischen Elements vor, in dem der neopathetische Zug des Expressionismus einen Vorläufer zu erkennen glaubte (und sogar plagiierte),[65] und ermöglicht gleichzeitig auch die Umwertung des ›Humors‹ zu einer idealistischen Kategorie, die im 19. Jahrhundert undenkbar ist. Sie ver-

---

[64] Kommerell (124), S. 165. Goethe sei (durch seinen Symbolbegriff) die Kunst »nie zu eng« geworden, während Jean Paul »Kunst« (also lyrischen Höhenflug) und »Rechenschaft« (im Sinn von Materialanhäufung) trenne (vgl. auch Anm. 26). Geistesgeschichtlich verwandt, gerade in der Berufung auf Goethe, erscheint mir Ernst Cassirers Symbolbegriff; vgl. ›Der Begriff der symbolischen Form im Aufbau der Geisteswissenschaften‹ (1921/22), in: E. C., Wesen und Wirkung des Symbolbegriffs. Darmstadt 1965 (S. 169–200, zu Goethe S. 182–184). Meine Kritik an Kommerell und seinem Jean Paul-Bild bezieht sich insgesamt auf seine »schwer beschreibliche« Methode, die – so Arthur Henkel – darin besteht, daß er »Quellenkunde, Textkritik, biographische Arbeit, Gattungsgeschichte als Rohstoff behandelt und mit seiner Hilfe, ganz subjektiv die Figuren dieses Dichters auslegend, sich einfühlt in die produktive Phantasie eines west-östlichen Dichters ... Diese Subjektivität, die sich einer verfeinerten Psychologie bedient, traut sich als Variation des hermeneutischen Satzes, daß man versuchen müsse, den Schriftsteller besser zu verstehen als er sich selbst verstand, zu, gleichwohl objektiv den Sinn der Texte zur Evidenz zu bringen.« (Arthur Henkel, Nachwort zu M. K., Dame Dichterin und andere Essays. München 1967, S. 240–253, Zitat S. 244) Aber diese Bemühung, subjektiv Sinn zu setzen, wo die konkrete Geschichtlichkeit des Dichters in der wissenschaftlichen Überlieferung verloren gegangen ist, führt nur zu mechanischen, historisch fruchtlosen Assoziationen. Kommerells Jean Paul-Buch entbehrt bestimmt nicht ästhetischer Qualitäten und ist deshalb ›schön‹, aber dies im Sinn einer Exegese, die sich selbst interessanter findet als den Gegenstand, von dem die Rede ist. Vor allem bestätigen sich dadurch die typischen Züge der Interpretation, wie nochmals ein Zitat Henkels über Kommerell zeigen soll: »Der junge Kommerell sieht diese Botschaft Goethes in der Befreiung des deutschen Geistes aus Pfäfferei und Muckertum, kleinbürgerlicher Beschränktheit und seelischer Verwinkelung zu einer neuen, »heidnischen« Kalokagathie.« (S. 242). Verständlich, daß Jean Paul unter solchen Aspekten nicht als ›Klassiker‹ gewürdigt werden kann, aber auffällig ist, daß Bewertungskategorien Zimmermanns (s. S. 22) der Einleitung und die zugehörige Anm. 52) hier wörtlich wiederkehren: Pfäfferei und Muckertum. Dies zeigt, welche Berechtigung den dem Leser vielleicht vereinfachend erscheinenden Typisierungen des Jean Paul-Bildes zukommt.

[65] Helmut Kreuzer / Reinhard Döhl, Georg Kulka und Jean Paul. Ein Hinweis auf expressionistische Centonen. In: DVj 1966 (40), S. 567–576. Es handelt sich um Montagen Jean Paulscher Texte durch diesen Dichter, dem bereits Karl Kraus den Vorwurf des Plagiats machte.

deckt aber damit die Herkunft und den Charakter von Jean Pauls diskursiver Schreibweise, die sich in der Behandlung der selben Gegenstände unter verschiedenen Aspekten und dem Interesse für den Erzählvorgang um seiner selbst willen genau an Shaftesburys Ideal der »raillery in any subject« orientiert. Selbst der absolute Stillstand des Erzählfortganges und das Verweilen bei Lächerlichkeiten haben ihre Funktion: sie üben den Leser ein im erneuten Lesen, lenken sein Bewußtsein auf die Darstellung und machen einen »witzigen Kopf« aus ihm:

> ... according to the notion I have of *Reason*, neither the written treatises of the learned, nor the discourses of the eloquent, are able of themselves to teach the use of it. 'Tis the habit alone of reasoning, which can make a *Reasoner*. And men can never be better invited to the habit, than when they can find pleasure in it. A freedom of raillery, a liberty in decent language to question every thing, and an allowance of unravelling or refuting any argument, without offence to the arguer, are the only terms which can render such speculative conversations any way agreeable. For to say truth, they have been render'd burdensom to mankind by the strictness of the laws prescrib'd to 'em, and by the prevailing pedantry and bigotry of those who reign in 'em, and assume to themselves to be dictators in these provinces.[66]

Alles anzusprechen und alles in Frage zu stellen, dem dient die »Kontrebande« oder »Schleichware« der Digressionen – wie Jean Paul sie selbst nennt und dabei einen Vergleich Shaftesburys der Freiheit des Witzes mit der Freiheit des Handels fortbildet[67] – und daraus entspringt das wichtigste Prinzip seiner Erzähltechnik: die Doppelungen der Gegenstände, nicht nur innerhalb eines einzigen Werkes, sondern oft in ihrem wechselseitigen Bezug aus einem Werk ins andre hinüberreichend. Einige Beispiele dafür: wenn im ›Hesperus‹ Emanuel an einem von ihm errechneten Tag zu sterben glaubt, und wieder aus dem bewußt herbeigeführten Scheintod erwacht, um erst nach dem Durchleben die-

---

[66] Shaftesbury, Sensus Communis. (51), Vol. I, S. 60.
[67] Ebd., S. 54–55. Shaftesbury unterscheidet Witz – als Prüfstein des Erhabenen – von bösartiger Verspottung und Besserwisserei und fährt dann fort: »But by freedom of conversation this illiberal kind of wit will lose its credit. For wit is its own remedy. Liberty and commerce bring it to its true standard. The only danger is laying an embargo. The same thing happens here, as in the case of *Trade*. Impositions and restrictions reduce it to a low ebb: nothing is so advantageous to it as a Free-port.« (S. 55) - Jean Pauls Vorrede zum ›Satirischen Appendix‹ der ›Biographischen Belustigungen‹ enthält wohl die konsequenteste Ausformung von Shaftesburys Prinzip. Sie trägt den Titel ›Extrakt aus den Gerichtsakten des summarischen Verfahrens in Sachen der Leser, Klägern, contra Jean Paul, Beklagten, Satiren, Abhandlungen und Digressionen betreffend‹ (Hanser IV, S. 347–362). Dort wird Jean Paul von seinen Lesern wegen des ›Einschmuggelns‹ ständiger Digressionen ein fiktiver Prozeß gemacht.

ser Täuschung zu sterben, so setzt diese Doppelung Emanuels erhabene Erscheinung dem Test des Lächerlichen in einer grausamen Zerreißprobe aus. Aber dieser Vorgang – zweifellos auch inspiriert von K. Ph. Moritz' ›Andreas Hartknopf‹ – erhält eine Kontrafaktur in Quintus Fixleins »Tod« und »Wiedergeburt«.[68] Ähnlich verhält es sich mit der Begegnung des wahnsinnigen Schoppe mit seinem Double Siebenkäs im ›Titan‹, die für diesen tödlich endet; sie wurde bereits in den ›Palingenesien‹ in der Begegnung des Ich-Erzählers Jean Paul mit einem Doppelgänger komisch vorgezeichnet, der sich ebenfalls »Jean Paul« nennt und ebenfalls als Siebenkäs entpuppt.[69] Ein Paradebeispiel einer Doppelung bietet schließlich der Anhang des ›Fixlein‹ im ›Fälbel‹ mit der Erschießung eines Deserteurs, die einmal aus Fälbels Perspektive, dann aber der der mitleidigen Tochter und des Erzählers geschildert wird:

> Es sollte nämlich ein Hungar erschossen werden, der von seinem nach den schismatischen Niederlanden gehenden Regiment mehrere Male deserteuret war. Als ich und mein Kollegium hinauskamen, war schon ein Kreis oder ein Stachelgürtel aus Säbeln um den Inquisiten geschlossen. Ich machte gegen einen vornehmen Offizier die scherzhafte Bemerkung, der Kerl ziehe aus der Festung seines Lebens, die man jetzt erobere, ganz ehrenhaft ab, nämlich mit klingendem Spiel, brennender Lunte und einer Kugel im Munde, wenn man ihn anders dahin treffe. Darauf hielt der Malefikant in lateinischer Sprache an: man möchte ihm verstatten, einige Kleidungsstücke, eh' er angefasset und ausgezogen würde, selber herunterzutun, weil er sie gern der alten Waschfrau beim Regimente an Zahlungsstatt für Wäscherlohn vermachen wollte. Ich bekenn' es, einen Mann, der für klassischen Purismus ist, kränken Donatschnitzer, die er nicht korrigieren darf, auf eine eigne Art; so daß ich, als der Delinquent sein militärisches Testament im schnitzerhaftesten Hungarlateine verfertigte, aufgebracht zu meiner Prima sagte: ›Schon für sein Kauderwelsch verdient er das Arkebusieren; auf syntaxin figuratam und Idiotismen dring' ich nicht einmal, aber die Felonien gegen den Priszian muß jeder vermeiden.‹ Gleich darauf warfen ihn drei Kugeln nieder, deren ich mich gleichsam als Saatkörner des Unterrichts oder Zwirnsterne bediente, um eine und die andere archäologische Bemerkung über die alten Kriegsstrafen daran zu knüpfen und aufzuwickeln. Ich zerstreute damit glücklich jenes Mitleiden mit dem Malefikanten, gegen das sich schon die Stoiker so deutlich erklärten und das ich nur dem schwächern Geschlechte zugute halte; daher wird es der Billige

---

[68] Hesperus, 38. Hundsposttag. Hanser I, S. 1125–1151. - K. Ph. Moritz, Andreas Hartknopfs Predigerjahre: vgl. die Episoden der verunglückten Antritts- und der Jubelpredigt, (65), S. 171–179 und 258–263 [bei Seitenangaben aus dieser Edition wird immer die fortlaufende Paginierung am Fuß der Seite angegeben, nicht die Seitenzahl des (photomechanisch wiedergegebenen) Originals.]. - Quintus Fixlein, Hanser IV, S. 177ff. (Vierzehnter Zettelkasten und Letztes Kapitel).

[69] Palingenesien, 2. Bändchen, Achter Reise-Anzeiger (Fata). Hanser IV, S. 896–898.

mit dem Augen-Tauwetter meiner Tochter wegen des Inkulpaten nicht so genau nehmen.-

Fälbels schulmeisterlichem, makaber-satirischem Bericht folgt der des Erzählers, der sich von den Leuten im Ort den Hergang erzählen hatte lassen:

[Am Tag der Exekution] hätt' ich nicht abwarten und es etwan von meiner Anhöhe herunter ansehen mögen, wie der arme Kerl in seinem blinkenden Kreise so allein seine Kleider für seine Wäscherin auszog, eine Viertelstunde vor der Ewigkeit – wie man ihm die weiße Binde um die Augen legte, die nun die ganze grüne Erde und den leuchtenden Himmel gleichsam in sein tief ausgehöhltes Grab vor ihm vorauswarf und alles mit einer festen Nacht wie mit einem Grabstein zudeckte – Und wenn sie nun vollends über sein tobendes, von quälendem Blute steigendes Herz das papierne kalte gehangen hätten, um das warme gewisser hinter diesem zu durchlöchern: so wäre ja jeder weiche Mensch wankend den Hügel auf der andern Seite hinuntergegangen, um den Umsturz des Zerrissenen nicht zu erblicken, und hätte sich die Ohren verstopft, um den fallenden Donnerschlag nicht zu hören – Aber die Phantasie würde mir dann den Armen desto düsterer gezeigt haben, wie er dakniet in seiner weiten Nacht, abgerissen von den Lebendigen, entfernt von den Toten, von niemand in der Finsternis umgeben als vom witternden Tod, der unsichtbar die eisernen Hände aufzieht und sie zusammenschlägt und zwischen ihnen das blutige Herz zerdrückt..... O nach Äonen müßte, wenn der Mensch über das Grab hinauslitte, diese bange Minute noch wie eine düstre Wolke allein am ausgehellten Eden hängen und nie zerfließen![70]

Die realistische Interpretation Fälbels, die Robert Minder hierzu gibt, als eines verwerflichen Exempels von Untertanengeist, ist eine subjektiv-moralische Bewertung, die total unhistorisch ist, weil sie dem Autor eine Absicht zuspricht, die die Darstellung des Vorganges nicht besitzt.[71] Es geht Jean Paul um den Kontrast der beiden Darstellungs-

[70] Hanser IV, S. 248 u. S. 250.
[71] Robert Minder, Dichter in der Gesellschaft. Frankfurt/Main 1966. S. 52–62: ›Jean Paul oder die Verlassenheit des Genius‹; vgl. hierzu S. 61–62. - S. 62 heißt es weiter: »Jean Pauls Gestalten nur geisteswissenschaftlich anzusehen, heißt ihnen die Klauen und das Grauen der Wirklichkeit rauben.« Es sei hier die Gegenfrage gestellt, wem denn die Feststellung diene, daß Fälbel den ›Untertan‹ und Katzenberger den Typus des KZ-Arztes vorwegnehme? Die moralische Aktualisierung literarischer Figuren, die nur den Zweck hat, die ›Verantwortlichkeit‹ des Interpreten zu bezeugen, verniedlicht durch diese Rückprojektion die Gegenwart, aus der das Vergleichsmoment bezogen wird, und erzeugt ein illusionäres Verhältnis von literarischer Fiktion und Wirklichkeit. Gleichzeitig wird eine literarische Erfassung der Realität zugrunde gelegt, die zu sehr auf unserem heutigen Verständnis der Gesellschaft gründet (vgl. die frühere Anm. 30 dieser Einleitung). Hinsichtlich Jean Pauls sei nochmals das bereits erwähnte Nachwort von Norbert Miller zum ›Tom Jones‹ erwähnt (s. Anm. 12), der eine wichtige Feststellung für den Roman des 18. Jahrhunderts trifft: »Wirklichkeit tritt nicht um ihrer selbst willen in Erscheinung, sie wird

weisen, um ihre gemeinsame Wirkung auf den Leser, nicht um eine Darstellung der ›Wirklichkeit‹ selbst. Denn die Verbindung von Handlung, Kommentar bzw. Darstellungsform und angesprochenem Problem, als die sich jedes Faktum des Erzählvorgangs bei Jean Paul präsentiert, stimmt mit einer apriorischen Idee realistischer Interpretation nicht überein. Zudem ist hier darauf hinzuweisen, daß in der sonst so übersensiblen Zeit Friedrich Just Riedel – ein für Jean Paul äußerst wichtiger Autor – in seiner ›Theorie der schönen Künste und Wissenschaften‹ Swifts bekannte und wahrlich makabre Satire des »Wohlmeinenden Vorschlags« zur Linderung der Hungersnot in Irland unter den Modellen für die »Lustige Verfechtung eines ungereimten und paradoxen Satzes« aufführen konnte, neben ungleich harmloseren Abhandlungen Liscows und Rabeners.[72]

Riedel war es auch, der Jean Paul das Problem des Erhabenen und seines Tests vermittelte und damit Anstoß für die Doppelungen gegeben hat. Der Grundgedanke Shaftesburys lautet, auf Fragen der Poetik übertragen, in Riedels Formulierung:

> daß das Erhabene und Niedrige nur verhältnismäßige Ideen sind, die nach dem Standorte desjenigen, der sie denkt, verschieden sind und oft, aus verschiedenen Gesichtspunkten betrachtet, ineinander fließen.[73]

Jean Paul wendet dieses Prinzip zur Rechtfertigung der Stilmischung im ›Quintus Fixlein‹ an:

> Halte eine Residenzstadt nur für eine Kollekte von Dörfern, und ein Dorf für eine Sackgasse in einer Stadt, den Ruhm für das nachbarliche Gespräch unter der Haustüre, eine Bibliothek für eine gelehrte Unterredung, die Freude für eine Sekunde, den Schmerz für eine Minute, das Leben für einen Tag und drei Dinge für alles: Gott, die Schöpfung und die Tugend.[74]

Es ließe sich von dieser Stelle mühelos eine Brücke zur Humor-Definition schlagen, die deren Anwendung auf die Texte – gerade bei den beschriebenen Doppelungen – problemlos rechtfertigte:

---

in ihrem künstlerischen Stellenwert von einer vorgegebenen Poetik bestimmt, die mehr noch den Blickwinkel auf die Welt selbst fixiert. Ein »Realismus« nach dem Sprachgebrauch des 19. Jahrhunderts liegt allen diesen Romanen als Absicht ganz fern, auch wenn die Schilderung noch so lebendig, natürlich und nicht selten hart erscheint.« (S. 610)

[72] Riedel, Theorie der schönen Künste und Wissenschaften. (68), S. 122–123.

[73] Ebd., S. 56–57. – Wie bewußt Jean Paul diese Technik einsetzt, zeigt eine Stelle aus dem ›Siebenkäs‹, wo eine Replik Lenettes bei einem Ehestreit mit folgendem Satz eingeleitet wird: »Lenette setzte seinen Gründen etwas Starkes entgegen, Shaftesbury's Probierstein der Wahrheit, das Lächerliche.« (Hanser II, S. 170).

[74] Hanser IV, S. 186.

Der Humor ... hebt ... keine einzelne Narrheit heraus, sondern er erniedrigt das Große, aber ... um ihm das Kleine, und erhöhet das Kleine, aber ... um ihm das Große an die Seite zu setzen, weil vor der Unendlichkeit alles gleich ist und nichts.[75]

Aber gerade darin liegt ein Irrtum; denn das Entscheidende, Stilbildende an der Definition des Humors ist nicht die ›Idee‹, das ›Unendliche‹ oder ›Erhabene‹, sondern das ›Lächerliche‹ – die witzige Schreibweise und ihr Mißtrauen gegen das Erhabene, die mit der Verurteilung Shaftesburys als das grundlegende historische Stilproblem aus dem Blickfeld der Forschung verschwindet. Und es ist kaum ein Zufall, daß die an Hegel orientierte Ästhetik des letzten Jahrhunderts diesen Test des Erhabenen und das kontinuierliche Wechseln der Gegenstände (Jean Pauls ›humoristische Sinnlichkeit‹) als den Grundfehler der Humor-Kategorie bezeichnet:

Auch im Begriff zu theoretisiren bändigt er [Jean Paul] nicht einen Augenblick den Veitstanz der Gedanken, den der Humor zwar verträgt, den aber für dessen wesentlichstes Element zu halten ihn nur seine eigene fehlerhafte Praxis verleitet.[76]

Solange Jean Paul im Biedermeier stilistisch und rhetorisch als vorbildlich gelten konnte, folgt die Bewertung Jean Pauls nicht dem ›Humor‹ im Sinn einer idealistisch gefaßten ästhetischen Kategorie. Seine Stellung unter den »klassischen« Autoren ist weitgehend abhängig vom Vorzug, den Schiller vor Goethe, der Rhetoriker vor dem Prosaiker, der Deutsch-Nationale vor dem Künstler, der sich dem politischen Leben entzieht, gegeben wird. Dem entspricht die oben angeführte Stellungnahme Wirths (vgl. S. 19), die Jean Paul neben Schiller über Goethe stellte. In der Neubearbeitung des Werkes durch Zimmermann erscheint jedoch eine ganz andere Wertverteilung, die in Goethe nicht mehr den politischen Gegner unter nationalem Aspekt sieht, sondern ihn als Künstler von Schillers mehr äußerlicher Wirkung unterscheidet:

Während *Göthe* im Schnittpunkt zweier Jahrhunderte das ganze *innere* Leben der Nation durch seine Schriften umzuwandeln begonnen hatte, war durch *Schiller* gerade das *äußere* Leben der Gesellschaft, Staat und Kirche, in das Gebiet des Denkens und Redens, des Schreibens und Lesens hereingezogen wurde.[77]

---

[75] Hanser V, Vorschule § 32, S. 125.

[76] Hermann Lotze, Geschichte der Ästhetik in Deutschland. München 1868, S. 376.

[77] Zimmermann / Wirth (Angaben s. Anm. 52), S. 314. - Interessant ist, daß im Zusammenhang mit der Umwertung Schillers auch Napoleon neu bewertet wird. Im Anschluß an obige Stelle heißt es:»Durch Schiller ward zuerst in die deutsche Literatur der Kampf des Geistes hineingeworfen, welcher die *poli-*

Das Umschlagen der politischen Situation nach 1848 und der Untergang der Rhetorik verdrängen Jean Paul endgültig aus der Position neben den beiden großen Autoren, die Herwegh ihm noch zugestanden hatte,[78] ohne seine Bewertung aus der Vergleichssituation zu lösen, die die »Klassiker« zu seinem Maßstab erhebt.[79] Dies gilt für beide Stränge der Jean Paul-Forschung; sowohl den, der sich an dem biedermeierlich-utopischen Bild, das Börne und Herwegh prägten, orientiert und aus dieser Konzeption die Kategorien seiner Ästhetik deutet,[80] wie auch für die Entwicklung, die Heine mit einem scharfen Gesamturteil einleitet und die – nach der beschriebenen Ausschaltung naturrechtlicher und theologisch-moralischer Züge – zur Abhebung des Lyrikers und Humoristen Jean Paul führt.

> Jean Paul ist ein großer Dichter und Philosoph, aber man kann nicht unkünstlerischer sein als eben er im Schreiben und Denken.[81]

---

tischen Zustände, die Grundlage alles Bestehenden, das ganze Gesellschaftsleben durch alle Fugen durch angriff ...« (ebd.). Dieser ›Revolutions‹-Begriff bedingt auch Napoleons Umwertung: er habe dadurch, daß er Deutschland vor den Schrecken einer – idealistischen, und deshalb gefährlicher als die französische, weil politisch unmündiger – Revolution bewahrte (Forster wird als Ansatz genannt), Deutschland tatsächlich »revolutionirt« (S. 315).

[78] Georg Herwegh, Jean Paul. (122), S. 110: »der dritte im Bunde unserer literarischen Dreieinigkeit, nämlich der heilige Geist, dieser Gott des Humors« lautet eine Apostrophe Jean Pauls.

[79] Eine Ausnahme bildet Hillebrand (Ang. s. Anm. 54), der den Versuch einer gattungsmäßigen Einordnung auf der Linie Liscows und Rabeners unternimmt (2. Bd., S. 593). Freilich wird auch hier Schiller mitherangezogen, mit dem Jean Paul die Härte des äußeren Lebensablaufs und die ›Flucht‹ in den Rousseauismus teile wie die Freiheitsliebe und die Gefährdung des Skeptizismus (ebd., S. 588–589).

[80] Herwegh (122), S. 112. – Die generell dem Autor unterschobene utopische Haltung wird mit Vorliebe auf die Kategorien der Ästhetik übertragen: »Die Formulierungen der Ästhetik Jean Pauls haben von allen ästhetischen Versuchen in der deutschen Literatur am meisten die Fesselung an die Zeit ihrer Entstehung gelöst. Sie sind auch heute noch verbindlich.« (W. Höllerer, Kommentar zu Hanser I, S. 1314; Höllerer korrigiert diese apodiktische Ansicht jedoch im Nachwort zu Band V/VI der Hanser Ausgabe, Bd. VI, S. 1333ff.). So ist es nicht verwunderlich, Jean Pauls – an Kants früher Schrift ›Über das Gefühl des Schönen und Erhabenen‹ orientierte – Romankategorien als ›politische‹ Kategorien interpretiert zu sehen (Helms, bei Arnold (112), S. 1–6: Über Jean Pauls Romankategorien, vgl. hierzu S. 4). Der Autor begnügt sich nicht, sie als ständische Kategorien zu interpretieren (was noch einigermaßen sinnvoll wäre, auch wenn Jean Paul sich an keinerlei Ständeklausel hält), sondern er schreibt ihnen eine ›qualitas occulta‹ politischer Agitation zu, deren Nachweis er versäumt.

[81] Heine, Die romantische Schule. 3. Buch, (Ausg. Walzel Bd. VII), S. 143.

Heines Bewertung zeigt, daß - noch zu Lebzeiten des Dichters - eine Sonderung zwischen artistischer und personeller Wertung des Dichters eintrat, welche das poetische Verfahren als subjektive unlogische Befangenheit der Schreibweise gegen Goethes »objektive Freiheit« deklassierte. Jean Paul, der »konfuse Polyhistor von Bayreuth« erschien, wie die Anspielung auf Daniel Morhofs ehemals berühmtes enzyklopädisches Werk zeigt, bereits als Vertreter eines »barocken« gelehrten Schwulststils.[82] Obwohl die Urteile Heines n i c h t aus systematisierenden Überlegungen einer klassizistischen Ästhetik erwachsen, erhalten sie ihr Gewicht dadurch, daß sie das Ende von Jean Pauls Vorbildhaftigkeit in sprachlicher Hinsicht, ja sogar als rhetorisches Modell durch die realistische Programmatik vorwegnehmen.[83] 1821 ist er für Heine, gerade wegen seines Gebrauchs der Prosa, gegen die ja noch immer poetologische Vorurteile zu überwinden sind, neben Hoffmann, Clauren und Karoline Fouqué ein »moderner« Vertreter eines poetischen Prosastils (er erscheint in dieser Aufzählung als »berühmter« und »viel gelesener Autor«).[84] Aber der pejorative Hinweis auf die polyhistorische Schreibart verrät die Abwertung dieser Grundlage des Schriftstellertums Jean Pauls, und die Konfrontation mit Goethe und die sich anbahnende Ablehnung der extremen Tonlagen verdunkelt, daß der Stil Jean Pauls ebenso der Auseinandersetzung um einen mittleren Prosastil im 18. Jahrhundert entstammt und von daher zu bewerten ist, und nicht innerhalb einer Alternative von »barock« oder »objektiv-ästhetisch« (gleichgesetzt mit »realistisch«).[85]

Für das biedermeierliche Bild Jean Pauls gab es noch nicht den Zwang, sich am systematisch bedingten Humorbegriff Hegels zu orientieren, der dem Dichter trotz »Tiefe des Witzes und Schönheit der Empfindung« wegen der Kombination von Heterogenem den »wahren Humor« und »wahre Originalität« abspricht.[86] Und der Ästhetiker Lotze, der bereits zitiert wurde (S. 32), hatte sogar lapidar formuliert:

---

[82] Heine, Ludwig Börne, 1. Buch (Ausg. Walzel Bd. VIII), S. 352 und S. 358–359.

[83] Auf Jean Pauls Rolle in den Rhetorik-Lehrbüchern der Restaurationszeit hat mich freundlicherweise Georg Jäger aufmerksam gemacht. Vgl. hierzu seinen Aufsatz ›Der Deutschunterricht auf Gymnasien 1780-1850‹, DVj 1973, S. 120–147 (ein Überblick über Vorbilder des Prosastils, darunter Jean Paul, findet sich auf S. 126–128).

[84] Heine, Rheinisch-westfälischer Musenalmanach auf das Jahr 1821 (Ausg. Walzel, Bd. V, S. 203).

[85] Zur Ablehnung des Tönewechsels vgl. F. Sengle, Biedermeierzeit II (94), S. 1042; zur Anbahnung eines generell negativen Urteils über Jean Paul vgl. Gutzkows typischen Ausdruck von Jean Pauls Phantasie als »Kaleidoskop« (S. 808).

[86] Hegel, Ästhetik. (Ausg. Bassenge) Frankfurt o. J., Bd. I, S. 289.

Ueber die kleinen Eigenheiten humoristischer Darstellung schenkt uns J. Paul viele feine Bemerkungen; für das allgemeine Verständnis des Humors sind wir ihm wenig verpflichtet.[87]

Diesen Aussagen trat zunächst Herweghs Begriff des »protestantischen Humors« bei Jean Paul gegenüber, der ihm eine Bindung an das »Absolute« zuschreibt, die alles Bestehende für »unwahr« erklärt: »die Wahrheit liegt weit darüber hinaus, in Gott oder im Fortschritt«;[88] gleichzeitig wird der Humor als »demokratisch« interpretiert. Mit der Abwertung Jean Pauls als »Politikers« durch die sittengeschichtliche Bewertung und die Diffamierung der polyhistorischen Schreibart, wie sie Heine ankündigt, zerbricht diese Verbindung von metaphysischer und politischer Wertung.[89] Was sich konstituiert, ist eine Alternative, die anscheinend nur erlaubt, Bekenntnisse abzulegen: Jean Paul als richtender Zeitgenosse seiner Epoche, dem politische Bedeutung als Satiriker und Philosoph zukommt (so die biedermeierlich typisierte politische Interpretation) oder als stimmungsunterworfenes Opfer persönlicher Verhältnisse, mangelnde Gestaltungskraft durch ungewöhnliche lyrische Begabung kompensierend.[90] Diese zweite (vom Realismus herrührende)

---

[87] Hermann Lotze, Geschichte der Ästhetik in Deutschland. München 1868, S. 376.

[88] Herwegh (122), S. 112. - Herwegh gibt damit eine jener Paraphrasen der Humor-Definition (»Der Humor als das umgekehrt Erhabene vernichtet nicht das Einzelne, sondern das Endliche durch den Kontrast mit der Idee«, H. V, S. 125), die von nun an in allen möglichen Varianten und Sinndeutungen die Jean Paul-Literatur begleiten wird. - Das Besondere an Herweghs Interpretation ist jedoch der Versuch, J. Paul mit Hilfe der Hegelschen Geschichtsphilosophie zu rechtfertigen, die Luther und den Protestantismus zur Vorbedingung der Aufklärung machte (vgl. Vorlesungen über die Philosophie der Geschichte. Vierter Teil, dritter Abschnitt, drittes Kap.: ›Die Aufklärung und Revolution‹. In: Hegel, Werke Bd. 12. Frankfurt 1970, S. 520ff., hierzu S. 523).

[89] Es sei hier nochmals auf den (in Anm. 25) besprochenen Unterschied, aber auch die Kontinuität des historischen Verständnisses von Schlosser zu Droysen verwiesen: denn in der Jean Paul-Interpretation wiederholt sich der nämliche Vorgang. Die Feststellung der Bindung des Humors an ein ›Absolutum‹ durch Herwegh bedarf in ihrer hegelianischen Formulierung keiner weiteren Erläuterung; wenn nun Hillebrand (s. Anm. 54) das Humoristentum Jean Pauls auf eine Linie mit Liscow und Rabener stellt und sie als »Provinzialisten« bezeichnet, »bei denen die nationale Bedeutung gerade in der Kleinlebigkeit besteht« (S. 593), so ist für diese Abwertung der Mangel der nationalliterarischen ›Klassizität‹ verantwortlich; s. S. 603: »[es] fehlt … das besondere Interesse.«

[90] Hillebrands Formulierung soll als ein wesentliches Urteil der Realismus-Zeit über Jean Paul zitiert werden: »Am wenigsten hat Jean Paul zur humoristischen Satyre Beruf. Diese steht mit der sentimentalen Auffassung des Lebens und der Natur, die seine eigentümliche poetische Seite bildet, im innersten Widerspruche. … J. Pauls Musengeheimnis ist die Thräne, welche der Geist

Interpretation destruierte den biedermeierlichen Humorbegriff und leitete – im Rahmen der Aufwertung der pathetischen Stillage durch den Expressionismus – eine Umdeutung ein, die Jean Paul neben Hölderlin und Kleist sah und den Humor zur idealistischen Kategorie und zum heuristischen Grundprinzip der Interpretation Jean Pauls erhob.[91]

6. Das Problem der geschichtlichen Stellung Jean Pauls liegt somit nicht in der Befragung seiner »Modernität«, sei es, daß man sie in biedermeierlich-politischer Hinsicht als utopischen Entwurf erfaßt oder in ästhetisch-realistischem Sinn als Problembewußtsein des »romantischen« Künstlers interpretiert. Denn aus der beschriebenen Ausschaltung bestimmter Züge aus dem Werk Jean Pauls resultiert eine Verwechslung des stilistischen Problems der Schreibweise (in extremen Tonlagen) und Darstellung (das Bewußtsein als »liebster Gegenstand des Bewußtseins«,[92] wodurch die Wirklichkeit auf kleinste Ausschnitte redu-

---

über seine Verbannung in die Welt des Diesseits weint; und es ist nicht zu leugnen, er weiß uns diese Thräne oft so ätherisch rein zu zeigen, daß sie uns als die eines Engels erscheinen möchte. In diesem Geistesheimweh, in welches die Ironie hinüberspielt, liegt das Eigenthümliche seiner Dichtung, die daher mehr nur den Schein des Humors als dessen Wesen trägt. Jene Geistesheimwehpoesie ist ihm allerdings nun gelungen, wie wenigen Andern. Sie sprießt gleich lieblichen Blumen aus dem Schutte hervor, welchen der Dichter aus allen Ecken und Enden herbeischleppt, um mit ihm das Werk des Humors aufzubauen.« (S. 594). – Eine Bestätigung für dieses Denken in programmatischen Alternativen findet sich bei Arnold (112) im Aufsatz R. R. Wuthenows ›Der sentimentale Jean Paul ist tot‹ (S. 125–136), gerade auch in der Hervorhebung eines »neuen« Aspektes an Kommerells Monographie, nämlich daß dieser Jean Paul als »rebellischen Humoristen« dargestellt habe (S. 136); damit wird, unter Mißachtung von Kommerells ›Klassik‹-Bild, die selektive Bewertung des Autors überflüssigerweise auch auf die kryptischen Argumentationen dieser Monographie übertragen (zu Wuthenows Berufung auf Benjamin, S. 134, vgl. Anm. 20).

[91] Korff schreibt im ›Geist der Goethezeit‹ über Jean Pauls Bestimmungen des Humors: »Zunächst sind sie der erste kongeniale Versuch zur tieferen Wesensbestimmung des Humors überhaupt. Sodann aber sichern sie zum erstenmal dem Humor seinen gebührenden Platz innerhalb der Welt der Poesie, indem sie den Humor neben dem Schönen und Erhabenen, womit die klassische Ästhetik ausgekommen war, als die dritte große ästhetische Grundgestalt erweisen. Und drittens endlich legitimieren sie damit implizite dasjenige Element der romantischen Dichtung, das mit zu ihren konstitutiven Elementen gehört und gerade jene Eigentümlichkeit darstellt, durch die sie sich vom Bilde der klassischen Dichtung am sichtbarsten unterscheidet.« (Angaben s. Anm. 28), Buch II, Kap. 2: Romantisierung der Poetik. Jean Pauls ›Vorschule der Ästhetik‹, S. 285. Korffs Auffassung bedarf angesichts des bisher gebrachten Materials keiner weiteren Widerlegung; generell sei auf Krogolls negatives Urteil zur Sekundärliteratur hinsichtlich des Humor-Problems in seinem Forschungsbericht (4), S. 449–452 verwiesen.

[92] Quintus Fixlein, Hanser IV, S. 185.

ziert wird) mit der historischen Bedeutung des kleinteiligen polyhistorischen Stils und seiner Idealisierung in der Kategorie des Humors. In dieser rechtfertigt Jean Paul nicht die Form der Darstellung der Wirklichkeit in seinem Werk. Auf den mit Maßstäben des »Realistischen« nicht erfaßbaren Charakter der kleinteiligen Erzählweise und die darin begründete Rolle Jean Pauls für die Biedermeierzeit hat Friedrich Sengle ausführlich hingewiesen.[93] Wenn man jedoch diesen vorromantischen bzw. vorkantischen Partikularismus ernst nimmt und darauf verzichtet, Jean Pauls Werk in einen Nebel von diffusen Aphorismen dubioser und kurioser Herkunft zu verwandeln, in dem der Interpret klarer sehe als der Autor, und dabei die Zitate nach Quelle, Häufung und Bedeutung untersucht (wofür durch Berends Edition ja alle Vorarbeit geleistet ist), so wird man feststellen, daß Jean Paul aus der Zeit der philosophischen und literarischen Studien vor der »Unsichtbaren Loge« die für sein späteres Werk formal wie inhaltlich konstitutiven Elemente übernimmt und nicht mit dem neuen literarischen Mittel neu erschafft. Die Kleinteiligkeit im Literarischen koinzidiert mit der »Kleinteiligkeit«, nämlich dem Zettelkasten-Prinzip des Polyhistorismus, des antisystematischen philosophischen Denkens. Aber schon die Jean Paul-Tradition des Biedermeier übernahm nur Jean Pauls literarischen Stil als Vorbild, während der Gehalt der Digressionen durch die geschichtliche Entwicklung als überholt gelten konnte, daher auch in die beginnende Typisierung des Bildes nicht einbezogen wurde.[94] Die Ausbildung der Erzähl- und Reflexionsformen im Frühwerk und ihre

---

[93] Biedermeierzeit II (94), S. 1002–1007. - Ich habe jedoch Bedenken gegen die Formulierung, daß erst philosophische Mündigkeit im Sinne Kants die Überwindung dieses Partikularismus zugunsten geschlossener Formen mit sich bringe (S. 1006, Anm.): denn beruht »Mündigkeit« bereits in der bloßen Fähigkeit, daß der Einzelne Denksysteme zu bilden bzw. die Allgemeinheit sie zu akzeptieren vermag? Kant verbindet, nicht ganz legitim, seinen deduktiven Vernunftbegriff mit dem Konzept der »Mündigkeit« (dargelegt in der berühmten kurzen Abhandlung ›Was ist Aufklärung?‹), wenn er in den ›Ideen zu einer allgemeinen Geschichte in weltbürgerlicher Absicht‹ postuliert: »Die Natur hat gewollt: daß der Mensch alles, was über die mechanische Anordnung des Daseins geht, gänzlich aus sich selbst herausbringe, und keiner anderen Glückseligkeit, oder Vollkommenheit, teilhaftig werde, als die er sich selbst, frei von Instinkt, durch eigene Vernunft, verschafft hat.« (Kant, Werke. Ausg. Weischedel Bd. VI, S. 36) Dieser axiomatische Satz enthält eine Überschätzung des Rationalen und eine vollkommene Unterschätzung des kreatürlichen Bedürfnisses, das Jean Paul naturrechtlich verteidigte, und des Unbewußten als physiologischer (nicht primär psychologischer!) Gegebenheit.
[94] Daraus erklärt sich die allgemeine Abwehr des »barocken« Polyhistorismus, den Friedrich Schlegel, Hegel und Heine bereits so betont an Jean Paul kritisieren.

bruchlose Übernahme in die poetischen Formen des Romans, der Satire und Idylle, verweisen auf eine philosophische Intention, die dem Erzählen vorgängig ist bzw. zugrunde liegt und die den Autor veranlaßte, mit dem Wachsen der erzählenden Werke das aufgehäufte Studiermaterial wieder aus ihnen herauszunehmen.[95] Die musivischen Einzelteile aus Jean Pauls Sammeltätigkeit streben keinerlei isolierte Gültigkeit an, wie sie die Theorie des Aphorismus für sich postuliert, sondern sie zielen auf enzyklopädischen Zusammenhang in dem Sinn, in dem Diderot und d'Alembert ihn begründet hatten.[96] Die Einheit der Künste und Wissenschaften beruht demnach auf einem Netzwerk von Querverweisen, das über die Listen der wissenschaftlichen Begriffe gelegt wird und das durch die Hinzufügung neuer Erkenntnisse zu erweitern ist.[97] Die Resultate dieser Auffassung mit ihrer ausgeprägten antisystematischen Tendenz finden sich bei Ernst Platner im Vorwort zu seiner ersten ›Anthropologie für Ärzte und Weltweise‹ (1772) und wirken von da aus auf Jean Paul ein. Nicht zufällig wird in der Vorrede zur ersten Auflage der ›Vorschule der Ästhetik‹ auf dieses Werk Platners verwiesen und als methodisches Prinzip für die Definition ästhetischer Kategorien angegeben:

Jede Klassifikation ist so lange wahr, als die neue Klasse fehlt.[98]

Dieser Grundsatz widerspricht jedoch dem Bestreben der Ästhetik des 18. Jahrhunderts und vor allem des Idealismus um eine philosophisch-systematische Begründung ihrer Kategorien. Um die Tragweite dieser unscheinbaren Äußerung zu erfassen, ist es nötig die Vorbilder Platner und Riedel heranzuziehen, die in diesem Zusammenhang genannt werden. Freilich spricht Jean Paul mit dem Selbstbewußtsein des erfolgreichen Künstlers davon, daß es sich um »unbedeutende« Ästhetiker handle: aber sie sind historisch bedeutend, weil sie gegen die transzendentale Ästhetik der Schule Kants angeführt werden und erst aus ihrer Kenntnis die Position einsichtig wird, von der aus der Dichter selbst argumentiert.

[95] Darauf war bereits früher zu verweisen: vgl. S. 3/4.
[96] Vgl. hierzu die übersichtliche wissenschaftsgeschichtliche Darstellung von Robert Mc Rae (88), deren Ausgangsfrage nach der logischen Einheit der Wissenschaften sich besser anbietet, um den Übergang von Descartes und Leibniz zu Kants ›Conceptus cosmicus‹ als Entwicklung darzustellen, als Cassirers Ausgangspunkt einer Überlagerung des »esprit de système« des Cartesianismus durch den »esprit systématique« der Aufklärungsphilosophie, die durch Kant wieder beseitigt wird (Die Philosophie der Aufklärung (78), Vorrede S. X).
[97] Mc Rae (88), vgl. S. 8–9.
[98] Vorschule der Ästhetik, Vorrede zur ersten Ausgabe. (Hanser V,) S. 24.

Und dies gilt generell für Jean Pauls Quellen. Sie erscheinen vielfach in poetischer Überformung, liefern nur eine Metapher innerhalb der Erzählung, eine Anspielung, die jederzeit zum Stichwort einer Abhandlung, einer Digression werden kann. Hatte Bayles ›Dictionnaire‹ ihn fasziniert, weil in ihm jedes Faktum in die Erörterung philosophischer Probleme aufgelöst wurde, so zweifelte er doch, ob es möglich sei, auf diesem Weg über skeptische Feststellungen hinauszugelangen. Worauf es dem Autor ankommt, ist die poetische »Beseelung« des Stofflichen, der polyhistorischen Materialien, die Natur, Geschichte und Wissenschaften bieten, um dem Bedürfnis nach Sinn zu genügen. So schließt die Einleitung Jean Pauls zum Aufsatz des Helden Viktor im ›Hesperus‹, der [das physiologische] Verhältnis der Organe zum Bewußtsein behandelt:[99]

> Viktor befruchtete seine Seele vorher [gemeint ist: vor der Niederschrift des Aufsatzes] durch die große Natur oder durch Dichter, und dann erst erwartete er das Aufgehen eines Systems. Er fand (nicht erfand) die Wahrheit durch Aufflug, Umherschauen und Überschauen, nicht durch Eindringen, mikroskopisches Besichtigen und syllogistisches Herumkriechen von einer Silbe des Buchs der Natur zur andern, *wodurch man zwar dessen Wörter, aber nicht den Sinn derselben bekömmt.* Jenes Kriechen und Betasten gehört, sagt' er, nicht zum *Finden,* sondern zum *Prüfen* und Bestätigen der Wahrheit; wozu er sich allezeit von Bayle Schulstunden geben ließe: denn niemand lehrt die Wahrheit weniger finden und besser prüfen als Scharfsinn oder Bayle ...[100]

Jean Paul zitiert hier aus seinen eigenen Notizen, die den Titel ›Bemerkungen über den Menschen‹ tragen. Der ursprüngliche Satz – er lautet dort: »Niemand lehrt die Wahrheit besser suchen und schlechter finden als Bayle.«[101] – steht dort in Nachbarschaft zu einem andern, der von der Schwierigkeit spricht, Probleme isoliert zu behandeln:

> Das macht einem alle Untersuchungen so schwer, weil an jede Frage, die man beantworten wil, noch zehn andre sich hängen, deren Beantwortung von der Auflösung jener sich nicht trennen lässet.[102]

Erst das Romanvorbild der ›Hartknopf‹ – »Allegorien« von Karl Philipp Moritz bildet Jean Pauls Sammel- und Denkmethode, in der sich eine Frage in die andere verwirrt, zu einem Erzählstil um, nachdem sie sich zur philosophischen Erörterung und Lösung der ihn bewegenden Fra-

---

[99] ›Viktors Aufsatz über das Verhältnis des Ich zu den Organen‹ lautet der volle Titel des Neunten Schalttags im ›Hesperus‹, der wegen seiner physiologischen Argumentationen, die sogar noch die ›Selina‹ zum Beweis der Unsterblichkeit heranzieht, von großer Bedeutung ist.
[100] Hesperus (Hanser I), S. 1099–1100.
[101] Bemerkungen über den Menschen, 1. Bändgen (geschrieben 1782–1793). GW II/4, S. 31.
[102] Ebd.

gen als ungeeignet erwiesen hatte. Denn eine andere dieser Bemerkungen bezeichnet Jean Pauls Interesse an den Wissenschaften:

> Eine tiefere Einsicht in die Natur würde uns wahrnehmen lassen, daß um alles und durch alles in der Welt ein geheimes Band sich schlingt, und daß die Ähnlichkeiten, die der Wiz an den Dingen bezeichnet, vor einem scharfen Auge bestehen und sich als Gleichheiten darstellen.[103]

Er betrachtet die verschiedenen, oft miteinander konkurrierenden Ergebnisse der Einzelwissenschaften nicht um ihrer selbst willen, sondern nach seinem Gefühl, nach dem Anspruch eines Verweisungscharakters, weshalb ihn Antworten aus dem Bereich der Vernunft allein nicht zufriedenstellen:

> Der denkende Theil in mir entdekt in der Welt überal Ordnung, nur der empfindende nicht, der nicht der Zuschauer sondern ein Glied dieser Kette ist.[104]

In diesen Notizen zeigt sich damit ein Widerspruch zwischen gesicherter wissenschaftlicher Erkenntnis, deren Einzelergebnisse sich durch die polyhistorisch-enzyklopädische Erfassung relativieren, und dem Bedürfnis nach metaphysischer Gewißheit, die aus all diesen geordneten Gewißheiten für sich selbst keine Beruhigung zu ziehen vermag. Am 17. Februar 1783 findet sich ein umfangreicher Eintrag, der diese Situation exakt beschreibt:

> Was ist das Leben? Ich wolt' ich wüste es nicht; ich wolte, iene glückliche Selbstvergessenheit des Wilden wäre mir zum Lose zugefallen, so fänden meine Leiden nicht den Kopf, sondern nur die Sinnen zum Eingange offen. Ich wolt' ich wäre recht weise, oder gar nicht; gebt mir die Kälte des Stoikers oder die Empfindung des Aristips; die Mitte zwischen beiden macht mir das Leben verhast. Der unaufhörliche Bürgerkrieg meiner Gedanken und Empfindungen ermüdet meine Begierde nach Glükseligkeit. Da bin ich, sehe hinüber an die neblichten Ufer der Kindheit (des einzigen Alters, wo der Mensch glüklich ist, weil er nämlich nur ein halber Mensch ist) und sehe schöne Träume, aus deren Verlust ich meine Weisheit beweise. Dort war ich glüklich, denn die Hofnung spielte wie ein Kind noch mit meinem Wünschen in ienem Alter, dessen Beschüzung die fromme Mutter Engeln überläst. Jezt bin ich nicht glüklich; denn wenn ich es bin, so steigt im Hintergrund das Gespenst der Furcht oder der Vernunft oder des Ekels auf, wächset mit seinen Gliedern bis an den Himmel – und nun stürzet der fürchterliche Kolos über meine ganze Empfindung her und wird der Grabhügel meiner Freude.[...]

> Aber wo ist denn die Warheit, zu der ich vor dem Ekel fliehe. Wo ist sie? ich sehe überal ihre Altäre, aber nicht sie selbst. Vielleicht sind ihre Priester glüklicher; aber ich bin nur desto unglüklicher. Ich mus ein Skeptiker sein, nicht weil ich einen grossen, sondern weil ich einen kleinen Verstand habe. Dort

---

[103] Ebd., S. 26.
[104] Ebd., S. 57.

40

widerspricht ein Scharfsichtiger dem andern, der eine hält iene entfernte Gestalt für einen Baum, der andre für einen Menschen. Wem sol ich glauben? etwan dem, dessen Ausspruche meine eignen Augen beifallen? O ich sehe dort weder einen Baum noch einen Menschen, sondern nur einen schwarzen Punkt. Nun weis ich nichts. Gebt mir Leibnizens Verstand, so irre ich doch noch. Ich habe aber nur meinen, ich kan nicht einmal irren, sondern nur nachbeten. Nein ich mag keines nicht. Ich wil meine Augen zudrükken und meinen Blik in die Nacht zwischen meinen Augenlidern und meinen Sehnerven stürzen; da sol er gefesselt bleiben; ruhig wil ich meine Wisbegierde an den unermeslichen Kolos der Finsternis anlenen. Allein da reist mir die Gewonheit die Augenlieder wieder auf zum Gefül meiner Unbeständigkeit; da peitschen mich Sinnen und Leidenschaften und Wünsche auf dem alten Wege fort, gegen dessen Beleid[ig]ungen mich nur der Gebrauch meines Gesichts schüzen kan. Also one Herz für die Freude, one Kopf für die Warheit, one Kraft, den Verlust von beiden zu ertragen; was bin ich dan? O ich füle die Antwort; sie komt nicht von meinen Lippen, sondern aus meinen Augen; ich bin das, zu was mich der Tod nicht zu machen braucht und zu was mich mein vergangnes Nichtsein nicht machte. Aber bin ich allein elend? o dies wäre noch ein grösseres Wunder, als wenn ich allein glüklich wäre. Vielleicht sind meine Klagen zu gros? wol möglich; ich neme sie vielleicht grösserm Elende aus dem Munde, – wir müssen mit den Klagen sparsam sein, sonst bleiben noch Leiden übrig, für die wir keine Klagen aufgehoben.[105]

Diese inhaltlich denkwürdige und stilistisch bemerkenswerte Eintragung erhält neun Jahre später einen Zusatz: am 12. Juni 1792 setzt Jean Paul – ungewöhnlich lakonisch – hinzu: »Kein Wort wahr«. Die frühere skeptische Verzweiflung hatte durch das berühmte »Todeserlebnis«, das die Grenze zwischen Jugend- und Romanperiode markiert, eine Einschränkung erhalten, an die sich Jean Paul von da ab hielt: eine bewußt gezogene Grenze für die Skepsis gegenüber der Erfassung der Wirklichkeit, die von der Forderung eines emotionalen metaphysischen Bedürfnisses ausgeht. Der subjektive Entschluß zum Glauben an die Unsterblichkeit ist somit das Bemerkenswerte – und gleichzeitig die Aufgabe einer philosophischen »Berufung«. Nur insofern kann von einer Neuorientierung des Autors die Rede sein, denn was dann erfolgt, ist Umformung und Anpassung des bisher Gedachten und Gearbeiteten an das neue literarische Medium, um der Aporie des philosophischen Denkens zu entkommen. Bezeichnend ist auch, daß diese ›Bemerkungen über den Menschen‹, die der Sammlung von Skizzen, Einfällen und kurzen Untersuchungen dienten, unverändert über dieses Ereignis der Todesvision hinaus bis an sein Lebensende weitergeführt werden (zwischen August 1782 und März 1793 wird der erste Band gefüllt, innerhalb der hektischen Schreibarbeit zwischen 1793 und 1803 entstehen drei weitere Bände, auf September 1817 ist der Beginn des siebten und letz-

---

[105] Ebd., S. 8–10.

ten Bandes datiert). Von den ersten Eintragungen an dokumentieren sie beim jungen Jean Paul die Lust am Schreiben in witziger Form, die Selbstreflexion in empfindsamer Kindheitserinnerung und die Unrast des Denkens, deren Ungenügen an einem System eben nach dem Setzen einer Grenze verlangt. Dieser Grundgedanke der Jugendschriften und ihrer Entwicklung wird in den literarischen Werken immer wieder neu vergegenwärtigt. Denn auch zu den scheinbaren Atheismen des Shakespeare-/Christus-Traumes und den Blasphemien des Ledermenschen Kain im »Komet« treten Gegenstücke hinzu, die sie – im Sinn dieser ›Grenze‹ – relativieren und mit denen sie eine »musivische Einheit« im Sinn des Shaftesbury'schen Kontrasts bilden. Ebenso setzt Jean Paul den Gedanken der Relativierung eines Systems durch das andere später gegen Kant und dessen Anhänger ein.[106] Und schließlich entbehrt dieses Erlebnis selbst nicht einer gewissen literarischen Stilisierung, nachdem es in einer der eindringlichsten Episoden von K. Ph. Moritz' ›Anton Reiser‹ ein Vorbild hatte und in Jean Pauls eigenem Werk eine literarische Ausgestaltung erhält: Anton Reiser wohnt einer Hinrichtung bei und versetzt sich an die Stelle der Delinquenten; er erfährt ein Gefühl der Zerstückung von Geist und Körper bei vollem Selbstbewußtsein, das ihn beinahe zum Wahnsinn treibt und wovor ihm bezeichnenderweise die Lektüre Shakespeares rettet.[107] Im ›Hesperus‹ wird eine »Bekehrung« Viktors erzählt, die – wie diejenige Jean Pauls – mit Tag und Stunde angegeben ist, denn

> jeder Mensch, an dem die Tugend etwas Höheres ist als ein zufälliger *Wasserast* oder Holztrieb, muß die Stunde sagen können, worin jene die Hamadryade seines Innern wurde – welches die Theologen Bekehrung und die Herrnhuter Durchbruch nennen. Wie soll die Zeit nicht unsre geistigen Empfindungen abmarken, da ja bloß diese jene abstecken?[108]

Jean Paul begleitet diese Bekehrungsschilderung mit anderen autobiographischen Details, der Abwendung Viktors von der Satire, der Hinwendung zur Glaubensphilosophie und dem Gefühl der Lösung von allen Widersprüchen, die er auch in der Wahl der drei Lieblingsautoren Viktors manifestiert: Kant, Jacobi und Epiktet. Ihre Bedeutung liegt in ihrer Kombination: Kant als Vertreter des aufklärerischen Vernunftanspruchs, als der er von Jean Paul trotz seiner Animosität gegen die Antinomien der ›reinen Vernunft‹ vorzüglich angesehen wird, Jacobi als der Vertreter eines Glaubens, der weder der philosophischen Systema-

---

[106] Vgl. Palingenesien (Hanser IV), S. 811–812 u. ff.
[107] K. Ph. Moritz, Anton Reiser. (64), S. 262–266.
[108] Hesperus, 29. Hundspostag (Hanser I), S. 967ff.; Zitat S. 969.

tik noch der konfessionellen Dogmatik bedarf, und schließlich ein Vertreter der Stoa, Epiktet, der zur Dämpfung des sonst überschwenglichen Enthusiasmus notwendig ist. Eine Passage aus einem Brief Viktors an Emanuel nach dieser »Bekehrung« demonstriert jedoch die grundlegende Rolle, die dem metaphysischen Bedürfnis zukommt und welche Rolle es für die Bildung eines besonderen Verhältnisses von Philosophie und Poesie damit erhält:

> Ach ich kenne jetzo das Leben! Wäre nicht der Mensch sogar in seinen Begierden und Wünschen so systematisch – ging' er nicht überall auf Zuründungen sowohl seiner Arkadien als des Reichs der Wahrheit aus: so könnt' er glücklich sein und mutig genug zur Weisheit – Aber eine Spiegelwand seines *Systems*, ein lebendiger Zaun seines *Paradieses*, die ihn beide nicht ins Unendliche *sehen* oder *laufen* lassen, sprengen ihn sofort auf die entgegengesetzte Seite zurück, die ihn mit neuen Geländern empfängt und ihn neuen Schranken zuwirft... Jetzt, da ich so verschiedene Zustände durchlaufen, leidenschaftliche, weise, tolle, ästhetische stoische; da ich sehe, daß der vollkommenste entweder meine irdischen Wurzeln in der Erde oder meine Zweige im Äther verbiegt und einklemmt und daß er, wenn ers auch nicht täte, doch über keine Stunde dauern könnte, geschweige ein Leben lang; – da ich also klar einsehe, daß wir ein Bruch, aber keine Einheit sind und daß alles Rechnen und Verkleinern am Bruche nur Annähern zwischen Zähler und Nenner ist, ein Verwandeln des $\frac{1000}{1001}$ in $\frac{10000}{10001}$: so sag' ich:»Meinetwegen! die Weisheit sei also für mich *Auffinden* und *Ertragen* bloß der *kleinsten* Lücke im Wissen, Freuen und Tun. Ich lasse mich daher nicht mehr irremachen, und meinen Nachbar auch nicht mehr, durch die gewöhnlichste Täuschung, daß der Mensch jede Veränderung an sich – jede Verbesserung ohnehin, aber auch sogar jede Verschlimmerung – für größer ansieht, als sie hinterher ist.[109]

Die Aufgabe des philosophisch-systematischen Denkens zugunsten eines lückenhaften Wissens resultiert aus der Ansicht über den Zustand der empirischen Wissenschaften, ihrer Lückenhaftigkeit in der Erfassung des Menschen und der Vernachlässigung eben des metaphysischen Bedürfnisses, das deshalb für diese Arbeit zentral zur Darstellung der geschichtlichen Stellung des Autors wird. Denn aus dieser bewußt metaphysischen, nicht rationalen Entscheidung resultiert auch die Wendung gegen die kritische Schule Kants, wie sie das Register der eingefügten »Extraschößlinge« im ›Hesperus‹ persifliert:

> P
> *Philosophie*. Einige kritische Philosophen haben jetzt aus der Algebra eine mathematische Methode entlehnt, ohne die man keine Minute philosophisch – nicht sowohl denken als – schreiben kann. Der Algebraist erhaschet durch das Versetzen bloßer Buchstaben Wahrheiten, die keine Schlußkette ausgraben konnte. Das tut der kritische Philosoph nach, aber mit größerem Vorteil.

---

[109] Ebd., 30. Hundsposttag, S. 982.

Da er nicht Buchstaben sondern ganze *Kunstwörter* geschickt untereinander-mengt, so schäumen aus der Alliteration derselben Wahrheiten hervor, die er sich kaum hätte träumen lassen. [...] Solche Handwerker – so kann ich die Magister nennen, weil man umgekehrt sonst die Handwerker Magister hieß und den Obermeister Erzmagister – sollte man als die beste Propaganda in Rechnung bringen, welche dicke Bücher haben können: sie sind am besten imstande, das System auszubreiten, weil sie das Unfaßliche, das Geistige da-von abzuschneiden, und das Volkmäßige und Körperliche, d. h. die Wörter, für Leser, die sonst einfältig, aber doch nicht ohne kritische Philosophie sterben wollen, auszuziehen wissen. Das elendeste theologische und ästhetische Ge-stein erhält jetzt eine kantische Fassung aus Wörtern.[...]

Jeder Mann von Genie ist ein Philosoph, aber nicht umgekehrt – ein Philosoph ohne Phantasie, ohne Geschichte und ohne das *Vielwissen* des Wichtigsten ist einseitiger als ein Politiker – wer irgendein System mehr annahm als er-fand, wer nicht vorher dunkle Ahnungen desselben hatte, wer nicht vorher wenigstens danach lechzte, kurz, wer nicht seine Seele als einen vollen war-men, mit Keimen ausgefüllten Boden, der nur auf seinen Sommer wartet, mit-bringt, der kann wohl ein Lehrer, aber nicht ein Schüler der zum Brotstudium erniedrigten Philosophie sein – und kurz, es ist einerlei, welchen Ort man zur philosophischen Sternwarte besteige, einen Thron, oder einen Pegasus, oder eine Alpe, oder ein Cäsars-Lager, oder eine Leichenbahre, und sie sind fast alle höher als der Kathedr im Hör- und Streitsaale.[110]

Betrachtet man Jean Pauls Werk unter den bisher genannten Aspek-ten, so wird man in der logischen Vorüberlegung hinsichtlich der typi-sierenden Vorurteile, deren ständige Reproduktion auch noch unter neuesten Arbeiten manche schon im Ansatz um ihren Erfolg bringt, die Voraussetzung dafür erkennen, daß man die Frage nach der Konstitui-erung der literarischen Texte Jean Pauls in die Überlegungen miteinbe-zieht. Denn es handelt sich hier nicht um ästhetische Erkenntnis eines spezifisch poetischen Verfahrens, sondern es ist von einer Situation aus-zugehen, in der die Dichtung in einem besonderen Verhältnis zur Philo-sophie, zu den exakten Wissenschaften und zur Religion steht. Legt man den bloßen Aspekt des Beitrags zur Geschichte des Romans zugrunde, so wird man unweigerlich die Textaggregate, die die Erzählungen um-klammern und durchflechten, beiseite lassen müssen, weil sie einer »rea-listischen« Interpretation der Handlung abträglich sind. Geht man von der Ästhetik aus, so verführt der Begriff des »Humoristen« Jean Paul dazu, den Begriff des Humors als idealistische Kategorie zu interpre-tieren, die man nun, statt ihre Entstehung und Herkunft im Werk zu verfolgen, in die Texte induziert, unter Vorgabe, man würde sie daraus ableiten. Dabei sollte doch auffallen, daß diese Kategorie zusammen-

---

[110] Ebd., Fünfter Schalttag, Fortsetzung des Registers der Extraschößlinge. S. 799–800 und S. 801.

44

gesetzt ist aus den analytischen Elementen des Lächerlichen, des Erhabenen, des Unendlichen und dem Verhältnis von sinnlicher Perzeption und Einbildungskraft als oberstem Seelenvermögen – also daß es sich nicht um eine synthetisch a priori gegebene Kategorie handelt, wie sie dem idealistischen Denken entspräche. Deshalb vernachlässigt eine bloß ästhetische Bewertung der Jean Paulschen Schreibweise als eines stilistischen Verfahrens, das mit einer Masse von Stoffen spielt – und immerhin mittlerweile, dank Raschs berühmtem Aufsatz, soweit gerechtfertigt erscheint – immer noch den logischen Zusammenhang der Problembereiche, an denen sich das Interesse des Autors entzündet und auf deren Kombination sein poetisches Verfahren beruht. Es handelt sich dabei nicht um ein »Chaos« an Stoffmassen, wie das immer wieder reproduzierte Urteil von Friedrich Schlegels Athenäumsfragment lautet,[111] sondern um einen Problemverbund, der sich im Werk Jean Pauls in individueller Gestaltung darbietet, aber darüber hinaus eine historische Situation bezeichnet, die es erforderlich macht, den Autor über den Bereich der Geschichte der Literatur hinaus einem weiter gefaßten Zusammenhang zuzuordnen. Denn ob man seine Schreibweise aus Gründen einer klassizistischen ästhetischen Norm ablehnt, wie es lange geschah, oder ihr, wie jetzt, einen positiv interpretierten »Sinn« der Negation einer inhumanen Wirklichkeit zuspricht, das präjudizierende Urteil von der spielerischen Anhäufung von Stoffmassen, das beiden Stellungnahmen zugrunde liegt, läßt immer noch nicht die Frage nach der geschichtlichen Bedeutung dieser polyhistorischen Schreibweise ins Blickfeld treten. Sie erscheint zwangsläufig als »Subjektivität« im Sinn des von Hegel gegen Jean Paul erhobenen Vorwurfs,[112] solange man dem prinzipiellen Unterschied zwischen der Philosophie Kants und der Romantik zu dem philosophisch-poetischen Ansatz des Dichters selbst nicht genügend Rechnung trägt. Sein Ziel ist es, einen Monismus von rationaler Welterklärung und metaphysischer Sinngebung, wie sie die aufklärerische Haltung seit Leibniz kennzeichnen, zu bewahren. Dies aber ist nur noch im Bereich der Poesie möglich, wie die Einleitung zur berühmten Humor-Definition in der ›Vorschule der Ästhetik‹ feststellt; deshalb triumphiert in den Schriften Jean Pauls immer stärker das metaphysische Bedürfnis und das Vertrauen ins bloße Aussprechen des Gefühls über den Ansatz zur rationalen Widerlegung der Gegner Kant und Fichte und später der Romantiker. Es ist derselbe Prozeß, der Herder und Jacobi als Vertreter der Spätaufklärung isoliert

---

[111] Zitiert bei Kemp / Miller / Philipp (123), S. 19–20.
[112] Hegel, Ästhetik. Ausg. Bassenge, Bd. 1, S. 288–289.

(und sie auch heute noch einzig als Teilnehmer am ›Sturm und Drang‹ bedeutungsvoll erscheinen läßt), der Jean Pauls Lehrer Ernst Platner zur Vergessenheit verurteilt und die Zugehörigkeit des Dichters zu dieser Epoche, auch wenn er sie lange überlebte, verdeckt. Jean Paul ist kein Vorläufer der literarischen Bewegung der ›Romantik‹, wenn diese nur als die von den Brüdern Schlegel, Novalis, Tieck begründete Schule verstanden wird. Er ist ihr Gegner auf der nämlichen Basis, auf der er den Klassizismus als stilistisches und ästhetisches Diktat und die kritische Schule Kants bekämpfte. Dabei ist er in keiner Weise zum Gegenspieler der ›Klassiker‹ zu stilisieren, wenn darunter die Werke bedeutender Autoren zu verstehen sind, welche die deutsche Literatur in seinen Augen in den Rang der »kosmopolitischen« Dichtung einreihen. Die Grundlage dieser Haltung ist von Jean Paul in der Auseinandersetzung mit der vorkritischen Philosophie des 18. Jahrhunderts gewonnen worden, und seine Stellungnahmen zur geschichtlichen Entwicklung sind durch die polyhistorischen Quellen, aus denen er sein Wissen zieht, bereits vorbedingt: sie aber erscheinen, obwohl zum großen Teil in Berends Edition identifiziert, als »atypische« Beigaben kurioser Natur. Die Rechtfertigung des Zusammenhangs der angesprochenen Inhalte, die als ›disiecta membra‹ die Erzähl-Inseln tragen, und ihrer Orientierung an der Spätaufklärung enthält also die Antwort auf die Frage nach der geschichtlichen Stellung Jean Pauls.

I. Analytischer Teil:
Geschichtliches Bewußtsein und metaphysisches Bedürfnis:
Jean Paul und die Spätaufklärung

1. Geschichtliches Bewußtsein und metaphysisches Bedürfnis

Doch vom allgütigen und allmächtigen Gott zu handeln, dem Schöpfer und Erhalter aller Dinge, und zu beweisen, daß sämtliche Dinge vom obersten und wahrhaft Seienden abhängen, – das gehört, obwohl es den hervorragendsten Teil der menschlichen Wissenschaft bildet, dennoch eher zur Ersten Philosophie, d. h. zur Metaphysik und zur Theologie als zur Naturwissenschaft (*philosophia naturalis*), die heute fast völlig in den Experimenten und der Mechanik besteht. Die Naturwissenschaft setzt also entweder eine Kenntnis von Gott voraus oder entlehnt sie aus irgendeiner höheren Wissenschaft. Es ist indessen sehr richtig, daß die Untersuchung der Natur den höheren Wissenschaften von überallher vorzügliche Argumente zur Veranschaulichung und zum Beweis der Weisheit, Güte und Mächtigkeit Gottes verschafft.[1]

Als Berkeley 1721 diese Sätze in seiner Schrift ›Über die Bewegung‹ niederschrieb und damit alle metaphysischen Sinnfragen des Menschen aus dem Bereich der mechanischen Wissenschaften in den der ›prima philosophia‹ verwies, schien durch die bereitwillige Unterordnung der Naturwissenschaft unter das theologische Dogma, wie sie mit Bacon beginnt und durch Leibniz erneuert worden war, die Einheitlichkeit einer von der Vernunft und der Erfahrung kontrollierten Welterfassung ohne Konflikt mit der weltlichen Macht der Religion fortzubestehen. Dieser Zustand, für den Hans Blumenberg zur Kennzeichnung des neuzeitlichen, wissenschaftlichen Selbstverständnisses die Formel von einem »anthropologischen Minimum unter den Bedingungen des theologischen Maximums« geprägt hat,[2] zeigt am Ende des achtzehnten Jahr-

---

[1] George Berkeley, Schriften über die Grundlagen der Mathematik und Physik. Übersetzung und Einleitung von Wolfgang Breidert. Frankfurt/Main 1969. Aus: De Motu/Über die Bewegung oder über die Natur der Bewegung und über die Ursache der Bewegungsmitteilung (S. 208–243), S. 224.

[2] Hans Blumenberg, Die Legitimität der Neuzeit. (75), S. 165.

hunderts eine völlige Umkehrung der Konstituenten dieser Formel: ein theologisches Minimum unter den Bedingungen des anthropologischen Maximums. Dies manifestiert sich gerade in Jean Pauls auf ›vorkritischen‹ Positionen beharrendem Werk, bevor die Kantische Kritik die Wahrung des angesetzten Zusammenhanges für irrelevant erklärt und damit das Verhältnis von Religion und Wissenschaft als ausschließliche Macht- bzw. Kompetenzfrage behandelt. Jean Pauls Übergang von der Philosophie zur Dichtung vollzieht sich unter dem Eindruck dieser geistesgeschichtlichen Lage der Spätaufklärung und ist nur zu begründen als Festhalten an einem die religiöse Sinnfrage einbeziehenden Weltbild, dessen Interpretation des Menschen als Herrschaftsobjekt vom Naturrecht, die der Natur vom induktiven Empirismus Bacons und des metaphysischen Bedürfnisses aus der natürlichen Theologie bestimmt wird. Diese Doppelung von physischer und moralischer Erfassung der einheitlich der Erfahrung vorgegebenen Welt zerbricht bzw. wird zerbrochen durch die zu Beginn der Einleitung genannten Vorgänge: die Durchsetzung der Kantischen Philosophie, die zugleich die Rückkehr der dogmatischen Geltung der Religionen ermöglicht und das Ende der animistischen Physiologie bedeutet, die Überwindung des Naturrechts durch die historische Rechtsschule und die Festigung der autonomen philosophischen Disziplin der Ästhetik. Man mißverstehe diese Festlegung nicht; denn es ist damit nicht besagt, daß das Auftreten einer neuen Form der Wirklichkeitserfassung beschrieben werden soll, ohne dafür ein anderes Motiv als die Erscheinung eines bedeutenden Mannes (wie Kant) oder einer neuen geistesgeschichtlichen Richtung (des Historismus, der das Reichsrecht benutzt, um dem Naturrecht entgegenzutreten) zu indizieren. Diese Merkmale entstammen heterogenen und verschieden gewichtigen Fragebereichen: dem Problem, unter Berücksichtigung des erreichten Standes der Naturwissenschaften eine Neufundierung ihrer logischen Einheit zu erreichen, den Fragen nach der Form von Herrschaftsausübung und der Gestaltung metaphysischer Bedürfnisse, denen sich andere, bedeutungslosere (scheinbar!) hinzugesellen wie die, ob die Existenz der Seele physiologisch beweisbar sei. Die an thematischen Bereichen im Werk Jean Pauls gewonnene Kombination, die für die ›poetische Enzyklopädie‹ der Jean Paulschen Romane als konstitutiv anzusehen sind, verweist auf einen Zusammenhang, der nicht im bloß abstrakt-wissenschaftlichen, philosophischen oder ästhetischen Bereich angesiedelt ist, in dem vielmehr Fragen der Herrschaftsausübung in politischem und religiösen Sinn die scheinbar immanenten Probleme der systematischen Entwicklung dieser Bereiche massiv beeinflußen. Und hier gerät die oben zitierte Formulierung Blumenbergs ins Zwielicht. Denn auch das »theologische« Moment, das einem »anthropologischen« entgegengesetzt wird, ist seinem Gehalt nach selbst ›anthropologisch‹, da primär an die Machtausübung der Theologie, vielmehr: der Theologen, gebunden.[3] Die Bedeutung der Formel selbst bzw. ihrer Umkehrung, die zur Bezeichnung der Lage der Spät-

---

[3] Ich bezweifle nicht die Differenz in der genetischen Ableitung zwischen Eschatologie und Fortschrittsglauben, die Blumenberg zu Anfang seines Buches statuiert; sondern der qualitative Unterschied zwischen theologischer Eschatologie als metaphysischer und anthropologischem Fortschrittsglauben als immanenter Projektion erscheint mir zweifelhaft, da jede Metaphysik letztlich als anthropologische Projektion zu werten ist. Vgl. hierzu die Darlegungen von Günter Dux (98) zu Max Webers These vom Junktim zwischen Religion und Rationalität (bes. S. 65-67). Dort heißt es, und dieser Auffassung schließe ich mich in der Beurteilung religionsgeschichtlicher Fragen an:»Die Ausübung von Herrschaft, vor allem über die Natur, ist ein anthropologischer und insofern ab origine universaler Tatbestand, [...] Die Entfaltung von Herrschaft basiert aber auf der Entfaltung von Rationalität. [...] In diesen Prozeß der Entfaltung von Herrschaft und Rationalität waren die Religionen auf intrikate Weise verstrickt, sei es positiv, indem sie halfen, sie zu entwickeln, sei es negativ, indem sie ihre Entwicklung hinderten.« (S. 66) Dies ist gerade innerhalb der von Blumenberg behandelten Problematik der Neuzeit gegenüber ›theologischen‹ Positionen aktuell, wird aber vom Autor nicht in die Darstellung einbezogen. Leonardo Olschkis ältere Darstellung (Galilei und seine Zeit. Geschichte der neusprachl. wissenschaftl. Literatur, Bd. 3. Halle / Saale 1927) ist hier, etwa in der Darstellung der Auswirkungen der Verurteilung Galileis durch die Inquisition, ungleich konkreter (vgl. dort S. 399-405): Descartes' [ich würde auch Leibniz anführen] essayistische Zersplitterung, das Aufblühen einzelwissenschaftlicher Forschungen, die sich jederzeit – trotz der gültigen Anwendung in ihrem Bereich – dem ›theologischen‹ Anspruch beugten, und das Ausweichen Vicos auf das Gebiet der Geschichte zeigten, daß der ›Geist‹ sich dem Zugriff der Macht nicht zu entziehen vermag, wie die Vorstellung eines bloßen ›Paradigmenwechsels‹ zu suggerieren vermag. Olschki schreibt:»Allen denen, die durch Frömmigkeit und Gehorsam gebunden waren, blieb nach Galileis Verurteilung und Widerruf die Betrachtung des Kosmos und die Erfassung seiner Zusammenhänge endgültig versagt. In der ganzen katholischen Welt verwandelte sich diese Aufgabe in die Vervollkommnung und Erschöpfung der Einzeldisziplinen, die jeweils einen isolierten Ausschnitt des Kosmos ergründen und in ihrer Gesamtheit eher durch die Einheit der Methode als durch die Gleichheit der Ziele zusammenhängen.« (S. 399-400). Diese Einheit in methodischer Hinsicht besteht jedoch nicht in einem einheitlichen Paradigma der Welterfassung, sondern in der bewußten Vermeidung des Konflikts mit der theologischen Weltinterpretation; Olschki spricht (S. 400) vom »Ausweg der doppelten Wahrheit«, nämlich der Suprematie der Bibel bei Geltung der Wissenschaften in ihrem partikulären Bereich. Es wird gerade zu zeigen sein, daß diese Einheit bzw. der Ausgleich der Tendenzen mit zunehmender Entleerung der dogmatischen Religion zerbricht (vgl. dazu S. 53-59 sowie den fünften Abschnitt, S.119ff.).Auch hier spielen außerwissenschaftliche Faktoren eine große Rolle.

aufklärung diente, wird damit nicht hinfällig, aber dieses Modell eines Wirklichkeitsbegriffes ist zu abstrakt konzipiert, wenn der Verfasser (an anderer Stelle) schreibt, »daß Wirklichkeitsbegriffe sich nicht wie mutierende Typen *ablösen*, sondern daß die Ausschöpfung ihrer Implikationen, die Überforderung ihrer Befragungstoleranzen in die Neufundierung treiben.«[4]

Freilich ist der Angriff auf die isolierten Kausalketten beinahe anthropomorphisch dargestellter ›Entwicklungen‹ in gewissem Sinn berechtigt; aber die Alternative Blumenbergs scheint mir epistemologische Ansprüche einer wissenschaftlichen Metasprache auf die Ebene der Deskription der wissenschaftlichen Objekte selbst zu übertragen und damit erneut Kriterien für eine Präformation der Beschreibung einzuführen. Denn es wird eine ›kontextfreie‹ Entwicklung bloßer Denksysteme als Ziel der historischen Darstellung anvisiert, als ob diese nicht ebenfalls – wie Friedrich Kambartel für die Geschichte der Mathematik gezeigt hat, welche gewöhnlich in der Höhenregion abstraktester Erwägungen angesiedelt erscheint[5] – Teil einer Entwicklung wären, die vom Kampf um Herrschaftspositionen bestimmt wird: die scheinbar von immanenten Gesetzen getragene Rationalität von Teilgebieten erweist sich als einem umfassenderen, gesellschaftlich bedeutenden Zusammenhang zugehörig. Dies gilt gerade für die Durchsetzung der kritischen Philosophie Kants in Deutschland, die nicht allein ihrer geistigen Überzeugungskraft zu danken ist und der nur Unfähige und Mißgünstige entgegentraten, wie die philosophiegeschichtlichen Darstellungen für gewöhnlich vermuten lassen;[6] sondern daran waren nicht zuletzt

---

[4] Hans Blumenberg, Wirklichkeitsbegriff und Möglichkeit des Romans. In: Nachahmung und Illusion. (Poetik und Hermeneutik I) München ²1969, S. 9–27, vgl. S. 12 Anm. 5.

[5] Friedrich Kambartel, Erfahrung und Struktur. (102), S. 240–242. Die Tendenz zur inhaltlichen Entleerung der Theorie-Diskussion, der Rückzug aufs »Eigentliche« der Formalien und Strukturen enthält die Gefahr für die formalisierten Wissenschaften, daß die Lösung von wissenschaftlichen Problemen »durch Macht- und Einflußkämpfe statt durch gute Gründe« entschieden wird und damit genau der Politisierungseffekt erzielt wird, der angeblich vermieden werden soll. »Es geht dann nicht darum, ob bestimmte formale Sätze beweisbar sind, sondern etwa darum, ob das Beweisen dieser Sätze als eine sinnvolle *theoretische* Aktivität angesehen werden kann. [...] Die Aura der exakten Begründung überträgt sich unmerklich vom Beweis gewisser Sätze auf die Tätigkeit, die das Beweisen dieser Sätze ist.« (S. 241 u. S. 242).

[6] Vgl. Joh. Ed. Erdmann, Philosophie der Neuzeit. Der deutsche Idealismus. Geschichte der Philosophie begonnen von Karl Vorländer, fortgeführt von Erdmann Band VI. Reinbek bei Hamburg 1971, S. 30ff. In diesem Abschnitt über die ›Aufnahme des Kritizismus‹ heißt es: »Eine Philosophie, deren Stifter am Schlusse seines Hauptwerks sagt, alle bisherigen Wege in der Philosophie

Universitätsintrigen und Protektionismus beteiligt, den physischen Ruin und den wissenschaftlichen Rufmord an Männern wie Herder, Platner und Jacobi nicht ausgeschlossen.[7] Von der Verabsolutierung der wissen-

hätten zu keinem Ziele geführt, es bleibe daher nur der neue, der kritische, übrig, konnte es an Gegnern unter denen, die sich auf dem bisherigen Wege befanden, nicht fehlen. Die in Deutschland herrschende Philosophie war die synkretistische Popularphilosophie, einerseits mit realistischer, andererseits mit idealistischer Färbung. Beide mußten ahnen, daß die neue Lehre ihnen den Tod drohe.« (S. 31) Man vgl. Kambartels Zitate (s. vorige Anm.) und betrachte den Sprachgebrauch: Kant ist »Stifter« einer »neuen Lehre«, die allen bisherigen Philosophen »den Tod drohe«. Die Feststellung von Richard Benz über die Rezeption der kritischen Philosophie als eines »intellektuellen Rausches« ist drastisch, aber durchaus zutreffend, wenn man bedenkt, wie selbst Goethe unter Schillers Einfluß zwar nicht Kantianer, aber ihr Parteigänger wurde, auch wenn er von Kants Philosophie selbst wenig hielt. Denn »es war wirklich das scheinbar Erwiesene allgemeiner Vernunftbegriffe, wovon sich jeder nahm, was er brauchte; was auch dem Durchschnittsmenschen einen intellektuellen Rausch verschaffte, von dem wir uns heute kaum eine Vorstellung mehr machen können.« (Richard Benz, Die Zeit der deutschen Klassik. (74), S. 543; zu Goethe vgl. auch ebd. S. 538, sowie den Abdruck seiner Notizen zur ›Kritik der Urteilskraft‹ in Vorländers Edition (30), S. XXV-XXX).

[7] Zu Herders Isolierung in Weimar vgl. Hayms Darstellung (R. Haym, Herder. Bd. II. Darmstadt 1954, S. 631ff., bes. 704-505); eine gedrängte Begründung gibt Richard Benz (74), S. 536-549. - Ernst Platner sollte durch Intrigen Reinholds und Baggesens gehindert werden, einen Lehrstuhl für Philosophie in Kopenhagen zu erhalten. Ernst Bergmann hat in seiner Darstellung (74a) den Kampf der beiden Intriganten um die Konversion des ehemaligen Schülers von Platner, Prinz Friedrich Christian von Schleswig-Holstein-Augustenburg zum Kantianismus dargestellt. Von diesem hing die Vermittlung der Berufung ab, die Reinhold für sich erstrebte und die er sich durch die unmäßige Desavouierung seines Gegners beim Prinzen verdarb. Platners Berufung kam dann aus finanziellen Gründen nicht zustande. Vgl. hierzu (74a), Zweiter Abschnitt: Ernst Platner und F. Ch. von Schleswig-Holstein-Augustenburg. Der Streit um Kant. (S. 255-309, sowie die beigefügten Dokumente im Anhang). Trotz großer Widerstände wurde Platner schließlich 1801 in Leipzig doch noch zum Lehrstuhlinhaber für Philosophie berufen, mußte seinen Platz aber nach kurzer Zeit wegen seines Antikantianismus wieder räumen. Er starb, körperlich und geistig gebrochen, 1818 in Leipzig. Zu biographischen Angaben vgl. ADB Bd. 26 (Leipzig 1888), S. 258-259; zu Platners letzten Lebensjahren und Tod vgl. Bergmann (74a), S. 55-57. - Die Reaktionen auf Jacobis ›Brief an Fichte‹ (1799) sind bekannt negativ; noch 1811 trug ihm seine Schrift ›Von den göttlichen Dingen und ihrer Offenbarung‹ Schellings heftige Gegnerschaft und schließlich den Verlust seiner Stellung als Präsident der Bayerischen Akademie der Wissenschaften ein. Die Schriften Jacobis, die seine Gegnerschaft zum Kantianismus demonstrieren, sind, außer in den Erstdrucken, im dritten Band seiner ›Werke‹ (Leipzig 1816) gedruckt und zum Teil sonst nicht wieder publiziert worden (laut Arendt (132), S. 38, Anm. 83). Den Streit zwischen Jacobi und Schelling hat Wilhelm Weischedel dargestellt (Jacobi und Schelling. Eine philosophisch-theologische Kontroverse. Darmstadt 1969) und

schaftlichen Notwendigkeiten her, unter denen sich die Kantische Denkrevolution vollzog und die von den politischen Gegebenheiten der Restauration als ein willkommenes Legitimationsinstrumentar usurpiert wurde, kann also eine Interpretation der ›vorkritischen‹ Position Jean Pauls nicht erfolgen, wenn sie nicht mit der Subsumtion unter die typischen Urteile enden will, die in der dargelegten historischen Struktur des Jean Paul-Bildes begründet ist. Diese Schwierigkeit einer Einordnung in die Entwicklung steigert sich noch durch eine dem Rationalismus/Irrationalismus-Schema inhärente Problematik. Denn diesem zufolge ist Jean Paul ebenso wie Kant dem ›Irrationalismus‹ zuzurechnen, auch wenn er nicht zu den Vertretern des philosophischen Idealismus, sondern zu dessen Gegnern gehört – trotz der Wertschätzung der Personen Kants und Fichtes (letzterem war er mehrfach begegnet), die immer wieder benutzt wird, um die philosophischen Gegensätze zu verschleiern, wie Wolfgang Harichs Buch ›Jean Pauls Kritik des philosophischen Egoismus‹ fatal demonstriert (Bibl. Nr. 121). Es wird deshalb in dieser Arbeit prinzipiell unterschieden zwischen dem an *mechanistischen* Modellen sich orientierenden und sich von jeglicher Teleologie emanzipierenden »Irrationalismus« Kants und dem *animistischen* Irrationalismus Jean Pauls, der in seine teleologische Denkweise physiologisch-biologische Einsichten des Lehrers Ernst Platner einbringt: sie begründen den fundamentalen Gegensatz zur Schule Kants als anticartesianische und antimechanistische Haltung, die eine metaphysische Einbindung der Weltinterpretation nicht preisgibt, auch wenn sie, der Religionskritik der Aufklärung verpflichtet, von allem dogmatischen Gehalt entleert ist. Die Bezeichnung des ›Animismus‹ dient dazu, die Distinktion von ›Lebendigem‹ und ›Unbeseeltem‹ in der historischen Auseinandersetzung festzuhalten, ohne vom Vorverständnis eines »Rechthabens« der Kantschen Schule auszugehen: denn auch dessen Annahme, daß die an der Mechanik des Kosmos gewonnenen Prinzipien und die als konstant begriffenen Systeme der Physik eine Lösung biologischer und organischer Probleme analog nach Vernunftprinzipien gewährleiste, hat sich nicht als begründet erwiesen.[8]

---

einen Abdruck des Materials besorgt (Streit um die göttlichen Dinge. Die Auseinandersetzung zwischen Jacobi und Schelling. Reprograph. Nachdruck. Mit einer Einleitung von W. Weischedel. Darmstadt 1967).

[8] Die Quelle für die Unterscheidung von Mechanismus und Animismus in begrifflicher Hinsicht liefert der Aufsatz von Peter A. Angeles (95); aber, wie Günter Dux in seiner Interpretation von Max Weber bemerkt (98), handelt es sich dabei nicht um zwei Möglichkeiten, zwischen denen frei zu wählen ist, sondern Produkte eines historischen Prozesses (ebd., S. 91, Anm. 80). - Zum Problem der Geltung der apriorischen Theorie Kants aus heutiger Sicht

Es war der Platnerschen Physiologie historisch nicht möglich, den Körper als ›Servo-Mechanismus‹, als autonomes System der Selbststeuerung zu begreifen, in Termini, die neutral waren zur fundamentalen Unterscheidung zwischen ›Beseelt‹ und ›Unbeseelt‹ und damit zur Frage der physiologischen Bestimmbarkeit der Vermittlung zwischen physischen und psychischen Prozessen durch den ›animus‹, die letztlich auf einen Nachweis der Unsterblichkeit der Seele hinauslief:

Quanquam de illo primario animi instrumento non ita constat, ut eius veritatem sensuum fide comprobatam habemus: tamen quoniam in illa coniectura non receditur a modo probabilitatis, fateor me tanto magis eam complecti atque tueri, quod ad spem immortalitatis animorum adiumenti aliquid, si non rationi, tamen phantasiae hominum videtur afferre.

[Obwohl über jenes primäre Sensorium des ›animus‹ nicht die Gewißheit besteht, die eine Bestätigung durch die Wahrheit der Sinne ermöglicht, so wird doch in dieser Konjektur nicht vom Prinzip der Wahrscheinlichkeit abgewichen; und ich gestehe, ich halte an ihr um so stärker fest, als sie mir hinsichtlich des Glaubens an die Unsterblichkeit der Seelen ein stützendes Argument liefert, das, wenn schon nicht vor der Vernunft, so doch vor der Phantasie von einigem Gewicht zu sein scheint.][9]

schreibt Wolfgang Stegmüller: »Für Kant war das Apriori-Gerüst überzeitlich gültig und keinem potentiellen Wandel unterworfen. *Sein Apriori war ein absolutes, kein zeitlich relativiertes; nur eine Art, Naturwissenschaft zu betreiben, sollte theoretisch möglich sein.* Viele Nachfolger und Verehrer Kants haben diese Starrheit in der Kantischen Apriori-Auffassung bedauert und sind für eine Art von zeitlicher Relativierung oder zeitlicher Auflockerung eingetreten, am entschiedensten vielleicht E. Cassirer. Daß dieser Gedanke einer ›Liberalisierung der theoretischen Philosophie Kants‹ kaum einen wissenschaftstheoretischen Effekt hatte, wird verständlich, wenn man bedenkt, daß die moderne Wissenschaftstheorie vom modernen *Empirismus* ihren Ursprung nahm und daß der Empirismus in *keiner* seiner Spielarten auch nur mit einer ›relativierten‹ Kantischen Konzeption etwas anzufangen wußte.« (Probleme und Resultate der Wissenschaftstheorie und der Analytischen Philosophie. Band II: Theorie und Erfahrung. Studienausg. Teil E, S. 250. Berlin-Heidelberg-New York 1973). Daß Kant in naturwissenschaftl. Untersuchungen seinen deduktiven Prinzipien nicht folgen konnte, zeigt R. Ayrault; vgl. (71), S. 257ff.

[9] Platner, Quaest. Physiol. (44), S. 74. - Zur Auffassung des menschlichen Körpers als eines autonomen Servo-Mechanismus vgl. Norbert Wiener, Kybernetik. Regelung und Nachrichtenübertragung in Lebewesen und Maschine. Reinbek bei Hamburg 1968; s. bes. Kap. 5 (›Rechenmaschinen und das Nervensystem‹, S. 147ff.) sowie das Nachwort von Hans Schaefer (›Was kennzeichnet biologische im Gegensatz zu technischen Regelvorgängen?‹, S. 243ff.). Vgl. ferner die Zusammenfassung des biologischen Funktionsbegriffs, die Ernest Nagel im Zusammenhang der Diskussion um den sozialwissenschaftlichen Gebrauch des Begriffes gibt: (103), S. 45–46. Zum wissenschaftsgeschichtlichen Hintergrund des Bedeutungswandels des Körper-/Geist- (bzw. Leib-/Seele-) Problems in der Biologie und Anthropo-

Bemerkenswert ist in dieser Passage aus Platners ›Quaestiones physiologicae‹ die Rolle der Phantasie als Instrument der physiologischen Hypothese, womit sie in Gegensatz zur abstrakten Vernunft tritt, und die Bezeichnung des eigenen logischen Verfahrens als Konjektur, im Gegensatz zum Analogie-Prinzip Kants. Denn in der Übernahme dieser Grundlagen und ihrer Intention erhalten Jean Pauls Schriften zur Unsterblichkeit, zum organischen Magnetismus und zur Entstehung der Tiere und Pflanzen sowie die Tendenz der ›Maschinenmann‹-Satiren, deren Muster auf die Fichte-Parodie des ›Clavis Fichtiana‹ angewandt wird, ihre Bedeutung: eine Abwehr der Bedrohung des Begriffs der ›natura naturans‹ (Gott, als letzte Ursache der Welt) durch eine autonome Auffassung der ›natura naturata‹, mit der die ›geschaffene‹ Welt, die ›res extensa‹ Descartes', ihren teleologischen Charakter verliert und damit auch der Unterschied zwischen den Begriffen des Belebten und Unbeseelten, der letztlich auch den Menschen vom Tier trenne, verschwindet. Wenn Platner die berühmte Unzersche ›Physiologie der eigentlichen thierischen Natur thierischer Körper‹ (1771) wegen ihrer Lehre kritisiert, daß die Nerven unabhängig vom allgegenwärtigen Medium eines ›animus‹ – der zunächst als ›Nervensaft‹-Hypothese, in seiner reifsten Form jedoch als elektromagnetischer Prozeß konzipiert ist – agieren und sogar unabhängig von der Zentrale des Gehirns wirksam sind, eben weil sie ›mechanisch‹ in einem lokal begrenzten Körperteil ihre Reizfunktion ausüben, und Jean Paul in der Erstfassung seiner Satire vom Maschinenmann (Teufels Papiere, 1789) vorschlägt, die mechanische Nachbildung des Menschen soweit voranzutreiben, daß die fünf Sinne durch (ebenfalls lokal wirkende) Maschinen ersetzt würden, so wird diese geistesgeschichtliche Position, aber auch das Motiv für die Beibehaltung des teleologischen und animistischen Denkens deutlich. Der anaphorisch sich steigernde Satz, in dem Jean Paul diese Idee vorführt, ist auch stilistisch bemerkenswert, da er demonstriert, daß auch der satirische Stil der Periode vor den Romanen der endlosen Steigerungen fähig ist, die sonst nur den lyrischen Ergüssen zugesprochen werden, eben weil hier ein philosophischer Grundgedanke in der Travestie der literarischen Form erscheint:

Aber ich will mir einmal das Vergnügen gestatten, mir einzubilden, der Mensch wäre schon auf eine viel höhere Stufe der Maschinenhaftigkeit gerückt, und ich will nur, da ich's einmal darf, mir gar vorstellen, er stünde auf

---

logie vgl. das Nachwort von Günter Dux zu Helmuth Plessners ›Philosophischer Anthropologie‹ (104).

der höchsten und hätte statt der fünf Sinne fünf Maschinen – er ginge vermittels des Gehwerks einer Maschine oder eines Laufwagens – er verfertigte, da er jetzt bloß seine Arme, Beine, Augen, Nase, Zähne von der Drechselbank abholt, auch alle übrigen Glieder und den ganzen Torso auf ihr und brächte eine Sackpfeife statt des Magens nicht auf (wie bisher), sondern in dem Bauche in gesunde peristaltische Bewegung und schnitte von einer Feuerspritze sich eine lederne Schlange zum Sack- oder Blinddarm los; – ich will mir vorstellen, er triebe es noch weiter, und er verrichtete durch ein hydraulisches Werk sogar seine Notdurft, nämlich die *exzeptivische* – er behielte nicht einmal sein Ich, sondern ließe sich eines von Materialisten schnitzen, welches aber besonders unmöglich wäre – nicht einmal die Tiere wären mehr lebendig, sondern, da wir ohnehin von Archytas, Regiomontan, Vaucanson künstliche Tauben, Adler, Fliegen, Enten haben, auch der übrige Inhalt der Zoologie würde petrifiziert und verknöchert und ganze Menagerien ohne Leben und ohne Futter würden aufgesperrt, und Kluge, die den Spener gelesen hätten, dächten deswegen, der jüngste Tag sei da oder schon vorüber – die Sache wäre verflucht arg, und die *natura naturans* verflöge endlich, und nichts bliebe da als die *natura naturata* und bloß die Maschinen ohne Maschinenmeister: – – – mit welchen Vollkommenheiten, frage ich, würde dann die Erde aufgeschmückt sein, die jetzt so in Lumpen und Löchern dasteht,[10]

Unter dem Eindruck des »Verfliegens« der ›natura naturans‹, das als Konsequenz nur eine maschinenhafte Welt übrig lassen kann, hält Jean Paul am Sonderstatus des Lebendigen und dem Postulat einer – theologisch nicht bestimmten und bestimmbaren – Fortdauer fest; und hier liegt auch die Wurzel der dichterischen Gestaltungen einer Welt ohne den »Maschinenmeister« Gott in den großen Visionen der Romane.

Während Kant durch die Übertragung des mechanistischen Denkens auf biologische Probleme einen generellen Unterschied zwischen den Gegenständen des Wissens, den Menschen darunter eingeschlossen, negieren konnte, sieht er sich dem Problem der Einführung einer neuen Metaphysik gegenüber, um den Begriff der idealen ›Freiheit des Handelns‹ in eine Sphäre moralischer Verbindlichkeit zu rücken, und damit ist der Gewinn der kantischen Philosophie erheblich geschmälert, andererseits der willkommene Weg zur Kritik universaler naturrechtlicher Normen freigegeben. Interessant ist Treitschkes triumphierend gebotene Interpretation des Vorganges:

Verwegener als irgendeiner der Gottesleugner der Encyklopädie bekämpfte er [Kant] den Wahn, als ob es je ein Wissen vom Uebersinnlichen geben könne; doch auf dem Gebiete der praktischen Vernunft fand er die Idee der Frei-

---

[10] Ausnahmsweise erfolgt dieses Zitat aus einer Zusammenstellung der drei Maschinenmann-Satiren Jean Pauls: Jean Paul, Der Maschinenmann. Zürich 1968, S. 17–18. Zu.Platners Kritik an Unzer vgl. Quaest. Physiol. (44), S. 115–117. Zu Unzer vgl. (53) sowie die Rezension Mercks in den Frankfurter Gelehrten Anzeigen (62), S. 85–88.

heit wieder. Aus der Nothwendigkeit des sittlichen Handelns ergab sich ihm, nicht gestützt auf theologische Krücken und ebendarum unwiderstehlich siegreich, die große Erkenntnis, daß das Unbegreiflichste das Allergewisseste ist: das empirische Ich unterliegt den Gesetzen der Causalität, das intellegible Ich handelt mit Freiheit. Und dem freien Handeln stellt er jenen Imperativ, bei dem die Einfalt wie die höchste Bildung ihren Frieden finden konnte: handle so, als ob die Maxime deines Handelns Naturgesetz werden müßte.[11]

Der Begriff des Naturgesetzes, der an die Stelle von ›Naturrecht‹ gesetzt wird, und der Gebrauch des Optativs »müßte« demonstrieren, daß eine tatsächliche Verpflichtung demnach nicht mehr besteht. In den Bereich der »Causalität«, welcher das empirische Ich beherrscht, rükken damit Staat und Kirche als faktisch-historische Mächte ein, die sich dem Anspruch der teleologischen Weltinterpretation nach vorgängigen Naturrechtsnormen nicht mehr zu stellen brauchen.[12] Dieses Postulat der Aufklärung ist in Jean Pauls Beharrung auf dem teleologischen Prinzip erhalten geblieben, welches deshalb nicht vorschnell als »theologisches« Relikt zu verurteilen ist. Denn dieses Problem des Teleologischen ist selbst noch einer so radikal unmetaphysischen Biologie wie der Darwins inhärent, wie die philosophische Anthropologie feststellt, und aus der deshalb eine bedeutsame Schlußfolgerung zu ziehen ist:

Die Beibehaltung der Teleologie ist oft bemerkt, kritisiert, und mit dem Metaphysik-Verdacht belastet worden. Zumindest was das letztere angeht, spricht daraus ein gewisses Unverständnis, und zwar sowohl was die Rolle der Metaphysik als auch den Gang des historischen Wandels angeht. Solange nicht die philosophischen Voraussetzungen für ein weltbegreifendes Paradigma, das von einer zuständlichen Bewegtheit des vorfindlichen Ganzen ausgeht, geschaffen waren, mußte der Ausgang in den Teilen mit der unumgänglichen Konsequenz teleologischer Determination bleiben. Diese Teleologie ist kein Säkularisat, sondern spiegelt die Retardation im Umbau des Weltbildes.[13]

---

[11] Treitschke, Deutsche Geschichte im 19. Jahrhundert. (Angaben vgl. Einleitung, Anm. 16), S. 100.

[12] Für die Tragweite der Ideen des Naturrechts spricht, daß der Auszug aus Pufendorfs Naturrecht (vgl. Anm. 46 der Einleitung) ›De officio hominis et civis‹ – zunächst als ›Les devoirs de l'homme et du citoyen‹ übersetzt – in der Menschenrechtserklärung der französischen Revolution mit umgekehrtem Vorzeichen erscheint: ›Declaration sur les droits de l'homme et du citoyen‹; vgl. Walter Simons' Einleitung zu seiner Ausgabe (47), Bd. I, S. 16a/17a. Nicht zufällig erneuern Georg Forster (›Über die Beziehung der Staatskunst auf das Glück der Menschheit‹, 1793) und Wilhelm von Humboldt (›Ideen zu einem Versuch, die Gränzen der Wirksamkeit des Staats zu bestimmen‹, 1792) in den Jahren der Revolution dieses Postulat der Aufklärung; auf Fichtes bekannten Beitrag (1793) und den seines Schülers Johann Benjamin Erhard (›Über das Recht des Volks zu einer Revolution‹, 1795; vgl. (59), S. 9–98) sei ebenfalls verwiesen.

[13] So Günter Dux im Nachwort zu Helmuth Plessners ›Philosophischer Anthropologie‹. (104), S. 307.

In diesem Sinne einer »Retardation«, in der jener Teil des Interpretationsschemas verharrte, in dem die Kantische Denkrevolution nicht befriedigen konnte (Forsters und Herbarts Kritik bestätigen dies)[14], ist

---

[14] Zur Kontroverse Forster-Kant vgl. folgende Texte: Kants ›Bestimmung des Begriffs einer Menschenrasse‹ (1785) und ›Mutmaßlicher Anfang der Menschengeschichte‹ (1786), (vgl. Werke, Ausg. Weischedel Bd. VI, Darmstadt 1964, S. 63–82 und S. 83–102); Forsters Antwort (1786) ›Noch etwas über die Menschenrassen‹ (Werke II. (60), S. 71–101) und die Replik Kants (1788) ›Über den Gebrauch teleologischer Prinzipien in der Philosophie‹ (Werke, Ausg. Weischedel Bd. V, Darmstadt 1958). Es gibt, so Forster, keine Erkenntnis a priori im Bereich der Naturwissenschaften (vgl. S. 75ff.); Kants Erwiderung versucht die Frage auf den – in der ›Kritik der reinen Vernunft‹ festgelegten – Gegensatz der apriorischen Erkenntnis zur (theologisch belasteten) Teleologie der Natur hinzulenken, wobei durch die Einschränkung der reinen durch die praktische Vernunft die sonst gültige Ablehnung der Teleologie von Kant in die Anerkennung einer »natürlichen Teleologie« (Werke V, S. 168) gemildert wird. Forster hat auf diese Erläuterung nicht mehr geantwortet, aus einem Grund, der aus dem im Folgenden zitierten Cook-Aufsatz [vgl. S. 69 der Arbeit und die betreffende Anm. 41] deutlich wird: seine Naturbetrachtung, die fähig ist, Widersprüche der Wirklichkeit gemeinsam zu erfassen, läßt sich nicht reduzieren auf Kants logisch scharf betonten, aber für die Praxis merkwürdig zerredeten Gegensatz von apriorischer und teleologischer Erkenntnis, aus dem die ›Kritik der reinen Vernunft‹ ihre Stärke und ihren Erfolg bezog. - Herbart kritisierte vor allem die Verwirrung, die Kants Verwendung der Einteilung der Seelenvermögen stiftete: vgl. sein ›Lehrbuch der Psychologie‹, Erstdruck 1816 bzw. in der Neuedition durch G. Hartenstein, Leipzig 1850 (diese war mir zugänglich in der vierten Aufl., Hamburg und Leipzig 1900; die zweite Auflage, die Herbart 1834 besorgt hatte, tilgte vieles von den Angriffen auf Kant, die Hartenstein wieder hinzufügte). Herbart wirft Kant vor, als Fortsetzer Wolffs den Rückschritt der Psychologie hinter den Zustand bei Leibniz und Locke verursacht zu haben (S. 13–14) und verurteilt generell – von Platner nicht weit entfernt – die Trennung in ›praktische‹ und ›theoretische‹ Vernunft. In seiner Untersuchung des Vorgangs des Philosophierens, der nach ihm darin besteht, »Begriffe zu Objecten des Denkens« zu machen (§ 193, S. 132–134), schreibt er: »Die Philosophen gerathen durch die Anstrengung, theils in sich selbst, theils weit mehr noch in Andern, Begriffe als Objecte des Denkens festzuhalten, auf die Uebertreibung, dass sie die Begriffe in die Zahl der realen Gegenstände versetzen; wobei ihnen die Eigenthümlichkeit der Sinnendinge, vermöge deren sie metaphysische Probleme enthalten, dergestalt zu Hülfe kommt, dass die Begriffe sogar in einem weit höhern Sinne, als die Erfahrungsgegenständen (!) selbst, für real gehalten werden. Dies ist der, noch jetzt wirksame Charakter der platonischen Ideenlehre. Daher die Verlegenheit des Aristoteles, der die Sinnengegenstände, die mathematischen Figuren sammt den Zahlen, und die Ideen, neben einander vorfand; und über deren Verhältniss nie recht mit sich einig scheint geworden zu sein.« Und Herbart fährt fort: »Eine andre Täuschung ist die eigenthümliche der kantischen Schule, in den Kategorien Stammbegriffe des Verstandes, als eines Seelenvermögens zu erblicken; wovon die Spuren schon beim Platon, dann bei Descartes und bei Leibnitz (!) vorkommen.«

Jean Pauls Position und ihr Anschluß an Platners philosophische Physiologie historisch zu erfassen. Ihrer – möglichst wertneutralen – Bezeichnung dient die Einführung des Begriffspaares Mechanismus/Animismus in der vorliegenden Arbeit, und aus ihr erhält die Formel vom »theologischen Minimum« (in der Annahme einer Teleologie der sinnlichen Welt) bei Wahrung eines »anthropologischen Maximums« (im aufklärerischen Bewußtsein) ihre Bedeutung, die sich in der Anwendung auf die Bereiche der Physiologie, der Religion, des Rechts und der Ästhetik erweisen wird.[15]

Aber während die Aufklärung generell einen gewissen Ausgleich zwischen den Tendenzen des Animismus und Mechanismus kennt,[16] wird dieser in der Spätaufklärung zugunsten der ›mechanischen‹ Wissenschaften aufgehoben, wie gerade Rousseaus Hinwendung zur ›Natur‹ gegenläufig demonstriert. Und ein Passus wie der Berkeleys, der eingangs zitiert wurde, repräsentiert zwar zum Zeitpunkt der Niederschrift (1721) ein neutrales Verhältnis von Wissenschaft und Theologie, stimmt jedoch am Ende des Jahrhunderts – auf Grund der Verschiebung des Verhältnisses – mit Jean Pauls Ansichten nicht mehr überein. Denn dieser lehnt nicht – wie Rousseau –[17] nun die Wissenschaften ab, sondern wehrt sich gegen den aufbrechenden Dualismus zwischen ihnen und dem Bedürfnis nach Bestätigung einer zweiten Welt aus den Gegenständen der wirklichen, die den Wissenschaften weiter obliege. Gleichzeitig bricht sich jedoch die Einsicht in die Irreversibilität der geschichtlichen Entwicklung Bahn, der in der ›Vorschule der Ästhetik‹ die Bezeichnung »steigendes Sonnenlicht der Abstraktion« erhalten wird: die Aufklärung erscheint in Jean Pauls Interpretation als Prozeß der Entzauberung und Mechanisierung, der unvermeidlich aus der Zunahme der Erkenntnisse resultiert und zugleich als Voraussetzung politischer Aufklärung, verstanden als Verwirklichung des Naturrechts, notwendig ist. Falsch ist es, die eigene erreichte Stufe

---

[15] Vgl. dazu Teil II der Arbeit.

[16] S. dazu Abschnitt 5 von Teil I, bes. S. 122 u. ff.

[17] Der Rousseauismus Jean Pauls erscheint mir als ein etwas undifferenziert gehandhabtes Instrument der Interpretation. Gerade für die ›Unsichtbare Loge‹ (für die Erziehung Gustavs) liegen die Vorbilder eher bei K. Ph. Moritz' Hirtenknaben im ›Geisterseher‹ und in Montesquieus Troglodyten-Fabel der ›Lettres Persanes‹ als im ›Émile‹ Rousseaus. Auch Döppe neigt in seiner Untersuchung der Jugendwerke dazu, die Anschauung Kommerells etwas einzuschränken; er bringt allerdings für die Verführung Gustavs Wielands ›Agathon‹ und ein Jugendgedicht ebenfalls von Wieland als Vorbild für die Höhlenszene, allerdings ohne eine Begründung, die über die Affinität des Motivs hinausreiche; vgl. (118), S. 102.

als höchste aufzufassen. Herders zyklische Geschichtsbetrachtung wird damit relativiert bzw. die Dekadenz des Einzelvolkes in Hinsicht auf die Progression der sich einenden Menschheit für sekundär erachtet.[18]

Eine wesentliche Rolle für die Formung des geschichtlichen Bewußtseins Jean Pauls, das der Gewißheit aufklärerischer Perfektibilität retardierende theologische Elemente integriert, spielen für Jean Paul die ›Hartknopf‹-Allegorien und der handlungslos-rhapsodische ›Geisterseher‹ von Karl Philipp Moritz, von dessen Einfluß auf sein Überwechseln zum Roman bereits die Rede war, und den er im ›Hesperus‹ in der Figur des Emanuel/Dahore dankbar verklärte. Dem ›Hesperus‹-Aufsatz ›Über die Wüste und das gelobte Land des Menschengeschlechts‹[19] – der neben einer Abhandlung in den ›Dämmerungen für Deutschland‹ eine der wenigen ausführlichen geschichtsphilosophischen Äußerungen darstellt – geht in der Begegnung Emanuels und Viktors eine Passage voran, die den rhapsodisch-aphoristischen Ton der Werke Moritz' übernimmt und gleichzeitig auf die historische Abhandlung vorbereitet:[20]

Der Mensch geht wie die Erde von *Westen* nach *Osten*, aber es kommt ihm vor, er gehe mit ihr von Osten nach Westen, vom Leben ins Grab.
Das Höchste und Edelste im Menschen verbirgt sich und ist ohne Nutzen für die tätige Welt (wie die höchsten Berge keine Gewächse tragen), und aus der Kette schöner *Gedanken* können sich nur einige Glieder als *Taten* ablösen. Unsere zwecklose Tätigkeit, unsere Griffe nach Luft müssen höheren Wesen vorkommen wie das Fangen der Sterbenden nach dem Deckbette.
Der Geist erwacht und wird erwachen, wenn das Sinnenlicht auslöscht, wie Schlafende erwachen, wenn das Nachtlicht auslöscht. – –
Warum blieben diese Gedanken [Emanuels] als Schauder in der Seele? Weil Horion [Viktor] etwas Höheres fühlte, als je die Sprache, die nur für die Alltag-Empfindungen erfunden ist, wiedergeben kann – weil er schon in seiner

---

[18] Schon im ersten Band der ›Bemerkungen über den Menschen‹ ist diese Kritik eines zyklischen Geschichtsdenkens deutlich: »Der Mensch denkt, in der ganzen Geschichte ist kein Alter merkwürdiger als seines; er hält es für den Mittelpunkt; und den übrigen geringen Rest der Vergangenheit für Zubereitungen auf sein Alter. Er glaubt daher lieber, daß die Zukunft sinke und schlechter werde.« GW II/5, S. 35.

[19] Berend und Miller, die Editoren der benutzten Ausgaben, verweisen auf Herders ›Ideen‹ als Anregung für diesen Aufsatz; aber der bezeichnete Unterschied hinsichtlich des Zyklus der Geschichte verlangt eher Abgrenzung. Denn Jean Paul zitiert die in der vorigen Anmerkung wiedergegebene Notiz der ›Bemerkungen‹ auch im ›Hesperus‹-Aufsatz (Hanser I, S. 870)!

[20] Das Verhältnis von Reflexion und Erzählung wird erst im Anfangskapitel des zweiten Teils in der Beschreibung von Jean Pauls Romanen als ›poetischer Enzyklopädie‹ thematisiert; trotzdem ist ihr Verfahren aus den Zitaten der kommenden Passage bereits erkennbar.

Kindheit die Systeme haßte, die alles Unerklärliche verstecken, und weil der Menschengeist sich im Erklärlichen und Endlichen so erdrückt empfindet, als er es in einem Bergwerk oder durch den Gedanken ist, daß sich oben irgendwo der Himmelraum zuspünde.[21]

Wesentlich an dieser von Moritz inspirierten Passage ist der Schlußabschnitt: das »Endliche«, »Erklärliche« erdrücke durch seine Systematik das nicht Systematisierbare, das Gefühl der Unendlichkeit. Und dieses Thema greift nun die genannte Abhandlung auf, die nach einem lyrisch-allegorischen Beginn mit folgenden Sätzen zum eigentlichen Text überleitet:

Man kann nicht (wie ein bekannter Philosoph) von Endabsichten in der *Physik* sofort auf Endabsichten in der *Geschichte* schließen – so wenig als ich, im einzelnen, aus dem teleologischen (absichtsvollen) Bau eines Menschen eine teleologische Lebensgeschichte desselben folgern kann, oder so wenig als ich aus dem weisen Bau der Tiere auf einen fortlaufenden Plan in der Weltgeschichte derselben schließen darf. Die Natur ist eisern, immer dieselbe, und die Weisheit in ihrem Bau bleibt unverdunkelt; das Menschengeschlecht ist frei und nimmt wie das Aufgußtier, die vielgestaltige Vortizelle, in jedem Augenblick bald regelmäßige, bald regellose Figuren an. Jede physische Unordnung ist nur die Hülse einer Ordnung, jeder trübe Frühling die Hülse eines heitern Herbstes; aber sind denn unsere Laster die Blütenknospen unserer Tugenden, und ist der Erdfall eines fortsinkenden Bösewichts denn nichts als eine verborgene Himmelfahrt desselben?[22]

Das exakte Wissen um die Natur hat keine Parallele im moralischen, ausschließlich den Menschen betreffenden Bereich – so lautet die Schlußfolgerung aus dieser Passage. Der eingangs genannte »bekannte Philosoph« ist mit ziemlicher Sicherheit Herder, aber Jean Paul scheut sich – ganz gegen seine sonstige Gewohnheit – den Namen zu nennen: einmal sicher aus Respekt vor diesem, dem er sich ja seit Jahren persönlich zu nähern suchte, aber vor allem deshalb, weil die These, daß von physikalischen Gegebenheiten teleologische Schlüsse auf die Geschichte gezogen werden könnten, von Herder gleichzeitig zum tele-

---

[21] Hesperus (Hanser I), S. 685–686. - Der Leser, der die folgenden Ausführungen an den zitierten Jean Paul-Texten kontrolliert, erhält einen genauen Einblick in Jean Pauls ›musivisches‹ Verfahren, in poetischer wie philosophischer Hinsicht; vor allem zeigt sich, daß der Zeitpunkt, an dem eine Notiz festgehalten wurde, für die Wiederverwendung keine Rolle spielt – das heißt, das musivische Material ist für Jean Paul nie veraltet, und Exzerpte oder Einfälle aus der Zeit um und nach 1780 werden noch um 1820 zitiert. Die einleitend in dieser Arbeit getroffene Behauptung eines allgemeinen und nicht weiter veränderten Substrats der Denk- und Arbeitsweise Jean Pauls ist hierdurch gerechtfertigt.

[22] Ebd., S. 867–868.

ologischen Schluß auf die Unsterblichkeit benutzt wird. Die Annahme, daß die Rücksicht Jean Pauls auf diesem Argument beruht, wird von Ernst Platner nahe gelegt; dieser schließt seine Darstellung der ›Logik und Metaphysik‹ (1795, im Erscheinungsjahr der Erstauflage des ›Hesperus‹) mit einem Abschnitt über die Unsterblichkeit der Seele, und erwähnt dort, neben seinen eigenen physiologischen Arbeiten, auch Herders ›Ideen‹, in denen die Überschrift des letzten Abschnittes des fünften Buches lautet:»Der jetzige Zustand des Menschen ist wahrscheinlich das verbindende Mittelglied zweier Welten.«[23] Und dies ist ja der generelle Angriffspunkt von Kants Kritik der Physikotheologie, den er in seiner Rezension von Herders Buch wiederum mit aller Schärfe attakkiert.[24] Trotzdem, eine erste Besonderheit Jean Pauls gegenüber Herder

---

[23] Herder, Ideen. (23) Teil I, S. 146. - Platner, Lehrbuch der Logik und Metaphysik. (45), § 524, S. 189–190. Der Paragraph sei ganz (mit den zugehörigen Anmerkungen) zitiert:»Die Vernichtung der menschlichen Seele ist unseren Ideen von ihrer Selbständigkeit ganz* zuwider; die ewige Fortdauer der zur Identität** des Bewußtseyns erforderlichen Verhältnisse,*** eben so wie ihr Uebergang in ein anderes System des Weltalls, physisch begreiflich.**** Mithin ist die Unsterblichkeit, nach der Philosophie des Skepticismus, eben so gewiß, als jede andere aus der Weisheit und Güte des höchsten Wesens und aus dem Endzwecke der Welt geschlossene Wahrheit.*****
*Die Art wie Kant (S. 413) [die Seitenang. bezieht sich auf die Zweitauflage der ›Kritik der reinen Vernunft‹; die Ausg. werden herkömmlich durch die Voranstellung von ›A‹ bzw. ›B‹ unterschieden. In Weischedels Ausg. (29) vgl. hierzu S. 350ff.] den Mendelssohnischen Beweis widerlegt, ist mit seinen Begriffen von Existenz und Wirken nicht wohl zu vereinigen. **Wenn auch das von Kant (S. 361 aber nur in der 1. Ausg.) [also A 361, vgl. (29) S. 370f.] angeführte Umwandeln des Selbstbewußtseyns aus einer Substanz in die andere, möglich wäre: so könnte gegen den Gedanken der Unsterblichkeit daraus gar nichts folgen. ***Ueber die physiologische Möglichkeit s. Quaest. Physiol.[(44)] p. 200. Vergl. Reimarus Anm. z. s. Vaters N. R. X. 3. ****Herders Ideen, I. Th. V. B. *****Kant läßt aber diese Schlüsse, folglich auch die Hoffnung der Unsterblichkeit, nicht gelten, *sofern* ihr diese Schlüsse zum Grunde liegen. s. § 526.«[ebd. S. 191–193].

[24] Kant, Werke. Ausg. Weischedel Bd. VI. S. 781–806. Um den Kontrast zu Herder und Platner (vgl. vorige Anm.) zu verdeutlichen, sei der betreffende Passus Kants zitiert:»Es ist also zwischen der Stufenerhebung eben desselben Menschen, zu einer vollkommneren Organisation in einem andern Leben, und der Stufenleiter, welche man sich unter ganz verschiedenen Arten und Individuen eines Naturreichs denken mag, nicht die mindeste Ähnlichkeit. Hier läßt uns die Natur nichts anders sehen, als daß sie die Individuen der völligen Zerstörung überlasse, und nur die Art erhalte; dort aber verlangt man zu wissen, ob auch das Individuum vom Menschen seine Zerstörung hier auf Erden überleben werde, welches vielleicht aus moralischen, oder, wenn man will, metaphysischen Gründen, niemals aber nach irgend einer Analogie der sichtbaren Erzeugung geschlossen werden kann. Was nun aber jenes unsichtbare Reich wirksamer und selbständiger Kräfte anlangt, so ist nicht wohl abzusehen, wa-

wird deutlich: Geschichte erscheint als Evolution, bei der es nur partielle, individuell bedingte Hindernisse im Prozeß der universalen ›Aufklärung‹ gibt. Aber zusammen mit den Formulierungen:

> Kein Volk, kein Zeitalter kommt wieder; in der Physik muß alles wiederkommen.

und

> Völker haben kein Alter, oder oft geht das Greisenalter vor dem Jünglingsalter.,

die einen kategorialen Unterschied zwischen mechanischen Naturprinzipien und der (im Gegensatz zu Herder nicht zyklisch verstandenen) Geschichte des Menschen festsetzen, bleibt ein Zweifel an der ›Perfektibilität‹ der Aufklärung:

> Der Mensch hat zu einer ewigen Verbesserung Fähigkeit, aber auch Hoffnung?[25]

Dieser Zweifel ist darin begründet, ob der unaufhebbare Fortschritt der Kultur, in der gemeinschaftlichen Natur des Menschen begründet, nicht eben diese gemeinschaftliche Natur zerstört. Beinahe zehn Jahre vor Schillers Unterscheidung von ›naiv‹ und ›sentimentalisch‹ im Bewußtsein des Künstlers hat Moritz im ›Geisterseher‹ (1787) die Frage nach der Überwindung des Gegensatzes von naivem Dasein und dem

---

rum der Verfasser [i. e. Herder], nachdem er geglaubt hat, aus den organischen Erzeugungen auf dessen Existenz sicher schließen zu können, nicht lieber das denkende Prinzip im Menschen dahin unmittelbar, als bloß geistige Natur, übergehen ließ, ohne solches durch das Bauwerk der Organisation aus dem Chaos herauszuheben; es müßte denn sein, daß er diese geistigen Kräfte für ganz etwas anders als die menschliche Seele hielt, und diese nicht als besondere Substanz, sondern bloß als Effekt einer auf Materie einwirkenden und sie belebenden unsichtbaren allgemeinen Natur ansähe, welche Meinung wir doch ihm beizulegen billig Bedenken tragen. Allein was soll man überhaupt von der Hypothese unsichtbarer die Organisation bewirkender Kräfte, mithin von dem Anschlage, das, was man nicht begreift, aus demjenigen erklären zu wollen, was man noch weniger begreift, denken? Von jenem können wir doch wenigstens die Gesetze durch Erfahrung kennen lernen, obgleich freilich die Ursachen derselben unbekannt bleiben; von diesem ist uns sogar alle Erfahrung benommen, und, was kann der Philosoph nun hier zur Rechtfertigung seines Vorgebens anführen, als die bloße Verzweifelung, den Aufschluß in irgend einer Kenntnis der Natur zu finden, und den abgedrungenen Entschluß, sie im fruchtbaren Felde der Dichtungskraft zu suchen. Auch ist dieses immer Metaphysik, ja sogar sehr dogmatische, so sehr sie auch unser Schriftsteller, weil es die Mode so will, von sich ablehnt.« (ebd., S. 791–792)
[25] Hesperus (Hanser I), S. 871.

modernen Verurteiltsein zur Bewußtheit der Existenz aufgeworfen und für unlösbar erklärt:

> Bin ich denn aus einem natürlichen zu einem unnatürlichen Zustande uebergegangen?
>
> Bin ich das? - wo war denn der eigentliche Punkt dieses Ueberganges, wo wich ich zum erstenmale von der Natur ab? und welches war der Moment, wo ich von der verbotenen Frucht der mir verderblichen Erkenntniß zuerst kostete?
>
> Sind die Menschen von der Natur abgewichen; wann sind sie davon abgewichen? als sie Häuser oder als sie Schiffe erbauten;als sie die Schrift oder als sie die Mahlerei und Musik erfanden? Wo waren die Grenzen ihrer Bestrebungen von der Natur gesetzt?
>
> Recht und gut, kann ich doch unmöglich das alles heißen, was unter den Menschen vorgeht.- Da nun allen übrigen Dingen die Natur eine Norm, ein Gleis vorgeschrieben hat, woraus sie nicht weichen dürfen, warum hat sie denn dem Menschen nicht auch eine solche Norm, ein solches Gleis vorgeschrieben, aus welchen er zwar weichen kann, aber doch lebhaft empfindet, daß er eigentlich nicht daraus weichen sollte?[26]

Und kurz darauf:

> Das Schicksal der meisten Menschen ist schon gemacht, ehe sie gebohren sind.
>
> Und was hat uns anders zu Sklaven des Zufalls erniedrigt, als die menschlichen Einrichtungen selbst, wodurch eine Generation der andern Fesseln anlegt, die immer härter werden, je näher sich die Menschen aneinander schließen.
>
> Ist nicht die, unbeschadet ihrer Fortdauer und Fortpflanzung, höchstmögliche Vereinzelung des Menschen, vielleicht der einzige Zustand, worin sie noch glücklich seyn könnten?[27]

Moritz deutet die Situation als Krise der aufklärerischen ›sociabilitas‹: die gesellschaftliche Prädestination (durch Geburt in einen bestimmten Stand) ist nur durch Absonderung aus der Gesellschaft zu überwinden, nachdem das Elend des Menschen nicht in der Entwicklung der Kultur, sondern der sie begleitenden Zunahme der Institutionen und dem sich verstärkenden Zwang zur Vergesellschaftung inhärent ist.[28]

---

[26] K. Ph. Moritz, Fragmente aus dem Tagebuch eines Geistersehers. Ausg. Schrimpf (65), S. 360-361.

[27] Ebd., S. 367.

[28] Ebd., S. 370-371 heißt es: »Welches ist denn nun die verbotene Frucht, von welcher wir gekostet, und die Erkenntniß des Guten und Bösen dadurch erlangt haben?
Sind es die Künste und Wissenschaften? Ist es der Handel, ist es der Akkerbau?
Sind diß Abweichungen von der Natur, die sich durch sich selbst bestra-

Für Jean Paul liegt das Problem des geschichtlichen Bewußtsein anders: denn auch der Sinn des gesellschaftlichen Daseins ist teleologisch bestimmt. Der Zweck des Einzelnen ist nur im gesellschaftlichen Verband zu erreichen, aber dieser muß so gestaltet sein, daß er eine vollkommene Realisierung dieses Zieles gewährleistet, wie sie jedoch die herrschende Ungleichheit (der Bürger wie der Völker, betont er)[29] verhindert. Diese naturrechtliche Interpretation der ›sociabilitas‹ bezieht aber von Anfang an die Aussicht auf metaphysischen Ausgleich mit ein, nachdem die Realität – die Natur wie die Gesellschaft – vielen Wesen volle Entwicklung verweigert:

> Wollte man noch einwerfen als Argument gegen die Unsterblichkeit:»Wie viele Entwicklungen unterdrückt überhaupt die Natur, zu denen sie schon alle Anstalten vorgeschafft, wie viele tausend Eier knickt sie entzwei, wie viele Knospen zerreißet sie, wie viele Menschen auf allen Stufen des Lebens erquetscht ihr blinder Tritt!« so sag ich: die abgebrochenen Entwicklungen werden doch zu Bedingungen der vollführten veredelt; ferner für körperliche Gegenstände ist jede Stellung ihrer Teile gleichgültig, und als Hüllen geistiger Wesen zeugen sie eben für eine – kompensierende Unsterblichkeit der letztern.

Denn:

> Mich dünkt, von dieser Seite ist der Wahn der geistigen Mortalität noch nicht genug beschauet worden. Das lebendige oder geistige Weltganze kann als solches – denn das leblose hat keinen andern Zweck, als ein Mittel für das lebendige zu sein – keinen Zweck erreichen, als den jeder Teil davon erreicht, weil jeder *ein* Ganzes ist und weil jedes andere Ganze nur in der zusammenfassenden Idee und nicht wirklich existiert.[30]

Diese Argumente des ›Kampaner Tals‹ zum Beweis der Unsterblichkeit schließen an die Folgerungen an, mit denen der ›Hesperus‹-Aufsatz resümiert wird:

> Wir Niedergesenkte, da der Mensch unter den Menschen verschwindet, müssen uns vor der Menschheit erheben. Wenn ich an die Griechen denke: so seh' ich, daß unsere Hoffnungen schneller gehen als das Schicksal. – Wie man mit Lichtern nachts über die Alpen von Eis reiset, um nicht vor den Abgründen

---

fen? Oder sind diese Abweichungen eben so natürlich, wie die Natur selbst.
  Wenn sie es sind, warum ist denn in allen menschlichen Einrichtungen so viel Schiefes und Verkehrtes?
  Warum ist in die menschlichen Einrichtungen wirkliches Elend verwebt?« – Eine wesentliche Rolle für Moritz' Haltung, daß nur in der Isolierung des Menschen und im Einklang mit dem Kosmos eine Lösung zu finden sei, spielen die im ›Anton Reiser‹ (64) niedergelegten Erfahrungen.

[29] Hesperus (Hanser I), S. 871.
[30] Das Kampaner Tal (Hanser IV), S. 621, Anm. 1 und Anm. 2.

und vor dem langen Wege zu erschrecken: so legt das Schicksal Nacht um uns und reicht uns nur Fackeln für den *nächsten* Weg, damit wir uns nicht betrüben über die Klüfte der Zukunft und die Entfernung des Ziels. – Es gab Jahrhunderte, wo die Menschheit mit verbundnen Augen geführt wurde – von einem Gefängnis ins andere; – es gab andere Jahrhunderte, wo Gespenster die ganze Nacht polterten und umstürzten, und am Morgen war nichts verrückt; es kann keine andern Jahrhunderte geben als solche, wo Einzelwesen sterben, wenn Völker steigen, wo Völker zerfallen, wenn das Menschengeschlecht steigt; wo dieses selber sinkt und stürzt und endigt mit der verstiebenden Kugel ... Was tröstet uns? –

Ein verschleiertes Auge hinter der Zeit, ein unendliches Herz jenseits der Welt. Es gibt eine höhere Ordnung der Dinge, als wir erweisen können – es gibt eine Vorsehung in der Weltgeschichte und in eines jeden Leben,[31] welche die Vernunft aus Kühnheit leugnet, und die das Herz aus Kühnheit glaubt – es muß eine Vorsehung geben, die nach andern Regeln, als wir bisher zum Grunde legten, diese Erde verknüpft als Tochterland mit einer höhern Stadt Gottes – es muß einen Gott, eine Tugend und eine Ewigkeit geben.[32]

Wo Moritz aus der geschichtlichen Welt nur den Ausweg des Rückzugs ins »robinsonhafte Bewußtsein«[33] eines Einklangs von Lebenslauf und Kosmos sucht, um nicht Gott, der ›causa efficiens‹ der Welt und ihres geschichtlichen Prozesses, entweder das Attribut der Unendlichkeit (weil in seinen Absichten durch Fehlentwicklungen eingeschränkt) oder der Güte (weil unbeteiligter Zuschauer) absprechen zu müssen,[34]

---

[31] ›Über den Gott in der Geschichte und im Leben‹ lautet 14 Jahre später der Titel der ersten Abhandlung der Dämmerung‹.

[32] Hesperus (H. I), S. 874–875.

[33] Georg Lukács verwendet diesen treffenden Ausdruck im historischen Abriß seines Aufsatzes ›Die Verdinglichung und das Bewußtsein des Proletariats‹, der philosophiegeschichtlich die ›Antinomien des bürgerlichen Denkens‹ beschreibt (G. L., Geschichte und Klassenbewußtsein. Neuwied und Berlin 1970, S. 209ff., hierzu S. 246). Lukács betrachtet diese Fluchttendenz jedoch nicht als historisches Korrelat zur Erstellung des ›Totalitäts‹-Begriffes der idealistischen Philosophie – die ihrerseits ebenfalls eine Art Realitäts- und Problemflucht darstellt –, weil er deren ›System‹-Konzept automatisch als positiv (für die Genealogie des Marxismus) bewerten muß.

[34] Fragmente aus dem Tagebuche eines Geistersehers. (65), S. 371–372: »Ist es denn dem freien Willen des Menschen möglich, in dieser schönen Schöpfung Gottes etwas zu verderben, so ist er ja wirklich Gott gleich, so läßt sich ja wirkliche Empörung der Geschöpfe gegen den Schöpfer, der endlichen Wirkungen gegen die unendliche Ursache denken? oder vielmehr die Ursach ist denn selbst nicht mehr unendlich, weil sie durch ihre eignen Wirkungen wiederum eingeschränkt wird.
Oder ist die Freiheit der endlichen Wesen nur anscheinend? So wäre denn diß wunderbare Ganze eine aufgezogne Uhr, die von selbst abläuft, und Krieg, Unterdrückung, und alle die mißtönenden Zusammenstimmungen der menschlichen Verhältnisse, woraus das wirkliche Elend erwächst, wären also dem Schöpfer ein wohlgefälliges Spiel.

65

wahrt Jean Paul den Zusammenhang von physischer Welt und moralischem Postulat in dem induktiven Schluß auf eine »höhere Ordnung der
Dinge, als wir erweisen können«. – Merkwürdigerweise wird der zuletzt
wiedergegebene Passus eingeleitet mit der Feststellung:

> Die Astronomie verspricht der Erde eine ewige Frühling-, Tag- und Nacht-
> gleiche;" und die Geschichte verspricht ihr eine höhere; vielleicht fallen beide
> ewige Frühlinge ineinander.

Die dazugegebene Anmerkung " lautet:

> Denn nach 400 000 Jahren steht die Erdachse, wie Jupiter jetzt, senkrecht auf
> ihrer Bahn.[35]

Fast scheint es, als widerlege Jean Paul damit seine eigene, zu Anfang
des Aufsatzes aufgestellte Behauptung, daß von physikalischen auf geschichtliche Gegebenheiten nicht teleologisch zu schließen sei.

Dieser scheinbare Widerspruch löst sich, wenn man den Gegensatz
von physischer und moralischer Welt im Naturrecht heranzieht, der zu
den Grundprinzipien bei der Bestimmung des Verhältnisses von Einzelwissenschaft und ›prima philosophia‹ zählte, weil in ihm das induktiv-
teleologische Verfahren begründet war. Pufendorf, dessen ›Naturrecht‹
Jean Paul noch 1785 studiert hatte, geht davon aus, daß die physische
Welt als moralische Welt konstituiert sei, indem ihren Gegenständen
und Prozessen vom Menschen eine Interpretation sozusagen überge-
stülpt wird, die sie in moralische Gegenstände verwandelt: (man erin-
nere sich Jean Pauls zuvor zitierter Bemerkung, daß das leblose Welt-
ganze keinen Zweck habe, als ein Mittel für das lebendige zu sein!). Ein-
wänden gegen die moralischen Gegenstände, deren hypothetischem
Charakter die Faktizität der Erfahrungswissenschaften entgegengehal-
ten wird, begegnet Pufendorf mit dem Hinweis, daß in *beiden* mit In-
duktivschlüssen gearbeitet werde:

Und was wäre das für ein Schöpfer? Wer bebt nicht mit Schaudern vor
diesem Abgrunde zurück!« -
Aber auch noch in der Krise der ›sociabilitas‹ ist der Anklang an die naturrechtliche Lehre vom ›Zeichen‹ zu finden, von der im Folgenden bei Jean Paul
zu sprechen sein wird; vgl. ›Andreas Hartknopfs Predigerjahre‹, Ausg.
Schrimpf (65), S. 189, wenn die Gesichter der Zuhörer Hartknopfs beschrieben werden:»Die übrigen Gesichter waren mehr oder weniger durch Bruta-
lität entstellt – es war eine chaotische Masse – das wandernde Auge des Men-
schenforschers fand keinen Platz, auf dem es ruhen konnte. Es war, als wäre
über die Bildungen eine Furche hingezogen, die sie alle gleich machte. -
Das Bezeichnende und Bedeutende war entstellt, zerrissen. Eine neue Schöpfung mußte hier vorgehn, um diese erstorbene zur Erde gesunkene Masse zu
beleben, und dann mit dem neubelebten Worte und Blicke zu wechseln. –«
[35] Hesperus (H. I), S. 874.

Sunt igitur, qui jactant, res morales in universum esse incertas ac instabiles. Non posse autem majorem certitudinem esse ipsius scientiae, quam earum rerum, quae sciuntur. Ad hoc reponitur: etsi entia moralia suam originem debeant impositioni, eoque ipso non sint absolute necessaria; non tamen adeo dissoluto ac vago modo provenerunt, ut eam ob causam incerta penitus sit circa eadem scientia. Pleraque enim ut inducerentur, postulavit ipsa hominis conditio, à Creatore Optimo Maximo eidem pro bonitate & sapientia sua assignata; ut ista haec saltem incerta atque instabilia vocari hautquidquam possint.

[Es wird nun von manchen behauptet, die Gegenstände der Moral seien insgesamt ungewiß und schwankend. Es könne aber keine größere Gewißheit in der Wissenschaft geben, als die faktisch bekannter Dinge. Dem ist entgegenzuhalten: auch wenn die moralischen Entitäten ihren Ursprung einer Festlegung (*impositio*) verdanken und eben deshalb nicht absolut notwendig sind, so sind sie doch nicht auf derartig inkohärente und undeutliche Weise entstanden, daß aus diesem Grund die sie betreffende Wissenschaft vollkommen ungewiß sei. Denn daß fast alles induktiv erschlossen werden muß, ist eine Forderung der Kondition des Menschen, die diesem vom besten und höchsten Schöpfer selbst in seiner Weisheit und Güte zugewiesen wurde; sodaß diese kaum ungewiß und schwankend genannt werden dürften.][36]

Desgleichen äußert sich Leibniz in einer Abhandlung zu Thesen des Arztes Georg Ernst Stahl, die Platner noch in den 1794 erschienenen ›Quaestiones Physiologicae‹ zitiert, um seine auf Stahl aufbauende Physiologie zu verteidigen, der seit Hallers mechanistischer Lehre sehr an Ansehen verloren hatte. Leibniz unterscheidet zwischen einem materialen Prinzip, das mathematischen Regeln, und einem formalen Prinzip, das metaphysischen Regeln unterworfen ist; aber auch die Erklärung der physischen Gegenstände erfordert es, über das materiale Erklärungsprinzip hinauszugehen bzw. zur partikulären Begründung eine allgemeine Ursache hinzuzufügen:

---

[36] Samuel Pufendorf, De iure naturae et gentium libri octo. (47), Lib. I, Cap. I. De certitudine disciplinarum quae circa moralia versantur, § 5, S. 17. - Der Grundsatz, mit dem Pufendorf die Interpretation der physischen als moralischer Welt fixiert, ist folgendermaßen formuliert:»Exinde commodissime videmus entia moralia posse definire, quod sint *modi quidam, rebus aut motibus physicis superaddati ab entibus intelligentibus*, ad dirigendum potissimum & temperandam libertatem actuum hominis voluntariorum, & ad ordinem aliquem ac decorem vitae humanae conciliandum.« [Wir können also moralische Entitäten offenbar sehr unproblematisch definieren: es handelt sich um *bestimmte Seinsweisen, die den Gegenständen oder Vorgängen der wirklichen Welt von vernunftbegabten Wesen zusätzlich beigelegt werden*, zur vorzüglichen Lenkung und Mäßigung der Unbeschränktheit der freiwilligen Handlungen des Menschen und um dem menschlichen Dasein ein wenig Ordnung und Würde zu verleihen.] Ebd., S. 2, § 3 (Hervorhebungen von mir, W. P.).

Et proinde licet omnia in materia fiant mechanicè, tamen ipsas mechanismi leges altiores esse ostendi, & ex materia non oriundas, quemadmodum ex iis intelligi pluribus potest [...] rationem rerum plenam in particularibus reperiri non posse, sed quaerendam esse in causa generali, ex qua non minus status praesens, quam praecedens, immediate emanat, nempe in Autore Universi intelligente, cui haec placuit series rerum, prae aliis infinitis, quarum materia capax erat.

[Und mag auch alles in der Materie mechanisch vor sich gehen, so habe ich doch gezeigt, daß die Gesetze des Mechanismus selbst aus höherem Ursprung sind und nicht aus der Materie entspringen, wie man zum großen Teil an ihnen selbst ersehen kann [...] die vollständige Begründung der Dinge läßt sich in den Einzelgegenständen nicht finden, sondern ist in einer allgemeinen Ursache zu suchen, aus der der gegenwärtige Zustand ebenso unmittelbar wie der davorliegende hervorgeht: nämlich im vernünftigen Urheber des Universums, dem diese Stufenfolge der Dinge beliebte, vor anderen endlosen Anordnungen, deren Möglichkeit in der Materie angelegt war.][37]

Aber Leibniz' Perspektive, es könne das System einer Philosophie aufgestellt werden, das einen Mittelweg zwischen formaler (metaphysischer) und empirischer Wissenschaft (in mathematischer Demonstrationsform) unter Verbindung der Kenntnisse, aber Wahrung der jeweils eigenen Gesetze erhält, erweist sich mit Kants abstrakt deduzierender Philosophie und der Loslösung der empirischen Wissenschaften, auch im nicht-mechanischen Bereich (Biologie, Physiologie) als endgültig überholt.[38] Georg Forster, von Jean Paul vor allem wegen der Schilderung seiner Reise in die Südsee geschätzt, schreibt in seiner Gedenkschrift für Cook, den er damals begleitet hatte, unmißverständlich von einem »vermeynten Kontrast zwischen physischer und sittlicher Bestimmung«, auch in der Natur des Menschen (Cook der Ent-

---

[37] Leibniz, Animadversiones (34), S. 132. - Ein Neudruck des Werkes von Stahl, auf das sich Leibniz bezieht, ist angekündigt: Georg Ernst Stahl, Theoria medica vera physiologiam & pathologiam tanquam doctrinae partes vere contemplativas, e naturae & artis fundamentis veris, intaminata ratione, & inconcussa experientia sistens. Nachdruck der Ausgabe Halle 1708, Hildesheim / New York (bei Olms).

[38] »... restitutum emendatumque Systema mediae inter formalem et materiariam philosophiae (conjuncta servataque rite utraque) nasci videtur aliquando posse.« [... so soll einmal ein wiederhergestelltes und verbessertes System einer Philosophie ans Licht treten, die den Mittelweg zwischen formaler und materialischer Philosophie einschlägt, indem es beide verbindet, aber beide von ihnen in ihrem Eigenrecht erhält.«] Mit diesen Worten beendet Leibniz einen Aufsatz gegen den an der Altdorfer Universität lehrenden Cartesianer Joh. Christoph. Sturm (Leibniz, Schriften 4. Ausg. Gerhardt (33), S. 504–516, Zitat S. 516; der Aufsatz trägt den Titel ›De ipsa natura sive de vi insita actionibusque Creaturarum, pro Dynamicis suis confirmandis illustrandisque‹).

decker, 1787).[39] Dieser Irrtum abstrakten Denkens, der auf dem logischen Grundsatz vom Nicht-Widerspruch beruht, erscheint Forster als ein Irrtum, der auf dem Vorgang der Abstraktion beruht: Leibniz' Unterscheidung von physischer und moralischer Welt wie der Cartesianische Dualismus von ›Geist‹ und tierischer Mechanik im Menschen, werden für ihn gleichermaßen irrelevant, und damit verschwindet das Problem der Teleologie, an dem Jean Paul so betont festhält, ebenso wie die naturrechtliche Vorstellung vom metaphysischen Ausgleich, die aus der zitierten »Forderung des Glücklichseins für geschaffene Wesen« sprach:[40]

> Mit Anlagen, die einander zu widersprechen scheinen, macht übrigens der Mensch keine Ausnahme in der Ökonomie der Natur; denn nach unserer Art zu reden, giebt es überall streitende Verhältnisse und Widersprüche, weil wir überall Absichten annehmen, wo wir Beziehungen bemerken. Soll, zum Beyspiel das Hanfkorn zur Pflanze keimen, so darf es der Hänfling nicht verzehren, dem es gleichwohl zur Nahrung angewiesen ist. *Uns* scheinen diese Verhältnisse allerdings widersprechend; wüßten wir uns aber an die Stelle der Natur zu setzen, so würden wir bald einsehen, daß jedes Einzelne gerade die Bestimmung hat, die es wirklich erreicht. So wie jedes Wachsthum Zerstörung voraussetzt und sich wieder in Zerstörung endigt, so ist auch die Entwicklung einer Anlage Unterdrückung einer andern. In einer Welt, wo die größte Mannichfaltigkeit der Gestalten nur durch das Vermögen, einander zu verdrängen, bewirkt wird, hieße es in der That die einzige Bedingung ihres Daseyns aufheben, wenn man diesen immerwährenden Krieg und diese anscheinende Unordnung abgestellt wissen wollte.[41]

Forster vertritt, ähnlich wie Jean Paul im oben zitierten Passus die Ansicht, daß von physikalischen Gegebenheiten nicht auf die Entwicklung der Natur oder den Verlauf der Geschichte zu schließen ist:

> ... zugestanden, daß sich ein meteorologischer Cyklus für unsern Norden ausrechnen ließe, würde man daraus folgern können, daß dereinst die Zeit eines immerwährenden Sonnenscheins kommen müßte?[42]

Die Hoffnung auf die Zeit eines »Sonnenscheins« auch im politischen oder metaphysischen Sinn – dies lehnt Forster mit einem gewissen nachsichtigen Spott ab. Auch in der Geschichte haben die Epochen, auch die eigene der Aufklärung, gleich den Elementen der Natur, ihren ›Sinn‹ nur in sich selbst:

> Der Gränzpunkt der fortschreitenden Aufklärung liegt außer unserm Gesichtskreise;selbst wenn ihre Blüthe längst verwelkt, ihre Frucht abgefallen

---

[39] Georg Forster, Cook der Entdecker. In: G. F., Werke Bd. II. Frankfurt 1969 (60), S. 103–224; Zitat S. 107.
[40] Vgl. S. 20.
[41] Ebd., S. 108.
[42] Ebd., S. 215.

und zerstreuet seyn wird, sprossen ihre Saamen in einem andern Boden wieder hervor.[43]

Jean Paul hält jedoch am teleologischen wie moralischen Sinn der Dinge der natürlichen Welt fest, und dies besagte die zuvor zitierte Passage über Astronomie und Geschichte, die nochmals wiederholt sei:

> Die Astronomie verspricht der Erde eine ewige Frühling-, Tag- und Nachtgleiche, und die Geschichte verspricht ihr eine höhere, vielleicht fallen beide ewige Frühlinge ineinander.[44]

Wiederum steht die Stelle im Zusammenhang mit der ›Hartknopf‹-Passage, auf deren Verbindung zum Geschichts-Aufsatz des ›Hesperus‹ bereits mehrfach hingewiesen wurde. Dort heißt es:

> Daher kommt es nicht auf das Zeigen und Ersehen einer Wahrheit, d. h. eines Gegenstandes an, sondern auf die Wirkungen, die er durch dein ganzes Inneres macht.[45]

Die Problematik des geschichtlichen Bewußtseins Jean Pauls, das eine Auffassung wie die Forsters auf Grund des metaphysischen Bedürfnisses nicht zu teilen vermag, läßt sich hieran aufdecken: der Widerstreit der wissenschaftlich erfaßbaren Gegenstände der wirklichen Welt, bei dem sich der Naturforscher zu begnügen vermag, kann für den an den Theorien der vorkantischen Spätaufklärung geschulten Autor nur erträglich scheinen, wenn an ihnen ein Sinn aufzudecken ist, der sie zu ›moralischen Zeichen‹ im Sinn Pufendorfs erhebt. Dieser naturrechtliche Zeichen-Begriff erscheint in den ›Fixlein‹-Annexen mehrfach[46] und schließlich ausführlicher und bedeutsamer in der Definition des ›Lächerlichen‹ in der ›Vorschule‹, welche – kaum zufällig – diejenige des ›Erhabenen‹ miteinschließt und damit die Behandlung des ›Humors‹ vorbereitet.

Jean Paul spricht anläßlich der Aufstellung bestimmter exzentrisch kontrastierender Gemälde davon, daß solchen »Verschiebungen der plastischen Wirklichkeit mangelt, wie dem Menschenzerrbilde, dem Tiere, die geistige Bedeutung.«[47] Der Fortschritt der Einzelwissenschaften und die damit verbundene ›Mechanisierung‹ der Weltinterpretation re-

---

[43] Ebd., S. 217.
[44] Ang. s. oben Anm. 35.
[45] Hesperus (H. I), S. 685.
[46] Vgl. die Abhandlung ›Über die natürliche Magie der Einbildungskraft‹ (Hanser IV, S. 195–205; s. S. 203) sowie die der ›Selbstliebe‹-Abhandlung beigefügte ›Physische Note über den Zitteraal‹ (ebd., S. 224–225).
[47] Vorschule der Ästhetik (Hanser V), S. 103. Jean Paul spricht von einer Darstellung der Passion Christi neben einem Moriskentanz.

duzieren die Erfaßbarkeit des moralischen Zeichens. Die zu Recht als
außerordentlich bekannten Stellen der ›Vorschule‹ über den Charakter
des ›Romantischen‹ als »Zersetzung« der »festen Körperwelt« durch
die Kraft der Abstraktion und den dadurch hervorgerufenen »Einsturz«
der äußeren Welt in die »innere«, die der Dichtung nunmehr als Domäne zugewiesen wird,[48] bezeichnen diese geschichtliche Lage genau.
Denn wenn die Wissenschaft es aufgibt, die Daten der Natur über bloßes
Registrieren hinaus zu kombinieren,[49] und es (von Jean Paul) philosophisch nicht akzeptiert werden kann, die Erfassung der Wirklichkeit a
priori zu deduzieren, so bleibt dem Dichter die Aufgabe, Beziehungen
zwischen den Dingen herzustellen, welche induktiv auf diesen Sinn
schließen lassen:

> Den ungeheuren Sprung vom Sinnlichen als Zeichen ins Unsinnliche als Be-
> zeichnetes - welchen die Pathognomik und Physiognomik jede Minute tun
> muß - vermittelt nur die Natur, aber keine Zwischen-Idee; zwischen dem mi-
> mischen Ausdruck des Hasses z. B. und zwischen diesem selber, ja zwischen
> Wort und Idee gibt es keine Gleichung. Allein die Bedingungen müssen zu
> finden sein, unter welchen ein sinnlicher Gegenstand zum geistigen Zeichen
> wird vorzugsweise vor einem andern.[50]

Das bedeutet selbstverständlich nicht, daß die Poesie Aufgabenberei-
che der Wissenschaften übernehmen könne, wie die Romantiker, den
Kritizismus Kants mit Leibniz' Dynamismus amalgamierend, von einer
Vermischung aller Künste und Wissenschaften träumten. Sondern es
geht Jean Paul darum, der Verschärfung des Cartesianischen Dualismus
entgegenzutreten, wie er sich bei Kant darbot, als Aufteilung in die ›Außenwelt‹ als Sphäre naturgesetzlicher Notwendigkeiten und die ethische Sphäre als abstrakt gegebener und deshalb in ihrem Gehalt nicht
definierter Autonomie des Menschen. Von Kant ist dadurch, in Lukács'

---

[48] Vorschule (H. V), § 22 ›Wesen der romantischen Dichtkunst‹ (S. 86–92, bes.
    S. 91) und § 23 ›Quelle der romantischen Poesie‹ (S. 93–94, s. S. 93).
[49] Vgl. hierzu die oben (in Anm. 41) genannte ›Physische Note über den Zitteraal‹,
    die im übrigen schon auf das Interesse Jean Pauls für den ›organischen Mag-
    netismus‹ und damit auf die antimechanistischen Tendenzen der beiden Auf-
    sätze zur Naturwissenschaft vorverweist: ›Muthmaßungen über einige Wun-
    der des organischen Magnetismus‹ und ›Frage über das Entstehen der ersten
    Pflanzen, Thiere und Menschen‹, die erst einzeln, dann 1813 in der Sammlung
    seiner Beiträge für Dalbergs ›Museum‹ veröffentlicht wurden (vgl. GW I/16,
    S. 9ff. und S. 51ff.).
[50] Vorschule (H. V), § 27 ›Theorie des Erhabenen‹, S. 107. - In diesem Zusammen-
    hang ist der Vorwurf Jean Pauls an die kritische Theorie zu verstehen, sie
    lehre »erst durch die Z e i c h e n die S a c h e n, erst durch die Schlüssel die
    Rätsel kennen, anstatt umgekehrt.« (Clavis Fichtiana, Protektorium für den
    Herausgeber. Hanser III, S. 1028).

Formulierung, »die ›intelligible Zufälligkeit‹ der den Naturgesetzen unterworfenen ›Außenwelt‹ noch gesteigert worden.«[51] Gerade davon
spricht Jean Paul in den Unsterblichkeitsbeweisen des ›Kampaner Tals‹,
die zugleich die Aufgabe der Dichtung miteinschließen:

> Es gibt eine innere, in unserem Herzen hängende Geisterwelt, die mitten aus
> dem Gewölke der Körperwelt wie eine warme Sonne bricht. Ich meine das
> innere Universum der *Tugend*, der *Schönheit* und der *Wahrheit*, drei innere
> Himmel und Welten, die weder Teile, noch Ausflüsse und Absenker, noch
> Kopien der äußeren sind. Wir erstaunen darum weniger über das unbegreif-
> liche Dasein dieser drei transzendenten *Himmelsgloben*, weil sie immer vor
> uns schweben, und weil wir töricht wähnen, wir *erschaffen* sie, da wir sie doch
> bloß *erkennen*.[52]

Dies ist der Vorwurf, den Jean Paul der kritischen Philosophie und ihrer
Auffassung von der Vernunft als Gesetzgeberin der Wirklichkeit macht:
daß sie glaubt, die Gegenstände zu e r s c h a f f e n, während sie ihr doch
vorgegeben sind. Und er fügt deshalb die Anmerkung (˙˙) hinzu: »Man
sollte daher nicht sagen mundus intelligibilis, sondern mundus intellectus.«[53] – die Welt ist dem Verstand nicht a priori ›einsichtig‹, sondern ist
ihm, physisch und noch mehr moralisch, ein Gegenstand, zu dessen vollkommener Erhellung sein Erkenntnisvermögen jedoch nicht ausreicht.
Die Steigerung dieser Fragen zur Rechtfertigung der Unsterblichkeit
aus der Teleologie der Welt ist damit vorbereitet.

Damit wurde die geschichtliche Situation umrissen, in der Jean Paul
sich von der Philosophie ab- und dem ›Roman‹ zuwandte. Aber dieser
Übergang zum Roman bedeutet nur die Festigung der erworbenen Position und ihre Differenzierung in der Bestimmung des Verhältnisses der
Poesie zur Philosophie, die im Rahmen der Auseinandersetzung von
metaphysischem Bedürfnis und geschichtlichem Bewußtsein entwickelt
wird.

---

[51] Lukács, Geschichte und Klassenbewußtsein (Ang. s. o. Anm. 33), S. 229; vgl.
hierzu auch die Darstellung zu Leibniz und Maimon, S. 221–222. - Noch Fichte
und Erhard versuchten, diese ›Autonomie‹ naturrechtlich aufzufüllen, wobei
sie die Begründung mit Hilfe der Kantschen Denkmethode zu geben versuchten. Erst Hegel entschließt sich zur Ablehnung des Naturrechts.
[52] Das Kampaner Tal (H. IV), S. 611.
[53] Ebd. - Weitere Bemerkungen dieses Inhalts finden sich wieder in der Fichte-
Attacke der ›Clavis‹, vgl. §§ 12 u. 13 (H. III, S. 1037ff.).

2. Das Verhältnis von Poesie und Philosophie

Jean Pauls ›Roman‹-Begriff ist von Anfang an von Mißtrauen gegenüber gattungspoetischen Festlegungen geprägt. So formuliert er in dem Brief, der die Übersendung der ›Unsichtbaren Loge‹ an Karl Philipp Moritz begleitet, der Roman sei eine »durch *generatio aequivoca* erzeugte Gattung literarischer Leseleichen«, die »einen Man von Geschmack anekelt« und widerspreche somit einem reinen gattungspoetischen Begriff. Jean Paul läßt es dahingestellt, ob er diese irrtümliche Entstehung der Gattung allgemein oder speziell der Genesis seines eigenen Roman-Erstlings zuschreibt; aber er scheint diesen Irrtum nicht als Nachteil zu empfinden, sondern er beharrt darauf, daß erst die Kombinationsfunktion des Romans einen Zusammenhang der heterogenen Elemente erschaffe:

> Um Ihnen das Lesen des Ganzen zu ersparen oder erleichtern, wolt' ich Ihnen ein Inventarium der erträglichsten Stellen schicken; aber diese würden nichts taugen, wenn sie isoliert etwas taugten ...[54]

So rechtfertigt er sein poetisches Mischverfahren innerhalb einer pragmatischen, auf Lagen (dem Lächerlichen, dem Idyllischen usw.) und Affekten statt auf Gattungselementen aufbauenden Poetik. Jean Paul steht damit aber nicht isoliert. Ernst Bergmann hat 1913 auf Grund einer handschriftlichen Kollegnachschrift der ästhetischen Vorlesungen von Jean Pauls Lehrer Ernst Platner für die Zeit von 12. 10. 1777 bis 15. 4. 1778 Grundsätze der Platnerschen Ästhetik dargestellt, und es darf als Versäumnis der Jean Paul-Forschung bezeichnet werden, diese nicht zur historischen Grundlegung der Interpretation seines Schülers herangezogen zu haben. Alle Eigentümlichkeiten, die die ›Vorschule‹ Jean Pauls zum diffusen, schwer faßbaren Werk machen, scheinen durch Platner vorgebildet worden zu sein, dessen Unterricht Jean Paul ab 1781 (also kurze Zeit nach der Periode, für die Bergmanns Quelle zur Verfügung steht) besuchte.[55] Das Ernsthafte, das Scherzhafte, das Er-

---

[54] Der Brief ist abgedruckt im Anhang zu Schrimpfs Moritz-Ausgabe (65); dieser enthält Jean Pauls Briefwechsel mit Karl Philipp und, nach dessen Tod (1793), mit seinem Bruder Joh. Christian Conrad Moritz (s. 425–438). Vgl. Jean Pauls Brief vom 7. Juni 1792, S. 425–426.

[55] Ernst Platner und die Kunstphilosophie des 18. Jahrhunderts. Nach ungedruckten Quellen dargestellt von Ernst Bergmann. Leipzig 1913 (74a). - Der Autor hatte in einem Leipziger Antiquariat das Manuskript einer Kollegnachschrift gefunden, die für die Zeit vom 12. Oktober 1777 bis zum 15. April 1778 lückenlos die ästhetischen Vorlesungen Platners wiedergab (vgl. Bergmanns Bericht, S. 14–15). Neben dieser ungedruckten Quelle in seinem Privatbesitz verweist der Verfasser auf eine weitere, diesmal gedruckte Kolleg-

habene, das Unbedeutende, das Schöne, das Naive etc., all dies sind »Empfindungen, welche die Werke der Kunst in den Menschen hervorbringen« (Platner).[36] Diese sind die Grundlagen des Geschmacksurteils. Eine psychologische, ja in physiologischem Sinn »sensualistische« Kunstauffassung führt zu einer ständigen Vermischung von Feststellungen philosophisch-psychologischer und pragmatisch-poetologischer Art. Bergmann spricht sogar von einer »grundsätzlichen Konfundierung von Dichtung und Redekunst« und zitiert aus Platners Vorlesung: »Ich mache also zwischen Poesie und Oration keinen wesentlichen Unterschied.«[37] Das heißt nicht: zwischen Poesie und Rhetorik – letztere ist

nachschrift, welche 1789 oder 1790 gehaltene Vorlesungen Platners wiedergibt, allerdings erst 1836 publiziert wurde (vgl. Bergmann S. 167ff.). Ihr Titel: Ernst Platners Vorlesungen über Ästhetik. In treuer Auffassung nach Geist und Wort wiedergegeben von dessen dankbarem Schüler M. Moritz Erdmann Engel. Mit E. Platners Porträt. Zittau und Leipzig 1836. - Leider war mir dieser Text nicht zugänglich und ich halte mich deshalb an Bergmann, der dieser Quelle im Vergleich zu seinem Manuskirpt relativ geringen Wert zuspricht.

[36] Bergmann (74a), S. 121.

[37] Ebd., S. 143. »Poetik und Rhetorik [so Platner] ist einerlei« zitiert Bergmann weiter an dieser Stelle und referiert in diesem Zusammenhang die Ausführungen aus dem Kollegheft von Platners Schüler: » P o p e s Gedicht über den Menschen [gemeint ist Popes ›Essay on Man‹, 1732–1734] ist eine Oration so gut wie R o u s s e a u s Abhandlung von der Ungleichheit der Stände [Discours sur l'origine de l'inégalité parmi les hommes, 1755]. Gedicht und Oration, beide sind eine ›vollkommen sinnliche Rede‹, beide sind ‹ R e d e k u n s t › im weitesten Verstande.... Wohlredenheit [i. e. Rhetorik im Sinn eines Regelsystems] und Redekunst verhalten sich zueinander wie Drechslerei zur Bildhauerei. Bestimmtheit (Präzision) und Klarheit (Bildlichkeit) des Ausdrucks hat auch der Philosoph und der Kritiker. Zum ›Redekünstler‹ (Redner und Dichter) aber gehört das und noch mehr, gehört der ‹G e i s t d e r K u n s t u n d P h i l o - s o p h i e ›, gehört Empfindsamkeit oder, wie es jetzt wohl auch heißt, B e - g e i s t e r u n g. ›Die Kunst [nämlich ›Redekunst‹ im obigen Sinn] ist eine Äußerung hoher Empfindsamkeit.‹«(Ebd., S. 143 und 144). - Gerade unter dem Aspekt der hier dargelegten Prinzipien Platners, Popes und Rousseaus Texte unbeschadet formaler Unterschiede und eines in unserem Sinn ›unpoetischen‹ Inhalts der ›Poesie‹ zuzuordnen, wird auch die Einfügung von Textstücken bei Jean Paul verständlich, die mit der ›poetischen‹ Situation unvereinbar scheinen mögen. Aber gerade Jean Pauls Verteidigung des Lehrgedichts bestätigt diese Auffassung seiner eigenen Technik der ›Extrablätter‹ in den poetischen Werken und ihr Vorbild: »Das Lehrgedicht gehört in die lyrische Abteilung. Diese Absonderung darf wohl befremden, weil man dem sinnlichen Landschaftgedichte weit mehr Wärme zutraut als dem unsinnlichen Lehrgedicht. Aber das Beschreib-Gedicht hat als solches nur mit der epischen körperlichen Fläche zu tun, welche an und für sich dasteht, ausläuft und weit blüht. Das Lehrgedicht läßt auf innere geistige Gegenstände den Brennpunkt der Empfindung fallen, und in diesem leuchten und brennen sie; und dieses so sehr, daß der flammende Pindar ganze Reihen kalter Lehrsätze zu seinem korint-

»Wohlredenheit« in Befolgung bestimmter Regeln – gäbe es keinen Unterschied, sondern zwischen pragmatischer Poetik und dem durch Baumgarten eingeführten Begriff des Schönen als Gegenstand der eigenständigen Disziplin der Ästhetik. Dies entzieht beide, Lehrer wie Schüler, der Einordnung in die Ästhetik des 18. Jahrhunderts, die von einer Differenzierung und separaten Entwicklung von Poesie und Philosophie ausgeht und dabei die pragmatische Gattungspoetik zu einem Sonderbereich erklärt, deren philosophische Begründung sie jedoch als ihre Aufgabe betrachtet:

> Während die Wissenschaft sich durch einfache und konzentrierte Begriffe den unteilbaren Grundwahrheiten anzunähern versucht, fordert die Kunst zusammengesetzte Begriffe und inhalts- und ausdrucksreiche poetische Vorstellungen, um jene Wahrheiten anschaulich darzustellen. Das wissenschaftliche Denken verlangt die Einebnung der besonderen Phänomene zum Zwecke der Erkenntnis einer allgemeinen Wahrheit; die sensitive Erkenntnis entzündet sich an den vielfältigen Erscheinungsformen des Besonderen. ... Das Verfahren der Philosophie ist das der Abstraktion, des Hinaufsteigens zu allgemeinen Begriffen; das der poetischen Darstellung geht den umgekehrten Weg: Mit dem Grad des Besonderen einer Vorstellung nimmt ihre poetische Intensität zu.[58]

Dieser in Klaus Scherpes resümierender Darstellung wiedergegebenen Entwicklungstendenz widerspricht Jean Paul neben der enzyklopädisch motivierten Bereitschaft für neue Kategorien durch einen besonderen Ansatz des Verhältnisses von Dichtung und Philosophie, das ihn wieder als Schüler Ernst Platners zeigt;[59] dabei stellt er die Poesie zunächst

---

hischen Erz einschmilzt.
Reflexionen oder Kenntnisse werden nicht an sich zur Lehre, sondern für das Herz zur Einheit der Empfindung gereiht und als eine mit Blumenketten umwickelte Frucht dargeboten, z. B. von Young, Haller, Pope, Lukrez. In der Dichtkunst ist jeder Gedanke der Nachbar eines Gefühls, und jede Gehirnkammer stößt an eine Herzkammer.« (Vorschule, H. V, § 75, S. 274).

[58] Klaus R. Scherpe, Gattungspoetik im 18. Jahrhundert. (92), S. 174.
[59] Bergmann (74a), vgl. bes. S. 86–97: V. Die Grundlegung der Kunstphilosophie. 1. Platners Lehre vom Geist der Kunst. Vgl. S. 91, wo Bergmann zu unterscheiden versucht: »So scheinen denn bei Platner Kunst und Philosophie ineinander zu fließen. Mit nichten! - Freilich ist auch der Künstler Philosoph im höheren Sinne des Wortes. Beide, Künstler wie Philosoph, haben Verstand und Herz, Vorstellungen und Empfindungen. Nur sind beim Philosophen die Vorstellungen deutlicher als beim Künstler. Beide ›fühlen eine Unruhe in sich über die Angelegenheiten der Menschheit und der Welt‹. Aber jeder sucht diese Unruhe anders zu beseitigen, der Philosoph durch Betrachtungen und Raisonnement, der Künstler dadurch, daß er sie ‹durch Empfindungen mit allerhand ästhetischen Zeichen ausdrückt‹.« Aber *eine* Bedeutung des Ausdrucks ›Geist der Kunst‹ wird bei Bergmann nicht deutlich, nämlich das physiologische Substrat dieser sensualistischen Kunstauffassung, das bei Jean Paul deutlich zu Tage tritt.

gleichberechtigt neben die eigentliche Philosophie, trotz deren größerer logischer Regelmäßigkeit –, da

> beide sich wie *Kometen* und *Planeten* um *dieselbe Sonne* (der Wahrheit) bewegen und sich nur in der *Figur* ihres Umlaufs unterscheiden, da Kometen und *Dichter* bloß die größere Ellipse haben.[60]

Man beachte, daß es sich hier nicht um eine Frage der Festlegung des Verhältnisses von Fiktion und Realität handelt; für Jean Paul ist die aristotelische Unterscheidung von Poesie und Historie nach ihrer größeren philosophischen Bestimmtheit gültig, und er spielt, gestützt auf diese Autorität, den polyhistorischen Wissensbegriff von ›wirklichen‹ Dingen – die isoliert keine Bedeutung besitzen –, gegen den romanpoetischen Anspruch der ›Wahrscheinlichkeit‹ aus; die vielfachen, in Sternescher Manier als Disput zwischen Autor und Leser behandelten Ablehnungen eines »historischen« Erzählens erscheinen keiner weiteren Begründung bedürftig.[61]

Die aus dem ›Hesperus‹ entnommene Passage, die eine Gleichberechtigung von Philosophie und Dichtung festsetzt, schließt in ihrer Bildlichkeit an eine Stelle der ›Kritik der reinen Vernunft‹ an (A 662/663, B 690/691),[62] an der Kant unter Anwendung der nämlichen kosmologi-

---

[60] Hesperus (H. I), S. 588.

[61] Aristoteles' Formulierung in seiner ›Poetik‹ lautet: »Daher ist die Poesie philosophischer und höher einzuschätzen als die Geschichtsschreibung, denn die Poesie stellt mehr das Allgemeine, die Geschichtsschreibung das Einzelne dar.« (Aristoteles, Über die Dichtkunst. Übersetzt von Alfred Gudemann. Leipzig 1921. (1451b) S. 18) - Der Einfluß dieser Auffassung auf Jean Paul, schon aus Platners Definition der Poesie als allgemeiner Kunst deutlich, ist auch direkt aus seiner Einstellung zum Problem der Erzählung deutlich: der Charakter der Gestalten ist für den Erzähler entscheidend, nicht der Verlauf der zu erzählenden Geschichte (vgl. Vorschule, H. V, § 74 ›Regeln und Winke für den Romanschreiber‹, s. hierzu bes. S. 268; sowie ebd. die Paragraphen über Charaktere und Fabel, S. 207ff. und 229ff.). Vgl. hierzu auch den ›Art. 4‹ des ›Kritischen Unter-Fraisgerichts‹ im ›Kom. Anhang‹ des ›Titan‹: »Bloß die Philosophie und die Poesie sind die beiden Brennpunkte der genialischen Ellipse; das übrige* ist der Kreis der Gelehrsamkeit; über jene beide richtet der ähnliche *Sinn*, über diese die ähnliche *Kenntnis*.« Die zugehörige Anmerkung bestimmt das Verhältnis der Geschichte zu den beiden Zentralbereichen: *»Z. B. die *Geschichte* kann als solche kein Kunstwerk sein, ausgenommen die ganze, die eines vom Unendlichen selber ist. Ihre Glieder, zu Kunstwerken organisiert, teilen mit der Baukunst die unreine Verbindung des Bedürfnisses mit der Freiheit, und vom historischen Roman ist die romantische Historie nur im Grade verschieden.« (Hanser III, S. 911). - Zum polyhistorischen Kampf gegen den theologisch-ontologischen Ding-(‹ens‹-)-Begriff vgl. Lewalter (86), S. 80–83 und zuvor S. 50–55 (Darlegung dieses Begriffes); zu dieser Problematik vgl. Teil II, Kap. 1.

[62] Kant, Kritik der reinen Vernunft. (29). S. 577–578.

schen Metaphorik nur der transzendentalen Vernunft und ihren deduktiven Prinzipien Verwaltung der von allem Empirischen freigehaltenen
Wahrheit der Ideen zuspricht. Dazu tritt Jean Paul nun in scharfen Gegensatz. Kant gesteht zwar die Wichtigkeit der Erfahrungserkenntnis
für die Hypothesenbildung in Einzelwissenschaften zu, die sich auf der
Suche nach Erkenntnisprinzipien schließlich von der Sphäre des Empirischen entfernen müßten und »endlich gar mehr hinzufügen, als Erfahrung jemals bestätigen kann.« Aber diese einem praktischen Bedürfnis
entspringenden Versuche überschreiten nur scheinbar die empirischen
Bedingungen ihrer Erkenntnis, denn diesen induktiv aus einer empirischen Disziplin gewonnenen, nur dem Schein nach transzendentalen
Ideen kann der Zweck »zur Befolgung des empirischen Gebrauchs der
Vernunft ... nur gleichsam asymptotisch, d. i. bloß annähernd folgen ...
ohne sie jemals zu erreichen«, viel weniger noch »eine transzendentale
Deduktion derselben zu Stande bringen«.[63] Jean Paul gibt im Bild der
Ellipse die »gleichsam asymptotisch« verlaufende Bahn der Dichtung
(als Einzeldisziplin) um das Zentrum idealer Wahrheit zu, negiert aber
mit der Auffassung, daß a u c h die Philosophie nur eine Kreisbahn um
dasselbe Zentrum beschreibe, deren Anspruch, die Wahrheit zu erreichen, tangieren oder gar deduzieren zu können.

Aber Kants Position wurde in dieser Hinsicht für die philosophische Neuorientierung der Ästhetik maßgebend, und zwar gerade wegen
ihres Mißtrauens gegen jeden selbständigen Erkenntnisanspruch, auch
bzw. gerade im Bereich der Ästhetik, gegen deren Eigenständigkeit als Disziplin er sich in einem Zusatz zur zweiten Auflage der ›Kritik
der reinen Vernunft‹ wandte. Sie sei vollkommen abhängig von den re-
gulativen Prinzipien der Vernunft und müsse deshalb als eigenständige
Disziplin - außerhalb der empirischen Regelfestsetzung durch die Poetik - verworfen werden; oder sie sei - wenn sie schon philosophisch
ambitioniert sein wolle - in die Bereiche einer ›transzendentalen Ästhetik‹ und der Psychologie aufzuteilen:

Die Deutschen sind die einzigen, welche sich jetzt des Worts Ä s t h e t i k be-
dienen, um dadurch das zu bezeichnen, was andre Kritik des Geschmacks
heißen. Es liegt hier eine verfehlte Hoffnung zum Grunde, die der vortreffli-
che Analyst Baumgarten faßte, die kritische Beurteilung des Schönen unter
Vernunftprinzipien zu bringen, und die Regeln derselben zur Wissenschaft zu
erheben. Allein diese Bemühung ist vergeblich. Denn gedachte Regeln, oder
Kriterien, sind ihren *vornehmsten* Quellen nach bloß empirisch, und können
also niemals zu *bestimmten* Gesetzen a priori dienen, wornach sich unser
Geschmacksurteil richten müßte, vielmehr macht das letztere den eigentli-

---

[63] Ebd., S. 578 u. 579.

chen Probierstein der Richtigkeit der ersteren aus. Um deswillen ist es ratsam, diese Benennung *entweder* wiederum eingehen zu lassen, und sie derjenigen Lehre aufzubehalten, die wahre Wissenschaft ist (wodurch man auch der Sprache und dem Sinne der Alten näher treten würde, bei denen die Einteilung der Erkenntnis in αἰσϑητὰ καὶ νοητά sehr berühmt war), *oder sich in die Benennung mit der spekulativen Philosophie zu teilen und die Ästhetik teils im transzendentalen Sinne, teils in psychologischer Bedeutung zu nehmen.*[64]

Eine eigenständige Begründung der Ästhetik ist von hier aus nicht möglich, wie vor allem Hölderlin erfahren mußte,[65] während Schiller und die Romantiker Kants Wink folgten und sich hüteten, mit dem logischen Rigorismus des Kantschen Vernunftbegriffs zu konkurrieren. Den Verzicht auf einen wie auch immer gearteten Erkenntnisanspruch, der in der Natur wie der Geschichte Gesetzmäßigkeiten festzustellen vermeint, macht Schiller zur Vorbedingung für den ästhetisch Erkennenden:

> Wer es hingegen gutwillig aufgibt, dieses gesetzlose Chaos von Erscheinungen unter eine Einheit der Erkenntnis bringen zu wollen, so gewinnt er von einer andern Seite reichlich, was er von dieser verloren gibt. Gerade dieser

---

[64] Ebd., S. 70. - Die Einteilung in ›αἰσϑητὰ καὶ νοητά‹ erscheint im Titel von Bacons philosophiegeschichtlich bedeutsamen Werk ›Cogitata et Visa de interpretatione naturae Sive de inventione rerum et operum‹ (London 1607, später zum ersten Band des ›Novum Organum‹ umgearbeitet (erschienen 1620) und daher Kant vertraut). Interessant jedoch ist das Begriffspaar Bacons in Giambattista Vicos Interpretation in der ›Nuova Scienza‹: irrtümlich übersetzt er »cose pensate e cose vedute« (als Gegensatz von gedachten und »angeschauten« Dingen) und entwickelt aus diesem höchst fruchtbaren Irrtum seine Theorie der Geschichtsbetrachtung. Vgl. Paolo Rossi, G. Vico. In: Storia della letteratura italiana, Garzanti Milano 1968 (Vol. VI), S. 7-54, hierzu S. 30-31; in der hier benutzten Ausgabe der ›Nuova Scienza‹ (54) s. S. 26 (Grundsatz 10) und ergänzend die Erwähnung Bacons S. 61.

[65] Man vgl. dazu den Begriff des »gesetzlichen Kalkuls« in Hölderlins Anmerkungen zu seinen Sophokles-Übertragungen, der eine lehrbare poetische Logik in Analogie zu den Deduktionen der reinen Vernunft fordert: »Die Regel, das kalkulable Gesetz ... ist eine der verschiedenen Sukzessionen, in denen sich Vorstellung und Empfindung und Räsonnement, nach poetischer Logik, entwickelt. So wie nämlich immer die Philosophie nur ein Vermögen der Seele behandelt, so daß die Darstellung dieses Einen Vermögens ein Ganzes macht, und das bloße Zusammenhängen der G l i e d e r dieses Einen Vermögens Logik genannt wird, so behandelt die Poesie die verschiedenen Vermögen des Menschen, sodaß die Darstellung dieser verschiedenen Vermögen ein Ganzes macht, und das Zusammenhängen der s e l b s t s t ä n d i g e r e n Teile der verschiedenen Vermögen der R h y t h m u s, im höhern Sinne, oder das k a l k u l a b l e Gesetz genannt werden kann.« (A n m e r k u n g e n z u r A n t i g o n a e, K l e i n e S t u t t g a r t e r A u s g a b e_ Bd. 5 (1965), S. 289).

gänzliche Mangel einer Zweckverbindung unter diesem Gedränge von Erscheinungen, wodurch sie für den Verstand, der sich an diese Verbindungsform halten muß, übersteigend und unbrauchbar werden, macht sie zu einem desto treffendern Sinnbild für die reine Vernunft, die eben in dieser wilden Ungebundenheit der Natur ihre eigne Unabhängigkeit von Naturbedingungen dargestellt findet.[66]

Dies aber bleibt nicht ohne Wirkung auf die Einstellung zur Geschichte, und es berührt merkwürdig, daß der Historiker Schiller die Geschichte als chaotischen Kampf auffaßt, der nur Zufälliges überliefert:

> Die Welt, als historischer Gegenstand, ist im Grunde nichts anders als der Konflikt der Naturkräfte untereinander selbst und mit der Freiheit des Menschen, und den Erfolg dieses Kampfes berichtet uns die Geschichte. [...] Nähert man sich nur der Geschichte mit großen Erwartungen von Licht und Erkenntnis – wie sehr findet man sich da getäuscht! Alle wohlgemeinte Versuche der Philosophie, das, was die moralische Welt *fodert*, mit dem, was die wirkliche *leistet*, in Übereinstimmung zu bringen, werden durch die Aussagen der Erfahrung widerlegt, und so gefällig die Natur in ihrem *organischen Reich* sich nach den regulativen Grundsätzen der Beurteilung richtet oder zu richten scheint, so unbändig reißt sie im Reich der Freiheit den Zügel ab, woran der Spekulationsgeist sie gern gefangen führen möchte.[67]

Der Versuch einer philosophischen Neugestaltung der Ästhetik nach Kants Denkrevolution durch Schiller setzt damit erneut bei Baumgartens Problem der Parallelität von logischer und ästhetischer Erkenntnis an und geht in den mehr philosophischen als geschichtlichen Begriffen des Naiven und Sentimentalischen und dem Erhabenen als ästhetischer ›Freiheit‹ (parallel zur Kantschen ethischen Autonomie) weit hinter die Stufe von Herders historischem Bewußtsein zurück, und Jean Paul führt dies gegen Schillers reduzierende Klassifikation deutlich an:

---

[66] Schiller, Über das Erhabene. In: F. Schiller, Sämtliche Werke Bd. V (Ausg. Fricke /Göpfert) München 1967, S. 802–803.

[67] Ebd., S. 803 u. 804. – Schiller zieht damit die Folgerungen aus der Kantschen Teleologie-Kritik und demonstriert dadurch den Abstand seiner Ästhetik von der Position Jean Pauls, der an der naturrechtlichen Konzeption der physischen als moralischer Welt festhält und dem Ästhetik nur schöne Beschreibung des Schönen (aber nicht wissenschaftliche Untersuchung) ist. Für Schiller ergibt sich aus seiner Kantianischen Position, für die diese Grundlagen Jean Pauls keine Geltung mehr besitzen, nunmehr der Zwang, den artifiziellen Dualismus zwischen der Sphäre des Denkens, in der Kants Prinzipien Geltung besitzen, und derjenigen der Natur und Geschichte, wo sie zu versagen scheinen, durch den Begriff des Erhabenen als ästhetischer Freiheit – in Analogie zu Kants ethischer Autonomie – zu überwinden.

Eigentlich ists schon unnütz, alle Völker – und noch dazu ihre Zeiten – und vollends die ewig wechselnden Farbspiele ihrer Genien – d. h. ein großes, vielgegliedertes, ewig anders blühendes Leben an ein paar weite Allgemeinheiten (wie plastische und romantische Poesie oder objektive und subjektive) gleichsam am Kreuze zweier Hölzer festzuheften; denn allerdings ist die Abteilung wahr und so wahr als die ähnliche der ganzen Natur in gerade und in krumme Linien (die kurmme als die unendliche ist die romantische Poesie), oder als die in Quantität und Qualität; [...] aber was ist aus dieser atomistischen Dürre für das dynamische Leben zu gewinnen? So kann z. B. durch die Schillersche Abteilung in naive Poesie (wofür objektive klarer wäre) und in die sentimentale (womit nur *ein* Verhältnis »moderner« Subjektivität angesprochen wird) die verschiedene Romantik eines Shakespeares, Petrarchs, Ariosts, Cervantes etc. ebensowenig bezeichnet noch geschieden werden als durch »naiv« die verschiedene Objektivität eines Homers, Sophokles, Hiobs, Cäsars.

Jedes einzelne Volk und seine Zeit ist ein klimatisches Organ der Poesie, und es ist sehr schwer, den verschlungenen Reichtum der Organisation so für ein System auseinanderzuwickeln, daß man für dasselbe nicht ebensoviel Lebensteile fallen lasse als aufnehme.[68]

Das Klassifikationsbedürfnis dominiert bei Schiller absolut über die Anlage seiner Kategorien und ihren geschichtlichen Zweck. Denn es handelt sich nicht um philosophische Kategorien der G e s c h i c h t e,[69] wie

[68] Vorschule (H. V), § 21, S. 85 u. 86. - Jean Paul schließt hier an die achte Sammlung von Herders ›Humanitätsbriefen‹ an (Riga 1796), in der dieser die Einteilung in ›subjektiv‹ und ›objektiv‹ für relativ unverfänglich erklärt, im Gegensatz zu Schillers Begriffspaar von ›naiv‹ und ›sentimentalisch‹ (vgl. ebd., S. 182ff.).

[69] Schiller formuliert die Begründung seiner Einteilung sehr scharf: »Dieser Weg, den die neueren Dichter gehen, ist übrigens derselbe, den der Mensch überhaupt sowohl im einzelnen als im ganzen einschlagen muß. Die Natur macht ihn mit sich eins, die Kunst trennt und entzweiet ihn, durch das Ideal kehrt er zur Einheit zurück. [...] Dasselbe, was hier von den zwei verschiedenen Formen der Menschheit gesagt wird, läßt sich auch auf jene beiden ihnen entsprechenden Dichterformen naiv/sentimentalisch anwenden.« (Schiller, Über naive und sentimentalische Dichtung. Sämtl. Werke V (Ausg. Fricke / Göpfert), S. 718). Aber die Voraussetzung, die ins Konzept des Naiven eingeht und die Schiller nicht weiter diskutiert, nämlich daß der Mensch von Natur aus mit sich »eins« sei, ist anthropologisch merkwürdig und historisch reduziert – wohl unter dem Eindruck Rousseauscher und Winckelmannscher Maximen. Auf die Problematik von Schillers Begriffsdualismus in diesem Sinn hat schon der Ästhetiker Hermann Lotze in seiner ›Geschichte der Ästhetik in Deutschland‹ (München 1868) hingewiesen, und seine Argumente seien ihrer Bedeutsamkeit wegen ausführlich zitiert: »Bekannt ist Schillers Frage nach dem Grund des geringen Antheils, den die alte Kunst an der Naturschönheit nahm. Er meinte nicht, daß die Alten der Empfänglichkeit für sie überhaupt ermangelt hätten; nur daß ihnen die tiefe, schwärmerische und leidenschaftliche Theilnahme fremd gewesen sei, welche sich für die Natur auch in der modernen Menschheit erst spät zu regen angefangen hat. Und diese Behauptung wird allerdings keine Stellensammlung aus alten Dichtern wider-

Jean Paul kritisch anmerkte, sondern um Begriffe, die analog dem reinen Vernunftbegriff Kants die verwirrende historische Realität erfaßbar machen. Dies scheitert aber schon daran, daß die Begriffe gleichzeitig für »antike« wie »moderne« Dichter gelten.[70] So erweitert Schiller den

legen. Aber Bedenken erregt seine Antwort: das Alterthum habe in zu inniger Gemeinschaft mit der Natur gelebt, um nach ihr die Sehnsucht zu empfinden, die in uns auch dem Bewußtsein, ihr ferner zu stehen, entspringe. Worin soll doch diese innigere Gemeinschaft mit der Natur bestanden haben? Wohl war das Leben damals weniger häuslich und zurückgezogen, sondern öffentlicher und geselliger, aber deshalb war es kein innigerer Umgang mit der Natur. Hätte aber diese Lebensweise nebenbei dem Menschen die Naturerscheinungen öfter vorgeführt und ihn mit ihnen vertrauter gemacht, so möchte wohl diese Gewohnheit den Reiz derselben für ungebildete Gemüther damals ebenso sehr, aber für gebildete damals ebenso wenig wie jetzt abgestumpft haben.

Es muß offenbar in dem geistigen Leben der Alten ein Grund gelegen haben, der ihre Stellung zur Natur bedingte. Auch sucht ihn Schiller hier; aber er findet ihn wieder in einer größeren Naturmäßigkeit dieses Lebens. Bei den alten Griechen sei die Cultur nicht so weit ausgeartet, daß die Natur darüber verlassen worden wäre; der ganze Bau ihres gesellschaftlichen Lebens sei auf Empfindungen, nicht auf einem Machwerk der Kunst, errichtet gewesen. Es ist schwer zu sagen, von welcher Zeit des Alterthums diese Behauptung gelten könnte. Hat je ein Volk nicht naturwüchsig hingelebt, sondern seine persönliche, gesellige und staatliche Ausbildung mit Bewußtsein und Absichtlichkeit nicht nach naturläufigen Empfindungen, vielmehr nach Grundsätzen gelenkt, die nur gebildetes Nachsinnen lehren konnte, so waren dies eben die Griechen: fast Nichts ist Natur in ihnen, fast Alles Erziehung, Zucht, Disciplin oder Machwerk der Kunst, wie Schiller es tadelnd, wir im Gegentheil lobend nennen. Hätten die Griechen nun auf diesem Weg der Selbsterziehung das Glück gehabt, immer in Uebereinstimmung mit der Natur zu bleiben, so würde doch schon diese Gewohnheit, natürliche Verhältnisse in selbstbewußter Absicht wiederzuerzeugen, ihnen Grund genug gegeben, den äußern Natur eine aufmerksame Theilnahme zu widmen. Aber sie hatten sogar allen Grund zu sentimentaler und leidenschaftlicher Theilnahme für sie: denn die beständige Ruhelösigkeit ihrer geselligen und politischen Zustände zeigt, daß ihre künstliche Bildung jene feste Ordnung und Harmonie allgemeiner Befriedigung n i c h t schaffen konnte, deren Bild ihnen die äußere Natur ebenso wie jetzt uns darbot. Steigerte sich nun dennoch ihre Empfänglichkeit für Naturschönheit bis zu dieser Leidenschaftlichkeit nicht, so lag der Grund nur darin, daß ihr ganzes Streben sich im öffentlichen Leben und in der Erziehung des Mannes zum Bürger erschöpfte.« (S. 357–359).

[70] Damit wird auch die Einrichtung einer neuen Reihe von Dualismen notwendig: der ›Realist‹, der der ›Notwendigkeit der Natur‹, und der ›Idealist‹, welcher der ›Notwendigkeit der Vernunft‹ gehorcht; vgl. ›Über naive und sentimentalische Dichtung‹ (Werke V, S. 770ff.) sowie auch den Aufsatz von H. R. Jauss, der Schillers und Schlegels ›Replik‹ auf Herders Neuformulierung und Relativierung des Problems der Verbindlichkeit der Antike darstellt (85). Allerdings ist die Frage, ob angesichts von Schillers begrifflichem Rigorismus von einer »geschichtsphilosophischen Versöhnung« (ebd. S. 97) der

Kantischen Begriff der ›Freiheit‹ zu dem der ›erhabenen Freiheit‹, die dem Fehlschlag der Erkenntnis in historischer Hinsicht kompensiert:

Denn wenn man einer Reihe von Dingen alle Verbindung unter sich nimmt, so hat man den Begriff der Independenz, der mit dem reinen Vernunftbegriff

---

Begriffe des Naiven und Sentimentalischen die Rede sein kann, nachdem diese alle historischen Unterscheidungen eliminieren. So ist zu dem in der letzten Anmerkung referierten Urteil Lotzes zu ergänzen, daß bereits zu Schillers Zeit die historische Forschung – im Bereich der ›Naturgeschichte‹ des Menschen, als Vorläuferin der Ethnologie – dem ästhetischen Griechentum entschieden entgegentrat. In Berlin und Paris waren 1788 ›Recherches philosophiques sur les Grecs. Par M. de Pauw‹ erschienen, in denen einer der ersten Ethnologen des 18. Jahrhunderts (Cornelis de Pauw, 1739–1799) den dritten Teil einer Serie zur Naturgeschichte des Menschen mit den Sätzen eröffnet: »Après avoir publié successivement des observations touchant des peuples sauvages & abrutis, tels que les Américains; & ensuite touchant des nations condamnées à une éternelle médiocrité, telles que les Egyptiens & les Chinois, nous tâcherons de compléter enfin cette longue suite de discussions relatives à l'Histoire naturelle de l'Homme, par des recherches entreprises sur les Grecs, qui portèrent à un tel degré la culture des arts & des sciences, que nos regards aiment toujours à se diriger vers ce point du globe, qui fut pour nous la source de la lumière.

Mais il ne faut pas penser que tous les habitans de l'ancienne Grèce ayent sans distinction un droit égal à notre reconnoissance, & un droit égal à nos éloges; car il existoit parmi eux jusqu'à quatre nations différentes qui ne firent rien pour la posterité: on les vit passer ainsi que des ombres fugitives sur la surface de la terre, sans y laisser le moindre monument de leur génie.« (Tome I, Discours préliminaire, p. III-IV). – Der geschichtlichen Auffassung des Autors zufolge gibt es nur die Alternative: Leben ohne Kultur – dann stehen vier griechische Stämme (Lakedämonier, Ätolier, Thessalier und Arkader) mit den Ureinwohnern Amerikas oder, im besten Fall, mit Ägypten und China (in ihrem damaligen dekadenten Zustand) auf einer Stufe; oder sie haben sich, wie die Athener, zu einer hohen Form der Zivilisation entwickelt und stellen damit den Historiker, angesichts der hinterlassenen Zeugnisse, vor eine nüchtern dokumentarische Aufgabe: »car il ne s'agit point ici d'un recueil d'antiquités Grecques, tel que tout compilateur peut en faire, mais d'un ouvrage suivi & raisonné, où aucun merveilleux ne sauroit trouver place, & où l'on discute exactement les faits avant que de les admettre dans l'ordre des vérités historiques, en abandonnant les étymologies à ceux qui sont grammairiens, & abandonnant les fables à ceux qui sont mythologistes.« (ebd., p. XIV) De Pauws Bild unterscheidet sich von Herders Darstellung Griechenlands in den ›Ideen‹ nur durch die Härte des Ansatzes, wo dieser den Zustand selbst der unkultivierten Stämme als verschiedene Entwicklungsstadien eines virtuell einheitlichen Griechentums sieht (vgl. den vierten Abschnitt des XIII. Buches von Herders ›Ideen‹ über ›Sitten und Staatsweisheit der Griechen‹, (23), S. 342ff.). – Soweit Schillers Begriff des ›Naiven‹ historisch gerichtet ist, trägt er bereits anachronistische Züge, wenn unter diesem Kontext betrachtet; andererseits dokumentiert sich darin die Verselbständigung einer Sinnprovinz des Ästhetischen, an der Jean Paul bewußt nicht teilnimmt.

der Freiheit überraschend zusammenstimmt. Unter dieser Idee der Freiheit, welche sie aus ihrem eigenen Mittel nimmt, faßt also die Vernunft in eine Einheit des Gedankens zusammen, was der Verstand in keine Einheit der Erkenntnis verbinden kann, unterwirft sich durch diese Idee das unendliche Spiel der Erscheinungen und behauptet also ihre Macht zugleich über den Verstand als sinnlich bedingtes Vermögen. Erinnert man sich nun, welchen Wert es für ein Vernunftwesen haben muß, sich seiner Independenz von Naturgesetzen bewußt zu werden, so begreift man, wie es zugeht, daß Menschen von erhabener Gemütsstimmung durch diese ihnen dargebotene Idee der Freiheit sich für allen Fehlschlag der Erkenntnis für entschädigt halten können.[71]

Entscheidend ist das Ausweichen vor der historischen Vielfalt, dem Bereich des Sinnlichen, das der Verstand erfaßt, in den der ordnenden und ›freien‹ Vernunft,[72] in Analogie zu Kants Weg zum ›Welt-Begriff‹ der Philosophie, der über den »sehr mit Sinnlichkeit verwachsenen Fußsteig«[73] der systematischen Philosophie der reinen Vernunft erreicht wird. Während die Unterordnung der sinnlichen Vielfalt unter das deduzierende Vermögen der reinen Vernunft theoretisch keine Schwierigkeiten mit sich bringt, so ergeben sich Probleme für die Anwendung Kantischer Prinzipien hinsichtlich eines dritten psychischen Bereiches, nämlich der Einbildungskraft. Kants dekretierende Unterscheidung der empirisch-historischen Erkenntnis als »cognitio ex datis« von der rationalen als »cognitio ex principiis« bewirkt in Schillers Anwendung auf die Ästhetik schließlich eine Doppelbewertung der Imagination: als ästhetisches Prinzip erscheint sie ihm notwendig (zur Wahrung der Inspiration) und das eigentliche ›Analogon rationis‹ im Bereich des Ästhetischen, der sich deshalb als Sonderbereich gegenüber der Philosophie abzugrenzen hat;[74] als ›Phantasterei‹ ist die Einbildungskraft »cog-

---

[71] Über das Erhabene (Angaben s. o. Anm. 66), S. 803.
[72] Auch hier ist auf die Unterscheidung der Seelenvermögen Vernunft/ratio und Verstand/mens als bedeutsam für später hinzuweisen.
[73] Kritik der reinen Vernunft. (29), S. 700.
[74] Die Unterscheidung Kants findet sich in der ›Kritik der reinen Vernunft‹ (29), S. 698. - Man vgl. hierzu den Schluß von Schillers Schrift ›Über das Pathetische‹ (Werke V, S. 536-537), die am Problem der Rechtfertigung der erhabenen Stillage noch scheitert; erst die spätere, 1801 erschienene Abhandlung ›Über das Erhabene‹ löst das Problem - nach der Konstruktion der Hilfsbegriffe naiv/sentimentalisch und nach den Erfahrungen der ›Wallenstein‹-Arbeit - auf die beschriebene radikale Weise; vgl. dazu auch den Kommentar der Ausg. Fricke / Göpfert, S. 1194ff. Das Problem, um das es geht, wird in der Abhandlung ›Über das Pathetische‹ klar formuliert, bevor die Abhandlung ohne Lösung abbricht: »Bei der ästhetischen Schätzung hingegen wird der Gegenstand auf *das Bedürfnis der Einbildungskraft* bezogen, welche nicht *gebieten*, bloß *verlangen* kann, daß das Zufällige mit ihrem Interesse übereinstimmen möge. Das Interesse der Einbildungskraft aber ist: sich *frei von Ge-*

nitio ex datis«, die den Künstler als »gemeinen Empiriker« oder als »Phantasten« gleichermaßen ruiniert.[75]

Was Schiller bei der Übernahme von Kants rigoristisch-deduktiver Methode zur logischen Fundierung der Ästhetik – wieweit ein inhaltlicher Einfluß besteht, ist ja ein davon ganz verschiedenes Problem – nicht auffaßte, ist die historisierende Bedeutung, die dem Begriff der Einbildungskraft mittlerweile zugewachsen war, wenn er schon den logischen bzw. psychologischen Gehalt als Kantianer nicht in Betracht zog: Vernunft erweist ihre Freiheit in der Auflösung der Beziehungen der Dinge untereinander, ganz im Gegensatz zu Jean Pauls Vernunft-Begriff. Bei ihm erhält die Vernunft die Kontrollfunktion über die Bezüge, die die Einbildungskraft zwischen den Gegenständen der sinnlichen Welt erstellt. Auf dieser von Schillers Auffassung ganz verschiedenen Rolle der Seelenvermögen begründet Jean Paul im ›Hesperus‹ den Primat der Dichtkunst vor der Philosophie, statt beide Bereiche parallel zu setzen. – Wiederum ist Viktor, der Romanheld, Sprecher des Autors:

> die Dichter wären nichts als betrunkene Philosophen – wer aber aus ihnen nicht philosophieren lerne, lern' es aus Systematikern ebensowenig – die Philosophie mache nur die Silberhochzeit zwischen den Begriffen, die Dichtkunst aber die erste – leere Worte geb es, aber keine leeren *Empfindungen* – der Dichter müsse, um uns zu bewegen, bloß alles Edle zum Hebel nehmen, was auf der Erde ist, die Natur, die Freiheit, die Tugend und Gott; und eben die Zauberstäbe, die magischen Ringe, die Zauberlampe, womit er uns beherrsche, wirken endlos auf ihn zurück.[76]

Die Aussage, daß die Dichtung die erste Beziehung zwischen den Begriffen stifte und daß sie von der Empfindung der Sinne her Worte mit Gehalt fülle, enthält ein geschichtliches Element und eine skeptische Äußerung gegenüber der abstrahierenden Logik der Philosophie, von

---

setzen im Spiele zu erhalten. Diesem Hange zur Ungebundenheit ist die sittliche Verbindlichkeit des Willens, durch welche ihm sein Objekt auf das strengste bestimmt wird, nichts weniger als günstig; und da die sittliche Verbindlichkeit des Willens der Gegenstand des moralischen Urteils ist, so sieht man leicht, daß bei dieser Art zu urteilen die Einbildungskraft ihre Rechnung nicht finden könne.« (S. 530) Es ist letztlich bezeichnend für den Dichter Schiller, daß nicht die Applikation einiger Grundsätze Kants, sondern erst die praktische poetische Arbeit am ›Wallenstein‹ eine Lösung der aporetischen Frage herbeiführt - dann allerdings ganz in Sinn der Kantschen Logik.

[75] Über naive und sentimentalische Dichtung. Werke V (Ausg. Fricke / Göpfert), S. 779–780. – Damit ergänzt Schiller abschließend sein Begriffspaar des Realisten und Idealisten mit den Gegenbildern des ›falschen Realisten‹ und des ›falschen Idealisten‹. Der ›Phantast‹ ist moralisch noch verächtlicher.

[76] Hesperus (H. I), S. 841.

der Jean Paul ohnehin nur psychologische Elemente gelten lassen möchte. Das geschichtliche Element besteht darin, daß Sprache überhaupt auf Empfindung basiert und daß Dichtung somit historisch die erste Form der Sprache darstellt, um der Empfindung Ausdruck zu geben. Jean Paul benutzt hier grundlegende Einsichten Ernst Platners über die Sprachfähigkeit des Menschen, die dieser auf fünf Merkmalen begründet: Wirksamkeit des Gehörsinnes, Empfindungsvermögen, analogischer Witz, Verhältnisse des geselligen Lebens und Vervollkommnungsgeist des Menschen; »und dieses alles, regiert von einem gewissen Einflusse des Abstraktionsvermögens und der Vernunft überhaupt.«[77] Empfindungsvermögen und analogischer Witz sind die Merkmale, die Jean Paul in der zitierten Stelle herausgreift, und zu ihnen schreibt Platner in seinen ›Philosophischen Aphorismen‹:

§ 490.
Weil so viele Worte für so viele Dinge entlehnt werden mußten von andern Dingen, nach einer dunkel und schnell gefühlten Aehnlichkeit (...):[78] so entstand aus dem Bedürfniß des Ausdrucks für unbezeichnete Begriffe, und vornehmlich für unbezeichnete Empfindungen, und durch eine mehr innig, als deutlich gefühlte Aehnlichkeit verschiedener Dinge und verschiedener Empfindungen, in dem Drange der Phantasie und der Sprache, eine große Menge von Metaphern und Bildern aller Art.

§ 491.
Je entfernter die Aehnlichkeit war zwischen den Begriffen oder Empfindungen, zu welchen man übertrug die vorhandenen Worte, und denen, von welchen man sie entlehnte: desto kühner und wunderbarer mußten diese Metaphern (490) ausfallen.

§ 492.
Daher sind die Sprachen in dem Maaße bildlich und dichterisch (490, 491), in welchem sie roh, und ungebildet sind.

§ 493.
Weil jedoch durch dieses Gefühl verborgener Aehnlichkeiten (491), sehr viele feine und verborgene Eigenschaften und Verhältnisse der Dinge bemerkt, und

---

[77] Quelle dafür sind die beiden, mit dem gleichen Titel ›Von der Sprachfähigkeit‹ überschriebenen Abschnitte im ersten Bd. der dritten Auflage der ›Philosophischen Aphorismen‹ (43), §§ 473–504, S. 224–239, und im ›Lehrbuch der Logik und Metaphysik‹ (45) §§210–220, S. 58–61, zu letzterem ist noch der Abschnitt ›Von den Allgemeinbegriffen‹, § 164–209, S. 44–57, heranzuziehen. Die Aufzählung der Merkmale und das Zitat entstammen den ›Philos. Aphor.‹ (43), § 477, S. 227.
[78] Platner verweist auf den vorausgehenden §; aus der hier wiedergegebenen Passage ist die enzyklopädische Verweistechnik, von der bereits die Rede war (S. 38), deutlich zu ersehen.

ans Licht gebracht werden: so vermehrt diese dichterische Behandlung der Dinge, die Anzahl der Begriffe selbst und die Mannichfaltigkeit ihrer Seiten dadurch, daß sie die Sprache bereichert mit Worten.

§ 494.

Daher ist die Dichtkunst allzeit die Vorgängerinn der Philosophie, und die Urheberinn des feinsten Theils der Sprache.[79]

Jean Pauls Ansatz des Verhältnisses von Philosophie und Dichtung und Platners Äußerungen demonstrieren damit zunächst die überraschende Tatsache einer gewissen Affinität zu Giambattista Vicos - zeitlich wie räumlich entfernter - Theorie von der Entstehung der Formen des Wissens aus der Verstrickung des unzivilisierten Menschen in Phantasie und Sinnlichkeit, deren Überwindung aus Notwendigkeit und Übereinkunft[80] die Sprache ihre Entstehung verdankt:

Durch dieses ganze Buch hindurch wird gezeigt werden, daß soviel als vordem die Dichter von der poetischen Weisheit empfunden hatten, ebensoviel die Philosophen später von der geheimen Weisheit verstanden; sodaß man jene die Sinne und diese den Verstand des Menschengeschlechts nennen darf. Hierauf läßt sich allgemein anwenden, was Aristoteles von jedem Menschen im besonderen sagt: *Nihil est in intellectū, quin fuerit prius in sensu* - der menschliche Verstand versteht nichts, wovon er nicht vorher einen Sinneseindruck empfangen hat; dieses Eindrucks bedient sich der Verstand, um aus dem sinnlich Wahrgenommenen etwas zu verstehen, was nicht unter die Sinne fällt: gemäß der eigentlichen Bedeutung des lateinischen Wortes *intellegere*.
... Die poetische Weisheit, die die erste Weisheit des Heidentums war, mußte mit einer Metaphysik beginnen, und zwar nicht mit einer abstrakten und verstandesmäßigen, wie die der Gelehrten, sondern einer sinnlich empfundenen und durch Einbildungskraft vorgestellten, wie es solchen ersten Menschen entspricht, die gar kein Nachdenken, aber ganz starke Sinne und mächtige Phantasie besaßen.[81]

Diese Entstehung der poetischen Weisheit wird in Vicos ›Scienza Nuova‹ also sensualistisch gerechtfertigt, und darin liegt die Gemeinsamkeit Vicos mit Platner und Jean Paul hinsichtlich der Auffassung von

---

[79] Philos. Aphor. (43), §§ 490-494, S. 233-234.
[80] Dies ist ein typisch naturrechtlicher Zug: nicht der Zufall bzw. eine natürliche oder göttliche Instanz, sondern die »impositio« einer Gemeinschaft schafft Sprache; vgl. Pufendorfs Darstellung im ersten Kapitel des vierten Buches des Naturrechts: (47), S. 309-333 ›De sermone, et quae eundem comitatur obligatione‹.
[81] Vico, Die neue Wissenschaft. (54), S. 64 u. 67-68. Besonders heranzuziehen sind hier die beiden Abteilungen des zweiten Buches der ›Nuova Scienza‹, wo die ›poetische Metaphysik‹ und die ›poetische Logik‹ als die beiden Teile der ›poetischen Weisheit‹ behandelt werden. Vgl. hierzu auch Benedetto Croces Aufsatz ›La poesia e il linguaggio in G. B. Vico‹. In: B. C., Storia dell'estetica per saggi. Bari 1967, S. 101-115.

Poesie und Philosophie in ihrem geschichtlichen Verhältnis. Die historische Bedeutung der Parallele – denn eine Kenntnis Vicos ist schwerlich anzunehmen[82] – kann jedoch nicht in der oberflächlichen »Affinität« liegen, sondern erhellt aus dem unabhängig voneinander erzielten, aber übereinstimmenden Resultat des sensualistischen Anti-Mechanismus, der den Anspruch der abstrakten und mechanischen Philosophie (Vico richtet sich vornehmlich gegen Descartes) auf alleinige ›Erkenntnis‹ verwirft – und dies im Namen der Einbildungskraft.

Wenn auch hier Herders Preisschrift und Hamanns Sprach-Schriften sowie Herders Abhandlung über das »Erkennen und Empfinden der menschlichen Seele« näher zu liegen scheinen, so unterscheiden sie sich von Platners und Jean Pauls Stellungnahmen wesentlich dadurch, daß die Einbildungskraft als geistiges Vermögen in den Erörterungen dieser Autoren so gut wie keine Rolle spielt. Herder weigert sich in der sensualistischen bzw. erkenntnistheoretischen Abhandlung ausdrücklich, die psychischen Vermögen irgendwie zu unterscheiden, da Philosophie letztlich Dichtung sei, die einer genauen Unterscheidung nicht bedürfe (ganz im Gegensatz zu Vico, Platner und Jean Paul):[83] diese genialische Verachtung der »Buchgelehrsamkeit« wirkt sich später in seiner Auseinandersetzung mit Kant verhängnisvoll aus.[84] Denn schon in beiden

---

[82] Einer der wenigen Hinweise auf Vico in der deutschen Philosophie um 1800 kommt von Jacobi: in der Abhandlung ›Von den Göttlichen Dingen und ihrer Offenbarung‹ (erstmals veröffentlicht 1811, dann in Bd. III der ›Werke‹, Leipzig 1816; s. dort S. 352–353) zitiert er eine Stelle aus Vicos Schrift ›De antiquissima Italorum sapientia‹ (Neapel 1710). Das Interesse Jacobis gerade für dieses Werk ist bedeutsam, weil in ihm Vicos Kritik am Cartesianischen Denken in Fusion mit alchimistischen Traditionen der Naturwissenschaft stattfindet – so wie später Platners Wiederanschluß an Stahl und den älteren Helmont und Jean Pauls Eintreten für den ›organischen Magnetismus‹ im Zusammenhang mit ihrer antikantianischen und antimechanistischen Position steht. Die Bedeutung der Schrift Vicos in diesem Sinn erläutert Paolo Rossi in dem oben zit. Artikel über Vico (vgl. Anm. 64), S. 19–23. – Angaben zur geringen Verbreitung Vicos im 18. Jahrh. gibt Friedrich Meinecke, Die Entstehung des Historismus. (F. M., Werke Bd. III). München 1959, S. 54 u. a.

[83] Vgl. den Schluß von Herders Abhandlung ›Vom Erkennen und Empfinden. . .‹ (22), S. 87ff. So heißt es im Versuch einer Beschreibung – von ›Definition‹ läßt sich kaum sprechen – des Genies: »In allem, was Kraft ist, lassen sich Innigkeit und Ausbreitung unterscheiden; so muß es auch bei der Menschenart seyn, und das wäre etwa eine Eintheilung« (ebd., S. 87). – Zu Herders Auffassung der Philosophie als Dichtung vgl. auch Martin Bollacher, Der junge Goethe und Spinoza. (135), S. 143–144.

[84] Schon Platner erwähnt in den ›Philos. Aphorismen‹ (vgl. (43), § 478, S. 228), daß sich in der Sprachschrift von 1772 – ebensowenig wie bei seinem Kontrahenten Süßmilch – keinerlei Erwähnung des Werkes des Franzosen de Brosses findet, der bereits 1765 eine Ablehnung der These vom göttlichen Ursprung

genannten Frühschriften faßt Herder alle psychischen Vorgänge unter einem diffusen ›Kraft‹-Begriff zusammen, den er von Leibniz übernimmt und der sich sogar gegen die Annahme eines autonomen Vermögens der Vernunft wehrt. So habe man sich die Vernunft

als eine neue, ganz abgetrennte Kraft in die Seele hineingedacht, die dem Menschen als eine Zugabe vor allen Tieren zu eigen geworden.

Gegen diese Grundannahme der rationalen Psychologie setzt Herder Folgendes:

Alle Kräfte unserer und der Tierseelen sind nichts als metaphysische Abstractionen, Würkungen! sie werden abgeteilt, weil sie von unserm schwachen Geiste nicht auf einmal betrachtet werden konnten: ...überall aber würkt die ganze unabgeteilte Seele. Konnte ein Mensch je eine einzige Handlung tun, bei der er völlig wie ein Tier dachte: so ist er auch durchaus kein Mensch mehr.[85]

der Sprache formulierte: Traité de la formation mécanique des langues et des principes physiques de l'etymologie. Paris 1765 (eine Charakteristik dieses Werkes im Verhältnis zu Süßmilchs (1766) und Herders Arbeit gibt Theodor Benfey, Geschichte der Sprachwissenschaft und orientalischen Philologie in Deutschland seit dem Anfange des 19. Jahrhunderts mit einem Rückblick auf die früheren Zeiten. München 1869, S. 281–298). Herders Arbeit ist also keineswegs originell, aber hier zeigt sich bereits der Zug, wissenschaftliche Diskussion zu vermeiden und Themen sozusagen voraussetzungslos anzugehen, eine Haltung, die auch bei Jean Paul gewisse Kritik hervorruft, als er auf Herders Wunsch die ›Metakritik‹ zur Veröffentlichung vorbereiten hilft.»Wie wenig Herder lieset - so Goethe, Schiller, Fichte (der gar nichts) sieh daraus, daß er Jakobi über den Realismus erst las, weil ich ihn mit meinen parakritischen Noten über seine Metakritik darauf verwies; und von Jakobi bat er sich dessen S p i n o z a erst zum Lesen aus.« schreibt Jean Paul am 12. Dez. 1798 an Christian Otto (GW III/3, S. 137; die ›parakritischen Noten‹ Jean Pauls selbst vgl. dort die Briefe an Herder Nr. 158, S. 117ff. und Nr. 405, S. 294ff; in Stapfs - wegen des umfangreicheren Kommentars wichtigen - Ausgabe (24) Nr. 30, S. 32ff. und Nr. 81, S. 58ff. - Die Ablehnung philosophisch-logischer Abgrenzungen bei Herder veranlaßt neuerdings Deutungen, die ihn in Verbindung mit dem Cartesianismus bringen: vgl. Noam Chomsky, Cartesianische Linguistik. Ein Kapitel in der Geschichte des Rationalismus. Tübingen 1971, S. 18-20. Daran verdeutlicht sich die Schwierigkeit einer Einordnung Herders innerhalb der Auseinandersetzung um die Priorität von ›ratio‹ oder Sinneseindruck, die jedoch in diesem Fall nur zugunsten der zweiten Position ausfallen kann; der Mensch ist für Herder schließlich »Invalide seiner höheren Kräfte« (zitiert nach Plessner (104), S. 171) und damit unfähig, einer abstrakten ›ratio‹ nachzuleben. Als Ergänzung zu Benfey und im Gegensatz zu Chomsky sei hier noch auf das Kap. über Herder in Hermann Steinthals Buch ›Der Ursprung der Sprache im Zusammenhang mit den letzten Fragen alles Wissens‹ (Berlin ³ 1877, S. 13-41) verwiesen; zudem wird dort anhand von Hamanns Herder-Kritik (s. ebd., S. 43-60) die Antinomie zwischen theologischer und anthropologischer Sicht in Herders Argumentationen aufgedeckt.

[85] Herder, Preisschrift. Zitiert nach Steinthal (s. vorige Anm.), S. 19. Die Schluß-

Während Herder damit im Vertrauen auf eine Neubegründung des Dynamismus Leibniz' die Einteilung der Seelenvermögen für überflüssig erachtet und Schiller sich, nach den mißglückten physiologischen Versuchen,[86] ganz dem deduktiven Prinzip der reinen Vernunft Kants

folgerung Steinthals, daß damit die Hierarchie der Seelenvermögen in Wolffs Aufstellung umgestürzt werde, ist unpräzise: Herders Angriff richtet sich gegen Cartesianische Elemente im Denken des Leibniz-Schülers Wolff, die jedoch unter dem Einfluß von Leibniz selbst attackiert werden: denn erst 1765 waren dessen ›Nouveaux essais sur l'entendement humain‹ erschienen, von denen großer Einfluß auf Sturm und Drang und die Romantik ausging. Vgl. hierzu Roger Ayraults Interpretation des Aufsatzes ›Über Erkennen und Empfinden‹, wo dieser als Resultat einer völlig neuen Leibniz-Rezeption dargestellt wird: (71), S. 231-244; s. auch Haym, Herder (Bd. II), S. 296ff. - Von daher wird auch die Reaktion Herders auf Kants Kritik an seinen ›Ideen‹ und der Anlaß für die Metakritik verständlich: nicht Ausschaltung der ›ratio‹ war es, die Herder vertrat, da es zunächst für ihn keinerlei Konkurrenz zwischen den verschiedenen Seelenkräften gab; erst als das deduktive Prinzip der reinen Vernunft dogmatischen Anspruch erhebt, verstärkt sich die Betonung des Gegenteils.

[86] Schillers Arbeiten zur Physiologie erstaunen durch geringe Verwendung der im 18. Jahrhundert sehr umfangreichen Literatur auf diesem Gebiet; vor allem aber ist auffällig, daß an entscheidenden sachlichen Punkten ästhetische Erörterungen die Überlegungen unterbrechen bzw. in ganz andere Richtung lenken - letztlich fehlt Schiller das aufs Fachliche gerichtete Interesse an seinen Themen. Das Scheitern der Dissertationen Schillers darf deshalb - vor allem bei der ersten Arbeit - nicht verwundern. Man vgl. diese Arbeiten unbefangen mit Ernst Platners Diss. ›De vi corporis in memoria‹ (1767, vgl. (38)) oder mit Jean Pauls umfangreicher Abhandlung ›Über die Fortdauer der Seele und ihres Bewußtseins‹ (1791; in GW II/3, S. 339-360), um die Berechtigung dieses vielleicht überraschenden Urteils einzusehen. Platners Diss. hatte dem Autor bereits frühzeitig Anerkennung eingebracht: sie erscheint in Michael Hissmanns Verzeichnis wissenschaftlicher Literatur (25) neben generellen Hinweisen auf Hélvetius als einzige bedeutsame Arbeit zum Problem des Gedächtnisses (vgl. dort S. 167-168, § 81). - Aber dies bedeutet keinerlei Abwertung Schillers. Denn diese Studien waren wesentlich für die ästhetische und moralische Gestaltung der Charaktere und Konflikte gerade der ersten Dramen Schillers; vgl. den Aufsatz von Raoul Masson, La psycho-physiologie du jeune Schiller. In: Études Germaniques XIV (1959), 4, S. 363-373 [diesen Hinweis verdanke ich T. J. Reed, Oxford]. Masson zeigt den Einfluß der Dissertationen und des Grammont-Berichtes besonders auf die Gestaltung von Franz und Karl Moor. Bestätigt wird jedoch meine Auffassung dadurch, daß ein späteres Xenion Schillers genau jenen Satz der Abhandlung ›Versuch über den Zusammenhang der tierischen Natur des Menschen mit seiner geistigen‹ widerlegt, der die Vermengung von wissenschaftlicher physiologischer Abhandlung und philosophischer Betrachtung rechtfertigen sollte. In der Widmung der Schrift an den Herzog schreibt Schiller: »Philosophie und Arzneiwissenschaften stehen unter sich in der vollkommensten Harmonie: Diese lei-

und seiner Analogie im ästhetischen Bereich zuwendet, halten Platner und Jean Paul an der Bestimmung der Seelenvermögen generell (entgegen Herder) und an der Einbildungskraft als dem primären und umfassenderen seelischen Vermögen fest, das die weite Trennung von Sinnlichkeit und Verstand im Sinne Kants unter Ausschaltung der Rolle der Phantasie nicht zuläßt:

> Vor der Hand scheint es mir, daß man die Kategorien und die Formen der Sinnlichkeit allzusehr hypostasiert, und eben darum gar zu reell absondert. Der Ausdruck Formen der Sinnlichkeit – des Verstandes – ist doch noch immer weiter nichts, als eine Metapher. Ich komme also am Ende auf Anlagen – Fähigkeiten des Vorstellungsvermögens. Und da alle meine Vorstellungen von Gegenständen Abänderungen gewisser Grundvorstellungen sind, und alle Gegenstände von mir in Raum und Zeit vorgestellt werden: so kann, oder muß ich annehmen: es ist in meiner Seele eine ursprüngliche Fähigkeit, mir die höchsten Gattungen von Gegenständen, in Raum und Zeit, vorzustellen. Auf diese Art weis ich die Kantischen Formen der Sinnlichkeit, von den Formen des Verstandes durchaus nicht zu trennen.[87]

Und Jean Paul parodiert, an dieser fundamentalen Kritik Platners an dieser grundlegenden Kantschen Unterscheidung anschließend, in der ›Clavis Fichtiana‹:

§ 8.

Objekt, Nicht-Ich, Ausdehnung. Vorstellen setzt ein Vorgestelltes nicht voraus, sondern zugleich, das (empirische) Ich ein Nicht-Ich oder Du, das Sub- ein Objekt. Dieses Vorgestellte nennen nun die Beichtkinder des gedachten Landpfarrers[88] die Erde, die Welt, die Schöpfung; die Kantianer nennen es die Erscheinungen.[89]

Wieder ist der Ansatzpunkt ein Widerstreit der induktiven Denkweise mit den deduktiven Postulaten des Kritizismus. Jean Paul formuliert es im ›Kampaner Tal‹ als die Aufgabe der induktiven Methode, »unser Bewußtsein aus Gegenständen desselben zu klären«,[90] und diese

---

het jener von ihrem Reichtum und Licht; jene teilt dieser ihr Interesse, ihre Würde, ihre Reize mit.« (49), S. 288. Unter den Xenien Schillers findet sich jedoch, sein Kant-Studium reflektierend und in skeptischem Rückblick auf die eigene Erfahrung, ein Distichon, das unter dem Motto ›Naturforscher und Transzendentalphilosophen‹ dekretiert:
Feindschaft sei zwischen euch! noch kommt das Bündnis zu frühe,/Wenn ihr im Suchen euch trennt, wird erst die Wahrheit erkannt.« (Ausg. Fricke / Göpfert Bd. I, S. 276).

[87] Platner, Philos. Aphor. (43), § 697, S. 337/338,
[88] Synonym für: die normalen Sterblichen, nachdem es vorher hieß, daß nur noch die Landpfarrer Gott den Vater als ›Absolutes‹ annähmen, eine Stellung, die nach Kant und Fichte nur der reinen Vernunft zukäme (§ 6).
[89] Clavis Fichtiana § 8 (Hanser III, S. 1034).
[90] Das Kampaner Tal. (Hanser IV), S. 612.

fällt explizit nicht unter den Bereich der Vernunft, entgegen dem Kantschen Postulat: »Der Verstand macht für die Vernunft eben so einen Gegenstand aus als die Sinnlichkeit für den Verstand.«[91] Denn während Kant hier die Unbestimmtheit des sinnlichen Erkennens in der Ordnung durch den Verstandesbereich durch das Prinzipienvermögen der Vernunft für festlegbar erklärt, indem er ein ›Analogon‹ zur ›Idee‹ eines Satzes von Kategorien einführt, geht Jean Paul davon aus, daß das Bewußtsein an den Gegenständen auf nicht erklärbare – und somit auch nicht deduzierbare – Weise sozusagen »erwache«,[92] also seiner selbst bewußt werde und von daher induktiv in einer Konjektur auf die metaphysischen Prinzipien Gottes, der Unsterblichkeit etc. schließe. Dieser Kontrast von induktivem Verfahren und der Methode der Konjektur zur Deduktion und Analogie Kants ist ebenfalls auf Platners physiologische Studien und ihre Methode zurückzuführen, die zwangsläufig das deduktive Verfahren als Ersetzung des rationalistischen Dogmatismus durch den Dogmatismus der ›reinen Vernunft‹ ansehen mußte. Den ›Antinomien der Vernunft‹ Kants setzt Platner die Frage entgegen:

Ist das, was also genannt wird, nicht vielmehr Streit der Phantasie mit der Vernunft, als der Vernunft mit sich selbst?[93]

Auf die Bedeutung des Gegensatzes dieser psychischen Vermögen bei Platner und Jean Paul und die Rolle des Begriffs der Einbildungskraft zur historischen Einordnung Jean Pauls ist nochmals zurückzukommen; hier genügt der vorläufige Hinweis auf ihre Bedeutung bei der Festlegung des Verhältnisses von Dichtung und Philosophie. Die Folgerungen aus Platners physiologischer Argumentation im Rahmen des skizzierten ›Streits der Phantasie und der Vernunft, in der Idee des Unendlichen‹ – so überschreibt Platner den Schlußabschnitt seines ›Lehrbuchs der Logik und Metaphysik‹ (1795)[94] – zeigen sich durchgängig durch Jean Pauls ganzes Werk: die ›Vernunft‹ ist ihm auf den ›endlichen‹ Bereich der Körperwelt eingeschränkt, im Gegensatz zur Phantasie. Dies zeigen die Abhandlung ›Über die natürliche Magie der Einbildungskraft‹, die Definition des Genies in der ›Vorschule der Ästhetik‹ (vgl. § 13 ›Der Instinkt des Menschen‹) und schließlich die ›Selina‹, das zweite, unvollendet hinterlassene Werk zur Unsterblichkeitsproblematik. Die

---

[91] Kritik der reinen Vernunft. (29), S. 579 (A 664/665, B 692/693).
[92] Brief an Jacobi vom 10. Nov. 1799. In: GW II/3, Nr. 343; vgl. S. 251–252.
[93] Philos. Aphor. (43), S. 351, § 703. – In Kants ›Kritik der reinen Vernunft‹ handelt es sich um das zweite Hauptstück des zweiten Buches der transzendentalen Dialektik. (29), S. 399ff.
[94] (45), S. 195–200.

Dichtung geht als universaler Bereich der eingeschränkteren Philosophie voraus, da sie den beschränkten Bereich der Vernunft mit Hilfe der Phantasie verläßt; diese auf skeptischen Implikationen gegenüber der Beweiskraft der Logik der Vernunft beruhende Haltung erhält weitere Argumente durch den physiologischen Begriff des ›Unbewußten‹, das ebenfalls die Relativität der Vernunfterkenntnis demonstriert:

> Ne motus quidem per animum in corpore excitati, conscientiam semper adiunctam habent, nedum arbitrium. Magni momenti in physiologia est, hoc bene explicatum habere, quod multae animi mutationes conscientia destituuntur.

> [Nicht einmal die vermittels des ›animus‹ hervorgerufenen Bewegungen im Körper treten immer in Verbindung mit Bewußtsein, geschweige denn mit Urteilskraft auf. Es ist von großer Bedeutung für die Physiologie, sich dieses Problem klar vor Augen zu stellen, da viele Veränderungen im ›animus‹ (deutlicher: psychophysiologische Vorgänge, W. P.) ohne Bewußtsein stattfinden.[95]

Der Begriff Platners erscheint an zwei bedeutenden Stellen im Werk Jean Pauls: in der Definition des Genies und in der ›Selina‹ als eines der Argumente für die Unsterblichkeit, womit der Poesie und dem Dichter eine ganz andere Stelle zugewiesen wird als in Schillers Auffassung: dort konstituiert sich der Bereich des Ästhetischen als Sonderbereich der Erfahrung, als eigene »Sinn«-Provinz der Realität, in der deduktive Ideen die Beurteilung des ästhetischen Gegenstandes gewährleisten. Jean Pauls Skeptizismus hinsichtlich der logischen Geltung dieser Prinzipien gibt der Dichtung eine ursprünglichere Aufgabe, die zudem weder vom spezifisch Ästhetischen noch von den Vorbedingungen einer Gattungsästhetik ausgeht, sondern von dem anthropologischen Grundsatz, daß alles, was auf den Menschen wirkt, Gegenstand der Kunst sein kann, weil alles ›Zeichen‹ für eine ›andere‹ Wirklichkeit ist. Vom sinnlichen Eindruck ist auf die nicht-sinnliche Bedeutung zu schließen. Aber nachdem die Poesie diese Aufgabe in einer historischen Situation ausübt, in der die wirkliche Welt durch die Wissenschaften ihren

---

[95] Platner, Quaest. Physiol. (44). Prooemium, S. 33. - Eine Übersicht über die Geschichte des Begriffes des ›Unbewußten‹, allerdings ohne große wissenschaftliche Ansprüche, gibt Lancelot Law Whyte, The Unconscious before Freud. London 1967 (Erstdruck 1962). Es handelt sich hier um eine ziemlich willkürliche Sammlung von Zitaten, in denen der Begriff gebraucht wird; eine geistesgeschichtliche Untersuchung wird kaum versucht. Immerhin erscheint Ernst Platner unter den zitierten Autoren mit einer Passage aus der Erstausgabe der ›Philos. Aphorismen‹ (Leipzig 1776); vgl. S. 116, und vor allem zitiert er Jean Paul als Schüler Platners, s. S. 132–133. Von ihm zitiert er den Anfang des § 13 der ›Vorschule‹ (H. V, S. 60 ›Über den Instinkt des Menschen‹) und eine Passage aus der ›Selina‹ (vgl. Hanser VI, S. 1182, Z. 14ff.), deren Wortlaut in der englischen Übertragung allerdings ziemlich entstellt ist.

Zeichen-Charakter verliert, übernimmt sie dabei die Funktionen einer natürlichen Theologie:

> Allerdings lehrt und lehre die Poesie und also der Roman, aber nur wie eine Blume durch ihr blühendes Schließen und Öffnen und selber durch ihr Duften das Wetter und die Zeiten des Tags wahrsagt; hingegen nie werde ihr zartes Gewächs zum hölzernen Kanzel- und Lehrstuhl gefället, gezimmert und verschränkt; die Holz-Fassung, und wer darin steht, ersetzen nicht den lebendigen Frühlings-Duft. – Und überhaupt was heißet denn Lehren geben? Bloße Zeichen geben; aber voll Zeichen steht ja schon die ganze Welt, die ganze Zeit; das Lesen dieser Buchstaben eben fehlt; wir wollen ein Wörterbuch und eine Sprachlehre der Zeichen. Die Poesie lehrt lesen, indes der bloße Lehrer mehr unter die Ziffern als Entzifferungskanzlisten gehört.

> Ein Mensch, der ein Urteil über die Welt ausspricht, gibt uns seine Welt, die verkleinerte, abgerissene Welt, statt der lebendigen, ausgedehnten, oder auch ein Fazit ohne die Rechnung. Darum ist eben die Poesie so unentbehrlich, weil sie dem Menschen nur die geistig wiedergeborne Welt übergibt und keinen zufälligen Schluß aufdringt. Im Dichter spricht bloß die Menschheit, nur die Menschheit an, aber nicht dieser Mensch jenen Menschen.[96]

3. Die Rolle des Humors

Im Jahr 1796 kündigte Jean Paul in zwei verschiedenen Werken gleichzeitig an, er plane eine ästhetische Untersuchung, die sich vornehmlich auch mit dem Begriff des Humors beschäftigen werde. In der ›Geschichte meiner Vorrede‹ zur zweiten Auflage des ›Quintus Fixlein‹ heißt es,

> daß die krumme Linie des Humors zwar schwerer zu rektifizieren sei, daß er aber nichts Regelloses und Willkürliches vornehme, weil er sonst niemand ergötzen könnte als seinen Inhaber – daß er mit dem Tragischen die Form und die Kunstgriffe, obwohl nicht die Materie teile – daß der Humor (nämlich der ästhetische, der vom praktischen so verschieden und zertrennlich ist wie jede Darstellung von ihrer dargestellten und darstellenden Empfindung) nur die Frucht einer langen Vernunft-Kultur sei und daß er mit dem Alter der Welt so wie mit dem Alter eines Individuums wachsen müsse.[97]

Und ergänzend zu dieser bekannten Stelle heißt es im ›Satirischen Appendix‹ der ›Biographischen Belustigungen‹:

> Der Mensch ist im Ernste nicht humoristisch genug und **im Scherze nicht ernsthaft** genug. Nicht nur die Wahrheit besteht aus allen Menschen-Systemen zusammengenommen, wie nach Buffon und Kant die *Sonne* die verschiedenen Materien der verschiednen *Planeten*, die um sie fliegen, in sich

---

[96] Vorschule, XII. Programm Über den Roman. § 69 Über dessen poetischen Wert. (H. V). S. 250–251.
[97] Hanser IV. S. 27.

vereinigt befasset: – sondern auch das rechte Herz ist aus allen ungleichen Gefühlen gebaut und trägt ein Weltall, nicht als Krone, sondern als Stufe.

Daher macht der schnelle Wechsel zwischen Ernst und Scherz nur ernster, und wenn man das Buch eines Engländers, worin dieser Wechsel herrscht, beschließt, denkt man, es sei das Leben."

Und er fügt in einer Fußnote an:

"Die nahe Verwandtschaft zwischen Humor und Rührung soll in einem größern Raume als dem obigen einmal ihren Stammbaum finden, dessen Zeichnung ich mir vorbehalte.[98]

Die Doppelfunktion der angekündigten Beschreibung liegt einmal in der Rechtfertigung der Stilmischung von Rührung und ›Humor‹ und darüber hinaus in der Begründung der Einbringung der vielen Wissensstoffe in den ›humoristischen‹ Stil als Schreibweise, die dem Stil der ›poetischen Enzyklopädie‹ des Romans gemäß ist. Somit entspringt sie ganz dem angesetzten Verhältnis von Poesie und Philosophie (man beachte die Wiederkehr der Planeten-Metapher!) und ihren historischen Bedingungen; die Jean Paul-Forschung hat sich ein für allemal von der Vorstellung zu befreien, Jean Paul sei der erste und zugleich am wenigsten zeitgebundene Theoretiker des Humors gewesen. Selbst wenn er mit den Darlegungen der ›Vorschule‹ die Aufmerksamkeit der Ästhetik nachhaltig auf diese Kategorie lenkte, so beruhte sein Interesse doch in der Rechtfertigung der Stilmischung und der philosophisch-enzyklopädischen Schreibweise, ohne eine Aufhebung des Shaftesbury'schen Kontrasts von Lächerlichem und Erhabenem anzustreben: Wolfgang Preisendanz hat zu Recht sein Buch ›Humor als dichterische Einbildungskraft‹ nicht mit Jean Paul beginnen lassen.[99] Zunächst liegt die Bedeutung der Bemühung Jean Pauls um diesen Begriff trivialerweise darin, daß er die elegantere englische Bezeichnung ›humour‹ in Deutschland populär machte und an die Stelle des in den Poetiken des 18. Jahrhunderts gebräuchlichen Begriffs ›Laune‹ setzte – Herder hat dies noch mit Mißbehagen gesehen.[100] Der Vorschlag dazu stammt aus

---

[98] Hanser IV, S. 358.
[99] München 1963.
[100] Vgl. Briefwechsel Jean Paul / Herder, (24), Nr. 133; s. S. 94. S. auch die achte Sammlung der ›Humanitätsbriefe‹ (Riga 1796, S. 75): »Alles, was die Engländer Humour nennen, ist Uebertreibung; ein verzeihlicher Fehler der Natur, der hie und da zur Schönheit werden kann, nur aber zu einer National- und Zeitschönheit. Die Alten kannten das Reizende eines kleinen Eigensinnes auch; sie waren aber weit entfernt, die ganze Gestalt eines Menschen als Uniform diesem Einen Zuge aufzuopfern. Nur dahin ist Humour zu sparen, wohin er gehöret; und die gemeine humoristische Poesie hat das Unglück, daß sie sich mit der Stunde selbst überlebet.« – Leider betont dies Jörg Schönert in

der bereits genannten ›Theorie der schönen Künste und Wissenschaften‹ Riedels, der ›Laune‹ und »Humour« (!) synonym gebraucht und die Definition vornehmlich aus einem subjektiven Anschauungs- und Darstellungsstil hervorgehen läßt. Auffällig ist daran die Herleitung einerseits aus Quintilians rhetorischem Begriff der ›urbanitas‹, dem Ideal eines gehobenen gesellschaftlichen Konversationstons, und gleichzeitig der Betonung der Sonderlichkeit, zu der der Humorist geradezu verpflichtet ist. Es entsteht ein Widerspruch zwischen der Universalität dieses Konversationstons und der Privatsprache des Humoristen:

> *Urbanitate* significari vides sermonem prae se ferentem in verbis et sono et usu proprium quendam gustum urbis et sumtam ex conversatione doctorum tacitam eruditionem; denique cui contraria sit rusticitas.

> [Der Begriff der ›urbanitas‹ umschließt eine Redeweise, die in Wortwahl, Klang und Handhabung einen bestimmten städtischen Geschmack und eine stillschweigend aus gelehrtem Umgang entnommene Bildung entfaltet; ihr Gegenteil ist also der Begriff der ›rusticitas‹ (der ländlichen, ungelehrten und unverfeinerten Schlichtheit).][101]

Quintilians Definition stellt Riedel ohne Rücksicht auf die Spannung, die sich dadurch innerhalb des Begriffes ergibt, als Charakteristikum des Humoristen Folgendes gegenüber:

> Ein wichtiges Ingrediens in dem Charakter eines Humoristen ist ferner ein gewisser Eigensinn, der sich durch Worte und Werke ohne Zurückhaltung an den Tag legt. Ein Humorist betrachtet die Gegenstände immer von besondern Seiten und äussert bey aller Gelegenheit solche Einfälle und Neigungen, die seiner besondern Denkungsart gemäs sind.[102]

Jean Paul übernimmt in seine Praxis beide Elemente: ›urbanitas‹ und ›Eigensinn‹ des humoristischen Dichtens, obwohl er sich, wie das ›Fixlein‹-Zitat zeigte, der Gefahr der Unverständlichkeit bewußt ist; noch in der ›Vorschule‹ entschuldigt er seinen ›gelehrten Witz‹ mit dem Ideal eines universellen und bildenden Konversationstons.[103] Aber die philosophische Grundlage dieser Praxis, neben dem enzyklopädischen Wissensfundus, ist in einem Punkt, der Intersubjektivität des Wissens entscheidend reduziert[104] und damit die Voraussetzung für das spätere Un-

---

seiner Arbeit über ›Satire und Roman‹ nicht; seine Übersicht über den Humor-Begriff (vgl. (154), S. 21–27) behandelt die Frage der Anwendbarkeit und Eingrenzung des heutigen Bedeutungsbereichs, aber nicht – worauf es hier ankäme – die historische Entstehung der Kategorie.
[101] Riedel, Theorie der schönen Künste und Wissenschaften. (68), S. 91, Anm. b.
[102] Ebd., S. 94.
[103] Vgl. hierzu § 55 der Vorschule, der überschrieben ist: ›Bedürfnis des gelehrten Witzes‹ (Hanser V, S. 203ff.).
[104] Vgl. hierzu S. 188ff.

verständnis des Zusammenhangs der Jean Paulschen Argumentationen geschaffen. Zudem ergibt sich ein weiteres Problem: über die in den Vorankündigungen des ›Fixlein‹ und der ›Belustigungen‹ angegebenen Zielsetzungen hinaus idealisiert Jean Paul seine Kategorie des Humors, indem er angegriffene Grundthesen moralischer, physiologischer und philosophischer Art in den Bedeutungsbereich der Kategorie einbringt. Der ›Humor‹ wird deshalb nicht zur idealistischen und synthetischen Kategorie emporgehoben, die a priori Geltung besitzt. Er bleibt pragmatisch-poetische Anleitung der Schreibweise, für die die Freiheit des ›Lächerlichen‹ stilbildend ist und die dem Autor – so schon Riedel – jede witzige Anspielung erlaubt. Verständlichkeit, die Voraussetzung der ›urbanitas‹, ist dadurch von vornherein gefährdet:

> Wenn eine allzuvollkommene Aehnlichkeit keine gute Würkung thut, so thut es eine alzuweit hergeholte und spitzfindige noch weniger; sie macht uns verdrüßlich und empört uns wider den Artisten selbst. Der Satiricus hat allein das Recht eine Ausnahme zu machen und die Regel zu übertreten, wiefern er in seiner Laune ist, oder andere lächerlich machen will, die sie zuvor übertreten haben.[105]

Zweitens repräsentiert der ›Humor‹, als philosophisch-ästhetische Kategorie, eine von vielen Stellungnahmen Jean Pauls zum Bestreben Kants und seiner Schule, im absoluten Gegensatz zur ›Erfahrung‹ allgemeine, weiterer Begründung nicht bedürftige Prinzipien der Erkenntnis deduktiv aufzustellen. Jean Pauls eigene Verfahrensweise ist jedoch durch Induktion auf »Gott, Wahrheit, Unsterblichkeit«, »Gott, Ich, Tugend« – er variiert die triadischen Formulierungen – gekennzeichnet. Im spezifischen Verhältnis von Poesie und Philosophie liegt die Ursache, daß Jean Paul in der Theorie des ›Humors‹ Fragen behandelt, die der Ästhetik als einem Vermögen, das nur analog der Vernunft operiert, an sich nicht zukämen. Aber Jean Paul steht, wie betont, außerhalb dieser von Baumgarten begründeten und von Schiller unter Kants Einfluß bestätigten Entwicklung der Ästhetik. Platners Vorbild und seine polyhistorische Schulung, die ihm den Anschluß an die Systematik Kants verboten, die philosophische Aporie des Sensualismus (wie ihn Jean Paul auffaßte), die den Übergang zum Roman bestimmte, Abhängigkeit vom metaphysischen Bedürfnis und eine Gabe der dichterischen Assoziation, die, wie es treffend von seiner Figur Vult heißt, »zuweilen später den Sinn als das Wort« findet:[106] alle diese Elemente verbindet er, um sie in die poetologisch unklare und widersprüchliche und ästhetisch wenig vorbela-

---

[105] Riedel (68), S. 137 (aus dem neunten Abschnitt über ›Aehnlichkeit und Contrast‹, S. 132ff.).
[106] Flegeljahre. Hanser II, S. 1012.

stete Kategorie des Humors einzubringen. Um diese Vagheit vor Jean Pauls Behandlung zu demonstrieren, sei eine Definition des ›Humor‹ angeführt, die ein ungarischer Ästhetiker unter Riedels Einfluß versucht hat:

> Si res etiam ex sensu communi accipiam, Humor iste quidem est passio hominis, sed neque certam et determinatam habet rem qua moveatur uti aliae, neque ita est vehemens ac seditiosa, quemadmodum vel amor vel ira aut motus similis: avertit quidem mentem, ne rem uti est videamus, sed rationem sibi non eripit, neque aliud, quam vel complacentiam vel displicentiam estendit.[107]

[Wenn ich das Vorige ebenso dem allgemeinen Verstande nach erfasse, so ist dieser sogenannte Humor eine Leidenschaft des Menschen, aber diese besitzt keineswegs einen bestimmten und abgegrenzten Bereich, in dem sie erregt wird wie die übrigen Leidenschaften, und sie ist auch nicht so heftig und aufständisch, wie es etwa Liebe oder Haß oder eine andere ähnliche Gemütsbewegung ist: vielmehr kehrt sie den Verstand ab, um zu verhindern, daß wir die Dinge sehen, wie sie sind, ohne sich dabei der Vernunft zu berauben, und ihre Wirkung besteht einzig in Wohlgefallen oder Mißbehagen.]

Diese ›Leidenschaft‹ des Humors bzw. der Laune, die Jean Pauls schriftstellerische Tätigkeit von Anfang an begleitet,[108] macht auch die Erfassung des polyhistorischen Materials so schwierig, aber sollte andererseits die historische Erkenntnis seiner Bedeutung nicht verhindern, wie es im Gefolge der bloß stilistisch-ästhetischen Betrachtung der Fall ist.[109]

4. Methodische Zwischenbetrachtung: ›Sinn‹ und ›Bedeutung‹. Zur Funktion des polyhistorischen Materials.

Im Verlauf der bisherigen Untersuchung wurde ständig zwischen den Begriffen ›Sinn‹ und ›Bedeutung‹ unterschieden. Dies geschah nicht ohne Absicht.[110] Nach den bisherigen Erörterungen der geschichtlichen

---

[107] Zit. nach Benedetto Croce, Un estetico ungherese del Settecento: Giorgio Szerdahely. In: B. C., Storia dell'estetica per saggi. (138), S. 161–170. Das Zitat findet sich als Anm. 30 zu S. 168. - Szerdahely lebte von 1750–1808 und lehrte als Professor für Ästhetik an der Universität Buda; dort publizierte er auch 1778 seine ›Ästhetik‹, aus der der angegebene Passus stammt.

[108] Vgl. schon die erste Eintragung vom 9. August 1782 in die ›Bemerkungen über den Menschen‹; GW II/5, S. 3-4.

[109] s. o. S. 36/37.

[110] Sie geht auf die logische Unterscheidung zurück, die Gottlob Frege getroffen hat; vgl. (140), bes. die ersten drei der fünf logischen Studien: ›Funktion und Begriff‹ (S. 18ff.), ›Über Sinn und Bedeutung‹ (S. 40ff.), ›Über Begriff und Gegenstand‹ (s. 66ff.).

Ausgangslage, des Verhältnisses von Dichtung und Philosophie und der Rolle des Humors als stilistisch-philosophischem Verfahren ist von der Funktion des polyhistorischen Materials zu reden und seiner Bedeutung für die Interpretation der Texte Jean Pauls, um seine Verwendung im Hinblick auf die bisherigen Darlegungen zu klären. Anlaß dazu bieten die in der Einleitung erwähnten vollkommen gegensätzlichen Interpretationen des ›Komet‹ von Uwe Schweikert und Jost Hermand,[111] die gleichzeitig Gelegenheit geben, zur Methode der hier vorgelegten Interpretation Jean Pauls grundsätzlich Stellung zu nehmen.

Die literaturgeschichtliche Interpretation scheint von einem uneingestandenen Axiom auszugehen, daß philologische Exegese zur Feststellung eines Text-Sinnes gleichsetzbar sei mit der Festlegung seiner historischen Bedeutung. An sich wäre dies nicht so gravierend, wenn man das Problem auf die oft ungenügende Material- oder Informationsbasis zurückführen könnte, auf ›Verabsolutierung‹[112] beschränkter Aspekte der Untersuchung, die den jeweiligen Ansatz verständlicherweise zur Grundlage der Interpretation eines ganzen Problemkomplexes erheben möchte.[113] Unter diesem Aspekt nun zu den

---

[111] Vgl. S. 7.

[112] Die Begriffe der ›Verabsolutierung‹ und ›Metaphysizierung‹ entnehme ich Hans Epsteins Buch (99), das in der Literaturwissenschaft kaum Beachtung gefunden hat, die es – nicht zuletzt wegen des Anschlusses an Max Webers logische Studien – verdient hätte. Es seien beide Begriffe in Epsteins Definition wiedergegeben, in deren logischer Bedeutung sie hier verwendet werden: ›Verabsolutierung‹ ist »jede pars-pro-toto-Setzung des aus der Fülle des Gegebenen ausgewählten Materials durch den einzelnen Forscher.«, die an sich methodisch notwendig und erlaubt ist. ›Metaphysizierung‹ vollzieht sich nun, indem der Inhalt der durch Verabsolutierung erhaltenen Begriffe auf ein hinter ihnen wirksames absolutes Prinzip bezogen wird, also durch »Hypostasierungen von absoluten Entitäten, die ›hinter der Flucht der Erscheinungen‹ [vgl. Max Weber (108), S. 195] stehen, und die Betrachtung des historisch Gegebenen als Ausdruck dieser Wesenheiten.« (S. 14).

[113] Zusätzlich zu Epsteins Begriffen sei hier auf Alfred Schütz' Unterscheidung von ›polythetischer‹ und ›monothetischer‹ Reflexion verwiesen; vgl. ›Das Problem der Relevanz‹ (105), S. 115ff., bes. S. 119–121. Sie basiert auf dem Problem der Typisierung als Vorgang der Sediment-Bildung: der typische Begriff ist ›monothetisch‹, weil er die vielen Schritte, die (›polythetisch‹) zur Bildung dieses einen Begriffes führten, verdeckt und den Anschein gibt, daß eine einzige Kausalkette ihn hervorbrachte und eine einzige Ursache ihm zugrunde liege. Der zeitliche Vorgang der Sedimentierung ist zu übersetzen in die Unterscheidung zweier grundsätzlich verschiedener Formen des Wissens, die sich zur Auseinandersetzung zwischen deduktivem und induktivem Prinzip des Wissenserwerbs steigert: »Die Unterscheidung zwischen monothetischem und polythetischem Sinnbegreifen stellt eine fundamentale Einsicht in die Struktur unseres Bewußtseinslebens dar. ...Die Klarheit und Deutlichkeit unseres Wissens hängt von der Möglichkeit ab, den monothetisch erfaßten

Interpretationen des ›Komet‹:Hermands Interpretation des Romans als »restaurativem« Werk erscheint mir dabei weniger bemerkenswert. Die Interpretation entspringt dem Prinzip, das literarische Werk vor die Folie des aktuellen Zeithintergrundes zu stellen und daran vordergründig zu messen; die Tatsache der Einheitlichkeit von Jean Pauls Werk zieht Hermand nicht in Betracht.[114] Dasselbe gilt für Schweikert, allerdings unter interessanteren Aspekten: er postuliert eine bewußte und radikale Abkehr Jean Pauls von seinen früheren Werken. Diese These von der Umkehrung der früheren Positionen und der ›Absage an die Kunst mit den Mitteln der Kunst‹, die am Beispiel des Christus-Traums (im ›Siebenkäs‹) und des Kain-«Traums« (des ›Komet‹) dargelegt wird, ist nur möglich, wenn man einige wesentliche Aspekte nicht berücksichtigt:[115] die Schlußszene des ›Komet‹ enthält zunächst keinen »Traum«, wie der Autor beharrlich formuliert, sondern ein magnetisches Experiment – der Kandidat Richter versetzt den Ledermenschen Kain in einen Magnetschlaf. Um die Funktion der Szene zu klären, ist es unerläßlich, Jean Pauls Abhandlung ›Über einige Wunder des organischen Magnetismus‹ als Autorität heranzuziehen,[116] und nicht Smeed's Buch über ›Jean Pauls Dreams‹,[117] dessen Autor freimütig gesteht, er könne mit den physiologisch-wissenschaftlichen Argumenten Jean Pauls nichts anfangen. Jean Paul verwendet sie jedoch, um die Gewißheit Gottes und der Unsterblichkeit zu demonstrieren:

> Die magnetischen Hellsehenden offenbaren aber an sich nicht blos ein Erinnern in eine dunkelste Kinderzeit hinab, sondern auch eines an alles, was nicht sowol vergessen als gar unempfunden zu sein scheint, nämlich an alles, was um sie früher in tiefen Ohnmachten oder gänzlichem Irresein vorgefallen. Zweitens wenn die Hellsehenden sich in ihrem höhern poetischen Schlaf-Wachen wol des Prose-Wachens erinnern, aber nicht in diesem des ersten[*] so geht eine Erinnerung, ob sie gleich unter dem dicken undurchsichtigen Le-

---

Sinn eines Wissenselementes, auf die polythetischen Schritte, durch die es erworben wurde, zu beziehen. ... es kommt darauf an, ob wir die Herkunft unseres Wissens angeben und die einzelnen Handlungen des Wahrnehmens, Begreifens, Verstehens und Lernens aufzeigen können, durch die wir von einem Wissenselement erfahren oder mit ihm bekannt werden.« (S. 119) - Verabsolutierung und Metaphysizierung sind also Formen monothetischer Begriffsbildung.

[114] Vgl. S. 7 der Einleitung und die zugehörige Anm. 13. - Ursache dafür ist wohl auch der zu schmale Aufsatzrahmen. Hinsichtlich der politischen Interpretation ist wiederum auf die Diss. von Heidi Bade (vgl. Einleitung, Anm. 30) zu verweisen.

[115] Schweikert (129), S. 66-68.

[116] GW I/16, S. 9-43.

[117] J. W. Smeed, Jean Paul's dreams. London 1966. Vgl. hierzu S. 67.

thestrom liegt, doch nicht darum der Zukunft verloren; daher im Hell- und Hellstensehen jener Welt, wo der ganze schwere Erdleib abgefallen, nach diesen Wahrscheinlichkeit-Regeln fremde Erinnerungen aufwachen können, welche ein ganzes Leben verschlummert haben.[118]

Diese Passage aus dem § 14 der ›Muthmaßungen über einige Wunder des organischen Magnetismus‹, der »Aussichten ins zweite Leben« behandelt, dient als Modell für die Darstellung im ›Komet‹: der wahnsinnige Gottesleugner und Teufelsanbeter Kain kehrt im Magnetschlaf zum Glauben an Gott zurück und weiß aber genau, daß er beim Erwachen wieder in seine Raserei verfallen wird. So dient diese – durch die theoretische Abhandlung geprägte – Szene ebenso dem Beweis der Unsterblichkeit, wie der magnetische Versuch, den Jean Paul wiederum sich selbst (als handelnde Person) in der ›Selina‹ vornehmen läßt – mit dem selben Ergebnis. Diese Schrift, welche die Auffassung von einer Umkehr der früheren Positionen Jean Pauls ohnehin nicht zuläßt, wird von Schweikert freilich nicht herangezogen. Wenn man den ›Christus‹-Traum und den Kain-Magnetschlaf vergleicht, so ist zudem sichtbar, daß beide ein Pendant erhalten, mit dem sie eine »musivische Einheit« im Sinn des Shaftesbury'schen Tests durch Kontrast bilden.[119] Die scheinbare atheistische Kühnheit der ›Rede des toten Christus‹ er-

---

[118] GW I/16, S. 41. - Jean Paul hat übrigens schon in einer der frühesten Satirensammlungen, der ›Baierischen Kreuzerkomödie‹, die Figur eines wahnsinnigen Gottesläugners erwähnt und damit Interesse für eine derartige satirische Typenfigur bekundet, wie er sie dann im ›Ledermenschen‹ ausführt: ». . . verschiedene Besessene pflegen da [in Paris] jährlich (nach Mercier) in der h. Kapelle an der Charfreitagsnacht, wo man zu ihrer Genesung Rudera vom h. Kreuze auslegt, Got zu lästern, aber mit so weniger Erbauung für unbesessene Pariser als priesen sie Got; einmal hingegen blasphemirte einer so ausserordentlich und so geschikt, daß im andern Jahr die ganze grosse Welt vorgefahren kam und dem besessenen Sprecher als einem Bourdaloue in seiner Art zuhorchen wolte. Der besessene Satirikus war aber gar nicht mehr zu haben oder schon exorzisiert.« (GW II/3, S. 137–138).

[119] Jean Paul hat in seiner Rezension von ›De l'Allemagne‹ ausdrücklich betont, Mme. de Stael habe dies übersehen, als sie in ihrem Literaturüberblick von ihm gesprochen habe: »Von der Rede des todten Christus ließ sie zwar nicht den entbehrlichen Anfang, aber außer der Hälfte den unentbehrlichen Schluß weg, der die Wunde schließt. Rez. entschuldigt sie gern, da dieser Autor [J. P. selbst], ein Bartstern von mäßigem Kern, einen so verdrießlich langen Kometen Schweif von Bänden nachführt, daß bis zu der Minute, wo er dieß schreibt, der Schweif noch nicht ganz über den Horizont heraufgezogen ist.« (SW I/16, S. 324). - Deutlich wird damit das Prinzip bezeichnet, das ich, in Anlehnung an Jean Pauls Romandefinition, als ›poetische Enzyklopädie‹ bezeichne und das die Betrachtung des Gesamtwerkes von Jean Paul als *eines* zusammenhängenden philosophisch-poetischen Diskurses rechtfertigt; davon ist im ersten Kap. des zweiten Teils ausführlich zu sprechen.

hält ihr Gegengewicht in der Bestätigung Gottes und der Unsterblichkeit im gleich anschließenden ›Traum im Traum‹, und der Schluß des ›Komet‹, Kains Schlaf und sein Erwachen, im genannten Schlaf der Selina. Was sich im Spätwerk bemerkbar macht, ist ein Zug, die theoretischen Elemente aus den Werken zu separieren, wie auch, die lyrischen Stellen immer stärker zurückzunehmen (ein Prozeß, der schon mit ihrer Sonderung als ›Polymeter‹ in den ›Flegeljahren‹ eingesetzt hatte). Daß damit die Satire stärker hervortritt, ist nicht verwunderlich; und der effektvolle Schluß, den Jean Paul dem ›Komet‹ beim Abbruch der Arbeit beließ (»Vater Beelzebub, ich bin wieder bei dir; warum hattest du mich verlassen«), sollte – vor allem unter den Prinzipien des hier vorgeführten Magnetismus – nicht zu derart emphatischen Schlußfolgerungen verführen: »Das Ende bleibt offen – wenn nicht darin überhaupt schon das Ende liegt, liegen muß.«[120] Die Unterstellung, dieser Roman sei »wohl gar nicht vollendbar«, die Schweikert mit Hans Blumenberg teilt, geht an einer etwas trivialen romanpoetischen Grundlage der Werke Jean Pauls vorbei: Jean Pauls Begriff des ›Wunderbaren‹ verlangt vom Autor nicht die Auflösung aller Geheimnisse, sondern beläßt ihm Spielraum, wie weit er durch ›Maschinen‹ die Auflösung des Handlungsknotens erzwingen will. Es gibt deshalb keine schlüssige Begründung aus dem Text selbst, daß Jean Paul nicht einen Abschluß hätte erzwingen können, wie er es im grotesken Scheinsterben des ›Siebenkäs‹ oder der nur partiellen Auflösung der ›Titan‹-Erscheinungen getan hat, die er befriedigt mit den desillusionierenden Auflösungen der ›Maschinen‹ in Goethes ›Meister‹ vergleicht. Und schließlich, sind die Schlüsse der handlungsmäßig abgeschlossenen Romane ›logisch‹ oder ›realistisch‹ zu nennen?[121]

Das Bestreben Schweikerts, die Autonomie des ›Komet‹ vom übrigen Werk zu erweisen, erscheint mir durch das Bisherige schon zu relativieren. Aber diese Intention führt ihm noch weiter: es erscheinen kein einziges Mal Autor und Titel des Buches, welches Jean Paul den seinen geliehen hat – Bayles ›Pensées diverses sur la comète‹.[122] Die dem Dich-

---

[120] Schweikert (129), S. 68. – Die Stelle aus dem ›Komet‹ vgl. Hanser VI, S. 1004.

[121] Schweikerts Schlußfolgerung stimmt mit einer Feststellung Hans Blumenbergs überein; vgl. Wirklichkeitsbegriff und Möglichkeit des Romans. (Angaben vgl. oben Anm. 4), S. 22. Zu Jean Pauls Einstellung zum Wunderbaren vgl. § 5 des I. Programms der ›Vorschule‹ (H. V, S. 44-47). Schließlich ist noch anzumerken, daß Jean Pauls Spätwerk vom Übergang von einem Projekt zum anderen gekennzeichnet ist und der Abbruch dieses Romans ist an sich nicht bemerkenswert; das Fragment konnte in sich ›wunderbar‹ genug erscheinen und war einer Auflösung der Handlungsfäden im Sinne Jean Pauls nicht bedürftig.

[122] Vgl. Nr. (6) der Bibliographie. Über Entstehungsbedingungen und Wirkung

ter schon lange vorschwebende Idee einer Sammlung komischer Stellen ohne Handlung, die, wie die Vorrede ankündigt, nun in dem geplanten ›Papierdrachen‹ erscheinen sollen, ist in der Ausführung des Romans noch wirksam, aber überlagert vom Versuch, über Wielands ›Don Quijote‹-Parodie im ›Don Sylvio‹ hinauszugelangen. Bayles Exemplifizierung eines ungegründeten Glaubens an die Einwirkung von Kometen auf das Geschick der Erde und ihrer Bewohner hatte für viele Zeitgenossen das Odium des beinahe Atheistischen gehabt, und die lockere, unsystematische Form der Behandlung mußte für Jean Paul, zusätzlich zur thematischen Affinität, besonders attraktiv wirken. Wenn nun hinter der Cervantes-/Wieland-Parodie (bzw. Palinodie) der ursprüngliche Plan verschwand, so blieb doch Bayle im Thema des ›Atheismus‹ präsent, und zwar in dieser Figur des »Ledermenschen« Kain, nicht bloß als Testfigur des Religiösen im Sinn Shaftesburys, als Kontrafaktur des Christus der beiden »Blumenstücke« des ›Siebenkäs‹, sondern direkt auf einem Artikel des ›Dictionnaire‹ Bayles fußend. Dieses enthält – und Jean Paul macht beim Auftritt des Ledermenschen auf diesen Artikel aufmerksam[123] – ein Stichwort über Kain und die Sekte der Kainiten, die seit dem zweiten Jahrhundert Kain und Judas verehrten und glaubten, nur auf dem Weg der Verletzung aller christlichen Vorschriften zum Heil zu gelangen.[124] Der Punkt, an dem sich Bayle besonders interessiert, ist deren besondere Lehre von den Genien, die dem heidnischen Glauben vom guten und bösen Genius eines jeden Menschen entstammte und den das Christentum als Lehre von den Schutzengeln übernommen hatte. Bayle schließt seinen Bericht folgendermaßen:

> Decidera cela qui voudra; je ne veux faire ici que le raporteur. Mais il faut se souvenir, qu'il n'y a point d'absurdité dont l'esprit de l'homme ne soit susceptible; & qu'en particulier le dogme de plusieurs (D) Genies bons & mauvais, superieurs les uns aux autres, & preposez à diverses charges, est assez à la portée de la raison.[125]

informiert der Kommentar von A. Prat; zitiert sei aber Bayles eigene, für den Erstdruck dann abgeschwächte Anmerkung zur Entstehung der Form des Werkes: »Voilà comment cet ouvrage a été bati. Je me proposois en commençant de vous écrire une vingtaine de pages, et j'avois d'abord assez bien suivi ce premier projet. Mais depuis cela j'ay fait des additions tantôt en un lieu, tantôt en un autre, et cela sans suivre un seul et unique plan, n'ayant eu pour but que de communiquer mes pensées à vous seul. Haec ego non multis, sed tibi: satis enim magnum alter alteri Theatrum sumus. (Epicurus apud Senecam).« [Dies habe ich nicht für viele, sondern nur für dich geschrieben: wir sind einer für den andern ein Schauplatz, der groß genug ist (Epikur, nach Seneca)]. Ebd., Bd. 2, S. 310 (unten, als Anm. zu Z. 14ff.).

[121] Vgl. Komet (Hanser VI), S. 970.

[124] Bayle, Dictionnaire. (7), S. 758–760. (Bd. I, enthaltend A–D).

[125] Ebd., S. 759–760. – Die mit (D) bezeichnete Anmerkung ist von Interesse, denn

Was Jean Paul für die Darstellung Bayles interessiert machte, war sein eigenes Bestreben, einen ethischen Monismus zu konstruieren, der das ›Böse‹ als absolutes Prinzip ablehnte – auf die Abhandlungen zur ›Selbstliebe‹ ist bereits verwiesen worden –, und der ihm zum Beweis seiner allen Formen positiver Religiosität vorgängigen Moral diente. Und zugleich findet er in diesem Exempel aus Bayles Kompendium eine Möglichkeit, diesen Monismus anhand seiner naturwissenschaftlichen Theorie des ›organischen Magnetismus‹ darzustellen: auch in dieser Figur des hartnäckigen Gottesleugners wird im Magnetschlaf die Gewißheit des Göttlichen und der Unsterblichkeit offenkundig. Kains Wachverhalten ist »absurdité« im Sinn Bayles.

Dieser exemplarische Fall der Literarisierung eines philosophischen Problems zeigt zugleich an, daß es bei Jean Paul gilt, in den Texten Signale einer Bedeutung aufzuspüren, die sich nicht aus dem unmittelbaren Zeithintergrund, der Aktualität seiner Zeitgenossenschaft ergibt bzw. nicht aus rein literarischen Faktoren erschließen läßt. Denn dieses polyhistorische Material wahrt den Zusammenhang zu einer Form der Welterfassung, die sich, entgegen ihren Aporien in den praktischen Grundlagen in der Naturwissenschaft und der Logik und gegen den tatsächlichen Verlust ihrer Basis in der Theologie und dem Rechtssystem, gegen den Wechsel und Zerfall ihrer Elemente zu behaupten sucht. In Jean Pauls Werk erscheint dieser Vorgang als Übersteigerung der genannten Komponenten des naturrechtlichen Weltbildes: physiologisch als Spiritualisierung der Materie, ethisch als Abschaffung des Begriffs des Bösen, im gesellschaftlichen Bereich als Idee der Aufhebung der restringierten Gesellschaft zur Universalgesellschaft und als Idealisierung der Poesie zur ›philosophia prima‹; diese Übersteigerung enthält als grundlegenden Antrieb ein metaphysisches Bedürfnis, das sich der Tendenz zur Mechanisierung in all diesen Bereichen, der Emanzipation von einem metaphysischen Ursprung widersetzt, und das wir als ›Retardation‹ des ›Animismus‹ im Umbau des Weltbildes bezeichneten.

---

sie illustriert die Verfahrensweise Bayles (vgl. auch oben Anm. 122): aus einem Stichwort, der Erwähnung des Dogmas von den mehrfachen Genien, entwickelt er drei umfangreiche Abhandlungen, die vom anthropologisch-geschichtlichen Exkurs (1. Reflexion sur le système Paien de la multitude des Dieux) über die philosophiehistorische Anmerkung (2. Reflexion sur la forme substantielle des Peripaticiens) zur Kritik der zeitgenössischen Philosophie der Cartesianer führt (3. Explication du dogme de quelques Cartesiens sur la formation du corps).

Nur in diesem Kontext ist es möglich, die ›Geschichtlichkeit‹ des Autors Jean Paul zu erarbeiten, die Schweikert vielfach herbeizitiert, nicht aber durch die Mißachtung des Stofflichen, das er verarbeitet, oder durch voreilige Herstellung eines Bezugs »zur politischen und gesellschaftlichen Realität«,[126] die in der Aussage gipfelt, Jean Paul habe seine politischen Auffassungen in der ästhetischen Darstellung »nie zu einem klaren Programm vermitteln« können.[127] Wir stoßen damit wieder auf die einleitend beschriebenen typischen Züge des Jean Paul-Bildes. Es wird – auf Grund der eigenen Erwartung – übersehen, daß Jean Pauls Werk durch das Bewußtsein einer Distanz der ästhetischen Sphäre von der Wirklichkeit ausgezeichnet ist, die davon ausgeht, daß das Buch die Wirklichkeit nicht ersetze.[128] Schweikert relativiert durch die negative Bewertung seinen eigenen Ansatz bzw. rechtfertigt nur die Verfügbarkeit, mit der er die Texte behandelt. Daß das Resumee in einem der abfälligsten von Goethes Xenien über Jean Paul paraphrasiert wird (S. 125: »Richter in London! Was wär er geworden! Doch Richter in Hof ist/ Halb nur gebildet, ein Mann, dessen Talent euch ergötzt.«) und man sich bei diesem »Versagen« des Autors auf die Kategorie der Geschichtsschreibung des 19. Jahrhunderts beruft – nämlich die der deutschen Misere,[129] – welche vom Traditionalismus der DDR-Geschichtsschreibung getreulich reproduziert wird –, zeigt die Überlebenskraft des typisierten Bildes auch bei diesem scheinbar neuen Ansatz. Zwar hat man eingesehen, daß die Gesellschaft nicht direkt abgebildet sein muß, aber eine vage Verwendung des Form-Begriffes hat daraus einen Ausweg geschaffen.

Gesellschaftlich Wesentliches – das meint: wesentlich *für* die Gesellschaft – und künstlerisch Richtiges sind ihm [sc. dem Künstler bei der Formung des Werkes] identisch.[130]

[126] Schweikert (129), S. 124ff. (Kap. X: Kunst und Gesellschaft im K.)

[127] Ebd., S. 129. - Es handelt sich um ein Zitat aus Helmuth Widhammers ›Satire und Idylle in Jean Pauls ›Titan‹. Jahrbuch der J. P. Gesellschaft III, 1968 (S. 90).

[128] »Vorzüglich aber handle!« - Man vergleiche dieses Resumee des fiktiven »Briefes an meinen Sohn Hans Paul« mit den wirklichen Briefen des Autors an seinen Sohn Max, der als Opfer romantischer Schwärmerei starb; zugleich war dies jedoch eine Forderung des Polyhistorismus, der neben der literarischen Betätigung die praktischen Übungen (›artes mechanicae‹) empfahl. Morhof äußerte, mit einem drastischen Seitenhieb auf die Ontologie der spekulativen Philosophie seiner Zeit, daß die εἴδωλα müßiger Professoren von geringerem Wert seien als die Verrichtungen von Handwerkern. Vgl. Polyhistor (37), Bd. II, S. 126–127. –Das hier angesprochene Verhältnis von »Buch und Leben« im Werk Jean Pauls ist Gegenstand einer demnächst abgeschlossenen Diss. von Martin Davies, Oxford.

[129] Vgl. hierzu das auf S. 9 wiedergegebene Zitat Treitschkes zu Jean Paul.

[130] Schweikert (129), S. 124. - Vgl. etwa auch die sentenziösen Passagen S. 51–52,

Dieses Prinzip der Auslegung präjudiziert in den Definitionen des »für die Gesellschaft Wesentlichen« und des »künstlerisch Richtigen« die Lesung des Textes durch präformierende Schemata derart, daß es zum Ziel der Interpretation zu werden scheint, passende Stellen für die vorgeblichen Intentionen des Autors zu finden. Dieses Verfahren endet für Schweikert mit einem philologischen Mißgeschick in Form eines gröblichen Fehlzitates. Ausgehend von dem Grundsatz, daß Durchbrechung des Scheins der Gesellschaft – in einem undeutlich von Walter Benjamin[131] ererbten und marxistisch tingierten Sinn[132] – ein Positivum darstelle, das an Jean Paul zu demonstrieren sich »lohnt«, faßt Schweikert das Resultat seiner Analyse des ›Komet‹ folgendermaßen zusammen:

> Weil Jean Paul den Schein beim Namen nennt, ihn in Nikolaus [dem Helden des Romans] beschwört, macht er ihn zugleich durchschaubar, kritisierbar, auch wenn es wohl kaum seine erklärte Absicht war, ihn zu kritisieren. Der Zeitgeist, der den Roman objektiv prägte, sah weiter, als der Autor subjektiv sehen konnte. ...
>
> Im bewußten, konsequenten Darstellen des Scheins allerdings stellt eine Vermittlung anderer Art sich ein; eine, die das Kunstwerk sich seiner selbst, seiner eigenen Problematik einsichtig werden läßt. Solche Einsicht aber läßt das Kunstwerk nicht unverwandelt zurück; auch läßt sie den Leser weiter sehen, als es ihm der Autor zugestehen wollte. »Das beste Kunststück« – meint Jean Paul – sei es, »das Gold des Wirklichen dünn und breit zu schlagen, um es durchzusehen« ([Hanser]III, 1025). Dies Kunststück ist ihm im Komet gelun-

---

in denen ein Grad der Allgemeinheit der Interpretation erreicht wird, der nicht mehr an den Gegenstand gebunden ist und der durch ständige Invokation von Autoritäten (Benjamin u. a.) ärgerlich wird: »Dichtung ist nie so linear, daß sie auf eine Formel gebracht werden könnte. Sonst genügte ja diese allein schon. Eine Entscheidung kann von ihr weder verlangt noch gegeben werden. ›Hic Rhodus hic salta‹ gilt nicht. Die einzelnen Teile ergeben nicht allein das Ganze. Das Ganze ist vielmehr inkommensurabel. erlangt seine Sprache nur in der Gestalt der Dichtung.« Der änigmatische Charakter dieser Satzfolge ergibt sich nicht durch das Herausreißen aus dem Zusammenhang; es scheint, die Form der Verwaltung der Texte durch den Interpreten solle modernisiert werden, ohne den Inhalt wirklich ausschöpfen zu wollen. Der Typus des Jean Paul-Bildes genügt sich offenbar selbst.

[131] Aber das Verhältnis von Schein und Schönheit des Kunstwerks ist bei Benjamin wesentlich komplizierter, als Schweikert dieses Motiv durchführt: vgl. dessen Aufsatz ›Goethes Wahlverwandtschaften‹. In: W. B., Illuminationen. Frankfurt/Main 1961, S. 70–147, hierzu bes. S. 140–141.

[132] Der Schein gesellschaftlicher Beziehungen wird von Karl Marx auf seine wirtschaftlichen Grundlagen im ›Kapital‹ in den Abschnitten über den ›Fetischcharakter der Ware und sein Geheimnis‹ (Erster Band, Berlin 1962, S. 85–98) und die ›Trinitarische Formel‹ (Dritter Band, Berlin 1968, S. 822–839) behandelt.

gen.[133]

Das Jean Paul-Zitat, mit dem Schweikert seine Auffassung legitimiert, entstammt dem ›Protektorium für den Herausgeber‹ aus dem ›Komischen Anhang‹ zum ›Titan‹. Jean Paul gibt dort,[134] ergänzend zur satirischen Polemik gegen Fichte in der ›Clavis Fichtiana‹, drei Gefahren bzw. Hauptfehler an, die den Argumentationen Kants und Fichtes vom bloßen Sprachgebrauch her inhärent sind:

> Wenn nun der Philosoph [...] die transzendentale Kettenrechnung treiben will: so weiset ihm die bloße Sprache drei gewisse Wege an, sich zu – verrechnen.

Der erste Weg sei, »Qualitäten zu Quantitäten«, der zweite, »Quantitäten zu Qualitäten« zu machen, dann folgt der von Schweikert zitierte Satz, der vollständig lautet:

> Das verwandte, dritte, aber beste Kunststück ist, das Gold des Wirklichen dünn und breit zu schlagen, um es durchzusehen.

Dieses Verfahren, »sich zu verrechnen«, ist die Sprache

> für den Philosophen, der immer das Ei früher ausbläset als ausbrütet.[135]

Für Schweikerts Kompliment, dies sei ihm vortrefflich gelungen, hätte Jean Paul sich sicherlich bedankt. Der Zitatfehler an dieser wichtigen, zusammenfassenden Stelle indiziert an dieser Interpretation eben die Verallgemeinerung von Begriffen, die Entleerung der historischen Realität durch einen subtilen Apparat von Leerformeln, die Jean Paul der kritischen Schule der Philosophie vorwirft. Das Problem liegt jedoch nicht im fehlerhaften Zitat selbst, sondern in der Art seines Zustandekommens: es wurzelt in der Unterscheidung bzw. Verwechslung der Begriffe ›Sinn‹ und ›Bedeutung‹, mit deren Erwähnung der Abschnitt eröffnet wurde. Schweikerts Interpretation erstellt zwar einen ›Sinn‹ für den gewählten Einzelaspekt, aber die historische ›Bedeutung‹, die er für das Werk daraus abzuleiten sucht, erscheint mir unhaltbar zu sein; es sei denn, man erneuere in der Form dieser geschichtsphilosophischen Be-

---

[133] Schweikert (129), S. 129. - Eine Präformierung der Gesamtinterpretation scheint mir aus Schweikerts Feststellung der »Prägung« von Jean Pauls Roman durch den »objektiven Zeitgeist« evident. Angesichts seines Resultats sollte es nicht mehr bezweifelbar sein, daß sich Sinnkonstruktionen einer Wissenschaft - wie das einleitend beschriebene Jean Paul-Bild - von der Grundlage ihrer Entstehungszeit ablösen können, als institutionalisierte Form von Wissen, wobei zwar die Vorzeichen der Bewertung austauschbar sind, aber die Typisierung selbst nicht abgelegt wird.

[134] Hanser III, S. 1024–1026.

[135] Ebd., S. 1025.

trachtung, das historische Material zu bloßen archivalischen Relikten degradierend, eine metaphysische Etymologie, die auf dem Gefallen und der Verwendbarkeit konstruierter Bedeutungen beruht – analog einem von Leo Spitzer beschriebenen Prinzip christlicher Etymologie:

> Die alten Etymologien zielten [...] darauf ab, durch die Aufstellung von Verbindungen zwischen einem gegebenen Wort und anderen Wörtern Gott zu huldigen, dessen Weisheit vielleicht gerade diese Beziehung beschlossen hat [...]
>
> Was uns geboten wird, sind anders ausgedrückt, ideale Möglichkeiten, nicht eine deterministische geschichtliche Wirklichkeit: Isidor von Sevilla verbindet *sol* und *solus*, weil die Idee dieser Beziehung schön ist, und nicht sol und ἥλιος, wie es für den vergleichenden Grammatiker von heute zwingend ist.[136]

Wenn hier gegen diese Form der Geschichtsphilosophie opponiert wird, dann um einiger logisch-propädeutischer Überlegungen willen, die entgegen der Subjektivierung der Gegenstände die Notwendigkeit intersubjektiv erfaßbarer historischer Arbeit betonen, ohne in ein Extrem des ›Objektivismus‹ zu verfallen. Die konträren Interpretationen des ›Komet‹ sind nicht in einer ›Polyvalenz‹ des Kunstcharakters und damit legitim verschiedenen Möglichkeiten der Rezeption begründet, sondern beruhen auf verfehlten Verfahrensweisen der jeweiligen Interpreten, deren isolierter Ansatz beinahe zwangsläufig mit der Subsumtion unter den bekannten Typus endet. Auch für einen historischen Gegenstand – wie diesen Roman Jean Pauls – müßten elementare logische Formulierungen axiomatische Geltung besitzen:

> Die Verschiedenheit der Bezeichnung [also hier: die konträren Prädikatisierungen, W.-P.] kann allein nicht hinreichen, eine Verschiedenheit des Bezeichneten [des Romans] zu begründen.

Selbst verschiedene Voraussetzungen der Ausgangsposition, die dann in die Definition des Gegenstandes eingehen, rechtfertigen solche krassen Unterschiede nicht, denn

> keine Definition ist in der Weise schöpferisch, daß sie einem Dinge Eigenschaften verleihen könnte, die es nun einmal nicht hat, außer der einen, das auszudrücken und zu bezeichnen, wofür die Definition es als Zeichen einführt.[137]

Gottlob Freges angeführte Formulierung der Aufgabe einer Definition, »das auszudrücken und zu bezeichnen, wofür die Definition es [sc.

---

[136] Leo Spitzer, Sprachlicher Perspektivismus im Don Quijote. In: L. S., Texterklärungen. Aufsätze zur europäischen Literatur. München 1969, S. 54–83; vgl. hierzu S. 60–61.

[137] Frege (140), Funktion und Begriff. S. 19 u. 20.

das Objekt] als Zeichen einführt«, setzt dabei eine gewisse Identität von Objekt und Bezeichnung (als der Feststellung einer ›Bedeutung‹) voraus.[138]

Es geht hier jedoch um einen historischen ›Gegenstand‹, nicht einen mathematischen Ausdruck, und dies zwingt, die logische Anwendung der getroffenen Unterscheidung zu limitieren: keineswegs ist in dieser ›Identität‹ von ›Gegenstand‹ und wissenschaftlicher ›Bedeutung‹ ein naturwissenschaftliches Konzept exakter bzw. meßbarer Beschreibung impliziert;[139] sondern sie bezieht sich darauf, daß dieser ›Gegenstand‹ durch Beschreibung partikulärer Aspekte zerlegbar wird, und dabei vorausgesetzt wird, daß diese zerlegten Elemente den Bezug zur hypothetisch angesetzten ›Identität‹ des Gegenstandes bewahren.[140] Aber

---

[138] Das hier angewandte Hilfsmittel der Fregeschen Unterscheidung ist mißverständlich, wenn man den Begriff der Bedeutung nur im referenzialen semantischen Sinn auffaßt: als ob der Gegenstand historischer Forschung einem realen Objekt gleich vor Augen liegen und es nur darauf ankommen würde, alle Aspekte korrekt bzw. adäquat zu erfassen und zu klassifizieren, und damit eine »reciprocal and reversible relationship between the name and the sense« zu etablieren. Dieses referenziale Konzept, das die Semantik Ullmanns dominiert [Stephen Ullmann, Semantics. An introduction to the science of meaning. Oxford 1972 (unver. Nachdruck der Erstausg. London 1962), Zitat S. 67] und operationale, vom Kontext ausgehende Darstellungen für ungenügend erklärt, dürfte mittlerweile ins Wanken geraten sein: Jerrold J. Katz spricht sogar von der »in der Ansicht enthaltenen Absurdität ...«, daß die Bedeutung eines Wortes das ist, was es benennt.« (Philosophie der Sprache, Frankfurt/Main 1969, S. 75). - Die Linguistik und besonders die Semantik hat von den hier zitierten Arbeiten Freges bei ihrer Neuorientierung deutlich profitiert, wie John Lyons in seiner ›Introduction to theoretical linguistics‹ (Cambridge 1971) zeigt; vgl. dort die Abschnitte 9.3. und 9.4. über ›Meaningfulness‹ (S. 412ff.) und ›Reference and Sense‹ (S. 424ff.; auf S. 488 wird auf Freges Aufsatz als Grundlage zurückverwiesen). Um jedoch terminologische Probleme aus dem Gang der Erörterung und den Beispielen herauszuhalten, wurde an Freges Aufsätzen zunächst festgehalten; zu Lyons s.u. S. 119 und die betreffende Anm. 165.

[139] Insofern hat die - insbesondere von Jürgen Habermas verschiedentlich vorgebrachte - Kritik am ›Objektivismus‹ und ›Szientismus‹ der Einzelwissenschaften und vor allem an der Übertragung von Methoden der Natur- auf die Geisteswissenschaften ihre Berechtigung; allerdings lehne ich die neokantianischen Folgerungen einer philosophischen Metatheorie der Geschichte ab. - Der Verdacht des historischen ›Substantialismus‹ ist gegenüber dem gebrauchten Ausdruck der ›Identität‹ von ›Gegenstand‹ und ›Beschreibung‹ nicht gerechtfertigt, denn der ›Gegenstand‹ wird ja nicht als seiner Funktion und Bewegtheit im historischen Prozeß enthoben gedacht.

[140] Dieser als Funktionszusammenhang gedachte Bezug wäre enthalten - so sei vorformuliert - in der Verständigung über die polythetischen Elemente der Beschreibung, die in Form von ›Initialhypothesen‹ einen nicht beliebigen Maßstab für die Behandlung des Gegenstandes festlegen, ohne deduktive

diese Zerlegung unterliegt der Gefahr, die Beschreibung auf »evidente« Begriffe zurückzuführen; diese würden im mathematischen Bereich der Kategorie von ›Logischeinfachen‹ entsprechen. Während diese mathematisch nicht definiert werden, sondern für sie eine Benennung nach Belieben und Zweckmäßigkeit festzusetzen ist, enthalten die »evidenten« Begriffe der Beschreibung eines geisteswissenschaftlichen Objekts nur den Schein des Irreduziblen.[141] Sie stellen erstarrte Erfahrun-

apriori-Sätze darzustellen. Vgl. Jerrold J. Katz' Darlegungen über ›Implikationen für das Verständnis begrifflichen Wissens‹, die sich aus seiner ›Philosophie der Sprache‹ ergeben (vgl. oben Anm. 138, S. 170ff.). Dort wird der Begriff der ›Initialhypothesen‹ verwendet, den ich entlehne (S. 249); wesentlicher aber sind seine Überlegungen zu semantischen Kategorien (S. 204–217, bes. 215ff.), die mir auch für die logischen Vorüberlegungen hinsichtlich des Aufbaues von Kategoriensätzen nach Richtigkeit und Vollständigkeit hilfreich waren. - Mit Absicht sind Frege, Lyons und Katz herangezogen worden, und nicht A. J. Greimas ›Strukturale Semantik‹ (Braunschweig 1971). Sein metasprachliches Konzept der Textbeschreibung geht von einem methodischen Postulat deduktiver Erkenntnis aus (vgl. S. 11–12, 1.4.4. Die epistemologische Ebene), das aber nur durchführbar ist, wenn die Äquivalenz zwischen Gegenstand und Beschreibung gewährleistet wäre; dies kann aber nicht Ausgangspunkt einer historischen Beschreibung sein, da diese Äquivalenz erst deren Ziel darstellt. Die Annahme einer Superiorität der Metasprache über die beschreibende Objektsprache kann nur zu einer Vermischung kognitiver und normativer Elemente führen. Dies ist keine Schwierigkeit »technischer« Art, wie Greimas meint (S. 74), sondern es handelt sich darum, daß das konkrete Problem der wissenschaftsgeschichtlichen Vermittlung und ihrer Prägung des Gegenstandes zu beachten ist. - Der Problematik einer deduktiven philosophisch-historischen Theorie, die sich in den bisherigen theoretischen Randnotizen zeigt, soll jedoch nicht durch Verteidigung einer induktiven empirischen Geschichtsschreibung widersprochen werden; sondern dieser Dualismus ist durch das Problem zu ersetzen, wie die ›Leerstelle‹ des Wissens, die jeder Fragestellung zugrunde liegt, unter den Bedingungen der historischen Vermittlung unseres Wissens aufzufüllen ist.

[141] Vgl. hierzu Max Weber, Wissenschaftslehre (108), S. 114–117 des Aufsatzes über ›Roscher und Knies‹ (S. 1–145). Max Weber spricht von einem »Dualismus von ›Evidenz‹ und empirischer ›Geltung‹« (S. 115), die »das Maximum ›anschaulicher‹ Evidenz mit dem Maximum von empirischer Gewißheit verwechselt« (S. 116–117); der Gebrauch von ›anschaulich‹ wird dabei in Anm. erläutert: »Anschaulich hier natürlich im Sinn von kategorial-anschaulich einerseits, ›innerlich‹ verständlich anderseits.« (ebd.). Die Feststellung der ›Evidenz‹ für eine Tatsache also »enthält nach der logischen Seite lediglich die Denkmöglichkeit und nach der sachlichen lediglich die objektive Möglichkeit der ›deutend‹ erfaßbaren Zusammenhänge als Voraussetzung in sich. Für die Analyse der Wirklichkeit aber kommt ihr, lediglich um jener ihrer Evidenz-Qualität willen, nur die Bedeutung entweder, – wenn es sich um die Erklärung des konkreten Vorganges handelt, – einer Hypothese, oder, wenn es sich um die Bildung genereller Begriffe handelt, sei es zum Zweck der Heuristik oder zum Zweck einer eindeutigen Terminologie, – diejenige eines ›ide-

gen der wissenschaftlichen Praxis dar, die den Charakter der Vieldeutigkeit verbergen bzw. nicht anzeigen, daß die Vieldeutigkeit eliminiert wurde.

Diese abstrakte Erwägung sei an einem Beispiel konkretisiert: an Jean Pauls Begriff der Einbildungskraft, der seine Zurechnung zur Romantik begründen soll. Wolfdietrich Rasch schreibt dazu in einem Aufsatz über Jean Pauls Poetik:

> Grundlegend für Jean Pauls poetologische Einsichten ist seine Wertung der Phantasie, die für ihn das zentrale menschliche Vermögen ist, »der Elementargeist der übrigen Kräfte«(").[142] Auch das stimmt danz mit der romantischen Auffassung überein. So schreibt Friedrich Schlegel: »Als die Grundfähigkeit im Bewußtsein haben wir die Einbildungskraft, das innere Dichtungsvermögen gefunden, dies ist die universelle objektive Kraft im menschlichen Geiste.« In gleichem Sinn heißt es bei Novalis: »Aus der produktiven Einbildungskraft müssen alle innern Vermögen und Kräfte – und alle äußern Vermögen und Kräfte deduziert werden«.[143]

Rasch übergeht dabei, daß Friedrich Schlegel wie Novalis den Begriff der Einbildungskraft in der Prägung gebrauchen, die ihm Kant und Fichte verliehen haben, während Jean Paul den physiologischen Ausdruck vom ›spiritus vitalis‹ gebraucht; damit ist ein historisch gravierender Unterschied gegeben. Schlegel entnimmt bzw. formt seine Feststellung aus einigen Passagen der ›Kritik der Urteilskraft‹, worin Kant dieser vorsichtig eine produktive Kraft zuspricht, sofern sie der Analogie zur gesetzgebenden Vernunft entspringt:

> Wenn nun im Geschmacksurteile die Einbildungskraft in ihrer Freiheit betrachtet werden muß, so wird sie erstlich nicht reproduktiv, wie sie den Assoziationsgesetzen unterworfen ist, sondern als produktiv und selbsttätig (als Urheberin willkürlicher Formen möglicher Anschauungen) angenommen; [...] Allein daß die Einbildungskraft f r e i und doch v o n   s e l b s t   g e s e t z m ä ß i g sei, d. i. daß sie eine Autonomie bei sich führe, ist ein Widerspruch. Der Verstand allein gibt das Gesetz. Wenn aber die Einbildungskraft nach einem bestimmten Gesetze zu verfahren genötigt wird, so wird ihr Produkt, der Form nach, durch Begriffe bestimmt, wie es sein soll; ...

---

atypischen‹ Gedankengebildes zu.« (S. 115) - Gerade diese Feststellung Webers über den Mangel, der scheinbar problemlosen Klassifizierungen inhärent ist, weil sie den Blick auf den Gegenstand präformieren, soll dies folgende Beispiel belegen.

[142] Als Quellen für die Zitate gibt Rasch an: Jean Paul, Vorschule. GW I/11, S. 37 [bei Hanser Bd. V, S. 47]. - Krit. F. Schlegel-Ausg., hrsg. von *Ernst Behler*, Bd. XII, Philos. Vorlesungen 1800–1807, 1. Teil, München 1964, S. 421. - Novalis, Schriften, hrsg. von *Paul Kluckhohn*, 3. Bd., Leipzig 1929, S. 143, Nr. 461.

[143] W. Rasch, Die Poetik Jean Pauls. (128). S. 100.

Diese Reflexion der ästhetischen Urteilskraft, sich zur Angemessenheit mit der Vernunft (nur ohne einen bestimmten Begriff derselben) zu erheben, stellt den Gegenstand, selbst durch die objektive Unangemessenheit der Einbildungskraft in ihrer größten Erweiterung für die Vernunft (als Vermögen der Ideen), dennoch als subjektiv-zweckmäßig vor.

Die Einbildungskraft (als produktives Erkenntnisvermögen) ist nämlich sehr mächtig in Schaffung gleichsam einer anderen Natur aus dem Stoffe, den ihr die wirkliche gibt. Wir unterhalten uns mit ihr, wo uns die Erfahrung zu alltäglich vorkommt; bilden diese auch wohl um; zwar noch immer nach analogischen Gesetzen, aber doch auch nach Prinzipien, die höher hinauf in der Vernunft liegen (und die uns ebensowohl natürlich sind als die, nach welchen der Verstand die empirische Natur auffaßt); wobei wir unsere Freiheit vom Gesetze der Assoziation (welches dem empirischen Gebrauche jenes Vermögens anhängt) fühlen, so daß wir uns nach demselben von der Natur zwar Stoff geliehen, dieser aber von uns zu etwas anderem, nämlich dem, was die Natur übertrifft, verarbeitet werden kann.[144]

Von hier geht Fichte aus, aber er überschreitet Kants Position in der ›Kritik der Urteilskraft‹ bei weitem,[145] denn er spricht von dem

wunderbaren Vermögen der produktiven Einbildungskraft in uns [...] ohne welche gar nichts im menschlichen Geiste sich erklären läßt – und auf welches gar leicht der ganze Mechanismus des menschlichen Geistes sich gründen dürfte.[146]

So wie das Ich Fichtes mit Hilfe dieser produzierenden Einbildungskraft die Synthese der Opposition vom Ich zum Nicht-Ich und zum ›Ding an sich‹ als Anschauung vollzieht und damit die Voraussetzung für seine gesamte Philosophie ermöglicht,[147] so emanieren bei Novalis aus diesen philosophischen Akt alle »inneren« und »äußeren Vermögen und Kräfte«.

Gegen diese Grundannahmen polemisiert die ›Clavis Fichtiana‹ ganz ausführlich; und nimmt man die Stellungnahmen Jean Pauls gegen die kritische Schule insgesamt ernst, so sollte man sich vor einer »evidenten«

---

[144] Kant, Kritik der Urteilskraft. (30). S. 82–83. S. 116–117. S. 168. Der Gebrauch von ›Verstand‹ (im ersten Abschnitt der Zitats, bei Kant S. 82–83) steht im Gegensatz zu der von Kant selbst festgelegten und befolgten Unterscheidung von Verstand/Vernunft; es müste demnach heißen: Die Vernunft gibt das Gesetz.

[145] Es ist möglich, daß Fichte hier von Kant selbst noch Anregung empfing; denn Weischedel gibt eine handschriftliche Notiz Kants zu seiner ›Anthropologie in pragmatischer Hinsicht‹ (1798), in der eine Unterscheidung zwischen dem thetischen Vermögen der ›produktiven‹ und der ›reproduktiven‹, dem Assoziationsgesetz unterworfenen Einbildungskraft vorgenommen wird (Kant, Werke VI. Darmstadt 1964, S. 471, Anm. 2).

[146] Fichte, Wissenschaftslehre. (16). S. 128.

[147] Vgl. ebd. S. 144–145 und S. 200–201.

Gleichsetzung der Bedeutungen – um der »schönen Beziehung« willen (im Sinne des obigen Zitats von Spitzer) – in Acht nehmen. Denn Jean Pauls Einbildungskraft ist ein Vermögen, das n i c h t unter der von Kant festgelegten Herrschaft der Vernunft (ratio) über die geistigen und sinnlichen Vermögen des Verstandes (mens), darunter auch der Einbildungskraft (phantasia) steht. Dieser Begriff ist vielmehr auf die physiologische Theorie Ernst Platners zu beziehen, der die Einbildungskraft entgegen dem Anspruch der Kantischen Vernunft zum Primat innerhalb der seelischen Vermögen erhebt. So schließt Platner eine besonders heftige Diatribe der Verteidigung (und Berichtigung) Stahls, zu der er Thales' und Aristoteles' Seelenbegriff heranzieht, mit einem ironischen Ausruf an die Adresse der Metaphysiker, die zwar sehr schön Materie und Abstraktion zu trennen wüßten, aber vor der Problematik der Verquickung beider Sphären in den tatsächlichen psychophysiologischen Vorgängen sich in ›reine Vernunft‹ flüchteten. Dieser Ausweg ist dem Physiologen nicht gestattet, vielmehr hat er, angesichts des ihm vorliegenden Befundes, die Fragestellung der Metaphysiker für unlösbar zu erklären:

> Attamen contendendum nobis est, ut alio comprehensionis modo, qui non phantasia, sed ratione nitatur a sensibus abstracta, incorporeum quiddam mentem nostram esse intelligamus.

> [Und dennoch sollten wir behaupten, daß unser Verstand als etwas bloß Körperloses zu betrachten ist, wie es in einer anderen Denkhaltung geschieht, die sich nicht auf die Einbildungskraft, sondern auf die von den Sinnen abstrahierte Vernunft gründet!][148]

Jean Paul schreibt am Beginn seiner Abhandlung ›Über die natürliche Magie der Einbildungskraft‹:

> Die fünf *Sinne* heben nur außerhalb, die *Phantasie* innerhalb meines Kopfes einen Blumengarten vor die Seele; jene gestalten und malen, diese tut es auch; jene drücken die Natur mit fünf verschiedenen Platten ab, diese als sensorium commune liefert sie alle mit einer.[149]

---

[148] Platner, Quaest. Physiol. (44), S. 143; vgl. hierzu S. 140–143. Der Gegensatz von ratio und phantasia im selben Kontext findet sich im ersten Teil der Universitätsrede Platners zum Thema ›An ridiculum sit, animi sedem inquirere‹ (vgl. (45), S. V); Platner spricht davon, daß selbst der überzeugte Metaphysiker, der »a phantasiae consuetudine abductus« (der Vertrautheit mit den Prinzipien der Einbildungskraft entwöhnt) sei, die Tatsache anerkennen müsse, daß in einem materiell umschlossenen Bereich diesem angepaßte, doch selbst nicht materiell nachweisbare Kräfte wirkten.

[149] Hanser IV, S. 195. - Vgl. hierzu auch, wiederum aus der in der vorigen Anm. zit. Rede, die Argumentation Platners: »Deinde non ita crassi sumus, ut ipsam animi substantiam in aliqua parte cerebri haerere dicamus: nam de hac plane reticemus: quandoquidem non animum, sed animi vim et agendi modum spatio terminamus; quae quid sit in sese et amoto spatio, fatemur nos ignorare.«

Die Lokalisierung des ›sensorium commune‹ »..m« Kopfe ist dabei durchaus physiologisch gedacht, nicht bloß mer.phorisch hingesprochen. Denn dieser Begriff eines geistigen – und desnalb materiell nicht faßbaren bzw. anatomisch nicht nachweisbaren – Instrumentars seelischer Kräfte (des ›animus‹) stellt die Frage nach der Umschlossenheit einer nicht materiellen Substanz (der Seele und ihrer Vermögen) in einem begrenzten Raum (dem menschlichen Körper). Dieses Problem versucht die Physiologie zu lösen, indem sie das ›sensorium commune‹ – Platner spricht davon als dem ›animi primus instrumentarium‹, für das er meist den griechischen Ausdruck eines ›πρῶτον αἰσθητήριον‹ (erstes Wahrnehmungsvermögen) verwendet – ins Gehirnzentrum versetzt. Dies aber, so betont Platner ausdrücklich, ist ein Fragenkomplex, der nur die Physiologen, nicht aber die Metaphysiker angeht, die sich, wie Kant, mit Fragen beschäftigen, die für ihn Scheinfragen (im Hinblick auf die Physiologie) darstellen:

Quaecunque sit natura animorum, nihil enim necesse habent physiologi metaphysicorum super hac re disputationibus sibi implicari: hoc ut ratum ponimus, eos a corporum genere hactenus differre, quod et vita, et vitae sensu gaudeant. Et si quis consimiles vires in corporibus inesse affirmet: hoc dicere videatur, in materia aliquid inesse simile animorum et a materia diversum. De caeteris non attinet subtilter inquirere; utrum subsistat per se animus humanus, an, ut Spinozae visum est, ab infinita natura sustineatur; an omnino inane sit, ut Kantio placet, substantiarum nomen et a scholarum doctoribus, sine perspicua rei notione usurpatum.

[Von welcher Beschaffenheit auch die Natur des ›animus‹ sei, so gibt es für die Physiologie keinen zwingenden Grund, sich mit den Metaphysikern darüber in Auseinandersetzungen zu verwickeln: wir gehen von der Grundannahme aus, daß dieses Seelenvermögen von der Kategorie des Körperlichen nur soweit verschieden ist, daß es noch dessen Leben und die sinnliche Empfindung des Belebtseins zu verspüren vermag. Die Behauptung, es gäbe im Körper angepaßte Kräfte, enthält offenbar, daß in der Materie etwas sei, was der Seele ähnlich und von der Materie unterschieden sei.[150] Eine genauere Untersuchung darüber hinaus steht nicht an, nämlich ob der ›animus‹ des Menschen für sich allein bestehe oder ob er, wie Spinoza annahm, von der Allerhalterin Natur endlose Dauer erhält; oder ob der Substanz-Begriff, wie Kant vertritt, vollkommen leer und von den Schulgelehrten ohne genügende

_____

[Schließlich bin ich nicht so anmaßend, daß ich feststellte, die Substanz des ›Geistes‹ selbst sei an einen bestimmten Teil des Gehirns gebunden; von ihr vermag ich gar nichts zu sagen. Hingegen bestimme ich räumlich – nicht den Geist, sondern seine Kraft und Wirkungsweise; was er an sich darstellt und ohne Rücksicht auf seine lokale Wirkung, darüber kann ich nichts aussagen.] (46), S. V.
[150] Hervorhebung von mir, W. P.

Sachkenntnis usurpiert worden sei.][151]

Kants apriorischem, absolut und überzeitlich gültigem System der ›reinen Verstandesbegriffe‹, das alle empirischen und naturwissenschaftlichen Erkenntnisse theoretisch zu enthalten postuliert, tritt die Platnersche Physiologie herausfordernd gegenüber: Erkenntnis, sowohl sinnliche Perzeption wie abstrakte Verarbeitung durch die Vernunft, sind Sache psychophysiologischer Prozesse, die nicht von der Vernunft gesteuert werden, sondern von den Prozessen, die in den Nerven ablaufen:

> Quod cum permultis vel ideo a probabili visum sit abhorrere, quod ad has corporis actiones nullo sit lumine rationis, nec iudicii perspicacia opus: horum nunc error ita nobis confutandus est, ut demonstremus, animo, praeter vim rationis, alias quoque opportunitainesse ad illa humiliora munere idoneas.

> Da nun die meisten die Ansicht, daß zu diesen körperlichen Verrichtungen [nämlich automatischen organischen Vorgängen] es nicht des Lichtes der Vernunft und auch nicht der Einsicht der Urteilskraft bedürfe, vom Wahrscheinlichen gänzlich entfernt zu sein scheint: so ist ihr Irrtum dahingehend zu widerlegen, daß bewiesen wird, dem ›animus‹ kämen außer dem Vermögen der Vernunft noch andere Möglichkeiten zu, die sich zu diesen einfacheren Verrichtungen schickten.][152]

> Nam corpus hoc terrenum cum animo tamen coniunctum est per nervos: et quae mutationes in illo contingunt, eae ipsius animi mutationes sunt, et ad suum statum ab ipso referuntur: ergo et sensus hinc et appetitiones atque aversationes oriri necessario debent. Sed quoniam illae perceptiones, quibus animum statuimus admoneri de corporis sui statu, et actiones quae hinc consequuntur, omnes obscurae sunt et conscientia nostra prorsus exclusae: ne id repugnans cuiquam videatur, animum multa percipere et agere sine conscientia, hic locus omnium diligentissime est in physiologia explicandus.[153]

> [Denn dieser irdische Körper ist mit dem Seelenvermögen durch die Nerven verbunden, und die Veränderungen, die in jenem vor sich gehen, diese sind zugleich Änderungen des Seelenvermögens, und sie werden von ihm [sc. dem ›animus‹] seinem [sc. körperlichen] Zustand zugeschrieben: also müssen zwangsläufig Sinneswahrnehmungen, Begierden und Aversionen von [sc. den Nerven] ihren Ursprung nehmen. Aber da jene Perzeptionen, die nach unserer Feststellung den körperlichen Zustand der Seele vermitteln, und die Handlungen, die damit verbunden sind, vollkommen wie im Dunkeln stattfinden und von unserem Bewußtsein ganz ausgeschlossen sind: so ist diese Sache in der Physiologie am sorgfältigsten von allen Gegenständen zu behandeln, damit es niemand widersinnig erscheine, daß der ›animus‹ vielfach Eindrücke aufnehme und handle ohne Bewußtsein.]

> ... nullam functionem corporis humani, utcunque remotam a conscientia et voluntate, nervorum ministerio et animi actione carere: ideoque in omnibus sensum dominari.

[151] Platner, Quaest. Physiol. (44), S. 49.
[152] Ebd., S. 47.
[153] Ebd., S. 49–50.

114

[... Keine Funktion des menschlichen Körpers, soweit sie auch von Bewußtsein und Willen entfernt ist, entbehrt der Hilfe der Nerven und der Tätigkeit des ›animus‹; und deshalb dominiert in all diesen Funktionen die sinnliche Empfindung.][154]

Und ein Paragraph der ›Neuen Anthropologie‹ (1790) faßt Platners Einsichten zusammen:

§ 1164.
Das Leben des Menschen ist, in dem Wechsel von Bewußtseyn und Un-
bewußtseyn, eine stetige, ununterbrochene Folge von Vorstellungen, welche
theils durch die Sinne, theils durch die Phantasie erregt werden.[155]

Betrachtet man Jean Pauls Auffassung der Einbildungskraft in diesem
Kontext der physiologischen Theorie, so wird ein zweites Ergebnis der
Diskussion um die Unterscheidung von ›Sinn‹ und ›Bedeutung‹ deutlich,
nämlich daß – mit Freges Worten – »die Gleichheit der Bedeutungen
nicht die Gleichheit des Gedankens zur Folge hat«.[156] Der scheinbar
›logisch-einfache‹ Begriff der Einbildungskraft, den Rasch als »typisch
romantisch« für Jean Paul, Friedrich Schlegel und Novalis unterschieds-
los verwendet, enthüllt bei genauer Betrachtung, daß zwei Auffassungen der Hierarchie innerhalb der Seelenkräfte bestehen, von denen die
physiologische die ›phantasia‹, die Schule Kants aber die ›ratio‹ an die
oberste Stelle innerhalb des gesamten geistig-sinnlichen Vermögens
(›mens‹ bzw. Verstand) setzt.

Die Vereinfachung des Begriffs ›Einbildungskraft‹ weist damit auf die
Grenze der ›Identität‹ von ›Gegenstand‹ und ›Beschreibung‹. Die Zerlegung des Gegenstandes in Elemente und die Interpretation des Sinnes
für den gewählten Teilaspekt gelangt beim geisteswissenschaftlichen
Objekt nicht zu einem »evidenten« Begriff, im Unterschied zur mathematischen Methode, die logisch berechtigt eine Neubenennung der gefundenen Einfachen ansetzen darf:

Wenn nun etwas gefunden ist, was einfach ist oder wenigstens bis auf weiteres
als einfach gelten muß, so wird eine Benennung dafür zu prägen sein, da die
Sprache einen genau entsprechenden Ausdruck ursprünglich nicht haben
wird.[157]

Diese logische Rechtfertigung besitzt für das geisteswissenschaftliche
Verfahren keine Geltung: denn der Terminus verdeckt in Raschs Verwendung den für die historische Zuordnung wichtigen Unterschied der

---

[154] Ebd., S. 183.
[155] Platner, Neue Anthropologie. (40). § 1164, S. 531.
[156] Frege (140), Funktion und Begriff, S. 26.
[157] Frege (140), Über Begriff und Gegenstand. S. 67.

Ableitung des Begriffes. Kants Auffassung, aus der F. Schlegel, Fichte und Novalis ihren Begriff bilden, richtet sich polemisch gegen die Auffassungen Platners und seines Schülers Jean Paul von der Phantasie als oberstem Seelenvermögen. Kant hat seine Festsetzung des Verhältnisses von ›reiner Vernunft‹ (als Vermögen der Prinzipien) und ›Verstand‹ (als Vermögen der Regeln) also nicht thetisch vollzogen,[158] sondern beendet damit apodiktisch einen lang andauernden Streit, der sich seit Auflösung der Geltung des aristotelischen Schemas in der Philosophie hinzog.[159] Platner antwortet darauf in seinem ›Lehrbuch der Logik und Metaphysik‹ mit dem – bereits zitierten – Angriff auf die Darlegung der Antinomien der Vernunft:

[158] Die Unterscheidung findet sich in der ›Kritik der reinen Vernunft‹ in der ›Transzendentalen Dialektik‹ (›Von der Vernunft überhaupt‹): »Wir erkläreten, im erstern Teile unserer transzendentalen Logik, den Verstand durch das Vermögen der Regeln; hier unterscheiden wir die Vernunft von demselben dadurch, daß wir sie das Vermögen der Prinzipien nennen.« (29), S. 312. - Aber diese Setzung Kants leitet ihre ›Berechtigung‹ nicht so sehr aus ihrer eigenen Überzeugungskraft her als daß sie aus dem Umsturz Geltung beanspruchte, der innerhalb der philosophischen Schulen zu ihren Gunsten stattfand. Platner hat seine psychophysiologischen Einsichten nachdrücklich auch im Bereich der fachdisziplinären Auseinandersetzung verteidigt, mit persönlichem Mißerfolg (s. o. Anm. 7) und dem Resultat, daß er unverdient in der Wissenschaftsgeschichte sowohl der Medizin wie der Psychologie und Philosophie in Vergessenheit geriet. Ein verbissener Antikantianismus, der den persönlich konzilianteren Jean Paul erschreckte und dessen Ingrimm gelegentlich in der – wohlweislich lateinisch abgefaßten – Schrift über Fragen der Physiologie (44) durchbricht, mag dazu beigetragen haben. Daß er in seinen Schriften durchaus fähig war, Kant scharfsinnig zu beurteilen und Lücken in dessen System aufzudecken, wird Platner dabei gerade bei seiner Wiederentdeckung, und zwar zur Zeit der Hochblüte des Neokantianismus im letzten Jahrhundert bestätigt: vgl. Max Heinze, Ernst Platner als Gegner Kants. (83), S. 12–13.
[159] Dieser Hinweis erscheint, im Interesse einer historischen Würdigung Kants sowie angesichts immer neuer Kant-Renaissancen – als ob Kant selbst im historisch leeren Raum philosophiert hätte – mehr als geboten. So stellt etwa Erdmann (Ang. s. o. Anm. 6) den Begriff der ›Vernunft‹ im Titel der ›Kritik der reinen Vernunft‹ als synonym für ›Gemüt‹ dar, dessen viele Vermögen nun spezialisiert werden (s. das Kant-Zitat in der vorigen Anm.). Es scheint sich – bis in neueste philosophische Publikationen – die Auffassung zu halten, daß die Trennung der Seelenvermögen Kants und Hegels Leistung sei, als ob diese Frage seit Aristoteles' unvollkommener Schrift über die Seele nicht immer wieder debattiert worden wäre, und zwar nicht nur als spezifisch ›philosophische‹ Frage. Eine Vorgeschichte dieser »Klärung« durch Kant, die von der Entwicklung der Psychologie, unter Bezugnahme auf Theologie, Philosophie und Physiologie darzustellen wäre, ist mir nicht bekannt. Aber es ist notwendig, auf einige Texte zu verweisen, die für eine solche Untersuchung Orientierungspunkte darstellen könnten: Tassonis ›Pensieri diversi‹ [Erstdruck Modena 1612], Descartes' Auseinandersetzung mit Regius (12), sowie erneut Vicos und Platners Schriften.

§ 528.

Indem die Phantasie, als sinnliches Vorstellungsvermögen, nichts denken kann, ohne Ausdehnung und Zeit, und mithin beydes in ihrer Vorstellungsart unendlich ist; die Vernunft aber theils überhaupt die Realität, teils insbesondere die Unendlichkeit von Ausdehnung und Zeit selbstmächtig verneinet: so entsteht daraus ein Streit zwischen Vernunft und Phantasie, welcher unrichtig angesehen wird für einen Streit der Vernunft mit sich selbst.[160]

Jean Pauls Feststellung, daß die Einbildungskraft unendliche Qualitäten, die Vernunft nur endliche Quantitäten erfasse, schließt hier an. Denn schließlich ist – und dies sei hier noch skizziert, um die Bedeutung der Unterscheidung zwischen Jean Paul und den Romantikern zu unterstreichen – die Stellung der Phantasie und die Deutung des ›sensorium commune‹ für Platner wie Jean Paul die Schlüsselfrage für den Beweis der Unsterblichkeit, die sie durch Kant aus dem Bereich der Philosophie ausgeschaltet sahen.[161] – Novalis und F. Schlegel befreien den Begriff der Einbildungskraft von der Restriktion der Vernunft, die Kant ihm noch auferlegt hatte, und erheben ihn gleichsam zur prinzipienbildenden ›reinen Vernunft‹ auf dem Gebiet des Poetischen. Für Jean Paul fungiert er – und nicht bloß im Bereich der Poesie![162] – in einer Weise, in der Kant ihn ausdrücklich in einer Einfügung zur zweiten Auflage der ›Kritik der reinen Vernunft‹ kritisierte,[163] nämlich zur Verknüpfung der

---

[160] (45), S. 195.

[161] Vgl. Platner, Lehrbuch der Logik und Metaphysik (45), S. 189ff.; ders., Quaest. Physiol. (44), S. 74; zu Jean Paul vgl. bes. das Spätwerk ›Selina‹ (Hanser VI, S. 1172-1193: IV. Mars, Vierte Unterabteilung: Verhältnis zwischen Leib und Geist).

[162] Unter dem rein literarischen Kriterium – Ablehnung der ›imitatio‹ durch die Phantasie – faßt Rasch die drei Autoren zusammen. Aber die Überwindung der Nachahmungstheorie ist – besonders im Fall Jean Pauls – ein zu undifferenziertes Kriterium, um die Epochenzugehörigkeit zu bestimmen.

[163] Kant, Kritik der reinen Vernunft. (29), Anm. zu S. 38, S. 38-39: es soll ausdrücklich die Einbildungskraft ausgeschaltet bzw. durch den Begriff des ›inneren Sinnes‹ ersetzt werden, um die postulierte Priorität des intellektuellen Bewußtseins nicht zu gefährden: »Dieses Bewußtsein meines Daseins in der Zeit ist also mit dem Bewußtsein eines Verhältnisses zu etwas außer mir identisch verbunden, und es ist also Erfahrung und nicht Erdichtung, Sinn und nicht Einbildungskraft, welches das Äußere mit meinem inneren Sinn unzertrennlich verknüpft; denn der äußere Sinn ist schon an sich Beziehung der Anschauung auf etwas Wirkliches außer mir, und die Realität desselben, zum Unterschiede von der Einbildung, beruht nur darauf, daß er mit der inneren Erfahrung selbst, als die Bedingung der Möglichkeit derselben, unzertrennlich verbunden werde, welches hier geschieht. Wenn ich mit dem intellektuellen Bewußtsein meines Daseins, in der Vorstellung Ich bin, welche alle meine Urteile und Verstandeshandlungen begleitet, zugleich eine Bestimmung meines Daseins durch intellektuelle Anschauung verbinden könnte, so wäre zu derselben das Bewußtsein eines Verhältnisses außer mir

117

›äußeren‹ mit dem ›inneren‹ Sinne, zu der Kant die Einbildungskraft nicht für notwendig erachtete. Und ein Nachtrag aus der Geschichte dieses Begriffes in der poetischen Theorie: Jean Paul scheint damit nach einem langen Zeitraum eine Verbindung zwischen poetischer Theorie und einer Richtung der Physiologie zu erstellen, wie es erstmals Bodmer und Breitinger in ihrer Schrift ›Von dem Einfluß und Gebrauche der Einbildungs-Krafft‹ (1727) versucht hatten und in der sich ebenfalls die Unterscheidung des »Wahren des Verstandes« vom »Wahren der Einbildungskraft« findet.[164]

Man mißverstehe nicht den Nachdruck, der auf dieses Problem gelegt wird: es geht keinesfalls darum, der Romantik etwa das Verständnis für die Einbildungskraft abzusprechen oder die »Richtigkeit« einer der beiden Positionen zu behaupten. Nur dient der allgemeinsprachliche Begriff eines vage verstandenen psychischen Ver-

---

nicht notwendig gehörig. Nun aber jenes intellektuelle Bewußtsein zwar vorangeht, aber die innere Anschauung, in der mein Dasein allein bestimmt werden kann, sinnlich und an Zeitbedingung gebunden ist, diese Bestimmung aber, mithin die innere Erfahrung selbst, von etwas Beharrlichem, welches in mir nicht ist, folglich nur in etwas außer mir, wogegen ich mich in Relation betrachten muß, abhängt, so ist die Realität des äußeren Sinnes mit der des innern, zur Möglichkeit einer Erfahrung überhaupt notwendig verbunden: d. i. ich bin mir ebenso sicher bewußt, daß es Dinge außer mir gebe, die sich auf meinen Sinn beziehen, als ich mir bewußt bin, daß ich selbst in der Zeit bestimmt existiere.« (S. 38/39).

[164] Vgl. hierzu die Darstellung, die Friedrich Braitmaier in seiner ›Geschichte der poetischen Theorie und Kritik – Von den Diskursen der Maler bis auf Lessing‹ gegeben hat (Zwei Teile in einem Bd. Reprograph. Nachdruck der Ausg. Frauenfeld 1888/89, Hildesheim – New York 1972; s. Teil I, S. 66–79). Braitmaier, der Bodmer und Breitinger nicht besonders günstig gesonnen ist, referiert hier die Behandlung der Leidenschaften: »Der Dichter – Bodmer sagt hier stets der Redner – vermag durch die »äußere Schale des Leibes« bis auf die geheimen Winkel des Gemüts vorzudringen; er vermag den ganzen Verlauf und die verschiedenen Stufen einer Leidenschaft uns deutlich vor Augen zu stellen. Hierin ruht der Hauptvorzug des Schreibers vor dem Maler. Die Affekte haben Ursprung und Sitz im Gemüte äußern sich aber durch deutliche Merkmale in den äußeren Teilen des Leibes, besonders in der Farbe und in den Mienen des Gesichtes, weil sie mit den Bewegungen des Geblüts und der flüssigen Nervenmaterie verknüpft sind. Wir sehen, unser Verfasser ist als Physiolog eben so groß, wie als Philosoph. Seine Verranntheit in den Gedanken, daß die Poesie wesentlich Beschreibung äußerer, sichtbarer Gegenstände sei, zeigt sich darin, daß er vom Dichter und Redner nicht etwa eine Schilderung der Leidenschaften, wie sie sich in Worten und Handlungen ausdrücken, verlangt, sondern eine Beschreibung der Bewegung und Stellung, der Geberden, des ganzen äußeren Gebarens fordert. Also die Seite der Leidenschaft soll der Skribent darstellen, die wesentlich Aufgabe des Malers ist …« (S. 69).

mögens nicht der hier erforderlichen empirischen Unterscheidung des historischen Begriffes, der wegen seiner genetischen Verschiedenheit ganz unterschiedliche Zuordnungen erfordert. Die semantische Theorie hat – ausgehend von der hier herangezogenen Unterscheidung Freges von ›Sinn‹ und ›Bedeutung‹ – zwei Begriffe gefunden, die zur Veranschaulichung der empirischen Verschiedenheit des scheinbar identischen Begriffs dienen können, nämlich der Hyponymie und der Inkompatibilität. Hyponyme sind nicht synonyme, sondern einander ausschließende (inkompatible) Unterbegriffe eines gemeinsamen Oberbegriffes: so sind z. B. ›gelb‹ und ›schwarz‹ Hyponyme des Begriffes ›Farbe‹, ohne synonym oder kompatibel zu sein.[165] In diesem Sinn sind die Begriffe der physiologisch begründeten Einbildungskraft Jean Pauls und der von Kant bzw. Fichte entlehnten Begriffe Friedrich Schlegels und Novalis nicht synonym oder gar identisch in der Zuordnung zu einer literarischen Epoche, sondern sie sind historische Hyponyme. Die Anschaulichkeit der Kategorie Einbildungskraft, die uns durch den unproblematischen Gebrauch vertraut ist, darf mit der empirischen Gewißheit des historischen Materials nicht verwechselt werden; auf diesen Aspekt der »Evidenz« als täuschendes Argument hat Max Weber nachdrücklich verwiesen. –[166]

Aus den bisherigen Erörterungen geht hervor, welche wichtigen Aufschlüsse das scheinbar so nachlässig archivierte poetische Material Jean Pauls für seine historische Stellung zu geben vermag. Im Folgenden ist nun zu behandeln, auf welche Weise Jean Pauls Werk und das Material, auf dem seine Stellungnahmen beruhen, historisch zu ordnen ist.

5. ›Mechanismus‹ und ›Animismus‹ als Beschreibungskategorien für Jean Pauls geschichtliche Stellung.

Während bisher versucht wurde, Grundpositionen zu bezeichnen, von denen aus Jean Pauls ›geschichtliche Stellung‹ zu erschließen ist, werden die Ausführungen des zweiten Teils vor allem Material zu Jean Paul darbieten und versuchen, ihm historische ›Bedeutung‹ zu verleihen, über den Zustand rein archivalischen Erweiterns des bekannten Horizonts hinaus. Diese Methode erhält nunmehr, im Anschluß an Max Weber, die Bezeichnung ›idealtypisch‹, und es sei mit Nachdruck auf We-

---

[165] John Lyons. Introduction to theoretical linguistics. Cambridge 1971, S. 453–460.
[166] Vgl. Anm. 141.

bers eigene Interpretation des Verfahrens hingewiesen, die nur zu gern
unterschlagen wird, um eventuellen Verurteilungen größere Emphase
zu verleihen:[167]

> Je umfassender die Zusammenhänge sind, um deren Darstellung es sich han-
> delt, und je vielseitiger ihre Kultur b e d e u t u n g gewesen ist, desto m e h r
> nähert sich ihre zusammenfassende systematische Darstellung in einem Be-
> griffs- und Gedankensystem dem Charakter des Idealtypus, desto w e n i g e r
> ist es möglich, mit e i n e m derartigen Begriffe auszukommen, desto natürli-

---

[167] Dies wird leider selbst von der Weber-Forschung und –Edition nicht genug
betont; man vgl. die sonst vorzüglich kompilierte Sammlung von Textstellen
zu ›Idealtypus, Handlungsstruktur und Verhaltensinterpretation‹, in M. W.,
Methodologische Schriften. Mit einer Einführung von Johannes Winckelmann. Frankfurt/Main 1968, S. 65-168. Dort fehlen die hier wiedergegebenen
Passagen, die den Geltungsanspruch des Verfahrens beschränken. - Zur Einführung in das Werk Max Webers und seine geistesgeschichtliche Stellung
(gegenüber Dilthey, Rickert, dem Neokantianismus) sei zusätzlich auf folgenden Aufsatz verwiesen: Don Martindale, Max Webers Beitrag zur Kul-
tursoziologie und zur Theorie der Zivilisation. In: Kölner Zschr. für Soziologie
und Sozialpsychologie, Sonderheft 7. Köln – Opladen 1963, S. 294-306. - Das
immer wieder vertretene Vorurteil gegenüber dem Idealtypus als Instrument
›idealistischer‹ Geschichtsphilosophie hat Ephraim Fischoff in seiner Darstellung der Kontroverse um die Calvinismus-/Kapitalismus-Hypothese von Max
Weber und Ernst Troeltsch zurückgewiesen, ohne Mängel in Webers Verfahren zu ignorieren: E. F., Die protestantische Ethik und der Geist des Ka-
pitalismus. Geschichte einer Kontroverse. In: M. W., Die protestantische
Ethik. Bd. II: Kritiken und Antikritiken. Hamburg 1972 (2., erw. Aufl.),
S. 346-371; vgl. bes. S. 361ff. - Unter den neueren Kritiken an Weber vgl. bes.
Ernest Nagels aggressive Attacke (103) sowie C. G. Hempels (101) und Jürgen
Habermas' Einwände (Zur Logik der Sozialwissenschaften. Philosophische
Rundschau, Beiheft 5, S. 124ff.); ferner Wolfgang Lefèvres politisch motivierte
Kritik des Weberschen Werkes: W. L., Zum historischen Charakter und zur
historischen Funktion der Methode bürgerlicher Soziologie. Untersuchung
am Werk Max Webers. Frankfurt/Main 1971. Lefèvre reduziert den Wissenschaftler Weber auf den Bourgeois im Wissenschaftler, um dann »paradigmatisch« »bürgerliche« Positionen darzustellen bzw. abzuqualifizieren. - Objek-
tivere Einstellung aus der Perspek. tive der Frankfurter Schule zeigt der Aufsatz von Karl Theodor Schuon ›Typologie und kritische Theorie‹. In: Das Argument, Nr. 50. Berlin 1969 (Sonderbd. zum 10. Jahrgang), S. 93-124. Der Verfasser sieht darin die Rolle des Idealtypus – ganz in dem von mir inten-
dierten Sinn - auf eine heuristische Funktion beschränkt, deren Berechtigung
sich erst aus dem Resultat ergibt: »Ob es sich nun [bei der Anwendung von
Idealtypen] um ein reines Gedankenspiel oder um eine wissenschaftlich
fruchtbare Begriffsbildung handelt, kann a priori niemals entschieden werden.
Das hängt ab von ihrem Erfolg für die Erkenntnis konkreter Kulturerschei-
nungen in ihrem Zusammenhang, ihrer ursächlichen Bedingtheit und ihrer
Bedeutung. Wir könnten auch sagen: können sie in Bedeutungs- und Sinnana-
lyse dialektischer Art eingebaut werden oder nicht, ist das Kriterium für ihre
Wissenschaftlichkeit.« (S. 107/108).

cher und unumgänglicher daher die immer wiederholten Versuche, immer neue Seiten der Bedeutsamkeit durch neue Bildung idealtypischer Begriffe zum Bewußtsein zu bringen.[168]

Die Verwendung des ›Idealtypus‹ steht mit dem Ziel dieser Arbeit in Einklang, das die philologische Untersuchung der Texte als grundlegend forderte, um aus ihnen heraus die historische Besonderheit zu deuten:

> Denn Zweck der idealtypischen Begriffsbildung ist es überall, nicht das Gattungsmäßige, sondern umgekehrt die Eigenart von Kulturerscheinungen scharf zur Geltung zu bringen.[169]

Unter »Gattungsmäßigem« ist hier vor allem das Typische zu verstehen, das die historische Erfassung des Besonderen gerade an Jean Paul verhindert und das uns veranlaßte, einen Begriff historischer ›Hyponymie‹ einzuführen. – Weber bezeichnet sein Verfahren als das der Hypothesenbildung, das insofern unbedenklich ist,

> so lange man sich stets gegenwärtig hält, daß idealtypische Entwicklungskonstruktion und Geschichte zwei streng zu scheidende Dinge sind und daß die Konstruktion hier nur das Mittel war, planvoll die gültige Zurechnung eines historischen Vorganges zu seinen wirklichen Ursachen aus dem Kreise der nach Lage unserer Erkenntnis möglichen zu vollziehen.[170]

Um der Gefahr entgegenzuwirken, daß die historische Besonderheit des Materials zur bloßen Illustration von »evidenten« Oberbegriffen (den »Gattungsbegriffen« Webers) herangezogen wird und damit der Präformierung durch mehr oder minder explizierte Voraussetzungen verfällt, hat Weber ausdrücklich formuliert, daß der Idealtypus dann aufzulösen sei, wenn er nicht mehr in der Lage ist, seine heuristische Funktion zu erfüllen:

> Die reif werdende Wissenschaft bedeutet also in der Tat immer Ueberwindung des Idealtypus, sofern er als empirisch geltend oder als Gattungsbegriff gedacht wird.[171]

Die häufig mit dem Begriff des Idealtypus verbundene Vorstellung von einem »Schematismus logischer Reduktion«, dem eine »geschichtsphilosophische« Auffassung positiv kontrastiert wird, ist angesichts dieser Beschränkung der »dogmatischen Geltung« des vorgeschlagenen Verfahrens nicht gerechtfertigt.[172] Denn die damit gewählte Form der Dar-

---

[168] Max Weber, Die »Objektivität« sozialwissenschaftlicher und sozialpolitischer Erkenntnis. In:Max Weber, Wissenschaftslehre (108), S. 198.

[169] Ebd., S. 202.

[170] Ebd., S. 204.

[171] Ebd., S. 206.

[172] »Ein solches Gedankengebilde« wie der Idealtypus, schreibt Weber an an-

stellung und der ihr zugrundeliegende Begriff der historischen Erklärung sieht gerade nicht vor, den Gegenstand auf einen determinierten Ursprung zurückzuführen, also Jean Pauls Situation in seiner Zeit – nach Maßgabe einiger verabsolutierter Oberbegriffe – kausal zu erklären, sondern am Kontext des sich verändernden Weltbildes des 18. Jahrhunderts zu demonstrieren, daß in seinem Werk eine Form der Weltinterpretation auf naturwissenschaftlicher Basis (der physiologischen und sensualistischen Theorie) an die Grenze ihrer Erklärungsmöglichkeiten gelangt, weil sie versucht, ein einheitliches Weltbild von Naturwissenschaft, gesellschaftlichem Verhalten (dies als der Sinn seiner Ethik) und religiösem Bedürfnis zu erhalten.[173]

Der Zusammenhalt von mechanistischer, experimenteller Naturerklärung mit dem naturrechtlichen Weltbild (auch im Bereich der Theologie) und den diesem inhärenten ›animistischen‹ Tendenzen wird durch die Durchsetzung des deduktiven logischen Prinzips der reinen Vernunft Kants zerbrochen. Durch das Begriffspaar Mechanismus/Animismus wird dabei versucht, die gewöhnlich in den korrelierenden Begriffen von Rationalismus und Irrationalismus dargestellte Entwicklung der Aufklärung präziser zu fassen, indem der Anschauung widersprochen wird, daß der Idealismus und die Romantik einen »Sieg« des Irrationalismus über die (total »rationale«) Aufklärung darstellen. Denn es sind nicht abstrakte Entitäten, die diese Wendung um 1800 herbeiführen, sondern konkret benennbare geschichtliche Kräfte. Im gesellschaftlichen Bereich geht es zunächst um die Rechtfertigung des

---

derer Stelle, »ist nie Endpunkt der empirischen Erkenntnis, sondern stets entweder heuristisches oder Darstellungs–Mittel (oder beides).« (M. W., R. Stammlers »Ueberwindung« der materialistischen Geschichtsauffassung. In: Wissenschaftslehre (108), S. 358, Anm.). - Vom Idealtypus als einem »Schematismus logischer Reduktion« spricht Thomas Metscher in seiner Kritik an Peter Szondi: Dialektik und Formalismus. Kritik des literaturwissenschaftlichen Idealismus. In: Das Argument 49 (Jahrg. X, Heft 6), Berlin 1968, S. 466–492, hierzu vgl. S. 486 u. ff. - Für eine inhaltliche Kritik dieses Aufsatzes ist hier nicht Gelegenheit, aber zwei Anmerkungen sind zu machen: auch hier wird »paradigmatisch« an Hand eines schmalen Buches eines einzigen Autors die gesamte traditionelle Literaturwissenschaft als ›idealistisch‹ abgeurteilt; zweitens ist eine unverfrorene Unkenntnis der Sachen festzustellen (vgl. die Passagen über Shakespeare, S. 474–486). Auf diese Weise läßt sich die tradierte Literaturkritik nicht revidieren.

[174] Für die logische Konstruktion des Schlußteils der analytischen Untersuchung des Themas war - neben Schütz' ›Problem der Relevanz‹ (105) - die Klärung des Begriffes des ›historischen Interesses‹ maßgebend, die Max Weber in seinen ›Kritischen Studien auf dem Gebiet der kulturwissenschaftlichen Logik‹ vorgenommen hat: vgl. Max Weber, Wissenschaftslehre (108), hierzu S. 233–265.

122

Bestehenden als eines »historisch« Gewordenen, das allein dadurch hinreichend legitimiert ist. Der Abbruch spätabsolutistischer Bemühungen um Reformen und Verfassungen in Österreich und Preussen und die Stärkung der Staatsgewalt, die sich von nun an gegenüber der atomistischen Individualgesellschaft geltend macht, erfahren im Begriff der »organischen Wirksamkeit« des Staates ihre theoretisierende Rechtfertigung;[174] ihr Ziel ist vornehmlich die Eindämmung des Einflusses der französischen Revolution, als letzter und radikaler Konsequenz der Naturrechtslehre. In der Neuprägung des Begriffes des ›Organischen‹ wird eine Vorstellung auf den Staatsbegriff übertragen, die den mechanischen Charakter sozialer Institutionen und ihre Zwanghaftigkeit verschleiert, dem die Aufklärer gründlich mißtraut hatten. Ein neuer Begriff des ›Naturnotwendigen‹ bildet die Voraussetzung dafür: die gesellschaftliche und die wissenschaftliche Entwicklung, in deren Kontext Jean Paul zu stellen ist, zeigen sich damit in einer Verknüpfung, die nicht mit wertenden Prädikatisierungen von Einzelvorgängen zu erfassen ist, sondern in einem Verbund von Problemen, die allerdings nur in einem ›Idealtypus‹ gemeinsam zu erfassen sind.

Nach der Durchsetzung der Geltung mechanischer Erklärungen der Kosmogonie – d. h. ihrer Autonomie von theologischen Dogmen – ergibt sich für die fortschreitenden empirischen Wissenschaften der Zwang, die Sonderstellung des ›Organischen‹ aufzuheben, dessen Gegensatz zur unbelebten ›Mechanik‹ zunächst durch den Ausgleich beider Tendenzen überbrückt war und das mechanische Erklärungen zunächst auf den untergeordneten Rang von Teilwahrheiten verwiesen hatte.[175] Im Verlauf des 18. Jahrhunderts verschärft sich mit dem Eindringen mechanischer Interpretationen in den Bereich der Physiologie und Medizin der Kontrast, wie in Deutschland vor allem an der Auseinandersetzung zwischen der Hallerschen und der Stahlschen Physiologie festzustellen ist.[176] Der Umschwung zugunsten des Mechanismus läßt sich an Folgendem verdeutlichen: Diderot konnte noch 1746 in seinen ›Philosophischen Gedanken‹ durch ›mechanische‹ Erklärungen der experimentellen Physik den Deismus vor dem atheistischen Materialismus gerettet sehen;[177] dagegen erklärte Kant eben das »Hinausschieben«

---

[174] Vgl. hierzu Wirths Gebrauch in den oben in der Einleitung zitierten Passagen (S. 19 und S. 20). Zu den Verfassungsbemühungen vgl. generell Hermann Conrad. Rechtsstaatliche Bestrebungen im Absolutismus Preußens und Österreichs am Ende des 18. Jahrhunderts. (137).

[175] Auf die Problematik wurde oben in Anm. 3 verwiesen; vgl. das Zitat aus Olschkis Buch.

[176] Einen Überblick über Stahl und Haller und ihre Schulen bietet Haeser in seinem ›Lehrbuch der Geschichte der Medizin‹ (82a); zu Stahl vgl. S. 519–534, zu

des Schöpfergottes in eine kausal nicht mehr erhebliche Ferne zum Prinzip der Mechanik der Welterklärung und erhob in der ›Kritik der reinen Vernunft‹ deren Verfahren, das im Bereich kosmologischer Fragen ausgebildet wurde, zu logischer Verbindlichkeit, auch für den Bereich organischen Lebens.[178] Jean Paul steht hierzu in schroffem Kon-

---

Haller S. 576-583. Eine exemplarische Deutung des Problems durch Stahl selbst ist zugänglich: Georg Ernst Stahl. Über den Unterschied zwischen Organismus und Mechanismus. In: G. E. Stahl, [Versch. Schriften]. Eingel. ins Deutsche übertragen und erläutert von B. W. Gottlieb. (Sudhoffs Klassiker der Medizin Bd. 36) Leipzig 1961, S. 48-53. Es handelt sich um die §§ XX-XXIV von Stahls ›Dissertatio inauguralis medica de medicina medicinae curiosae‹, Halle 1714.

[177] Denis Diderot, Philosophische Gedanken. Dort heißt es: »Nicht von den Händen des Metaphysikers kamen die schweren Schläge, die der Atheismus empfing. Die erhabenen Meditationen Malebranches und Descartes‹ waren weniger geeignet, den Materialismus zu erschüttern, als eine Beobachtung Malpighis [eines italienischen Physiologen].« (XIII). Und weiter heißt es: »Die Haarspaltereien der Ontologie haben höchstens Skeptiker hervorgebracht; es war der Naturwissenschaft vorbehalten, wahre Deisten hervorzubringen. Die bloße Entdeckung der Keime hat einen der stärksten Einwände des Atheismus beseitigt.« (XIV). In: Diderot, Philosophische Schriften. (13), Band 1, S. 8-9. - Diese Texte widersprechen klar einer ›materialistischen‹ Interpretation: Yvon Belaval, Sur le matérialisme de Diderot. In: Europäische Aufklärung. Festschrift für Herbert Dieckmann. München 1967, S. 9-21. Belaval trägt auf Grund einer hypothetisch universalen »materialistischen« Basis (gleichermaßen bei Descartes, Locke, Malebranche, Holbach, Helvétius und Diderot geltend:»il n'y a pas d'âme séparable de la matière, et, par conséquant..., pas d'Esprit, pas de Dieu;... la matière... devient autonome:... il n'y a pas de liberté.«; S. 10-11) die mehr als gewagte These vor, daß sich die Chemie, ohne mit dem Vitalismus eines Paracelsus, Helmont oder Stahl zu brechen, auf dem Boden des Materialismus ansiedeln konnte: »La chimie peut donc, sans rompre avec le vitalisme, établir, sur le sol d'expérience un nouveau matérialisme.« (S. 12) Im Gegenteil: die Aussage Diderots, daß es keine von der Materie trennbare Seele gibt, läßt Jean Pauls Konsequenz einsichtig werden, daß eben dann Materie auch ›Seele‹ sein müsse.

[178] Vgl. hierzu Kants 1763 erstmals erschienene Schrift ›Der einzig mögliche Beweisgrund zu einer Demonstration des Daseins Gottes‹. In:Kant, Vorkritische Schriften. (28), S. 617-738. Wie Bayle in seiner Abhandlung über die Kometen, so widerspricht auch Kant jeglicher Annahme eines Zusammenhanges zwischen Naturereignissen bzw. -katastrophen (Erdbeben, auch der biblischen Sintflut) und moralischem Verhalten. Damit, so folgert er (mit einer geschickten Schutzbehauptung), »ist das Übernatürliche dadurch gar nicht verringert, sondern nur weit bis in die Schöpfung hinaus verschoben, und dadurch unbeschreiblich vermehrt worden.« (S. 669) Dieselbe Argumentation, daß es keine Durchbrechung allgemeiner Naturgesetze zu moralischen Strafgerichten Gottes geben könne, ohne Einschränkung der göttlichen Allmacht, wendet er auch auf den Bereich der Physikotheologie an; auch dort herrscht ja, gerade im Bereich des Organischen, die Anschauung, Gott würde ständig,

trast, wie seine Anklage gegen die »organische Maschinenlehre« in der
›Frage über das Entstehen der ersten Pflanzen, Thiere und Menschen‹
(1812) zeigt. Für ihn erklärt das Funktionieren des kosmischen Mechanismus, wie Kant und Laplace es demonstriert hatten, nicht einmal die
Bewegungsfähigkeit des winzigsten Lebewesens. Bei Jean Paul kehren
die Physik wie die Philosophie zu der Funktion zurück, von der sie sich
seit Bacons Auftreten Schritt für Schritt befreit haben: zu schauen, zu
kombinieren, zu spekulieren, also – mit Jean Pauls Worten – »weniger
der Scheidekunst als der Vereinkunst« zu dienen.[179] Das induktiv-ex-
perimentelle Verfahren Bacons und Leibniz' Entwurf der ›ars combina-
toria‹ waren dafür entscheidend gewesen, einen Ausgleich zwischen
Mechanisierung (also wissenschaftlich-rationaler Welterfassung) und
animistischem Weltverständnis (in Abhängigkeit von der anthropologischen Selbstprojektion auf Gott) zu erstellen, von dem die Philosophiegeschichte des 17. und 18. Jahrhunderts beherrscht wird; der Einfluß des
Cartesianismus wurde davon entscheidend beschränkt.[180] Das Umschla-

durch Beseelung von Lebewesen, in den Gang der Natur eingreifen: »Meine
gegenwärtige Absicht ist nur, hiedurch zu zeigen, daß man den Naturdingen
eine größere Möglichkeit nach allgemeinen Gesetzen ihre Folgen hervorzubringen einräumen müsse, als man gemeiniglich tut.« (S. 681) Diese allgemeinen Gesetze müssen aber mechanische Gesetze sein, wie Kants Schrift ›Allgemeine Naturgeschichte und Theorie des Himmels‹ (1755) festgestellt hatte.
Das achte Kapitel des zweiten Teils dieser Schrift trägt den Titel: ›Allgemeiner
Beweis von der Richtigkeit einer mechanischen Lehrverfassung der Einrichtung des Weltbaues überhaupt, insonderheit von der Gewißheit der gegenwärtigen.‹ (S. 355 u. ff.).

[179] Hesperus, Hanser I, S. 589.

[180] Zu diesem Problem des Ausgleichs von mechanistischen und animistischen
Tendenzen, der für die Philosophie des 17. und 18. Jahrhunderts grundlegend
ist, trägt die Philosophiegeschichte wenig bei. Mit der Verbreitung der These
vom ›Paradigmenwechsel‹ wissenschaftlicher Weltbilder hat sich die Vorstellung gefestigt, als gäbe es *ein* einheitliches Paradigma, das zeitweise die wissenschaftliche und geistige Entwicklung diktierte, bis es durch ein neues abgelöst wird; das Theorem fußt auf Thomas S. Kuhns 1962 erstmals publizier-
tem Buch ›Die Struktur wissenschaftlicher Revolutionen‹, deutsch erstmals
1967, zuletzt als Taschenbuch 1973 erschienen. Eine ausführliche Übersicht
über Kuhns Theorie und die dagegen vorgebrachten Einwände aus wissen-
schaftstheoretischer Sicht gibt Wolfgang Stegmüller (in ›Probleme und Resultate der Wissenschaftstheorie und Analytischen Philosophie‹, Bd. II, Teil E
›Theoriendynamik‹; Ang. s. o. Anm. 8). Aus wissenschaftsgeschichtlicher Sicht
ist für den Zeitraum, von dem im Zusammenhang mit Jean Paul die Rede ist
(ca. 1600–1800), eine solche Auffassung nicht haltbar: denn das theoretische
Modell, das heute für diesen Zeitraum als charakteristisch gilt, wird von Galileis mechanischer Kosmologie und Descartes' mathematischem Wissensbegriff geprägt, während Bacons und Leibniz' Einfluß für die Entwicklung historisch bedeutsamer gewesen sind. Man pflegt unbesehen die ersten Vertreter

gen innerhalb der Wissenschaften zugunsten der mechanistischen
Tendenzen läßt sich nun durch ein Faktum verblüffend deutlich bezeichnen: Kant wählt als Motto für die ›Kritik der reinen Vernunft‹ und ihre
Begründung des induktiven Teilwissens unter der Oberherrschaft der
deduktiven Vernunft die nämliche Textstelle aus Bacons ›Instauratio

einer ›reinen‹ Wissenschaft zu Maßstäben zu erheben, während diese sich erst
in der Ausbildung befindet; Mathematik diente noch zu Descartes' Zeit als
öffentliche Volksbelustigung, bei der Aufgaben um die Wette gelöst wurden.
Ihre Entwicklung zum abstrakten Formelsystem sollte erst kommen, ebenso
wie sich der Begriff des physikalischen Gesetzes erst (aus dem juristischen
Bereich heraus) entwickeln sollte; vgl. hierzu Olschki (Ang. s. o. Anm. 3), Die
Literatur der mathematischen Wissenschaften (S. 68–113), sowie Edgar Zilsels
Aufsatz ›The Genesis of the Concept of Physical Law‹ (160). Es gibt zumindest
zwei abstrakt konzipierbare Paradigmen der Wissenschaft für den genannten
Zeitraum, die einander nicht starr gegenüberstehen, sondern deren Verhältnis
sich entwickelt: ein abstrakt-wissenschaftliches Prinzip, entwickelt an der
Mechanik der Himmelskörper, dessen Kennzeichen Dualismus von Geist und
Körper und ein deduktives logisches Verfahren sind. Dieses ist zunächst integriert in ein umfassenderes Paradigma, von dem es sich mit dem Fortschreiten der Mechanik rasch löst und zu dem es sich bald als konträr erweist: dieses
zweite Paradigma, das hier als ›naturrechtliches Weltbild‹ bezeichnet wird,
erkennt den Dualismus nicht an (deshalb sprechen wir von ›animistischen‹
Tendenzen), es verfolgt die logische Methode der Induktion, und ist nicht nur
abstrakt-wissenschaftlicher Art, sondern es integriert auch Fragen des Religiösen und des sozialen Zusammenlebens. Noch kurz vor dem Erscheinen der
Vernunft-Kritik Kants, das dem mechanischen Paradigma endgültig Geltung
verschafft, demonstriert Joh. H. Lambert die Lebenskraft des ›naturrechtlichen‹ Paradigmas; in seiner ›Architektonik‹, einem philosophischen Lieblings-
buch Jean Pauls, heißt es 1771: »In dieser Absicht der unmittelbaren Wahr-
heitserkenntnis hat B a c o unstreitige Vorzüge. Er schlug eine Probe vor, die
nicht triegen kann. Versuche sind Fragen, die man der Natur vorlegt. Die
Natur antwortet immer richtig. Man darf sich nur versichern, ob man nicht
mehr oder minder oder anders gefraget habe, als man hatte fragen wollen; das
will sagen, ob man die Umstände des Versuches richtig gewählet habe?
C a r t e s i u s hingegen zeigte zwar, daß man in vielen Stücken besseres zu
suchen habe: allein, was er dafür angab, schien seinen Nachfolgern die Probe
nicht zu halten. Sie fanden Unschicklichkeiten und Widersprüche darinn. Und
dieses ist immer eine Probe, daß man ändern müsse.« (Anlage zur Architec-
tonic, oder Theorie des Ersten und Einfachen in der philosophischen und mathematischen Erkenntniß. Riga 1771. 2 Bde.: Bd. 1, S. 4, § 6). - Ich kritisiere
keineswegs die Darstellung mechanistischer Modelle, wie sie Kuhn und Hans
Blumenberg (75) aufgestellt und philosophiegeschichtlich begründet haben;
nur dürfen diese Untersuchungen von Teilaspekten nicht zu Universalprinzi-
pien der historischen Entwicklung hypostasiert werden; es besteht sonst die
Gefahr, daß man einem Bedürfnis erliegt, das häufig zu wissenschaftlichen
Irrtümern Anlaß gibt – einem Bedürfnis nach struktureller Invarianz der Erkenntnis, das ›Gesetze‹ aufstellt, wo diese, als Präformation der empirischen
Gegenstände, die gesuchte Erkenntnis eher behindern als befördern.

magna«(1620/23), welche Diderot in seinem Enzyklopädie-Artikel ›Kunst‹ zitiert hatte, um die Geltung des induktiven naturwissenschaftlichen Denkens zu bekräftigen.[181] Der ›Mechanismus‹ Diderots – Tier-,

---

[181] Der Artikel ›Kunst‹ findet sich in (13), Bd. 1, S. 242–254. Als Ziel der Künste, unter denen Diderot handwerkliche und wissenschaftliche Fähigkeiten versteht, formuliert er:»Das Ziel jeder Kunst im allgemeinen oder das Ziel jedes Systems von Werkzeugen und Regeln, die ein und dasselbe bezwecken, besteht in der Einprägung gewisser, bestimmter Formen auf einer von der Natur gegebenen Grundlage, und diese Grundlage ist die Materie oder der Geist, irgendeine Funktion der Seele oder irgendein Erzeugnis der Natur.« (S. 244) In diesem Zusammenhang erscheint das – leicht abgewandelte – Zitat aus Bacon:»Nachdem ich im Sinne eines Philosophen [Bacon], den ich unermüdlich lobe, weil ich ihn unermüdlich lese, bemerkt habe, daß die Geschichte der Natur ohne die Geschichte der *Künste* unvollständig sei, und nachdem ich die Naturforscher aufgefordert habe, ihre Arbeit über das Mineral-, Pflanzen- und Tierreich durch die Erfahrungen der *mechanischen* Künste zu krönen, weil die Kenntnis derselben für die wahre Philosophie viel wichtiger sei, möchte ich nach seinem Vorbild – *Ergo rem quam ago, non opinionem, sed opus esse; eamque non sectae alicujus, aut placiti, sed utilitatis esse et amplitudinis immensae fundamenta* * – noch bemerken: Das hier ist kein System, das sind auch nicht die Phantasien eines Menschen, sondern die Entscheidungen der Erfahrung und der Vernunft und die Grundlagen eines ungeheuren Gebäudes; und jeder, der anders darüber denkt, versucht die Sphäre unserer Kenntnisse zu verengern und die Denker zu entmutigen.« [*Also ist die Sache, die ich behandle, keine Meinung, sondern eine Notwendigkeit und nicht das Fundament für irgendwelche Anschauungen oder Lehren, sondern für einen unermeßlichen Nutzen und Aufschwung. (Übers. d. Hrsg.)] (ebd., S. 246). - Noch sind in Diderots Auffassung von Bacons empirisch-induktivem Verfahren das mechanische Prinzip der Analogie von der ›Konjektur‹ in den Fällen, wo die empirische Kenntnis nicht ausreicht, nicht unterschieden (vgl. S. 247). Dies ist aber in Kants Vernunft-Kritik der Fall: die Vermengung gerade der ›organischen‹ Fragen mit psychologischen Urteilen ist der Hauptgrund für die Abwertung der Induktion (bei Diderot auch als heuristisches Prinzip der Mechanik geltend), an deren Stelle nun das deduktive Prinzip der reinen Vernunft, als Lehrmeisterin des Experiments (!! man vgl. Lamberts Zitat in der vorigen Anm.) treten soll. Bacon, Galilei, Torricelli, sogar Stahl erscheinen als Vorläufer der Kantschen Denkwendung:»Sie [die genannten Wissenschaftler] begriffen, daß die Vernunft nur das einsieht, was sie selbst nach ihrem Entwurf hervorbringt, daß sie mit Prinzipien ihrer Urteile nach beständigen Gesetzen vorangehen und die Natur nötigen müsse, auf ihre Fragen zu antworten, nicht aber sich von ihr allein gleichsam am Leitbande gängeln lassen müsse; denn sonst hängen zufällige, nach keinem vorher entworfenen Plane gemachte Beobachtungen gar nicht in einem notwendigen Gesetze zusammen, welches doch die Vernunft sucht und bedarf.« Im Zusammenhang mit dieser Passage aus der Einleitung zur zweiten Ausgabe (1787) der ›Kritik der reinen Vernunft‹ (vgl. (29), S. 23) ist die Wahl des Mottos zu sehen, das ebenfalls erst dieser Ausgabe voransteht und damit betont, daß nicht mehr die von der Natur gegebene Grundlage (wie bei Diderot), sondern das abstrakte Vermögen der reinen Vernunft die Methode der Wissenschaft bestimmt: »Baco de Verula-

Pflanzen- und Mineralwelt werden noch als Bereiche ›mechanischer ‹ Wissenschaften bezeichnet –, der noch monistisch den Deismus mit organischen und mechanischen Wissenschaften verband, wird um seiner deistischen Tendenzen willen als Erbe Bacons entthront: der Mechanismus Kants kennt nur noch ein regulatives Prinzip der reinen Vernunft, aber im übrigen die Trennung von Theologie und Wissenschaft. Letztere leistet exakte empirische Arbeit unter einheitlicher Anleitung der deduktiven Prinzipien des Verstandes, während die Festsetzung einer Autonomie des Ethischen und des Status der Religionen als historischer Mächte die Verpflichtungen tilgte, durch die beide Bereiche verbunden waren.

Das Moment der Überführung von theoretischen Elementen, die mit der Durchsetzung Kants in den Geruch des Spekulativen geraten, in literarische Formen ist dabei entscheidend für die historische Bedeutung Jean Pauls: denn die literarischen Formen, die alsbald durch »generatio aequivoca« in »Romane« übergeführt werden, verwandeln die Erbschaft der animistischen Elemente des 17. und 18. Jahrhunderts, von denen sich der Mechanismus – theoretisch zumindest – zu trennen versucht hatte, wieder in die Fabelelemente, von denen Bacons Naturphilosophie und -geschichte sich abgewandt hatte;[182] und Jean Pauls

MIO. Instauratio magna. Praefatio. De nobis ipsis silemus: De re autem, quae agitur, petimus: ut homines eam non Opinionem, sed Opus esse cogitent; ac pro certo habeant, non Sectae nos alicuius, aut Placiti, sed utilitatis et amplitudinis humanae fundamenta moliri. Deinde ut suis commodis aequi – in commune consulant – et ipsi in partem veniant. Praeterea ut bene sperent, neque Instaurationem nostram ut quiddam infinitum et ultra mortale fingant, et animo concipiant; quum revera sit infiniti erroris finis et terminus legitimus.« In Weischedels Übersetzung:»Bacon von Verulam. Instauratio magna. Vorwort. Was uns selbst angeht, so schweigen wir. Was jedoch die Sache betrifft, um die es sich handelt, so bitten wir: daß die Menschen bedenken, daß sie nicht eine bloße Meinung, sondern eine notwendige Aufgabe sei; und daß es für gewiß halten, daß wir nicht die Grundlagen irgendeiner Schulrichtung und Lehrmeinung schaffen, sondern die der menschlichen Wohlfahrt und Würde. Sodann, daß sie, ihrem eigenen Vorteil angemessen, ... gemeinsam zu Rate gehen ... und selbst Anteil nehmen. Außerdem, daß sie gute Hoffnung hegen und unsere ›Instauratio‹ nicht als etwas vorstellen und empfinden, was endlos und über das Sterbliche hinaus ist, da sie doch in Wahrheit eines endlosen Irrtums Ende und rechtmäßiger Schluß ist.« (ebd. S. 7).

[182] Aufschlußreich für Bacons Auffassung von der Entstehung der Wissenschaften aus dem Bereich der Fabel ist eine Passage aus dem Abschnitt der ›Impetus philosophici‹ (Philosophische Impulse), der den Titel trägt: ›Phaenomena Universi, sive Historia naturalis ad Condendam Philosophiam‹ (Die Phänomene des Universums, oder Naturgeschichte als Basis einer künftigen Philosophie): »Sed Naturalis Historia, quae hactenus congesta est, primo intuitu copiosa videri possit, cum re vera sit egena & inutilis, neque adeo ejus generis, quod

quaerimus. Neque enim a fabulis & deliriis purgata est, & in Antiquitatem, & Philologiam, & narrationes supervacuas excurrit, circa solida neglegens & fastidiosa, curiosa & nimia in inanibus. Pessimum autem est in hac copia, quod rerum Naturalium inquisitionem amplexa est, rerum autem Mechanicarum magna ex parte aspernata.« [Doch die Naturgeschichte, wie sie bisher zusammengetragen worden ist, vermöchte nur auf den ersten Blick gewichtig zu erscheinen, während sie doch in Wirklichkeit armselig und unnütz ist, und nicht von der Art, nach der wir streben. Sie ist auch nicht von Fabeln und Wirrnissen gereinigt, und schweift aus ins Antiquarische, in philologische Gelehrsamkeit und in mehr als haltlose Erzählungen, nachlässig und lustlos hinsichtlich exakter Gegenstände, aber neugierig und überschwänglich bei allen Hohlheiten. Das Schlimmste in all dem ist, daß sie sich an die Untersuchung der Gegenstände der Natur machte, nachdem sie zuvor die der mechanischen Gegenstände zum großen Teil verschmähte.] Francisci Baconi de Verulamio Scripta in naturali et universali philosophia. Amstelaedami MDCLXXXV (Amsterdam 1685), p. 259. Und Bacons rationalistischer Erklärungsversuch antiker Mythen als Allegorien ›De sapientia veterum‹ enthält eine Auslegung der Sage von der Sphinx, die als Allegorie der Wissenschaften im unkultivierten Zustand des Menschen gedeutet wird: Ödipus ist der Kulturmensch, der ihr Rätsel löst. »Donec enim nullus alius finis meditationis, & disquisitionis sit, praeter ipsum Scire, intellectus non premitur, nec in arcto ponitur, sed vagatur, & exspatiatur; atque in ipsa dubitatione, & varietate nonnullam jucunditatem & delectationem sentit; sed postquam &a Musis hujusmodi aenigmata ad *Sphingem* transmissa sunt, id est ad Practicam, ut instet, & urgeat actio & electio, & Decretum: tum demùm aenigmata molesta & saeva esse incipiunt, & nisi solvantur & expediantur, animos hominum miris modis torquent, & vexant, & in omnes partes distrahunt, & planè lacerant. Proinde in aenigmatibus *Sphingis* duplex semper proponitur conditio; non solventi mentis laceratio; solventi imperium. Qui enim rem callet, is fine suo potitur, atque omnis artifex operi suo imperat. Aenigmatum autem *Sphingis* duo in universum sunt genera: aenigmata de natura rerum, atque aenigmata de natura hominis, atque similiter in praemium solutionis sequuntur duo imperia, imperium in naturam, & imperium in homines; verae enim Philosophiae naturalis finis proprius & ultimus est, imperium in res naturales, corpora, medicinas, mechanica, alia infinita; licet schola, oblatis contenta, & sermonibus tumefacta, res & opera negligat, & ferè projiciat. Verum aenigma illud *Oedipodi* propositum, ex quo ille imperium *Thebanum* adeptus est, pertinebat ad naturam hominis; quisquis enim naturam hominis prorsus introspexit, ille faber ferè fortunae suae esse potest, & ad imperandum natus est.« [Solange Nachdenken und Untersuchen kein anderes Ziel haben als bloßes (praxisfreies) Wissen, befindet sich der Verstand in keinerlei Zwangslage und Bedrängnis, sondern er schweift frei durch alle Räume; und selbst im Zweifel und aller bunten Vielfalt empfindet er beträchtliches Vergnügen und Ergötzen. Aber sobald von den Musen (Allegorien dieses zweckfreien Wissens, das der Mensch im Naturzustand mehr genießt als erwirbt) derartige Rätsel an die Sphinx weitergegeben wurden, also an die Praxis, sodaß Handeln, Auswahl und Entschluß (für den Menschen, im Stadium des unkultivierten Daseins) dringlich und bedrohlich werden: dann beginnen die Rätsel schließlich bedrängend und ge-

und Menschen sowie über den organischen Magnetismus gehören zu den Untersuchungen, zu deren Themen Kant bereits 1762 verächtlich meinte, sie gehörten zu den »Fratzen« und »Luftschlössern« des menschlichen Geistes:

> Allein es ist einmal das Los des menschlichen Verstandes so bewandt: entweder ist er grüblerisch und gerät auf Fratzen, oder er haschet verwegen nach zu großen Gegenständen und bauet Luftschlösser. Von dem großen Haufen der Denker wählt der eine die Zahl 666, der andere den Ursprung der Tiere und Pflanzen, oder die Geheimnisse der Vorsehung. Der Irrtum, darin beide geraten, ist von sehr verschiedenem Geschmack, so wie die Köpfe verschieden sein.
> Die wissenswürdigen Dinge häufen sich zu unsern Zeiten. Bald wird unsere Fähigkeit zu schwach, und unsere Lebenszeit zu kurz sein, nur den nützlichsten Teil daraus zu fassen. Es bieten sich Reichtümer im Überflusse dar, welche einzunehmen wir manchen unnützen Plunder wieder wegwerfen müssen. Es wäre besser gewesen, sich niemals damit zu belästigen.[183]

Damit sind wir an den Punkten angelangt, an denen sich Jean Paul und der klassische Idealismus unvereinbar zeigen, und andererseits das Problem der Interpretation deutlich zu formulieren ist: als Erklärung der Ungleichzeitigkeit des historisch Gleichzeitigen, zu deren Verdeutlichung das Begriffspaar Mechanismus/Animismus verwendet wird und die sich in Jean Pauls Werk als übersteigerte Verteidigung des naturrechtlichen Weltbildes (s. o. S. 103) manifestiert.

---

fährlich zu werden; werden sie nicht gelöst oder ausgeräumt, quälen und verzerren sie den Geist der Menschen auf wunderliche Weise, ziehen ihn nach allen Seiten und zerreissen ihn vollends. So wird in den Rätseln der Sphinx immer eine doppelte Möglichkeit bedingt: wer sie nicht löst, dessen Geist wird zerrissen; wer sie löst, erhält Herrschaft. Wer sich nämlich auf eine Sache versteht, der erreicht sein Ziel, und jeder Meister erreicht die Herrschaft über seinen Gegenstand. Es sind insgesamt zwei Arten von Rätseln, die die Sphinx stellt: Rätsel betreffs der Natur der Dinge, und Rätsel über die Natur des Menschen; und dementsprechend erfolgen, als Belohnung für ihre Auflösung, daraus zwei Arten von Herrschaft, Beherrschung der Natur, und Beherrschung des Menschen. Das eigentliche und letzte Ziel der wahren Naturphilosophie ist die Beherrschung der Gegenstände der Natur, der Körper, der Heilmittel, der Mechanik usw.; es sei denn, die tradierte Schule begnüge sich mit dem Vorhandenen und vernachlässige, abgestumpft durch ihre Rhetorik, die Dinge und ihre Erprobung. Das Rätsel jedoch, das dem Ödipus vorgelegt wurde und durch dessen Lösung er zur Herrschaft über Theben gelangte, gehörte in den Bereich derjenigen über die Natur des Menschen; denn wer die Natur des Menschen durchschaut, der kann wohl Herr seines Geschickes sein und ist zum Herrschen geboren.] Francisci Baconi de Verulamio De Sapientia Veterum. Astelaedami MDCLXXXIV (Amsterdam 1684). p. 82–83.

[183] Kant, Die falsche Spitzfindigkeit der vier syllogistischen Figuren. (1762). In: Vorkritische Schriften. (28). S. 597–615. Zitat S. 610.

Kant lehnt in der zuletzt zitierten Passage die Grundlage ab, auf der Jean Pauls Ausbildung beruht: den Polyhistorismus, der die wissenschaftlichen Informationen vermittelt, mit denen der Autor arbeitet, und der vor allem auch die Verarbeitung neuer Erkenntnisse präformiert. So ist es unmöglich, die Auffassung aufrecht zu erhalten, Jean Paul habe nur Kuriositäten gesammelt – dies freilich auch, aber diese Sammelmethode hatte entgegen ihrer scheinbaren Willkür einen spezifischen und für Jean Paul selbst bereits historisch gewordenen Sinn: Konkretheit und Fülle der Gegenstände präsent zu halten, gerichtet gegen die dogmatisierenden Abstraktionen einer ontologischen Theologie. Die »spanischen Stiefel« der Logik, die Mephisto dem Schüler in Goethes »Faust« empfiehlt, entstammen demselben geistigen Substrat des Polyhistorismus. Und dieses konditioniert sowohl die philosophische wie die poetologische Stellungnahme des Dichters: denn die Notwendigkeit für Jean Paul, nachdrücklich auf der Rolle des ›Realen‹ als der sinnlichen Grundlage der im Ganzen ›idealischen‹ Dichtung zu bestehen,[184] ist nicht erst in der Wendung gegen die poetischen Materialisten und Nihilisten in der ›Geschichte meiner Vorrede‹ (zur Zweitauflage des ›Quintus Fixlein‹, 1796) erkannt und in den Anfangsparagraphen der ›Vorschule der Ästhetik‹ ausformuliert worden.[185] Sie entspringt ebenfalls der polyhistorisch motivierten Abwehr der Alternativen, vor denen sich Jean Paul bereits 1781, im ›Lob der Dummheit‹ sah: in der Kritik an den Dichtern, die nur nach Regeln arbeiten (in der ›Vorschule‹ werden sie als ›Stilistiker‹ apostrophiert werden), sowie an den Autoren, bei denen die Phantasie durchgeht (den ›Poetikern‹ bzw. ›poetischen Nihilisten‹ der ›Vorschule‹) – und an die sich der Spott auf die scholastischen Metaphysiker wie auf die schwärmerischen Mystiker hinzugesellt –, zeigt sich, daß 1781 die Positionen bereits vorhanden sind, von denen Jean Paul den Schulen der kritischen Philosophie Kants und der Frühromantik entgegentreten wird.[186] Kants Onto-

---

[184] So die berühmte Formulierung der Abhandlung über die ›Natürliche Magie der Einbildungskraft‹, die dem ›Quintus Fixlein‹ angegliedert ist: Hanser IV, S. 202.

[185] Vgl. die ›Geschichte meiner Vorrede‹ zur zweiten Auflage des ›Quintus Fixlein‹, H. IV, S. 26–27, wo Friedrich Schlegels Auffassung von der Möglichkeit einer künstlerischen Form ohne Gehalt und einem künstlerischen Stoff ohne alle Formung als »Unsinn« abgetan werden; gleich zu Anfang der ›Vorschule‹ werden diese Positionen als ›poetischer Materialismus‹ und ›poetischer Nihilismus‹ aufgegriffen (H. V, S. 31ff.; §§ 2–3).

[186] Vgl. ›Lob der Dummheit‹, in GW II/1, S. 336, 337, 334, 335 (in der im Text zit. Reihenfolge); zur Fortsetzung dieser Kritik in der ›Vorschule‹ neben den erwähnten § 2 (Nihilisten) und § 3 (Materialisten) der ersten Abteilung vgl. in der dritten Abteilung die ›I. oder Miserikordias-Vorlesung‹, 9. Kapitel (Stilisti-

logie stellt – und dies bezeichnet die ›Ungleichzeitigkeit‹ in Jean Pauls Position deutlich – für ihn eine unmittelbare Nachfolge der theologischen Metaphysik dar, ohne Rücksicht auf Kants Anspruch, diese überwunden zu haben. Deshalb wird er von Jean Paul mit der traditionellen Gattung der Teufelssatire bedacht, die vom Polyhistorismus des 17. Jahrhunderts ausgebildet wurde und auf der satirischen Formel beruht, Gott habe die »Physica« geschaffen, der Teufel aber – in satirischer Nachäffung – die »Metaphysica«.[187] Ähnliche Modelle gelten für die zwanzig Jahre danach entstandene ›Clavis Fichtiana‹ und ihre Parodie der ›Wissenschaftslehre‹. Aber auf dieser Grundlage des Polyhistorismus beruht auch Jean Pauls Auffassung vom Wesen des ›romantischen‹ Dichtens, die nichts mit Spinozistischem Pantheismus oder der Unendlichkeitssehnsucht eines Novalis gemeinsam hat.

Aber die Bezeichnung ›Ungleichzeitigkeit‹ führt den negativen Beigeschmack des ›Anachronistischen‹ mit sich und damit ein Werturteil, dem in der Darstellung des typisierten Jean Paul-Bildes für die Mißachtung weiter Textbereiche große Bedeutung zukam. Nun ist für die historische Einordnung des Autors anhand des Begriffspaares Mechanismus/Animismus einerseits richtig, daß Jean Paul als Anhänger der dynamistisch-vitalistischen Philosophie Leibniz', Stahls und Platners der animistischen Tendenz folgt, nachdem der Ausgleich zwischen beiden Strömungen zerbrochen war, und daß er bestimmte Tendenzen in seinem monistischen Schema sozusagen ›übersteigert‹, um dem bei Kant endgültig und radikal gewordenen Cartesianischen Dualismus entgegenzutreten. Aber ist dies ›anachronistisch‹? Wir sprachen von einer ›Retardation‹ im Umbau des Weltbildes (S. 56), da es Bereiche gibt, wo der Kantsche Bruch mit der Tradition Auswirkungen zeigte, die heute nicht mehr als ›fortschrittlich‹ zu bezeichnen sind (wie es Treitschke tat) und deshalb eine Abwertung Jean Pauls und seines Festhaltens am naturrechtlich-induktiven Denken rechtfertigen.[188] Denn auch dessen ›Übersteigerungen‹ auf Grund eines metaphysischen Antriebs (s. S. 103) sind ›fortschrittlich‹ und auf einen ›rationalen‹ Antrieb zurückzuführen,

---

ker) und die ›II. oder Jubilate-Vorlesung über die neuen Poetiker‹ (Hanser V, S. 386–393 u. S. 398ff.).

[187] Man vgl. die von Lewalter (86), S. 81–82 angeführten Beispiele, unter denen auch so bedeutende Vertreter des naturrechtlichen Denksystems wie Pufendorf und Bayle erscheinen.

[188] Zu Treitschke vgl. oben S. 55/56. Treitschkes Aussage ist natürlich in der Feindschaft des Historismus gegenüber dem Naturrecht motiviert. Die Aussage, über Kant, daß »das Unbegreiflichste das Allergewisseste« sei, kann nur als Mystizismus gewertet werden, der die Zerstörung der naturrechtlichen Bindung von Ethik und Staatsgewalt verherrlicht.

wenn der Sinn dieses Terminus nicht bloß auf der Steigerung von (technischer bzw. logischer) Zweckrationalität und damit auf der Rückprojektion der Gegenwart des Historikers in die Vergangenheit beruht; sonst freilich ist Kant, nicht aber Jean Paul ›fortschrittlich‹, und letzterer wäre dann zu Recht in der historischen Vorstellung zum ›konfusen‹ Autor herabgesunken. Die ästhetische und philosophische B e w e r t u n g , die mit gewissem Recht zwischen Kant/Schiller und Jean Paul qualitativ unterscheidet, legitimiert jedoch keine Unterscheidung hinsichtlich der W e r t u n g i h r e r S t e l l u n g i m h i s t o r i s c h e n P r o z e ß , wenn diese nicht allein auf der quantitativen Bemessung der Wirkung beruhen soll; schließlich ist die ›Durchsetzung‹ des Einen bzw. der einen Partei gegen die andere nicht persönliches Verdienst, sondern sie ist den gesellschaftlich-historischen Bedingungen zuzuschreiben, welche den Erfolg des Betreffenden ermöglichten. Die Qualifikation zur Bewertung, ob in ästhetischer oder religions-, sozial- oder literarhistorischer Hinsicht, die der Historiker z u r D a r s t e l l u n g benötigt, ist nicht ausschlaggebend für die l o g i s c h e Erfassung geschichtlicher Vorgänge.[189] Jean Paul gehörte, wie Goethe, Kant und Schiller, zu den erfolgreichsten und meistgelesenen Autoren seiner Zeit; von den zeitgenössischen Rezeptionsbedingungen kann deshalb ein qualitativer Un-

---

[189] In all seinen Aufsätzen der ›Wissenschaftslehre‹ (108) betont Max Weber dieses Dilemma: daß einerseits ›Wertung‹ unumgänglich ist, daß sie aber den empirischen Sachverhalt bei der Bildung des Begriffsapparates nicht soweit schon reduzieren darf, daß nur noch solche Aussagen möglich sind, die der Begriffsapparat zuläßt. Daher die strikte Behauptung der Notwendigkeit, daß die Erfassung empirischer Vorgänge logisch von Wertungen vollständig zu abstrahieren habe: dies gilt auch für den Bereich des Ästhetischen, sofern es um die historische Erfassung des literarischen Werkes von Jean Paul gehen muß. »Wir »lesen« bei Erörterung eines Kunstwerkes aus der Mannigfaltigkeit der Erscheinung diejenigen Bestandteile »aus«, welche vom Standpunkt der »Aesthetik« aus »wesentlich« – d. h. n i c h t etwa: ästhetisch »wertvoll«, sondern: »für das ästhetische Urteil relevant« – sind, und zwar auch dann, wenn wir nicht eine ästhetische »Wertung« des Kunstwerks, sondern die historisch-kausale »Erklärung« seiner individuellen Eigenart oder seine Benutzung als Exemplar für die Erläuterung genereller Kausalsätze über die Entwicklungsbedingungen der Kunst – in beiden Fällen also rein empirische Erkenntnis – beabsichtigen.« (S. 341) Durch den empirisch-historischen Charakter der Untersuchung ist auch die Grenzüberschreitung in die Bereiche der Philosophie-, Religions-, Medizin- und Rechtsgeschichte gerechtfertigt, ja er ist vielmehr unumgänglich, da er im empirischen Gegenstand, in der Verarbeitung dieser Probleme durch Jean Paul, begründet ist. »Die aus rein technischen Gründen der Arbeitsteilung hervorgegangene Art, wie einzelne Forscher oder die einzelne, traditionell unterschiedene »Disziplin« ihr »Gebiet« abgrenzen, ist natürlich auch hier logisch von keinem Belang.« (S. 254).

terschied noch nicht legitimiert werden. Erst die geschichtliche Änderung dieser Bedingungen verändert die Bewertung dieses Autors und läßt ihn – aus der Retrospektive selbst in seiner Zeit – zur anachronistischen Erscheinung werden. Dies aufrechtzuerhalten ist aber logisch nicht vertretbar, wenn die historische Stellung einer wertungsmäßig ›untergeordneten‹ Figur begriffen werden soll, andererseits aber das ›Fortschreiten‹ der Geschichte nur von erfolgreichen Strömungen bestimmt wird. Hegels ›darwinistische‹ Geschichtsauffassung mag im aktuellen machtpolitischen Bereich bzw. in der Geschichte von Teilbereichen Geltung besitzen; für die Beschreibung eines historischen Vorgangs als Teil eines umfassenden Prozesses ist sie irrelevant, wenn es darum geht, die Dynamik der Entwicklung zu erfassen und nicht nur um das bare Sammeln von Fakten und ihre ›geschichtsphilosophische‹ Legitimation.[190]

In geschichtsphilosophischen Erörterungen erscheint häufig ein Satz Giambattista Vicos (aus ›De antiquissima Italorum sapientia‹, 1710), der für sich genommen freilich hegelianisch zu interpretieren ist: »verum et factum convertuntur«, Wahrheit der Idee und Resultat der Geschichte sind miteinander identisch.[191] Dieser Satz, der von der Zurückweisung der cartesianischen Reduktion des Wirklichen auf das geometrisch Beweisbare ausgeht, führt in der ›Nuova Scienza‹ jedoch zu einer Beschreibung der historischen Methode, die eine Dominanz des philosophischen Elements in der Geschichtsbetrachtung ausschließt; solange dies außer Acht bleibt, sind Berufungen auf Vicos obigen Satz verfälschend:

> Die Philosophie betrachtet die Vernunft, und daraus entsteht die Wissenschaft des Wahren; die Philologie beobachtet, was die menschliche Willkür als Gesetz aufgestellt hat, und daraus entsteht das Bewußtsein von dem, was gewiß ist.
> Der zweite Teil dieses Grundsatzes definiert als Philologen alle Grammatiker, Historiker, Kritiker, die sich mit dem Studium der Sprachen und der Taten der Völker befaßt haben: sowohl der inneren Taten, wie Sitten und Gesetze, als auch der äußeren, wie Krieg, Frieden, Verträge, Reisen, Handel.

[190] Hegels Auffassung von der Weltgeschichte als »Weltgericht« (Schiller) wird von ihm selbst natürlich nicht vom Darwinismus abgeleitet; erst der Gebrauch dieser These durch die Historiker erzeugte einen ›Geschichtsdarwinismus‹: indem der Geschichtsprozeß wertend danach beurteilt wird, was sich durchgesetzt hat (und damit legitimiert ist), oder was sich – einer vorgegebenen teleologischen Deutung zufolge – durchsetzen müßte.

[191] Jürgen Habermas verwendet Vicos Satz in diesem Sinne: Erkenntnis und Interesse. Frankfurt/Main 1968, S. 188. - Schon der Hegelianer De Sanctis (vgl. dazu auch Anm. 15 der Einleitung) sieht hierin die Grundlage der ›Nuova Scienza‹: Storia della letteratura italiana. Milano 1964, Vol. II, p. 733.

Dieser Grundsatz beweist auch, daß auf halbem Wege stehen geblieben sind einerseits die Philosophen, die ihre Vernunftschlüsse nicht durch die Autorität der Philologen erhärteten – andererseits die Philologen, die nicht dafür sorgten, die Überlieferungen durch die Vernunft der Philosophen zu prüfen; hätten sie es getan, so wären sie den Staaten nützlicher gewesen und hätten vor uns diese Wissenschaft erdacht.[192]

In diesem Sinn wird Jean Paul hier ›philologisch‹ betrachtet: Beschreibung dessen, was dieser Autor für ›gewiß‹ gehalten hat. Die – wertmäßig irrationale – Übersteigerung seiner Grundlagen ist ebenfalls Ergebnis des historischen Prozesses, und eine Aussage, daß z. B. die Theorie vom ›organischen Magnetismus‹ »Mystizismus« sei, verkennt die eigentliche Aufgabe, die die historische Interpretation bei ihm stellt. Die Tatsache, daß Jean Paul diese Theorie (in seinem Aufsatz von 1812) unter seinen Zeitgenossen mit Anspruch und Erfolg vertrat, ist historisch bedeutsamer als die Bestätigung unserer heutigen Haltung bei einigen der Zeitgenossen des Dichters. Nochmals sei Max Weber zitiert, um die logische Position zu bezeichnen, von der aus die Deutung von Jean Pauls geschichtlicher Stellung erfolgt:

Eine fortschreitende subjektive Rationalisierung des Handelns ist also nicht notwendig auch objektiv ein »Fortschritt« in der Richtung auf das rational »richtige« Handeln. Man hat z. B. die Magie ebenso systematisch »rationalisiert« wie die Physik. Die erste ihrer eigenen Absicht nach »rationale« Therapie bedeutete fast überall ein Verschmähen des Kurierens der empirischen Symptome mit rein empirisch erprobten Kräutern und Tränken zugunsten der Austreibung der (vermeintlich) »eigentlichen« (magischen, dämonischen) »Ursache« der Erkrankung. Sie hatte also formal ganz die gleiche rationale Struktur wie manche der wichtigsten Fortschritte der modernen Therapie. Aber wir werden diese magischen Priestertherapien nicht als »Fortschritt« zum »richtigen« Handeln gegenüber jener Empire w e r t e n können. Und andrerseits ist durchaus nicht etwa jeder »Fortschritt« in der Richtung der Verwendung der »richtigen« Mittel erzielt durch ein »Fortschreiten« im ersteren, subjektiv rationalen, Sinne. Daß subjektiv fortschreitend rationaleres Handeln zu objektiv »zweckmäßigerem« Handeln führt, ist nur eine von mehreren Möglichkeiten und mit (verschieden großer) Wahrscheinlichkeit zu erwartender Vorgang.[193]

Diese Möglichkeit der »Rationalisierung des Irrationalen«[194] ermöglicht es, das r e l i g i ö s e   B e d ü r f n i s bei Jean Paul als ›r a t i o n a l e n‹

---

[192] Vico, Die neue Wissenschaft. (54) S. 26 (Grundsatz 10).

[193] Max Weber, Wissenschaftslehre. (108), S. 526.

[194] Diese paradoxe Formulierung war ursprünglich ein Vorwurf Lujo Brentanos (vgl. ›Die Anfänge des modernen Kapitalismus‹, München 1916) gegen Webers These von der ›Rationalisierung‹ der Lebensführung und der Ausbildung des kapitalistischen Geistes aus der Ethik der protestantischen Konfessionen. Weber nahm diesen Vorwurf auf, und zwar als positive Bestätigung seiner Intentionen. Er resümiert Brentanos Vorwurf: »das sei also eine »Rationalisierung« zu einer »irrationalen Lebensführung«. Und Weber fährt fort: »In der

Grundantrieb zu interpretieren und damit die beschriebenen ›Übersteigerungen‹, die daraus resultieren, ohne den negativen Beigeschmack des ›Irrationalen‹ historisch zu deuten.

Zwei Möglichkeiten der Rolle des Religiösen boten sich am Ende der Aufklärung: entweder den irrationalen Gehalt der Religion als einen eigenen Bereich des Glaubens anzuerkennen und ihm in diesem Rahmen das Recht auf dogmatische Grundannahmen (Wunder usw.) zuzusprechen; ihm folgte Kant, und damit war die Religion aus dem Bereich der Wissenschaften und ihrer Entwicklung ausgeschlossen, gewann dafür aber den Status einer – jetzt ›historisch‹ betrachteten – Macht zurück.[195] Das Problem des Dualismus zwischen ›Körperwelt‹ – als Bereich ›mechanischer‹ Interpretation – und ›Geist‹ – als Geltungsbereich religiöser Dogmatik – war damit verschärft. Oder die Religionen waren, ihres historisch-dogmatischen Gehalts entleert, als Ausdruck des Nicht-Rationalen im Menschen zu begreifen, das einer Institution als

---

Tat ist dem so. »Irrational« ist etwas stets nicht an sich, sondern von einem bestimmten »rationalen« *Gesichtspunkte* aus. Für den Irreligiösen ist jede religiöse, für den Hedoniker jede asketische Lebensführung »irrational«, mag sie auch, an *ihrem* letzten Wert gemessen, eine »Rationalisierung« sein. Wenn zu irgend etwas, so möchte dieser Aufsatz dazu beitragen, den nur scheinbar eindeutigen Begriff des »Rationalen« in seiner Vielseitigkeit aufzudecken.« Vgl. Max Weber, Ges. Aufsätze zur Religionssoziologie. Tübingen ⁴ 1947. Die Protestantische Ethik und der Geist des Kapitalismus. S. 35, Anm. (der Aufsatz, ursprünglich 1904/06 entstanden, wurde von Weber 1920 nochmals überarbeitet. Dieser Fassung entstammt die wiedergegebene Anmerkung.).

[195] In der ›Kritik der reinen Vernunft‹ heißt es: »Außer der Transzendentalphilosophie gibt es noch zwei reine Vernunftwissenschaften, eine bloß spekulativen, die andere praktischen Inhalts: reine Mathematik, und reine Moral.« (29), S. 453. Fragen der Moral und damit der Religionen sind also praktische Fragen, die keineswegs mit der Philosophie in Widerspruch stehen. Dies betont Kant auch in der Erklärung des Titels seiner Schrift ›Die Religion innerhalb der Grenzen der bloßen Vernunft‹; den Vorwurf des Atheismus, der ihm deswegen von Wöllner gemacht worden war, weist er nachdrücklich zurück. Zwischen Vernunftprinzipien und Offenbarungsreligion kann es keinen Widerspruch geben: »Diese Betitelung [der von Wöllner 1794 inkriminierten Schrift] war absichtlich so gestellt; damit man jene Abhandlung nicht dahin deutete: als sollte sie die Religion aus bloßer Vernunft (ohne Offenbarung) bedeuten. Denn das wäre zuviel Anmaßung gewesen; weil es doch sein konnte, daß die Lehren derselben von übernatürlich inspirierten Männern herrührten: sondern daß ich nur dasjenige, was im Text der für geoffenbart geglaubten Religion, der Bibel, auch durch bloße Vernunft erkannt werden kann, hier in einem Zusammenhange vorstellig machen -wollte.« (Der Streit der Fakultäten. Vorrede. In: Kant. Werke Bd. VI (Ausg. Weischedel), S. 267–268 Anm.). Die Unvereinbarkeit von Text der Offenbarung und rationaler Welterkenntnis, welche Kennzeichen der Aufklärung gewesen war, wird damit aufgehoben.

Träger (also der konfessionellen Kirchen) nicht mehr bedurfte. Das religiöse Bedürfnis manifestiert sich damit als ›Animismus‹, der sich dem Problem einer nicht-dualistischen Anthropologie stellt, aber sich ihm ohne die metaphysische Grundlage einer Teleologie nicht gewachsen zeigt, während die mechanistische Interpretation diese Probleme generell aussparen konnte. So entsteht im Idealismus und Historismus – ebenfalls auf ›irrationaler‹ Grundlage – eine ›rationalere‹ wissenschaftliche Kultur und Gestaltung des gesellschaftlichen Machtbereichs.

Jean Pauls Spiritualisierung der Materie, die naturrechtliche Grundlage seiner Ethik sowie der Satire und Geschichtsauffassung, und schließlich die Konkurrenz zwischen seiner Auffassung der Dichtung als ›natürlicher Theologie‹ und der Autonomie der Ästhetik der ›Klassiker‹ (die das Fundament seines Gegensatzes zu Goethe und Schiller bildet): diese Züge sind nicht als ›Sakralisierungstendenzen‹ aufzufassen, die ein Korrelat zur ›Säkularisierung‹ in den angesprochenen Bereichen der Physiologie/Philosophie, der Religion, der Gesellschaft und der Ästhetik bilden. Zumindest nicht, wenn sich im Begriff der ›Sakralisierung‹ die Vorstellung eines historischen ›Korrektivs‹ verbirgt, das einen Ausgleich zwischen den Sphären »des« Metaphysischen und »des« Realen herstellt: in einer derartigen Vorstellung wird versucht, gleichsam den Satz von der Erhaltung der Energie in einem geschlossenen physikalischen System auf den Bereich der Geschichte zu übertragen. Denn die Reduktion der Theologie auf ein bloßes Bedürfnis ist ein Ergebnis der Aufklärung, das in der neuzeitlichen Auseinandersetzung um die Koexistenz von empirischer ›Erfahrung‹ und metaphysischer ›Gewißheit‹ zustande kam, und als das es von Jean Paul bewußt festgehalten wird.[196] Der Prozeß der Säkularisierung, der sich als Rationalisierungs-

---

[196] Man vgl. hierzu die Notizen, die sich unter dem Titel ›Überchristenthum‹ erhalten haben und die Vorarbeiten zur Widerlegung des romantischen Religionsbegriffes darstellen. Ihr Anlaß waren die mystisch-frömmelnden Schriften Joh. Arnold Kannes, die auf Jean Pauls Sohn Max unheilvollen Einfluß ausübten. Jean Paul wehrt sich hier gegen jede Widergeburt der Orthodoxie; vgl. GW II/4, S. 37–67, sowie Berends Einleitung zu diesem Band, S. XII-XVII. Die Notizen zum ›Überchristenthum‹ bzw. ›Wider-Kanne‹ entstanden zwischen Mai 1817 und dem Jahr 1823. - Gerade durch diese Notizen wird die Funktion des religiösen Bedürfnisses in ihrer Bedeutung für Jean Pauls Stellung deutlich: in ihm liegt die Ursache, weshalb er sich der »rationaleren« Kultur des Idealismus und des Historismus sowie der Romantik nicht anzuschliessen vermochte, weil dies die Aufgabe der aufklärerischen Religionsauffassung bedeutet hätte. Die Restituierung der mystisch-dogmatischen Religiosität ist dabei Produkt der ›Mechanisierung‹ des Weltbildes: das Hinausschieben des Schöpfergottes aus dem Bereich der Empirie (durch Kant) erlaubt die Wiedereinführung aller religiösen Dogmen, sobald die Bereiche von Wissen und Glauben getrennt sind. Für die Aufklärung bedeutet jedoch Erweiterung des

prozeß aus der Trennung von theo- und anthropozentrischer Theologie entwickelt und zeitweise die Form eines Ausgleichs zwischen den mechanistischen Bereichen des Wissen und den animistischen Tendenzen des Glaubens gefunden hatte, gerät aber in der Aufklärung in Konflikt mit den Interessen staatlicher Organisation. Von staatlicher Seite aus wird er, wie symptomatisch an Fichtes Entlassung im Atheismus-Streit (1799/1800) abzulesen, im Interesse der ›Staatsräson‹ auf dem Verordnungswege geregelt.[197] Das ›rationale‹ Ergebnis der Aufklärung, Religion als bloßes metaphysisches Bedürfnis zu betrachten, dessen Ursprung, wie Jean Paul auch für sich zugibt, »nicht erkennbar« ist,[198] widerspricht jedoch den faktischen Gegebenheiten der staatlichen und der in dieser integrierten kirchlichen Organisation. Die Grundlage einer rationaleren Weltinterpretation im Bereich dieser geltenden historischen Mächte mußte sich deshalb als Trennung von ›Wissen‹ und ›Glauben‹ präsentieren, um einerseits den fortschreitenden mechanistischen Tendenzen der wissenschaftlichen Weltinterpretation zu folgen, andrerseits um den Konflikt mit Staat und Kirche zu vermeiden, in denen sich, trotz des Aufstiegs des Bürgertums, das Naturrecht gegen den Absolutismus nicht durchzusetzen vermocht hatte. Kants »gereinigte Weltweisheit« vollzieht im Begriff der ›reinen Vernunft‹ diese Trennung; und

---

Wissens Bekämpfung des Glaubens; die romantische Religion gewinnt, nach der Befreiung von der Kontrolle der Vernunft, die volle Geltung ihrer irrationalen Elemente zurück und erhält zugleich den Status einer historischen Macht. Es sei nochmals Weber zitiert: »... je systematisierter das Denken über den »Sinn« der Welt, je rationalisierter diese selbst in ihrer äußeren Organisation, je sublimierter das bewußte Erleben ihrer irrationalen Inhalte wurde, desto unweltlicher, allem geformten Leben fremder, genau parallel damit, begann das zu werden ...‹, was den spezifischen Inhalt des Religiösen ausmachte.« (109), S. 571.

[197] Vgl. hierzu die Zusammenstellung der Texte von Fichte und Forberg, die den Streit auslösten, sowie der behördlichen Reaktionen und einiger zeitgenössischer Stellungnahmen: Die Schriften zu J. G. Fichtes Atheismus-Streit. Hrsg. von Frank Böckelmann. München 1969.

[198] Das ›Kampaner Tal‹, die ›Clavis Fichtiana‹, die Notizen zum ›Neuen Kampaner Tal‹ und die ›Selina‹ dokumentieren immer wieder die Auffassung von einer »notwendigen Unwissenheit« hinsichtlich Gottes und der Unsterblichkeit (H. IV, S. 620); weder Theologie noch Philosophie geben darüber konkret Auskunft. In den Notizen zum ›Neuen Kampaner Tal‹ vermerkt Jean Paul deshalb: »Tadel der jetzigen Philosophen, daß sie sich gerade um die Lehre der Unsterblichkeit am wenigsten bekümmern. Die Theologen als solche können nicht weit(er).« (GW II/4, S. 133–215; S. 174, Nr. 186). Nur das Selbstgefühl und das metaphysische Bedürfnis ermöglichen einen induktiven Schluß auf die Gegründetheit dieser Begriffe. In der ›Selina‹ heißt es: »Gäb’ es ein absolut Verborgnes: so wäre dies der Herr des Alls.« (H. VI, S. 1189, Anm.).

gerade dadurch, daß sie die Grundbegriffe des Wissens von allen nicht-rationalen Elementen, vor allem von der Teleologie, zu reinigen glaubt, entzieht sie der Naturrechtslehre die wirksamste Stütze. Sie befreit den politisch-sozialen Bereich von einer Kontrolle, der er bisher – zumindest theoretisch – unterworfen war und deren Sieg die französische Revolution zunächst anzukündigen schien. Der ›Irrationalismus‹ Kants, der damit als Resultat der mechanistischen Welterfassung begriffen werden muß, erwächst also aus zwei Quellen: der Selbstbeschränkung der Vernunft auf »gesicherte« Aussagen, die aber unabhängig von der Erfahrung, d. h. a priori produzierbar sind, und der Ausklammerung von Problembereichen, die den Philosophen in Konflikt mit den Institutionen der Gesellschaft bringen können. Man vergleiche als Zeugnis dafür einen Abschnitt aus der Swedenborg-Kritik, die 1766, also fünfzehn Jahre vor der Erstauflage der ›Kritik der reinen Vernunft‹ erschien:

Die Verstandeswaage ist doch nicht ganz unparteiisch, und ein Arm derselben, der die Aufschrift führet: Hoffnung der Zukunft, hat einen mechanischen Vorteil, welcher macht, daß auch leichte Gründe welche in die ihm angehörige Schale fallen, die Spekulationen von an sich größeren Gewichte auf der andern Seite in die Höhe ziehen. Dieses ist die einzige Unrichtigkeit, die ich nicht wohl heben kann, und die ich in der Tat auch niemals heben will. Nun gestehe ich, daß alle Erzählungen vom Erscheinen abgeschiedener Seelen oder von Geistereinflüssen, und alle Theorien von der mutmaßlichen Natur geistiger Wesen und ihrer Verknüpfung mit uns, nur in der Schale der Hoffnung merklich wiegen; dagegen in der Spekulation aus lauter Luft bestehen zu scheinen.

[Kants eigene, aber vagen und Swedenborgs wegen ihrer scheinbaren Gewißheit kritisierten] Sätze vereinbaren sich sehr merklich nur dahin um einen Begriff zu geben, wie der Geist des Menschen aus dieser Welt herausgehe, d. i. vom Zustande nach dem Tode; wie er aber hineinkomme, d. i. von der Zeugung und Fortpflanzung, davon erwähne ich nichts; ja so gar nicht einmal, wie er in dieser Welt gegenwärtig sei, d. i. wie eine immaterielle Natur in einem Körper und durch denselben wirksam sein könne; alles um einer sehr gültigen Ursache willen, welche diese ist, daß ich hievon insgesamt nichts verstehe, und mich folglich wohl hätte bescheiden können, eben so unwissend in Ansehung des künftigen Zustandes zu sein, wofern nicht die Parteilichkeit einer Lieblingsmeinung denen Gründen die sich darboten, so schwach sie auch sein mochten, zur Empfehlung gedienet hätte.[199]

Kant operiert hier mit einem Trick: mit der Argumentation gegen Swedenborg, der gewiß schwer zu widersprechen ist, versucht er gleichzeitig Fragen der Physiologie und der dynamistischen Philosophie Leibniz' zu treffen, die bis dahin zumindest als ernsthafte wissenschaftliche Pro-

---

[199] Kant, Träume eines Geistersehers. (28), S. 961 u. 962.

bleme gelten durften, vornehmlich die Frage der Wirkung von ›spirituellen Kräften‹ im materiellen Bereich. Und eine ergänzende Anmerkung zu dem oben zitierten Passus läßt bereits die Stoßrichtung des Angriffs erkennen: er richtet sich gegen das Bewußtsein als oberste Instanz der sensualistischen Erkenntnis, die durch die dogmatische Setzung eines obersten Vermögens der Vernunft abgelöst werden soll. Aber es zeigt sich auch, daß sich diese Setzung mühelos mit der theologischen Lehre von der Eingeschränktheit des menschlichen Verstandes – durch den Sündenfall – vereinbaren läßt:

> "Das Sinnbild der alten Ägypter vor die Seele war ein Papillon, und die griechische Benennung bedeutete eben dasselbe. Man siehet leicht, daß die Hoffnung, welche aus dem Tode nur eine Verwandlung macht, eine solche Idee samt ihren Zeichen veranlaßt habe. Indessen hebt dieses keinesweges das Zutrauen zu der Richtigkeit der hieraus entsprungenen Begriffe. Unsere innere Empfindung und die darauf gegründeten Urteile des Vernunftähnlichen führen, so lange sie unverderbt sind, eben dahin, wo die Vernunft hin leiten würde, wenn sie erleuchteter und ausgebreiteter wäre.[200]

Der mechanistischen Rationalisierung der Welterfassung, die den Einzelwissenschaften größtmögliche Autonomie verleiht und durch Ausschaltung problematischer – anthropologischer und sozial orientierter – Fragestellungen zu größerer technischer Effizienz verhelfen will, ist der Sensualismus und Skeptizismus, an dem sich Jean Paul orientiert, tatsächlich unterlegen, nicht zuletzt durch seine gewollte Unsystematik. Obwohl hier vom Sinneseindruck ausgegangen wird, vermag der Skeptizismus die empirische Erfahrung letztlich nur als Frage des Bewußtseins zu deuten; und damit kann er, trotz größerer Gewißheit, die ›Realität‹ des empirischen Gegenstandes nicht garantieren, während der philosophische Idealismus die Gewißheit der nicht-sinnlichen Erfahrung »setzt« und damit einen metaphysischen Ursprung aller Erfahrung konstruiert, der an die Stelle des theologischen Ursprungs tritt. Die animistische Philosphie und Physiologie vermag dies nicht, sobald ihr die Überzeugung von einem theologischen Anfang abhanden gekommen ist bzw. diese nur als Postulat aufrecht erhalten werden kann. Die kritische Philosophie, so stellt Platner in seinem ›Lehrbuch für Logik und Metaphysik‹ 1795 fest, ist nicht in der Lage, einen Beweis von der objektiven Realität der Erfahrungserkenntnis zu geben; daß sie dies nicht will und auf Grund ihrer »metaphysischen Erkenntnis der Vernunft« auch gar nicht benötigt, bezeichnet er als ihren Dogmatismus.[201] Freilich, so fährt Platner resignierend fort, ist es so,

---

[200] Ebd., S. 962.
[201] Ernst Platner, Lehrbuch der Logik und Metaphysik. (45). S. 111–112. §§ 330–336. Zur Kritik der Kategorienlehre Kants als eines neuen Dogmatismus vgl. Philos. Aphor. (43), S. 335–353, §§ 695–704.

das (!) von dem was wirklich sey, die Erfahrung, wenn auch nicht gründlicher, doch stärker überzeugt, als die Vernunft. Die Erfahrung überzeugt davon, daß ihre Gegenstände wirklich sind: die Vernunft bey ihren Gegenständen nur davon, daß ihr Wirklichseyn gedacht werden müsse. Wird aber nun das Erfahrungserkenntniß zergliedert: so bleibt, auch für diese nur die letztere Art der Ueberzeugung. Daher verliert das Erfahrungserkenntniß nothwendig, sobald man seinen, nur in dem Bewußtseyn, nicht aber in Gründen beruhenden Vorzug, darstellen will in einer förmlichen Demonstration.[202]

Platner und Jean Paul wurzeln in dieser Position und verdanken ihr – im Hinblick auf Nachwirkung – ihren Mißerfolg, der nicht einfach einem Mangel an Rationalität zuzuschreiben ist, sondern der aus der Zerstörung der naturrechtlichen Tradition resultiert, in der die wissenschaftliche und die politische Entwicklung konvergieren. Kants wissenschaftliche Theorie desavouiert ihre ›theologische‹ Stütze der Teleologie, und der Staat des Spätabsolutismus bedarf zu seinem Überleben einer neuen Rechtsgrundlage, des historischen Rechts, welches die Naturrechtslehre ersetzen und den Einfluß der französischen Revolution dämmen soll. Mit dem Zweifel an religiösen bzw. metaphysischen Ursprüngen des Menschen und seiner Sozialität stellte sich das Problem einer unmetaphysischen Anthropologie, das von Kant vollkommen überspielt wurde.[203] Einerseits wurden, wie aus der zitierten Passage gegen Swedenborg ersichtlich, alle spirituellen Fragebereiche für unwissenschaftlich erklärt und damit der Disziplin der Physiologie ihr Dop-

---

[202] Ebd., (45) S. 112, § 334.

[203] Auch Kants 1798 publizierte Schrift ›Anthropologie in pragmatischer Hinsicht‹ verändert dieses Bild nicht; es vermischen sich aufklärerische Vorstellungen – daß der Mensch nur im Gesellschaftsverband Fortschritte erziele – mit Äußerungen, die eine profunde Skepsis an den Vorstellungen der Aufklärung enthalten: so gibt Kant dem Schluß der Abhandlung eine Anekdote bei, deren Folgerungen genau das bestätigen, was zuvor als allgemeine Folge der Kantschen Philosophie beschrieben wurde – nämlich daß Staat und Kirche sich als faktisch-historische Mächte, ohne Interferenz des aufklärerischen Vernunft-Begriffs, zu Herrschern des Individuums aufwerfen. »Friedrich II. fragte einmal den vortrefflichen Sulzer, den er nach Verdiensten schätzte und dem er die Direktion der Schulanstalten in Schlesien aufgetragen hatte, wie es damit ginge. Sulzer antwortete: »seitdem daß man auf dem Grundsatz (des Rousseau), daß der Mensch von Natur gut sei, fortgebauet hat, fängt es an, besser zu gehen.« »Ah (sagte der König), Mon cher Sulzer, vous ne connaissez pas assez cette maudite race à laquelle nous appartenons.« - Zum Charakter unserer Gattung gehört auch: daß sie, zur bürgerlichen Verfassung strebend, auch einer Disziplin durch Religion bedarf, damit, was durch äußeren Zwang nicht erreicht werden kann, durch innern (des Gewissens) bewirkt werde; indem die moralische Anlage des Menschen von Gesetzgebern politisch benutzt wird; eine Tendenz, die zum Charakter der [Menschen-]Gattung gehört.« (Kant, Schriften. Ausg. Weischedel Bd. VI, S. 689, Anm.).

pelcharakter als Wissenschaft von Körper und Seele benommen, die letztlich ihre Auflösung in eine nicht näher definierte empirische Psychologie und – mechanisch konzipierte – Medizin verlangte; andrerseits wurde dieser Vorgang der ›Mechanisierung‹ kompensiert mit der Neubegründung eines metaphysischen ›Ursprungs‹, der Setzung eines ›Absoluten‹, das sich in der reinen ›ratio‹ manifestiert. Diese Gegenbewegung restituierte die irrationale Position metaphysischer Spekulation, die glaubte, einen Standpunkt metaphysischer Erfahrung außerhalb der empirischen Welt einnehmen zu müssen, um einen Begriff von ihr zu gewinnen und sich mit dem ›Absoluten‹ zu identifizieren; darin liegt die Begründung und Rechtfertigung von Jean Pauls Angriff auf Fichte. Dieser Vorgang erscheint auch in Übertragung auf den Bereich der autonom gewordenen Ästhetik: in der Restituierung des – ursprünglich ganz der Theologie zugehörigen – Symbolbegriffes und seiner mystischen Welterfassung, welche die Idee des Genies in der Zeit des Sturm und Drang wesentlich mit vorbereitet hatte. Es sei auf einen nur zu bekannten Passus aus Goethes ›Rede zum Schäkespears Tag‹ (1771) verwiesen, der dies belegt:

> [Shakespeares] Stücke drehen sich alle um den geheimen Punckt, den noch kein Philosoph gesehen und bestimmt hat: in dem das Eigenthümliche unsres Ich's, die prätendierte Freiheit unsres Wollens, mit dem nothwendigen Gang des Ganzen zusammenstößt.[204]

Mechanistische Metaphorik und Projektion eines metaphysischen Ursprungs finden sich in paradoxer Gemeinsamkeit in Goethes Zitat,[205] gegen die sich Jean Pauls Haltung, daß zwar ein metaphysischer Ursprung »nicht erkennbar« sei, aber die Dichtung doch eine ›natürliche Theologie‹ darstelle, erkennbar abhebt. Die Widersprüchlichkeit von Jean Pauls Haltung liegt zwangsläufig darin, daß trotz des Fortschritts des geschichtlichen Bewußtseins ein metaphysisches Bedürfnis festzuhalten war, wenn nicht das Individuum und die Gesellschaft der ›mecha-

---

[204] Artemis-Ausg., Bd. 4, S. 124.

[205] Dies ist natürlich nicht repräsentativ für Goethes Gesamtwerk, aber typologisch bedeutsam als Formulierung der Situation am Beginn der Klassik, in der sich die Ästhetik und die Poesie als eigener, von den Wissenschaften gesonderter Bereich konstituieren; Goethe evoziert in ›Dichtung und Wahrheit‹ diesen Vorgang noch einmal in der Passage über die frz. Aufklärer, über die er und die Freunde der Straßburger Zeit sich – besonders über d'Holbachs ›Systéme de la nature‹ - so sehr amusiert hatten (vgl. ›Dichtung und Wahrheit‹, Dritter Teil, 11. Buch: Artemis Ausg. Bd. 10, S. 536-539). Als Wissenschaftler sollte er dieser mechanistischen Tendenz der Trennung von Wissenschaft und Kunst nicht folgen, wie die ›Farbenlehre‹ mit ihrer scharfen Wendung gegen Newton zeigt.

nischen‹ Machtausübung innerhalb ›historischer‹ Strukturen zufallen sollten. Denn dort wurde eine Eigengesetzlichkeit der ›Staatsräson‹ postuliert, die sich von der universalen Kontrolle der Vernunft und in ihrem Begriff des historisch-organisch »Gewachsenen« von den Forderungen des Naturrechts und ihrer Auffassung vom Staat als veränderbarer Institution aus Übereinkunft emanzipierte. Aber nur noch im Bereich der Poesie ließ sich diese Haltung vertreten.

Eine der wichtigsten Äußerungen in dieser Hinsicht ist der kurze Abschnitt in den ›Dämmerungen für Deutschland‹, der den Titel trägt: ›Über die jetzige Sonnenwende der Religion‹. Die Unterstützung, für die er plädiert, ist scharf abgegrenzt: Religion darf weder Vehikel des Staates noch ästhetische Spielerei sein. Nachdem die Religion über das Mittelalter hinweg die Künste gefördert habe, sei es nun deren Pflicht, ihrerseits für deren Erhaltung zu sorgen:

> Die schönen Künste haben jetzt Anlaß und Pflicht, der Religion, die ihnen sonst Pflanz- und Freistätten in Kirchen gegeben, durch Erwiderung zu danken ... Das Mittelalter hatte Reichtum an Religion genug, um ohne Kosten derselben mit ihr zu scherzen und zu spielen; unser Zeit-Alter ist ihr feindselig gesinnt: aber ein scherzender Feind lacht gefährlicher als ein scherzender Freund.[206]

Im Bewußtsein des Dichters hat eine vollkommene Umkehr des Verhältnisses von Kunst und Theologie stattgefunden: statt Dichtung als »verborgener Theologie« (so Martin Opitz), welche das Wirken Gottes im Diesseitsgeschehen durchsichtig macht, hat die Dichtung theologische Grundwahrheiten, den Restbestand des früheren dogmatischen Glaubensgebäudes, zu bewahren und zu verteidigen. Insofern ist alle Dichtung ›idealisch‹; denn die metaphysische Zielsetzung persönlicher Unsterblichkeit, die Jean Paul nachhaltig verteidigt hat (›Das Kampaner Tal‹, ›Selina‹; erhalten sind ferner bedeutende und wenig beachtete Bruchstücke zu einem ›Neuen Kampaner Tal‹), resultiert ebenso aus dem ›Sinn des Grenzenlosen‹ (wobei ›Sinn‹ durchaus physiologisch zu verstehen ist), wie die Auffassung der Phantasie, welche die Dichtung über alle Gesetze der Naturnachahmung erhebt, auch wenn Jean Paul von ihr ›Realismus‹ im sinnlichen Detail fordert.[207]

Die Grenze zwischen Atheismus und Religiosität, auf der Jean Paul steht, ist auch aufschlußreich für seine politische Haltung: er verachtet am Absolutismus, wie er ihn karikiert, nichts mehr als den zynischen Atheismus, den er vor allem mit den Namen von Helvétius und La Met-

---

[206] Hanser V, S. 1025–1033, vgl. hierzu S. 1027/28.
[207] Hanser IV, S. 195–205: ›Über die natürliche Magie der Einbildungskraft‹; vgl. hierzu S. 200–202.

trie verbindet. In der ›Unsichtbaren Loge‹ wird Helvétius ausdrücklich als Vertreter des »schlimmsten Systems« bezeichnet, dessen mechanistische Implikationen bereits die ›Maschinenmann‹-Satire karikiert hatte.[208] Es zeigt sich vielmehr, daß für den Bürger in Deutschland der zynisch zur Schau getragene Atheismus, als Produkt eines modisch rezipierten Materialismus, und die Unterwerfung des Bürgers unter die Staatsmaschinerie Ausdruck der selben Haltung sind. Die Restituierung des Anscheins patriarchalisch-charismatischer Herrschaft nach dem Sturz Napoleons, an der sich die Kirchen als Träger ›historischer‹ Macht in ihrer neuen Rolle beteiligten, konnte in der Restaurationszeit die vollkommene Übernahme der Staatsgewalt durch einen bürokratischen Apparat dem öffentlichen Bewußtsein zeitweise entziehen; die Furcht des 18. Jahrhunderts vor der Staatsmaschinerie fand in diesem Vorgang ihre Bestätigung.[209]

Die punktuelle satirische Kritik Jean Pauls, deren Muster traditionell vorgegeben sind (die Humanistensatire Erasmus', die ›à la mode‹-Satire Moscheroschs sowie die Typensatire Liscows, Rabeners und Popes), läßt sich nur mit Hilfe einer recht unreflektierten Widerspiegelungstheorie zum Abbild gesellschaftlicher Zustände erklären; dies läßt sich etwa im Vergleich von Jean Pauls Satiren mit der Erfassung gesellschaftlicher Mechanismen in Wezels ›Belphegor‹ feststellen.[210] Was Jean Paul sieht, ist der Einzelne, der Typus, als Beispiel

[208] Die Unsichtbare Loge. Hanser I, S. 179. Gerade die Hofleute erscheinen immer wieder als seelenlose Maschinenmenschen: vgl. ebd. S. 199: »Die Großen oder Größten werden entweder repräsentiert oder repräsentieren selber; aber sie *sind* selten etwas; andere müssen für sie essen, schreiben, genießen, lieben, siegen, und sie selber tun es wieder für andre; daher ist es ein Glück, daß sie, da sie zum Genuß einer Einsiedelei keine eigne Seele haben und keine fremde finden, doch hölzerne Geschäftträger, welche die Einsiedelei für sie genießen, bei Drechslern auftreiben...«.

[209] Ostdeutsche Darstellungen zur Geschichte der Philosophie neigen dazu, alle Anzeichen eines Vorläufertums des histor. Materialismus zu einer Kritik der bürgerlichen Gesellschaft des 18. Jahrhunderts auszuweiten. Dies trifft auch auf W. Harichs Buch über Jean Paul zu (121); die naturrechtliche Grundlage der Jean Paulschen Satire wird von ihm darüber ganz übersehen. Trotzdem sind, wie Gulygas Buch (82) zeigt, solche Darstellungen gerade wegen ihres Materials sehr hilfreich zur Korrektur des philosophiegeschichtlichen Bildes, das durch die Konzentration auf den Idealismus stark verzerrt überliefert wird. - Zu den verwandten Begriffen vgl. Max Weber, Wirtschaft und Gesellschaft. (110), Kap. III: Die Typen der Herrschaft (S. 122–176). Zum Umschlagen der politischen Situation zur Restaurationszeit hin vgl. Eckart Kehr, Der Primat der Innenpolitik. Berlin 1965. S. 31–52: Zur Genesis der preußischen Bürokratie und des Rechtsstaats. **Den Hinweis verdanke ich Wolfgang Mickisch, München.**

[210] Angesichts Jean Pauls vor allem im Frühwerk meist recht literarischer und

für Tugend oder Laster; der Unterschied zur barocken Satire Moscheroschs etwa besteht darin, daß für diesen die – konfessionell institutionalisierte – Überwelt die moralische Bewertung garantiert. Der Verlust klarer Jenseitsvorstellungen – Jean Paul äußert sogar, er würde lieber die absurdeste Theorie der Seelenwanderung akzeptieren, als die Hinfälligkeit der persönlichen Unsterblichkeit anzuerkennen – verlegt diese Frage in den Kompetenzbereich des Individuums: das Bewußtsein, gut zu sein, belohnt sich demnach selbst, das Laster ist durch das Bewußtsein seiner Schuld oder die Lächerlichkeit seiner Existenz (als nicht-empfindendes Wesen) bestraft. Als Manifest der aufklärerischen Verbindung öffentlichen und privaten ethischen Verhaltens darf neben Shaftesburys ›Characteristicks‹ Popes ›Essay on Man‹ (1732/34) gelten; die hier zitierten Verse verdeutlichen dabei die Funktion der Mischung verschiedener Stile, die für Jean Paul so kennzeichnend ist:

Teach me, like thee, in various nature wise,
To fall with dignity, with temper rise;
Form'd by thy converse, to steer
From grave to gay, from lively to severe;

That, urg'd by thee, I turn'd the tuneful art
From sounds to things, from fancy to the heart;
For Wit's false mirror held up Nature's light;
Shew'd erring Pride, WHATEVER IS, IS RIGHT;
That REASON, PASSION, answer one great aim;
That true SELF-LOVE and SOCIAL are the same;
That VIRTUE only makes our Bliss below;
And all our Knowledge is, OURSELVES TO KNOW.[211]

---

wenig konkreter Satiren erscheint mir Wolfgang Harichs Deutung in seinem Aufsatz ›Satire und Politik‹ (120) ein Produkt jenes gewaltsamen Idealismus der Marxistischen Geschichtsschreibung zu sein, dessen stalinistische Provenienz Jean-Paul Sartre einer Kritik unterzogen hat: Existentialismus und Marxismus. Versuch einer Methodik. (Reinbek bei Hamburg 1964). Wirtschaftliche Erscheinungen (Feudalismus) und Überbau (Jean Pauls Satiren) werden einfach in Bezug gesetzt, ohne die Art der Vermittlung bzw. den Grad der Realität ihres Inhalts heranzuziehen. Man vgl. diese Texte Jean Pauls, neben dem genannten ›Belphegor‹ Johann Carl Wezels (1776), mit einem anderen Produkt der Candide-Nachfolgen, mit Pezzls ›Faustin‹: Johann Pezzl, Faustin oder das philosophische Jahrhundert. o. O. 1784 (2 Bde.). Vgl. hierzu Graßl (81), bes. S. 242–245.
[211] Alexander Pope, Essay on Man. Edited by Maynard Mack, London 1950. Epistle IV, VV. 377–380 und 391–398 (S. 165 u. 166). Angesprochen wird hier der Widmungsempfänger Bolingbroke. Zur Seelenwanderung vgl. auch ›Neues Kampaner Thal‹ (GW II/4, S. 133–215), S. 174. Dort lautet die Notiz Nr. 183: »Der Hauptbeweis sei, überhaupt den Begriff einer Vernichtung zu tilgen und wär' es durch Seelenwanderung.«

Shaftesburys für den Emotionalismus bedeutsame Unterscheidung von self-affection und natural affection, die Albrecht von Haller (›Vom Ursprung des Übels‹), Pope und Hutcheson weitergeführt und gegen Mandevilles Bienenfabel (1714) als notwendige und durch das Naturrecht gebundene Antriebe des Menschen verteidigt hatten, löst sich bei Jean Paul in einer Übersteigerung auf: der Begriff der Liebe unterscheidet nicht mehr im Objekt, ob sie auf den Handelnden selbst oder auf den Mitmenschen bezogen ist; Liebe ist immer ›altruistisch‹, nur Handlungen sind eigennützig. So kann der Titel des dritten Stückes im Anhang zum ›Quintus Fixlein‹ lauten: »Es gibt weder eine eigennützige Liebe noch eine Selbstliebe, sondern nur eigennützige Handlungen.«[212] Maßstäbe für ein bürgerliches Normverhalten können daraus nicht mehr entwickelt werden, nachdem vor allem die naturrechtliche Gleichsetzung von privatem und öffentlichem Wohl ihre Geltung verloren und der dadurch gerechtfertigte Eudämonismus zum Synonym für biedere und selbstzufriedene Beschaulichkeit abgeglitten war; ebenso wenig wie aus der punktuellen satirischen Gesellschaftskritik auf ein Bild der Gesellschaft in unserem Sinn geschlossen werden kann, das deren Zusammenhänge über die Identifikation des privaten mit dem öffentlichen Wohl und eine moralische Beurteilung hinaus erfaßte.[213] Die unter naturrechtlich-moralischen Aspekten vollzogene Kritik der Herrschaftsform des Absolutismus, die von einer jeden positiven Religion vorgängigen Moral ausgeht, bezeichnet ein Stadium der Rationalisierung: Religion ist ihrer Funktion als Mittel zur Herrschaft entkleidet und leistet nur noch die Garantie persönlicher Unsterblichkeit und der eigenen moralischen Existenz.[214] Diesem Grundsatz folgt Jean Paul in seiner Einstellung zur Religion, die in ihren verschiedenen historischen Manifestationen – ohne eigenen dogmatischen Wahrheitsgehalt – Ausdruck eines universalen Naturrechts unbestimmten metaphysischen Ursprungs ist:

---

[212] Hanser IV, S. 219–225.
[213] Hierzu ist nochmals auf den in Anm. 30 zur Einleitung genannten Aufsatz von Gerhard Hess zu verweisen.
[214] Sichtbar wird dieser – nicht so sehr als »Säkularisierung« zu interpretierende – Vorgang auch in ›Andreas Hartknopfs Predigerjahre‹ (vgl. (65), S. 171–179: ›Hartknopfs Antrittspredigt‹) oder auch Jung-Stillings Lebensbericht (vgl. Heinrich Stillings Jünglingsjahre. Hrsg. von K. O. Conrady [zus. mit den anderen autobiogr. Werken Jung-Stillings]. Reinbek bei Hamburg 1969, S. 115–120).

Alle Religionen sind g u t – und an dem Ort, wo sie sind, die b e s t e n . Sie sind verschiedene Mittel zu demselben Endzwek.[215]

Mit der Historisierung der Religionen – die sich für diese in der Restauration nach der Kantschen ›Wende‹ hilfreich zeigen wird – wird jedoch in der Aufklärung der Absolutismus seines Charismas entkleidet und dadurch die mechanistische Herrschaftsausübung sichtbar, welcher Jean Paul den mechanistischen Materialismus zuordnet; durch ihn, vor allem in seiner Prägung durch Helvétius, sieht er sein ›animistisches‹ Empfinden und dessen subjektiv-sensualistische und naturrechtlich-religiöse Grundvoraussetzungen gefährdet. »Alles ist Seele«, beginnt 1780 eine der frühen ›Übungen im Denken‹, und die Realität nur ein »Trug der Ausdehnung«, wie die Entwürfe zum ›Neuen Kampaner Tal‹ formulieren.[216] Und noch das letzte Werk ›Selina‹ enthält 1825 eine Diskussion um das Verhältnis von Materie und Geist, die ganz im Rahmen von Begriffen des 18. Jahrhunderts geführt wird:

> »Wie·verknüpfen sich Außenwelt und Sinnwerkzeuge zur Einwirkung aufs Ich?«
>
> Ich antworte so: was ist denn eigentlich die Materie, die wir stets dem Geist entgegensetzen? Sie ist eine Erscheinung, die wir nur durch die Sinne kennen und durch die wir also nicht umgekehrt unsere Sinne kennenlernen können. Nur eine Kraft ist uns unmittelbar bekannt, unsere geistige ... alles ist Geist, nur verschiedener ... Der eigentliche Leib der Seele ist der Nervenbaum, dessen Krone wie die der Palme, das Gehirn, das köstlichste des Gewächses enthält und der zu ihr von dem unten gegliederten Rückgrat (dem Pferdeschweif) als Rückenmarkstamm mit seinen Nervenzweigen aufsteigt. Der übrige Körper ist nur Borke, Treibkasten und Moos dieses wahrhaften Baum des Lebens und der Erkenntnis, welchen die Seele, die Hamadryade desselben, bewohnt wie der spiritus rector die Pflanze in allen Teilen. Die Nerven machen den eigentlichen innern Menschen aus, der gleichsam als Verwandter und Vermittler dem Ich am nächsten steht und ihm die fremde Außenwelt offenbart und darstellt und bekannt macht. Wie auf der einen Seite der Nervenorganismus noch tief unter dem Ich, so steht wieder tief unter jenem die äußere Welt, auch die organisierte, insofern sie keinen Teil seines Organismus ausmacht: so ist jener dem Ich genug verwandt und genähert, um diese bei ihm einzufüh-

---

[215] Übungen im Denken. Erster Band. VIII. Untersuchung. Über die Religionen in der Welt. In: GW II/1, S. 55–61, Zitat S. 61.

[216] Übungen im Denken, VII. Untersuchung (Nov. 1780). ›Wie sich der Mensch, das Tier, die Pflanz' und die noch geringern Wesen vervolkommnen.‹ GW II/1, S. 42–48; und Neues Kampaner Thal (1816–1823) GW II/4, S. 133–215, S. 148–149, Nr. 76 ›Über Das Ich zum Körper‹. Jean Paul resümiert hier (um 1820) die Auffassungen des ›Hesperus‹-Einschubs ›Viktors Verhältnis des Ich zu den Organen‹ (H. I, S. 1099–1105), der seinerseits auf der Grundlage der ›Übungen im Denken‹ von 1780 basiert. Über 40 Jahre bleibt Jean Pauls Denken total unverändert!

ren.[217]

Auf die Herausforderung durch den mechanistischen Materialismus antwortet Jean Paul mit der Spiritualisierung der Materie; und mit den Argumenten seines Lehrers Platner und des Freundes Herder verteidigt er 1825 noch in seinem letzten Werk den aufklärerischen Unsterblichkeitsglauben gegen den aufklärerischen Unglauben, als beide Positionen längst überholt waren. Im Aufsatz Viktors ›Über das Verhältnis des Ich zu den Organen‹ im ›Hesperus‹ hatte Jean Paul seine Auffassung, daß der Körper selbst immateriell sei, auf die lakonisch-witzige Formel gebracht: »Die Seele ist der Tanzmeister, der Körper der Schuh.«[218] Zu diesem Beispiel der Literarisierung eines philosophischen Problems, die zudem – typisch in Shaftesburys Sinn – witzig gegeben werden kann, sei ein Passus aus Platners ›Quaestiones Physiologicae‹ zitiert:

> ... ut mihi liceat illud tamquam ratum assumere: corpus nostrum animi causa factum esse. Hoc enim posito summo et ultimo fine, apta coniunctio mutuaque necessitudo partium et functionum omnium in plenissima luce collocatur. Quarum quaedam quasi continuatio et series deprehenditur, manifesto naturae ordine et consilio designata; ita ut aliae summum illum finem proxime attingant, aliae his quasi subiectae, ad medios fines, ac deinceps gradatim ad remotiores spectare videantur.[219]

> [Folgendes möchte ich für erwiesen ansehen: daß unser Körper nur um unserer Seele willen existiert. Hat man diesen höchsten und letzten Zweck zugrunde gelegt, so stellt sich die Geschicktheit der Verbindung und die wechselseitige Notwendigkeit aller Teile und Funktionen des Körpers in vollstem Lichte dar. Sie läßt sich an ihnen gleichsam als Fortsetzung und Abfolge betrachten, die nach offenkundiger Anordnung und Planung durch die Natur angelegt wurde; so daß die einen der Teile jenem höchsten Zweck so nahe wie möglich kommen, andere, die ihnen gleichsam untergeordnet sind, mittleren Zwecken und die übrigen gleichsam auf einer Stufenleiter stehend, entfernteren Zwecken zu dienen scheinen.]

Die Aufstellung einer Stufenfolge von unbeseelter Materie bis zur Seele und ihren verschiedenen Vermögen, die Platner mit Herder auf der Grundlage Bonnets teilt, ist die Grundlage für Jean Pauls Haltung, wie sie die ›Selina‹-Passage demonstrierte. Vor allem durch Herders Aufsatz ›Vom Erkennen und Empfinden der menschlichen Seele‹ (1778) findet sich eine Bestätigung und Ergänzung der physiologischen Grundlagen Platners, sowohl in der dynamistisch-leibnizianischen Konzeption der Lebenskraft wie in der Identifikation von Denken und Empfinden. Hier

---

[217] Hanser VI, S. 1178–79.
[218] Hesperus, H. I, S. 1104.
[219] Ernst Platner, Quaest. Physiol. (44), S. 55.

liegt die Wurzel für die gleichzeitige Ablehnung von Materialismus und Idealismus bei Jean Paul; denn die obige Ansicht, daß der Mensch zwar durch die Sinne der materiellen Erscheinungen gewahr wird, nicht aber umgekehrt die materiellen Erscheinungen die Voraussetzungen der Entstehung des Bewußtseins enthalten, wird durch eine andere Aussage ergänzt: daß zwar sinnliche Erkenntnis »unmittelbar« – auf dem Weg über das Selbstgefühl – bewußt sei, aber daß dieses Selbstgefühl über sich selbst nicht abstrakt, ohne Zuhilfenahme realer Gegenstände, Auskunft geben könne.[220]

Jean Pauls Theorie der Erfahrung, die hier als ›Idealisierung des Sensualismus‹ bezeichnet wird und deren aporetische Situation als Anlaß für den Übergang zur Dichtung zu untersuchen ist,[221] stellt sich damit gegen den Prozeß der Rationalisierung im wissenschaftlichen Bereich: gegen die Trennung von Erfahrungswissen, dessen Einzeldisziplinen die von ihnen erzielten Resultate selbst auf ihren Wahrheitsgehalt überprüfen, von der – philosophischen – Erforschung der Bedingungen des Wissens ›an sich‹. Diese letzteren erfahren in der ›Kritik der reinen Vernunft‹ in den ›synthetischen Begriffen a priori‹ ihre Festlegung und enthalten damit virtuell die Bestimmung aller empirischen Erkenntnis. Der Idealismus bot damit eine neue, an mechanischen Modellen orientierte Lösung, um die unter dem Druck der empirischen Wissenschaften brüchig gewordene Einheit des Wissens neu zu begründen, nachdem die Wissenschaften, die sich mit dem Sonderbereich des ›Organischen‹ befaßten, sich von metaphysischen Schemata der Weltinterpretation nicht lösen konnten oder durften; obwohl sie, wie etwa an Cardano, Cudworth, Helmont und Stahl abzulesen, im 16. und 17. Jahrhundert wesentlich daran beteiligt gewesen waren, die dogmatische Theologie ihres Anspruchs zu entkleiden und die Historisierung der Religion vorzubereiten, strebten sie weiter danach, die Einheit von ›causa efficiens‹ (Gott) und ›causa finalis‹ (teleologisch gedeuteter Welt) zu erhalten. Je mehr sich jedoch der mechanistische Dualismus durchsetzte, desto stärker traten in ihnen – gerade in der Physiologie – Traditi-

---

[220] Vgl. hierzu den genannten Aufsatz Viktors. H. I, S. 1099–1105. Viktor, d. h. Jean Paul, beweist hier zwei Sätze: »die Organe empfinden nicht, sondern werden empfunden; zweitens die Organe sind nicht die Bedingung aller Empfindung überhaupt, sondern nur einer gewissen.« (S. 1101) Denn, so Jean Paul, die Organe sind ja selbst materiell, ebenso wie jeder andere Körper, und damit wäre dann der prinzipielle Unterschied zwischen Materie und Geist nicht aufgehoben; die Frage nach ihrer Verbindung bleibt ein Rätsel, das weder der Materialismus noch der Idealismus lösen können. Hier tritt später die »natürliche Magie«, der »organische Magnetismus« als Erklärungsglied ein.

[221] Vgl. hierzu S. 170ff.

onen der früheren Geheimwissenschaften Alchimie und Kabbalistik hervor, die herangezogen wurden, um den Zusammenhang zwischen empirischer Erkenntnis und Metaphysik zu erhalten: Mesmerismus und Magnetismus sind in der Medizin Ausdruck dieses Vorganges.

Die Feststellung jedoch, daß diese Möglichkeit, der empirischen Welt eine metaphysische Grundlage rational zu sichern, mit Leibniz' Kritik an Descartes ans Ende gelangt, mag theoretisch gerechtfertigt sein, wenn man nur von den positiven, d. h. weiterführenden Ansätzen im Bereich der Mechanik ausgeht.[222] Innerhalb der Physiologie und Anatomie waren jedoch die Analogieschlüsse einer mechanischen Erklärung der Nervenprozesse bei Haller und seinen Schülern ein Irrweg, während die auf Helmont und Stahl fußende Position Platners, die Jean Paul übernahm, trotz ihrer Konjekturen schließlich zu einer Theorie führte, die dem heutigen Ergebnis der Wissenschaft wesentlich näher kommt: daß Sinneseindrücke durch elektromagnetische Prozesse in den Nerven übertragen werden.[223] Dies ist aber Ergebnis des Anschlusses an Leibniz, der in seiner Übersicht über Stahls Hauptwerk das Prinzip formulierte,

ut anima sit essentiale corporis repraesentativum, & ut corpus sit essentiale animae instrumentum.

[Die Seele ist dem Wesen nach das Organ der Vorstellung für den Körper, und der Körper ist dem Wesen nach das Instrument der Seele.][224]

Jean Pauls ›Selina‹-Passagen und Platners oben wiedergegebener Passus aus den ›Quaestiones Physiologicae‹ haben hier ihren Ursprung, nämlich in der Ablehnung des Cartesianischen Dualismus von Leib und Seele. Sollte es, so formuliert Leibniz in seinem Kommentar zu Descar-

---

[222] Hans Blumenberg spricht in einer Anmerkung seines Aufsatzes ›Wirklichkeitsbegriff und Möglichkeit des Romans‹ (Angaben s. o. Anm. 4) von dem schon »mit Leibniz und Wolff endgültig gescheiterten Versuch, der faktischen Welt die *ratio sufficiens* zu sichern« (S. 19, Anm. 11). Aber als endgültig gescheitert kann dieser Versuch erst gelten, sobald die Physikotheologie als seine wissenschaftliche Basis von Kant eben dieser Wissenschaftlichkeit entkleidet wurde.

[223] Platner, Quaest. Physiol. (44), S. 219: »Nam ille spiritus vitalis nervos aut permanat, sicuti sanguis arterias vel venas: aut nervi ita eo imbuti sunt, ut v. g. filum sericum imbuitur materia electrica. Illa Boerhauii, haec mea ratio est.« [Denn jener Lebensgeist fließt entweder durch die Nerven, wie das Blut durch die Arterien bzw. Venen; oder aber die Nerven sind mit ihm derart gesättigt, wie vergleichsweise ein Seidenfaden, der sich elektrisch auflädt. Ersteres ist Boerhaaves, letzteres meine Ansicht.] Zu Boerhaave (1668–1738), einem bedeutenden holländischen Physiologen, vgl. Haeser, Geschichte der Medicin. (82a), S. 497ff.

[224] Leibniz, Animadversiones circa Assertiones aliquas...Stahlii...(34), S. 133.

tes' ›Principia Philosophiae‹, zu einer Kontroverse zwischen mechanistischer bzw. systematisierender wissenschaftlicher Interpretation und theologischem Grundsatz kommen, so ist kein Zweifel, auf welcher Seite die Priorität zu liegen habe:

> Ego plane quidem assentior omnia naturae phaenomena specialia mechanice explicari posse, si nobis satis essent explorata, neque alia ratione causas rerum materialium posse intelligi; sed illud tamen etiam atque etiam considerandum censeo, ipsa Principia Mechanica, Legesque adeo naturae generales ex altioribus principiis nasci nec per solam quantitatis ac rerum Geometricarum considerationem posse explicari, quin potius aliquid Metaphysicum illis inesse, independens a notitionibus quas praebet imaginatio, referendumque ad substantiam extensionis expertem. Nam praeter extensionem ejusque variabilitates inest vis ipsa seu agendi potentia quae transitum facit a Metaphysica ad naturam, a materialibus ad immaterialia. Habet illa vis Leges suas ex principiis non illis solis absolutae atque ut ita dicam brutae necessitatis, ut in Mathematicis, sed perfectae rationis deductas.

> [Generell stimme ich zwar der Ansicht bei, daß alle Arten von Naturerscheinungen mechanisch zu erklären sind und daß dies das einzige Verfahren ist, nach dem die Ursache materieller Dinge zu erfassen ist; aber ich bin der Ansicht, daß immer von neuem in Betracht zu ziehen ist, daß die Prinzipien der Mechanik, und also die allgemeinen Naturgesetze desgleichen aus höheren Prinzipien hervorgehen und nicht durch Betrachtung von Quantitäten und geometrischen Eigenschaften allein hinreichend erklärt werden. Sie enthalten vielmehr etwas Metaphysisches, das sich der sinnlichen Erkenntnis entzieht und in Beziehung zur Substanz steht, die keine Ausdehnung kennt. Denn jenseits der Ausdehnung in ihren verschiedenen Erscheinungsformen enthalten sie eine Kraft selbst, ein aktives Vermögen, das den Übergang aus dem Bereich der Metaphysik in den der Natur, und umgekehrt aus dem der materiellen in den der nicht-materiellen Dinge bewirkt. Diese Kraft hat ihre Gesetze, die nicht aus denen der absoluten und, wenn ich so sagen darf, tierischen Notwendigkeit allein hergeleitet sind, sondern die ihren Ursprung aus einer vollkommenen Vernunft nehmen.][225]

Dieses Konzept einer ›Kräfte‹-Lehre (lat. vis, griech. δύναμις) auf metaphysischer Grundlage ist bei Herder, Platner und Jean Paul noch bestimmend, als die optimistische Hoffnung, alle Wissensbereiche nach mathematischen Prinzipien zu erfassen und damit die wachsende Diskrepanz zwischen Mechanik der Wissenschaften und Animismus der Religion auszugleichen, bereits illusorisch geworden war. Gegen das Analogieverfahren der Mechanik traten damit wieder Konjekturen hervor, wenn empirisch nicht oder noch nicht lösbare Probleme der Wissenschaften spekulativ geklärt werden sollten. Zu den bekannten Hypothesen dieser Art gehört die Konjektur eines ›Phlo-

---

[225] Leibniz, Schriften Bd. 4. (33) ›Animadversiones in partem generalem Principiorum Cartesianorum. S. 350–392, Zitat S. 390–391.

giston‹, bis Lavoisier bewies, daß der Zutritt von Sauerstoff, nicht ein zusätzlicher Bestandteil der jeweiligen Materie deren Brennbarkeit bewirkt; trotzdem hielt sich die Phlogiston-Theorie noch lange nach Lavoisiers Tod.[226] Und obwohl Leibniz solche Hilfskonstruktionen wie Helmonts ›Archeus‹ ablehnen zu können glaubte, weil sie dem mathematischen Verfahren widersprachen,[227] verschafften diese sich erneut Geltung, wenn danach gefragt wurde, ob die Seele Materie beinhalte, in welcher Form sie durch den Körper modifiziert werde und ob überhaupt ›Seele‹ im Sinn von Descartes' ›Geist in der Maschine‹ existiere. Die Idee einer ›Mittelkraft‹ erwies sich für die Physiologie als bedeutsam, um die Frage nach dem Einfluß des Körpers auf den Geist, das Problem der Übertragung der Sinneseindrücke von den Nerven aufs Gedächtnis, den Entstehungsprozeß des Denkens und schließlich die Art der Tätigkeit der Seele unter dem Einfluß des Körpers zu erörtern. Wenn die Grundthese war, daß kein Denken ohne körperliche Voraussetzungen möglich war, so gab es drei Lösungsmöglichkeiten für die Frage nach der Entstehung des Bewußtseins: 1) es gibt keine Seele, der Mensch ist eine von Natur aus selbsttätige Maschine; 2) Seele ist eine Menge in Bewegung gesetzter Atome (so Epikur, Hobbes, Spinoza); 3) Seele ist eine besondere Substanz, die geschickt – durch die ›Mittelkraft‹ – mit dem materiellen Körper vereint ist.[228]

---

[226] Vgl. Graßl, Aufbruch zur Romantik. (81), S. 87, 366–67 u. 378.

[227] Leibniz, Schriften Bd. 4. (33), S. 391. Im Anschluß an die im Text wiedergegebene Stelle schreibt Leibniz: »His vero semel in generali tractatione constitutis, postea cum phaenomenorum naturae ratio redditur, omnia mechanice expediri possunt, et tam frustra perceptiones et appetitus archei, et ideae operatrices, et formae substantiarum, ipsaeque animae tunc adhibentur, quam frustra causam universalem omnium Deum ex machina ad res naturales singulas simplici voluntate ejus expediendas advocaremus … Haec qui probe considerabit, medium in philosophando tenebit, et non minus Theologis quam Physicis satisfaciet …« [Hat man einmal diese Grundprinzipien der Behandlung festgelegt, so kann man später bei der Ergründung der Naturerscheinungen alles auf mechanische Weise erklären; es wäre dabei ebenso vergebens, das Hilfsmittel eines mit sinnlichen Perzeptionen und Neigungen ausgestatteten Archeus, sowie wirkende Ideen, Formen der Substanzen und gar ›Seelen‹ selbst heranzuziehen, wie man vergeblich als allgemeine Ursache der Dinge Gott aus der Versenkung holen würde, um bei jedem einzelnen Naturvorgang zu erklären, daß dieser schlicht nach seinem Willen abläuft … Wer dies recht erwägt, der wird einen Mittelweg in der Philosophie einschlagen und nicht weniger den Theologen als den Physikern Genüge tun …].

[228] Der in Würzburg ausgebildete Melchior Weikard (1742–1803), Leibarzt der Zaren Katharina II. und Paul I. sowie des Erzbischofs Dalberg von Mainz, hat in seinem Buch ›Der philosophische Arzt‹ diese Lösungsmöglichkeiten zusammengestellt: ›Von der Geschichte der Seele, ihrem Wohnsitze, und Eigenschaften‹. Vgl. (56), S. 209–225. Weikard selbst entwirft jedoch eine physiolo-

Auf dem dritten Lösungsweg basiert Ernst Platners Physiologie; 1767 war in Leipzig seine Dissertation ›De vi corporis in memoria‹ erschienen, in der er die begrenzte Frage des Einflusses des Körpers auf das Gedächtnis behandelte. 1772 erscheint seine ›Anthropologie für Ärzte und Weltweise‹, worin er, mittlerweile Professor für Physiologie in Leipzig geworden, seine Themen auf Psychologie, Philosophie und Ästhetik ausdehnt, in denen er Jean Paul von 1781 – dem Erscheinungsjahr der ›Kritik der reinen Vernunft‹ Kants – bis 1784 unterrichten sollte. Diese erste ›Anthropologie‹ Platners[229] begründet die Philosophie als Resultat der Physiologie, das Denken als Resultat des Körpers und seiner Perzeptionen und Bewegungen. Platner behauptet die Verschiedenheit von Körperwelt und geistigen Vorgängen, der Körper spielt dabei eine vermittelnde Rolle:

> Die Gemeinschaft der Seele und des Körpers ist also eine gegenseitige Abhängigkeit – der Seele vom Körper in Ansehung des Denkens, und des Körpers von der Seele in Ansehung gewisser Bewegungen.[230]

Das Nervensystem wird als Kanalsystem interpretiert, in dem der ›Nervensaft‹ die Reize der Sinnesorgane weiterleitet. Sitz der Seele ist die Zentrale dieses Kanalsystems, nämlich das menschliche Gehirn. Empfindungen sind zwar im ganzen Körper spürbar, das ergibt sich jedoch aus den Bewegungen des ›Nervensafts‹, als dem Transportmittel der Reizinformationen zum Gehirn. Daß es sich jedoch nur metaphorisch gesprochen um ein »Kanalsystem« handelt, das empirisch-anatomisch nicht erweisbar ist, muß hier betont werden – dazu fehlen auch die optischen Instrumente: der »Fluß« des Nervensaftes entspricht in Platners entwickeltster Vorstellung einem ›elektrischen‹ Prozeß, und in dieser Konjektur ist eine äußerste Stufe des naturwissenschaftlich-animistischen Denkens erreicht, deren wissenschaftliche Grundlage Jean Paul durch die Spiritualisierung der Materie in den Bereich der Poesie über-

---

gische Hypothese des Denkens, die in ihrem mechanistischen Konzept Platners Hypothese vom ›Nervensaft‹ widerspricht: analog der Zusammensetzung der Muskeln aus Muskel-Fasern sind Nerven und Gehirn aus »Zasern« gebildet, die auf bestimmte Anreize hin eine mechanische Tätigkeit (Druck, Zug) bewirken. Vgl. hierzu auch Gulyga (82), Kap. III: Der naturwissenschaftliche Materialismus. Die mechanistische Richtung. S. 59ff. (zu Weikard S. 63–71). Ernst Platner hat diese Theorie abgelehnt (vgl. Quaest. Physiol. (44), S. 65).

[229] Vgl. (38), (39); die »alte Anthropologie«, wie sie Jean Paul nennt, wurde, vollkommen erneuert, 1790 wieder herausgegeben (41). Ihr geplanter zweiter Band erschien jedoch nicht mehr: Platner hatte wohl die Aussichtslosigkeit des Kampfes gegen den Kantianismus eingesehen.

[230] (39), S. 37, § 138.

führt.[231] – Der ›Nervensaft‹ reguliert auch die Schnelligkeit und die Kombinatorik der erfaßten Ideen;[232] und schließlich liegen in der Beschaffenheit des Gehirns, das alle sinnlichen und geistigen Impulse auffängt, die Ursache für die geistigen – mithin auch die artistischen – Fähigkeiten:

> Die natürliche Beschaffenheit des Gehirns, nach welcher ... entfernte und verschiedene Ideen zu gleicher Zeit erregt und ... sonderbare Zusammensetzungen hervorgebracht werden können, ist eine Anlage zum Originalgenie – aber auch zur Raserey.[233]

Nach dem privaten Studium von Bayle und Diderot lernte der junge Jean Paul bei Platner eingehend die physiologische Literatur und den Stand der Medizin kennen; er hat davon im Bereich der Ärzte-Satire, im Dr. Fenk der ›Unsichtbaren Loge‹, im Dr. Sphex des ›Titan‹ und in der Zeichnung der Titelfigur von ›Dr. Katzenbergers Badereise‹ ausgiebig Gebrauch gemacht. Aber darüber hinaus wurde er durch das philosophische Denken auf der Grundlage der Physiologie Platners mit einem skeptischen Sensualismus vertraut, der einmal die Möglichkeit vollkommener, systematisch erfaßbarer Gewißheit der Erfahrung auf der Grundlage des Bewußtseins und seiner Vermögen von sich wies. In der ›Logik und Metaphysik‹ Platners steht der lapidare Satz:

> Keine Erklärung kann eigentlich eine Sacherklärung genannt werden. Man erklärt nicht die Sache, sondern den Begriff der Sache.[234]

Die Ablehnung von Kants Konstrukt des ›synthetischen Begriffs a priori‹ ist deutlich formuliert. Die Ursache für diese Resignation der skeptisch-sensualistischen Logik hinsichtlich der Gewißheit ihrer Erfahrung geht aus einer Passage der Einleitung zu den ›Quaestiones Physiologicae‹ hervor:

> Sed omnis illius disputationis tum cursus, tum exitus probabilitate continetur. Nam quantumuis diligenter collata et comparata sententiarum varietate, non id quod verum et certum est, inuenies, sed in eo te acquiescere oportebit, quod huic proximum. Ideoque disputationem probabilem nomino physiologiam: quippe nihil non coniecturale est, siue ad obseruationes respicias, quae ei pro materia et fundamento sunt, siue ad argumentationes, quae inde deducuntur. Itaque in definienda physiologia grauiter peccatum est ab iis, qui scientiam

---

[231] Zur ›Nervensaft‹-Lehre vgl. ›Anthropologie‹ 1772: (39) §§ 149–178 (S. 44–49), sowie zum Nervensaft als ›elektrischem‹ Prozeß Quaest. Physiol. (44) S. 219–220. Das zweite Kapitel des zweiten Teils wird die Dokumente dazu vorlegen und die Lösungen aus den ›Quaest. Physiol.‹ ausführlich zitieren.

[232] (39), § 512, S. 168.

[233] Ebd., § 515, S. 169.

[234] (45), § 193, S. 54.

eam esse statuerunt. Etenim nec stabilibus principiis inhaeret, nec in ea quic-
quam necessaria ratione demonstratum et conclusum deprehenditur. Ergo
vna exquirenda et consectanda probabilitas est, obseruationum primo, deinde
argumentationum, quae hinc colligantur. Illa quidem magis in promtu est:
haec autem, quasi recondita profundius, iudicandi et ratiocinandi viribus est
et artibus eruenda. Nam pleraeque obseruationes, quas physiologi recentiores
ad illustrandos primarios huius disciplinae locos accommodarunt, tanta dili-
gentia institutae ac repetitae fuerunt, vt si quis ne his quidem fidem adhiben-
dam esse putet, dubitandi facultatem ad calumniandi licentiam conuertere videatur. Conclusionum autem, quae hinc ducuntur, quamuis argutarum et ad
veri ac certi similitudinem comparatarum, multae et maximae cautiones sunt;
praesertim cum in iis persaepe ab experientiae fide recedatur.... Etenim multa video aliena inuecta esse per systematis concinnandi studium a scholarum
doctoribus; qui non naturae disciplinam, sed naturam disciplinae suae adapta-
tam esse cuperent ...

[Aber der gesamte Ablauf wie auch der Beschluß meiner Behandlung der Physiologie wird bestimmt vom Begriff der Wahrscheinlichkeit. Denn so sorgfäl-
tig die verschiedenen Ansichten und Lehrmeinungen einander gegenüberge-
stellt und abgewogen wurden, so erschließt sich dem Leser daraus nicht, was
wahr und gültig ist, sondern er wird sich damit bescheiden müssen, was diesem
Maßstab zunächst kommt. Und so nenne ich die Physiologie eine Erörterung
des Wahrscheinlichen: denn in ihrer Gesamtheit baut sie auf Konjekturen, ob
man nun ihre Beobachtungen bedenkt, die ihr Gegenstand und ihre Basis darstellen, oder ihre theoretischen Erwägungen betrachtet, die aus den Beobachtungen hergeleitet werden. Deshalb sind diejenigen in schweren Irrtum verfallen, die bei der Definition der Physiologie zugrunde legten, es handle sich
hier um eine ›Wissenschaft‹. Denn sie hängt nicht konstanten Prinzipien an,
und es sind in ihr keinerlei Beweise und Schlüsse anzutreffen, die einem notwendigen ›a priori‹ der Vernunft gehorchten. Das einzige Ziel, nach dem sie
forscht und das sie anstrebt, ist die Wahrscheinlichkeit, sowohl und primär in
den Beobachtungen, dann auch in den theoretischen Sätzen, die aus diesen
abgeleitet werden. Die Vernunft bietet sich leichter an [d. h. sie dekretiert
Problemlösungen]: die Wahrscheinlichkeit aber, gleichsam tiefgründiger verdeckt, muß mit den Mitteln des Abwägens und des Schließens, also kunstvoll
ans Licht gebracht werden. Denn viele von den Beobachtungen, die neuere
Physiologen zur Erhellung der Hauptgrundsätze dieser Disziplin passend gefunden haben, sind mit solchem Eifer angestellt und wiederholt worden, daß
damit – falls jemand einmal nicht diesen den »schuldigen« Glauben entgegen-
brachte – die Möglichkeit des Zweifels bereits als Verkehrung in schranken-
lose Zweifelsucht erscheint [und also das Grundprinzip der Physiologie, durch
die Anerkennung von ›gesicherten‹ Annahmen, die vom methodischen Zweifel ausgenommen sind, verletzt wird; W. P.]. Man hat sich vielfach und genau
vor den Folgerungen in Acht zu nehmen, die aus solchen Grundannahmen
gezogen werden, mögen diese noch so scharfsinnig und als dem Wahren und
Gewissen ähnlich konstruiert sein; vornehmlich weil in ihnen sehr oft von der
Gewißheit Abstand genommen wird, die das Experiment gibt.... Und so sehe
ich, daß von den Schulgelehrten [in wahre Beobachtungen] viel Ungereimtes
hineingebracht wurde, um ein in sich stimmiges System zu erstellen; diese
streben damit danach, nicht die Wissenschaft der Natur, sondern die Natur

der Wissenschaft anzupassen. . . .][235]

Auf der Grundlage dieser Physiologie – ihres induktiv-experimentellen Verfahrens, des methodischen Zweifels und der Ablehnung der deduktiven ›ratio‹ – entsteht Jean Pauls Auffassung vom Wissenserwerb und der Rolle der Phantasie, die für ihn zum konstitutiven Begriff für das Verhältnis der Poetik und Poesie zur Wirklichkeit wird. Die Grundmetapher, in Platners ästhetischen Vorlesungen bereits aus dem Bereich der Physiologie in den der Poesie übertragen, ist der »poetische Geist«; die Bedeutung dieser Metapher – sinnliches Auffassen, freie Kombinatorik und ein ›Beseelen‹ aller körperlichen Gegenstände – basiert auf dem Substrat der Theorie des Nervensaftes.[236] Aber die Lehre von einem ›fluidum nerveum‹ als dem Träger der sinnlichen Eindrücke, die Platner zur Vorstellung von einem elektrischen Prozeß fortentwickelt hatte, ist bei ihrer Übernahme durch Jean Paul bereits derart spiritualisiert, daß der Begriff dieser Konjektur, als ›Mittelkraft‹ zwischen Körper- und Geisterwelt vermittelnd, die wissenschaftliche Überzeugungskraft verliert: als Resultat der Durchsetzung der mechanistischen Analogien, mit denen Kants deduktives Vernunftprinzip operiert, wird die animistische Physiologie in Jean Pauls Werk zur Grundlage der Poesie umgestaltet. Bei diesem Vorgang treten, schon in Platners Spätfassung der Nervensaft-Hypothese, Elemente der barocken Medizin hervor: nicht zuletzt deshalb ist die immer wieder zitierte letzte Schrift Platners zur Physiologie in Form einer Disputation zur Verteidigung Stahls (und auch seines Vorgängers Helmont) gegen Haller gehalten – in lateinischer Sprache. In seiner ersten umfangreichen Schrift, der ›Anthropologie‹ von 1772 hatte sich Platner noch gegen den Vorwurf verteidigt, er vulgarisiere durch den Gebrauch des Deutschen die wissenschaftliche Disziplin: in den ›Quaestiones Physiologicae‹ von 1794 ist die Disziplin, wie Platner sie vertritt, auf dem Rückzug – vor dem Kantianismus als philosophischer Grundlage und dem Mechanismus in der Medizin – in die Rezesse der verschwindenden lateinischen Gelehrten-Kultur.[237] Ihre wissenschaftlich begründete Aporie erweist

---

[235] (44). S 16-18.

[236] Vgl. Bergmann (74a), der die häufige Verwendung des Ausdrucks ›Geist der Kunst‹ in Platners ästhetischen Vorlesungen belegt (S. 86-97). Alle Metaphern, die von Beseelen, Vergeistigen – im Kontrast zur Körperwelt – sprechen, sind von der Spiritualisierung der Materie her zu verstehen, in der die philosophisch-physiologischen Denkübungen 1791 enden (Über die Fortdauer der Seele und ihres Bewußtseins, GW II/3, S. 339-360). Besonders häufig findet sich die Metapher im Zusammenhang mit den Definitionen zu Drama und Epos (XI. Programm) und zum Roman (XII. Programm) in der ›Vorschule der Ästhetik‹.

[237] Vgl. dazu die Verteidigung des Gebrauchs des Deutschen in der ›Anthropolo-

156

sich bei Jean Paul als Motiv für den Übergang vom philosophischen Sensualismus zur Dichtung, und dies begründet auch das historische Bewußtsein des Dichters von seiner Poesie: als zwangsläufiger ›Einsturz‹ in die ›Innenwelt‹, der die Rettung des animistischen naturrechtlichen Denkens der Poesie zuweist, nachdem dieses wissenschaftlich-mechanistischen Welterfassung unterlegen ist. Dieser Übergang ist faßbar, wenn Jean Paul im ›Kampaner Tal‹ schreibt:

> Überhaupt muß nicht bloß die Praxis des Körpers, sondern auch die Theorie desselben, nicht bloß die *angewandte* Erdmeßkunst seiner Lüste, sondern auch die *reine* Größenlehre der sinnlichen Welt den heiligen, in sich zurückgesenkten Blick auf die innere Welt diesseits der äußern verfinstern und erschweren. Nur der Moralist, der Psycholog, der Dichter, sogar der Artist fasset leichter unsere innere Welt; aber dem Chemiker, dem Arzte, dem Meßkünstler fehlen dazu die Seh- und Hörröhre, und mit der Zeit auch die Augen und Ohren.[238]

Wo die wissenschaftliche Disziplin der Physiologie nicht mehr in der Lage ist, die Erkenntnis der Verbindung von Materie und Geist zu garantieren, tritt der »poetische Geist«, die »natürliche Magie der Einbildungskraft« helfend ein. Der Begriff der ›natürlichen Magie‹ ist jedoch ein Terminus der Rosenkreuzer, die ihren Sitz im 18. Jahrhundert in Sulzbach-Rosenberg hatten, also in unmittelbarer Nähe zur Heimat Jean Pauls – dies mag zur Aufnahmebereitschaft des Dichters für solche Vorstellungen beigetragen haben.[239]

gie‹ von 1772: (39), Vorrede, S. XXV-XXVII. Zur Darstellung der ›Quaestiones Physiologicae‹ als Disputation zwischen Stahl und Haller vgl. (44), Prooemium, S. 15-16. Es wird jeweils eine These Stahls zitiert, dann die Gegenargumente Hallers und seiner Schule vorgebracht und diese dann von Platner widerlegt.

[238] H. IV, S. 608. Die Anspielung auf »Praxis« und »Theorie« des »Körpers«, d. h. der sinnlichen Welt bezieht sich deutlich auf Kants angewandte und reine Vernunft: beide sind insofern mechanistisch, als sie sich nur mit der Erfassung von Meßbarem beschäftigen.

[239] Zu den Rosenkreuzern in Sulzbach vgl. generell Hans Graßls Buch ›Aufbruch zur Romantik‹ (81). Es ist nicht nachzuweisen, daß Jean Paul Joh. Baptist van Helmonts Werk ›Aufgang der Artzney-Kunst‹ (19) unmittelbar gekannt hat, in dem der Begriff eine wichtige Rolle spielt; der Sohn des berühmten Arztes hatte es, als Sammlung des Werkes seines Vaters, 1683 in Sulzbach in deutscher Sprache veröffentlicht. Der von Helmont beeinflußte Stahl war Jean Paul durch Texte sicher bekannt, und Platners ›Quaestiones Physiologicae‹ dokumentieren einen unmittelbaren Einfluß des Helmontschen Werkes (s. (44), S. 190-199 und 240-241), sodaß eine indirekte Vermittlung seines Gedankengutes in der Frage der ›natürlichen Magie‹ auch über Platner angenommen werden kann. Der Begriff selbst sowie seine Hauptvertreter waren Jean Paul bekannt aus Joh. Nikolaus Martius' ›Unterricht in der natürlichen Magie …‹ in der Bearbeitung Joh. Christian Wieglebs (1779), die in der ›Vorschule‹

Fassen wir die Resultate zusammen, die sich aus diesem analytischen Teil der Untersuchung von Jean Pauls geschichtlicher Stellung ergaben: Gegen die sich anbahnende dogmatische Subjektivierung der abstrakten Vernunft durch Kant, die der Wissenschaftsauffassung des Idealismus (selbständige Einzeldisziplinen unter Anleitung des deduktiven Prinzips der ratio) und der Gesellschaftsbetrachtung des Historismus (Staat und Kirche als durch ihre Geschichtlichkeit legitimierte Mächte) den Weg eröffnet und damit aus mechanistischen Tendenzen der Kultur des 17./18. Jahrhunderts eine – im Sinne Max Webers – ›rationalere‹ Gestaltung dieser Bereiche einleitet, beharrt Jean Paul auf den Positionen eines aufklärerischen sensualistischen Skeptizismus, wie er ihm vornehmlich von Ernst Platner vermittelt worden war.[240] Tritt im Gefolge der Kantschen Denkrevolution der Dualismus zwischen Geist und Körper, und zugleich zwischen den Formen der gesellschaftlichen Selbstinterpretation (Religion, Recht, Ästhetik) und historisch-sozialen Gegebenheiten stärker hervor, so steigert sich der ursprünglich induktiv-rationale Zusammenhalt der sensualistischen Erfahrungstheorie, der aufklärerischen Religion und der naturrechtlichen Gesellschaftstheorie – gegenüber den ›mechanistischen‹ Tendenzen an wissenschaftlich-technischer Effizienz nachgebend – in Jean Pauls Werk zur Begründung eines in seiner Zeit ungewöhnlichen poetischen Verfahrens. Alle Poesie geht aus von der Empfindung, parallel dem sensualistischen Grundsatz, daß die Vernunft nur begreift, was zuvor sinnlich erfaßt wurde: aber Poesie ist dabei ›Beseelen‹ der realen Kör-

---

(H. V, S. 44) erwähnt wird. - Ein Resumee des Begriffes gibt Graßl, (81), S. 111–112: Es gibt sozusagen einen allgemeinen Weltgeist, der alle Dinge miteinander verbindet, Seelen erzeugt und magische Fähigkeiten hervorbringt, die durch Sym- und Antipathie wirken. Ihren Gipfel erreicht die ›Magia naturalis‹ in den Geisteskräften des erkennenden Menschen.

[240] Eduard Berend hat darauf verwiesen, daß Jean Paul Vorlesungsnotizen aus der Zeit bei Platner in spätere Exzerptenhefte übernahm und verwandte: auf diese Weise erscheinen Zitate von Platner, ohne daß diese in dessen gedruckten Werken nachweisbar wären: so etwa in der ›Vorschule‹, (H. V, S. 105, Anm. 1), wo weder Berend noch Miller (vgl. ebd. S. 1209–1210) einen Beleg für die zitierte Äußerung auffinden konnten. Die Bedeutung der Beziehung Jean Pauls zu Ernst Platner ist deshalb zwar offenkundig, aber nicht immer textlich dokumentierbar. So nehme ich auch nicht an, daß Jean Paul die erst 1794 erschienen ›Quaestiones Physiologicae‹ (44), die in dieser Arbeit so oft zitiert werden, gelesen hat. Aber die generelle Einstellung zu physiologischen und philosophischen Problemen und die Basis für die Kritik der zeitgenössischen Philosophie und Ästhetik, des Idealismus wie der Romantik, wurde unter Platners Einfluß gewonnen und bis in die ›Selina‹ beibehalten, auch wenn Jean Paul sich später von Platners Person distanziert hat.

perwelt, in einem magisch-magnetischen Vorgang, der die Unbewußt-
heit und wissenschaftliche Unauflösbarkeit der Beziehung von Geist
und Materie überspringt. Die Theorie des Magnetismus ist eine Konjektur, welche die

> Unwissenheit über unsere Verbindung mit dem Körper und die über die Ver-
> bindung mit der zweiten Welt

beheben soll: sie tritt an die alte Stelle der physiologischen Hypothese
der ›Mittelkraft‹.[241] Insofern als nur ›wirkliche‹ Gegenstände dem Bewußtsein zur Grundlage dienen können, bleibt das Grundprinzip des
Sensualismus erhalten (wie es Jean Paul gegen das »poetische Tollkirschenfest« der Romantik verteidigt), aber insgesamt ist die Dichtung ein
›idealisches‹ Verfahren.[242] Der Sensualismus kennt zwar keine angeborenen Ideen, nicht einmal im Begriff Gottes; auch dieser ist erworben,
wie alle übrigen Ideen.[243] Trotzdem behauptet Jean Paul die Absolutheit
der Unsterblichkeitsidee und der Ich-Erfahrung, als unmittelbare – hypothetisch erschlossene, nicht erwiesene – Tatsachen des Bewußtseins:
der Sensualismus wird damit gewissermaßen ›idealisiert‹, und Fichte

---

[241] Das Kampaner Tal. H. IV, S. 620, Anm. 1. - Johannes Alt betont in seiner Monographie immer wieder die Bedeutung des Magischen in Jean Pauls Werk
(vgl. (111), S. 196–203 bei der Behandlung des ›Kamp. Tals‹). Aber der historische Sinn liegt nicht in der Gewinnung einer Befreiung der Poesie von der
Zopfigkeit des Stils, sondern im Übergang von der Physiologie zur Dichtung,
um den mit dem Naturrechtsdenken verknüpften Unsterblichkeitsgedanken
gerechtfertigt zu erhalten.

[242] Über die natürliche Magie der Einbildungskraft. H. IV, S. 202. Die Bezeichnung der Romantik als »poetisches Tollkirschenfest« findet sich in der 1821
geschriebenen Vorrede zur zweiten Auflage der ›Unsichtbaren Loge‹, H. I,
S. 19.

[243] Vgl. Platner. Anthropologie 1772. (39). § 183, S. 50–51: »Der Begriff von der
Gottheit ist nicht angebohren. Denn er entsteht entweder durch Unterricht,
oder, bey wilden Völkern, stumm und taub gebohrnen Menschen, ohne Unterricht. Im ersten Falle offenbar durch die Sinne. Im andern Falle ebenfalls
durch die sinnliche Erfahrung. Diese lehrt daß alles was geschieht allezeit
durch eine vorhergegangene Ursache geschieht; hierdurch lernt der Mensch
sich daran gewöhnen, keine Wirkung ohne Ursache zu denken. Also denkt er
sich bey der Welt auch eine Ursache.« - In Jean Pauls ›Levana‹ basiert die
gesamte Erziehung des Kindes zur Religion auf diesem Grundsatz (vgl. H. V,
§§ 38–40, S. 576–587). Religion ist - typisch naturrechtlich - »ein Sittengesetz«,
das den vielen historischen Formen des Religiösen einheitlich zugrunde liegt
(§ 38. S. 576); sie ist »Poesie der Moral« (§ 39. S. 579). »Das Ich sucht nach
einem Ur-Ich« heißt es weiter, »jene Freiheit, von welcher die Endlichkeit die
Gesetze bekam; aber es könnte nicht suchen, wenn es nicht kennte und wenn
es nicht hätte.« (Die Idealisierung des Sensualismus ist aus dieser Formulierung deutlich abzulesen!).

könnte Jean Paul, gemäß der Einteilung der Gegner seiner ›Wissenschaftslehre‹, zu den Vertretern eines induktiv verfahrenden Idealismus rechnen.[244] Daß diese Idealisierung aus der Erhaltung des teleologischen Denkens und damit aus einem metaphysischen Bedürfnis resultiert, zeigt die physiologisch-theologische Abhandlung Jean Pauls von 1791 ›Über die Fortdauer der Seele und ihres Bewußtseins‹, die den Übergang Jean Pauls von der Philosophie zur Dichtung markiert: aber darin wird auch deutlich, daß nur so die naturrechtlich-induktive Weltinterpretation weitergeführt werden kann.[245] Eine der Definitionen der Poesie in der ›Vorschule‹ bestätigt diese Deutung; sie greift gleichsam das einheitliche Prinzip der Welterfassung in Physiologie, Religion und Recht auf, dessen ›animistische‹ Elemente durch Kants »Übergang von der rationalen Psychologie zur Kosmologie« zugunsten einer ›mechanistischen‹ Rationalität preisgegeben wurden,[246] und reflektiert, ohne den entstandenen Gegensatz von Außen- und Innenwelt anzuerkennen, durch Spiritualisierung der Außenwelt noch einmal das einheitliche, nunmehr wissenschaftlich überholte Paradigma der Welterfassung:[247]

---

[244] Fichte, Erste und zweite Einleitung in die Wissenschaftslehre. (17), S. 29.

[245] Das erste Kap. des zweiten Teils wird auf die Funktion gerade dieser Abhandlung eingehen.

[246] Damit bezeichnet Kant die Gegensätze: ›animistisch‹-rationale Vorstellungslehre, die der induktiven Wissenschaft zugrunde lag, und ›mechanistische‹ Kosmologie, auf der nun das deduktive Verfahren der reinen Vernunft begründet wird, um das von Kant grundlegend kritisierte Mißverhältnis zwischen der Erfassung von Gegenständen des inneren und der äußeren Sinne zu beseitigen. Diese »Allgemeine Anmerkung, den Übergang von der rationalen Psychologie zur Kosmologie betreffend« leitet damit den historisch wichtigsten Teil der ›Kritik der reinen Vernunft‹ ein, da hier die Integration animistischer Elemente in das wissenschaftliche Weltbild endgültig beendet wird. Vgl. (29), S. 359–361. -
Hartmut Vinçons Buch ›Topographie: Innenwelt - Außenwelt bei Jean Paul‹ (München 1970) hat versucht, das Problem dieses Gegensatzes von Außen- und Innenwelt vornehmlich marxistisch zu deuten, **aber als ästhetischen Reflex des gesellschaftlichen Zustandes.** Es handelt sich hier jedoch um ein Problem, das auf wissenschaftsgeschichtlichen Voraussetzungen beruht, vor allem eben auf der Überführung der Platnerschen Physiologie in den Bereich der Poesie.

[247] »Die Materie ist selbst immateriell.« (Über die Fortdauer der Seele und ihres Bewußtseins, GW II/3, S. 345). Noch in der ›Selina‹ wird diese Grundlage der idealisierten Physiologie festgehalten; vgl. den Abschnitt ›Verhältnis zwischen Leib und Geist‹ (H. VI, S. 1172ff.). Dort heißt es: »Wenn, wie schon bewiesen, keine Bewegungen, Eindrücke, überhaupt Körperspuren des innern All des Ich im äußern des Gehirns entsprechen können, wenn überhaupt kein mechanischer Weg das Sehen, Hören u. s. w. möglich macht: so wirkt die Unterseelenwelt des Organismus auf die Oberseele oder Regentmonade bloß nach

wie das organische Reich das mechanische aufgreift, so übt die poetische
Welt dieselbe Kraft an der Wirklichkeit.[248]

Bevor damit der erste Teil der Untersuchung der geschichtlichen Stellung Jean Pauls abgeschlossen wird, ist noch zu begründen, weshalb die
Bereiche der Physiologie/Philosophie, der Religion, des Rechts und der
Ästhetik ›idealtypisch‹ als bestimmend für diese Untersuchung angesehen werden. Es handelt sich hier nicht um eine willkürliche Bestimmung.
Friedrich Döppes wenig beachtete und zu Unrecht ungedruckte Untersuchung über das Jugendwerk Jean Pauls (Bibliographie Nr. 118) hat in
einer Übersicht über die verwendeten Fachtermini (vor allem lateinischer Herkunft) in den satirischen und philosophischen Skizzen und
Abhandlungen vier Herkunftsbereiche festgestellt:

- Medizin,
- Theologie,
- Jurisprudenz,
- Philosophie.

Damit sind jedoch genau die alten vier Bereiche bezeichnet, die der
Polyhistorismus als konstitutiv für das universale Wissen angesehen hat.
Es sei dazu eines der Handbücher der polyhistorischen Bewegung zitiert, Gottlieb Stolles ›Anleitung zur Historie der Gelahrtheit‹ (Erstdruck Jena 1718):

Was die Gelahrtheit insonderheit betrifft, so ist bekannt, daß die *Erudition* in
vier Facultäten unterschieden wird. Ob nun wohl dieser Unterschied eben
nicht der *accurateste* ist, so kan man ihn doch behalten, weil er gewöhnlich
und bekannt ist.

Dieser Unterscheid ist mit den Universitäten entstanden, so vor dem Anfang
des XIII. *Seculi* nicht entsprungen sind.

Man kan demnach die Historie der Gelahrtheit in vier Bücher abtheilen, und
in dem ersten von der Philosophie, in dem andern von der Theologie, in dem
dritten von der *Jurisprudenz*, und in dem vierdten von der *Medicin*, historisch
handeln.[249]

geistigen Gesetzen ein und vermittelt das Unorganische.« (S. 1181) Denn nur
durch die Grundannahme, daß die Außenwelt und die Nerven als Sinnenwerk-
zeuge eine mindere Form des Spirituellen darstellen, läßt sich überhaupt das
Verhältnis von Körper (der »Unterseelenwelt des Organismus«) auf den Geist
(der »Oberseele«) für Jean Paul erfaßbar denken: »Wenn die äußere Welt als
die niedere Seelenwelt durch die Nervenwelt als durch eine höhere Seelenwelt unserem Ich assimiliert und gegeben wird: so fallen die Fragen, als ob
Bewegungen, Eindrücke, Körperspuren dem innern und äußern All des Ich
entsprechen müßten, von selber weg.« (ebd.).
[248] Vorschule der Ästhetik, § 3 ›Poetische Materialisten‹. H. V, S. 39.
[249] (118), S. 20 u. ff. Döppe unterscheidet bei seiner Untersuchung der Herkunftsbereiche folgendermaßen: 1. akad. latein. Fachtermini: a) medizinische; b) the-

Döppe untersucht freilich nur den Stil der Frühschriften als Vorbereitung des Romanstils und begnügt sich mit allgemeinen Andeutungen des Zeithintergrundes; trotzdem sind seine Feststellungen Belege für die Auffassung Jean Pauls, wie sie in dieser Arbeit vertreten wird. Das »Nebeneinander von Worten aus so verschiedenartigen Sphären ist bei dem Bücherwurm R[ichter] durchaus zeitbedingt«, schreibt er,[250] ist also auf einen Polyszientismus der Aufklärung zurückzuführen. Auch wenn

ologische; c) juristische; d) philosophische. 2. latein. Redewendungen; 3. allgemeinwissensch. Ausdrücke; 4. Quellenhinweise in verschiedener Form. -
Gerade weil Döppes Kommentar keine Folgerungen aus seinem Ergebnis zieht, die auf den wissenschaftlichen Polyhistorismus als Vorläufer des Jugendwerks deuten, und er nur einige literarisch mögliche Vorbilder angibt, ist die Übereinstimmung zwischen den Bereichen der Fachtermini und dem Grundbestand des Wissens, das Stolle nennt, um so frappierender. Nach Döppe stammt das gelehrte Material natürlich aus »der gelehrsamen Lektüre Richters. Zu ihrer Verwendung in nichtwissenschaftlichem Zusammenhang wurde der Dichter wahrscheinlich durch Sterne ermutigt, auch Liscow gebraucht sie häufig und mancher deutsche Satiriker nach ihm.« (ebd., S. 21-22). Döppe kommt also gar nicht auf den Gedanken, dem kausalen Zusammenhang der vier Fachbereiche nachzugehen; und Liscow oder gar Sterne erklären als Vorbilder bestimmt nicht das Gewicht des wissenschaftlichen Materials, dessen Umfang im Werk Jean Pauls im Verhältnis zu ihnen ungleich größer ist. Ein Resultat, das für die historische Interpretation hätte bedeutsam werden können, erscheint deshalb als Zufall, der zudem falsch interpretiert wird: weil Jean Paul nur als Literat betrachtet wird, dessen Entwicklung auf den Roman zusteuert. Eben das ist nicht der Fall: Jean Paul geht als Philosoph in einer aporetischen Situation des physiologischen Denkens zur Poesie über und beginnt, seine philosophischen Probleme zu ›erzählen‹. In der Überwindung der Vorstellung von Jean Paul als Autor eines primär literarischen Werkes liegt auch die Einbeziehung von Ernst Platners Werk begründet, die in dieser Arbeit vorgenommen wurde, und die sich der Jean Paul-Forschung an sich geradezu aufdrängen müßte, ebenso wie eine systematische Untersuchung der polyhistorischen Grundlagen. Daran erweist sich die restriktive Kraft von wissenschaftlichen Typisierungen, mit deren Bedeutung sich die Einleitung deshalb so ausführlich beschäftigt hatte. -
Auf die Bedeutung Stolles für den Polyhistorismus verweist Lewalter (86), S. 80, Anm. 1. Der Titel des Werkes, aus dem das Zitat entnommen ist, lautet: Gottlieb Stolles Anleitung zur Historie der Gelahrtheit, denen zum besten, so den Freyen Künsten und der Philosophie obliegen. Jena 1736 (die vorangegangenen Auflagen waren 1718, 1724 und 1727 erschienen). Das Zitat entstammt der Einleitung ›Von der Historie der Gelahrtheit überhaupt‹, Absätze XCIII und XCIV (S. 65). - Jean Paul hat diese Verbindung von Theologie, Jura, Medizin und Philosophie im ›Lob der Torheit‹ erwähnt, dort allerdings - dem Text angepaßt - in satirischer Form (vgl. GW II/1, S. 322-23 sowie S. 323 Anm.).
[250] Döppe (118), S. 27.

162

die Verbindung dieser Bereiche, die in der wissenschaftlichen Bewegung des ›Polyhistorismus‹ wurzelt, nicht untersucht und vor allem Ernst Platners Einfluß vollkommen außer Acht bleibt, so bestätigt Döppe, daß die Grundlage der Entwicklung zum Roman in den wissenschaftlichen und satirischen Schriften liegt: die Naturmetaphern fehlen im Frühwerk fast vollständig, während gerade die Termini, die den genannten wissenschaftlichen Disziplinen entnommen werden, zur Ausbildung von Metaphern führen.[251] Und sie sind nicht nur in der Zeit vor den Romanen bedeutsam, sondern sie erscheinen auch in diesen: »Dieses Nebeneinander werden wir dann auch in der ›Unsichtbaren Loge‹ beobachten, nur daß R[ichter] die entsprechenden Sphären auch zur Darstellung bringt, er zeichnet also Mediziner, Juristen, das höfische Leben usw.«.[252] Was Döppe jedoch insgesamt nicht folgert, ist der Zusammenhang des Jugend- und Romanwerks, der Poesie als notwendiger Fortsetzung der Philosophie, auch wenn er erkennt, daß gerade der Roman-Erstling Jean Pauls ohne eigentlichen Handlungsplan, unter dem Eindruck autobiographischer Erlebnisse sowie verschiedener Lektüren (Moritz' ›Anton Reiser‹, von Meyerns ›Dya Na Sore‹) entstand;[253] und daß dadurch ein »lyrisch-witziger Zustand« vom Autor beim Leser angestrebt wird, den Jean Paul in der ›Vorschule der Ästhetik‹ folgendermaßen beschreibt:

Nun gibt es einen lyrisch-witzigen Zustand, welcher nur aushungert und verödet, wenn er bleibt und herrscht, aber wie das viertägige Fieber die herrlichste Gesundheit nachlässet, wenn er geht. Wenn nämlich der Geist sich ganz frei gemacht hat - wenn der Kopf nicht eine tote Polterkammer, sondern ein Polterabend der Brautnacht geworden - wenn eine Gemeinschaft der Ideen herrscht wie der Weiber in Platons Republik und alle sich zeugend verbinden - wenn zwar ein Chaos da ist, aber darüber ein heiliger Geist, welcher schwebt, oder zuvor ein infusorisches, welches aber in der Nähe sehr gut gebildet ist und sich selber gut fortbildet und fortzeugt - wenn in dieser allgemeinen Auflösung, wie man sich den Jüngsten Tag außerhalb des Kopfs denkt, Sterne fallen, Menschen auferstehen und alles sich untereinandermischt, um etwas Neues zu gestalten - wenn dieser Dithyrambus des Witzes, welcher freilich nicht in einigen kargen Funken eines geschlagenen toten Kiesels, sondern im schimmernden Fort- und Überströmen einer warmen Gewitterwolke besteht, den Menschen mehr mit Licht als mit Gestalten füllt: dann ist ihm durch die allgemeine Gleichheit und Freiheit der Weg zur dichterischen und zur philosophischen Freiheit und Erfindung aufgetan, und seine Findkunst (Heuristik) wird jetzo nur durch ein schöneres Ziel bestimmt.[254]

---

[251] Ebd., S. 48-49.
[252] Ebd., S. 27.
[253] Vgl. ebd. die Interpretation der ›Unsichtbaren Loge‹, S. 96-103.
[254] Vorschule, § 54 ›Notwendigkeit deutscher witziger Kultur‹. H. V, S. 199-202, Zitat S. 202.

Dieser neue, die Beschreibung selbst prägende »dithyrambische« Stil, der mit dem Übergang vom philosophischen zum literarischen Werk erarbeitet wird, läßt den Unterschied zwischen den Texten, den Gattungen des literarischen Werkes, zwischen diesem selbst und den Schriften zu Ästhetik, Pädagogik, Politik, Naturwissenschaft und philosophisch-theologischen Problemen verschwinden. Alle diese Äußerungen haben als Teile eines unsystematischen philosophischen Diskurses zu gelten, wobei die Poesie der Philosophie vorausgeht (vgl. oben S. 73ff. Diese Annahme ist weiter gerechtfertigt durch die Arbeitsweise Jean Pauls, der alle Ideenbruchstücke, neben dem von ihm so benannten »Steinbruch« aufbewahrte, um sie, gemäß dem Prinzip der ›musivischen‹ Kompositionsweise, mit anderen Steinchen zusammenzufügen, deren scheinbar willkürliche Herkunft nach den genannten Wissenschaftsbereichen zu gliedern ist.[255] Daß Jean Paul mit Beginn seiner Romanschriftstellerei kaum mehr stilistisch zwischen Gegenständen und Gattungen unterscheidet, zeigt sich zudem in der auffallenden Sprachlosigkeit der Figuren, denen nur an Höhepunkten monologische Äußerungen zufallen oder die, wenn es tatsächlich zum Gespräch mehrerer Figuren kommt, philosophische Fragen aus dem Problemkreis der theoretischen Schriften besprechen.[256] Die Aneignung literarischer Formen über die Satire hinaus, nämlich von Roman und Idylle, bedeutet nur, daß der Rahmen der Präsentation des polyhistorischen Materials erweitert wurde, was sich auch auf die Form der theoretischen Schriften, ihre Einkleidung in Reden, Ankündigungen, Zeitungsblätter usw. auswirkt. Denn:

> Im Grunde muß jede Hauptmaterie für einen Autor nur das Vehikel und das Pillensilber und der Katheder sein, um darin über alles andere zu reden.[257]

Jean Paul begründet dieses Verfahren – und damit die Mißachtung einer ›realistischen‹ Erzählhandlung wie auch ganz abschweifende Einschübe – damit, daß er nur bestimmte außergewöhnliche Ereignisse und Aspekte seiner Figuren erzähle, während der Zwischenraum der Reflexion des

---

[255] Eduard Berend, Vorwort zu GW II/1: Nachlaß. Erster Bd., Ausgearbeitete Schriften 1779–1782; vgl. bes. S. VII.

[256] Ein Vergleich mit den Dialogen der theoretischen Schriften bestätigt das mühelos; von den philosophischen Gesprächen seien beispielsweise erwähnt die ›Tischreden Klothars und Glanzens‹ und das ›Gespräch über den Adel‹ aus den ›Flegeljahren‹ (2. Bändchen, Nr. 23 und Nr. 30). Typisch ist etwa auch, daß Roquairols Tragödie, die mit seinem Selbstmord endet, hauptsächlich in *seinen* Redepartien vorgeführt wird (Titan, 32. Jobelperiode, 130. Zykel).

[257] Brief an Christian Otto vom 26. März 1793, zit. nach W. Höllerer, Nachwort zu Hanser I, S. 1325.

Erzählers überlassen bleibt. Die Erzählhandlung eines Romans ist nur der ›Körper‹, die ›Seele‹ steckt im Charakter des Helden; unter diesem Aspekt erscheint ein Einschub wie ›Viktors Aufsatz über das Verhältnis des Ich zu den Organen‹ im ›Hesperus‹ nicht mehr abwegig. Und von Romanen, in denen der lyrisch-witzige Geist fehlt, heißt es, in Umkehr der physiologischen Metapher:»Der Geist wurde eine angenehme Einkleidung des Leibes.«[258] Diese Lenkung auf die Reflexion und die Ablenkung von der Handlung, vom rein ›Historischen‹, führt Jean Pauls Romane zum Anschluß an die Tradition des Emotionalismus, der in der Literatur das Bewußtsein des Gefühls zum Gegenstand der Reflexion gemacht hatte. Dieses Prinzip, dessen sich Jean Paul in den erzählenden Werken ständig bedient, führt zu einem ausgesprochenen Objekt-Verlust des Textes, da sich der empfindsame Autor stärker mit seinem Gefühl zu dem Objekt beschäftigt, das die Empfindung auslöste, als mit dem betreffenden Objekt selbst:

> Genieße dein Sein mehr als deine Art zu sein, und der liebste Gegenstand deines Bewußtseins sei dieses Bewußtsein selber![259]

Und eine zweite, für den Übergang Jean Pauls zum Roman bzw. für die Ausbildung des Romanstils wesentliche Tradition ist die Trennung des ästhetischen Gegenstands in zwei Kategorien, die auch der Begriff des ›Humors‹ bei Jean Paul nicht aufzuheben strebte, sondern die er durch die Theorie vom »lyrisch-witzigen Zustand« bestätigte. Der ›Humor‹ ist nicht Mittelding zwischen Satire und Erhabenem, sondern per definitionem das »umgekehrt Erhabene.«[260] Die Diskussion um Kants ›Kritik der Urteilskraft‹ und Goethes Naturformenlehre haben die fundamentale Zweiteilung des ästhetischen Objekts verwischt, nämlich in das ›Schöne‹ und das ›Erhabene‹. Jean Paul hat diese für das 18. Jahrhundert kennzeichnende Unterscheidung vom frühen Kant selbst übernommen, aus den der vorkritischen Zeit entstammenden ›Beobachtungen über

---

[258] Quintus Fixlein, Hanser IV, S. 101: »Da ich nur einzelne helle Marientage – warme Walpurgisnächte – höchstens bunte Rosenwochen aus dem in Alltagsschlacken vererzten Leben Fixleins wie Silberadern scheide und sie für den Leser poche, schmelze und glätte: so muß ich jetzt mit dem Bache seines Lebens gehen bis zum Kantatesonntag 1792, bevor ich einige Handvoll Goldkörner zur Wäsche in diese biographische Goldhütte tragen kann.« Auf diese Weise karikiert Jean Paul im ›Fixlein‹ sein Verhältnis zur ›Historie‹ der Erzählung, das er in der ›Vorschule‹ dann mit der physiologischen Metapher begründet: vgl. H. V. S. 268 sowie S. 250 die Umkehrung, die zugleich eine negative Wertung darstellt.
[259] Quintus Fixlein, H. IV, S. 185. - Zur Tradition des Emotionalismus vgl. Martino (87), S. 210-212.
[260] H. V. S. 125.

das Gefühl des Schönen und des Erhabenen‹ (1764). Jean Paul hat das Werk während seiner Schulzeit bereits gelesen, und die Einteilung der Romanenmaterien in der ›Vorschule‹ in italienische, deutsche und niederländische Schulen greift auf den vierten Abschnitt des Werkes zurück: ›Von den Nationalcharaktern, in so ferne sie auf dem unterschiedlichen Gefühle des Erhabenen und des Schönen beruhen.‹[261] Die beiden ästhetischen Kategorien sind aber folgendermaßen definiert:

> Verstand ist erhaben, Witz ist schön.

Beide Kategorien müssen in einem Verhältnis wohlabgewogener Mischung stehen. Die Identifikation des Schönen mit dem Witzigen, im Gegensatz zum Erhabenen gefaßt – gegen das das 18. Jahrhundert immer ein gewisses Mißtrauen hegte –, ist auch noch bei Jean Paul gültig:

> Der Scherz ist unerschöpflich, nicht der Ernst.[262]

Unter diesen formalen Prinzipien gestalten sich Jean Pauls Romane zu »poetischen Enzyklopädien«, und unter diesem Begriff, der seiner eigenen Romandefinition entnommen ist, erfassen wir das Gesamtwerk des Dichters, als dessen Grundlage die polyhistorische Verbindung von Physiologie/Philosophie, Theologie und Naturrecht zu gelten hat. Jean Paul merkte in der ›Vorschule der Ästhetik‹ zur oben zitierten Beschreibung des »lyrisch-witzigen Zustandes« an:

> Es wäre daher die Frage, ob nicht eine Sammlung von Aufsätzen nützete und gefiele, worin Ideen aus allen Wissenschaften ohne bestimmtes gerades Ziel – weder künstlerisches noch wissenschaftliches – sich nicht wie Gifte, sondern wie Karten mischten und folglich, ähnlich dem Lessingschen geistigen Würfeln, dem etwas eintrügen, der durch *Spiele* zu *gewinnen* wüßte; was aber die Sammlung anlangt, so hab' ich sie und vermehre sie täglich, schon bloß deshalb, um den Kopf so frei zu machen, als das Herz sein soll.[263]

Wenn dieses Prinzip der ›poetischen Enzyklopädie‹ die Integration von theoretischen Stücken rechtfertigt, ohne in einen Widerspruch zum spe-

---

[261] Kant, Vorkritische Schriften. (28), S. 821–884. Die Einteilung »Verstand ist erhaben, Witz ist schön« (S. 829) ist noch in Schillers Abhandlung ›Über naive und sentimentalische Dichtung‹ in der Definition der Satire wirksam: »Wenn die pathetische Satire nur *erhabene* Seelen kleidet, so kann die spottende Satire nur einem *schönen* Herzen gelingen.« (Schiller, Werke Bd. V. Ausg. Göpfert, S. 724). Und in der Abhandlung über ›Anmut und Würde‹ hatte die Beschreibung des Kontrasts der rhetorischen Begriffe ›venustas‹ (Anmut) und ›gravitas‹ (Würde) ebenfalls noch diese Zweiteilung zur Grundlage genommen. (s. ebd., S. 433–488).

[262] Luftschiffer Giannozzo. Hanser III, S. 996.

[263] Vorschule, Hanser V, S. 202 Anm. (bis S. 203).

166

zifisch ›Poetischen‹ des Romans zu geraten, so ist diese Gleichsetzung von Gedanke und Gefühl, von Reflexion und Lyrik für die Interpretation von Jean Pauls Stil als verbindlich anzusehen. Denn es kann

> unter einer rechten Hand der Roman, diese einzige erlaubte poetische Prose, so sehr wuchern als verarmen. Warum soll es nicht eine poetische Enzyklopädie, eine poetische Freiheit aller poetischen Freiheiten geben? Die Poesie komme zu uns, wie und wo sie will, sie kleide sich wie der Teufel der Eremiten oder der Jupiter der Heiden in welchen prosaischen engen dürftigen Leib; sobald sie nur wirklich darin wohnt: so sei uns dieser Maskenball willkommen. Sobald ein Geist da ist, soll er auf der Welt, gleich dem Weltgeiste, jede Form annehmen, die er allein gebrauchen und tragen kann.[264]

Die Metapher vom ›Geist der Kunst‹, die auch hier auftaucht, steht in ihrer physiologischen Grundlage – und damit in der Möglichkeit, alle Gegenstände als ›poetisch‹ zu betrachten bzw. zu empfinden – im Gegensatz zum ästhetischen, nach Grundsätzen und Regeln gebildeten ›Geschmack‹, der nur über den ›Leib‹ der Poesie (Gesetze des Metrums, der Syntax, des Stils usw.) Auskunft gibt:

> Der *Sinn* … wohnt wie der körperliche Gefühlssinn am ganzen Menschen und entscheidet die Anschauung nicht eines Buchs bloß, sondern des Universums, er sucht nur den poetischen Geist und findet ihn auch im poetischen Krüppelleibe; er achtet, ungleich dem Geschmack, alle Nationen und alle Variationen des Genius, zugleich Plato, Aristophanes, Dante, Lessing, Goethe, Hamann, Shakespeare; er verleiht die höhere Liebe, Religion und den heiligen Hintergrund der Ahnung neben dem rohen Vorgrund der Wirklichkeit; er ist daher wie das Genie nur angeboren. Der *Geschmack* hingegen wird gelernt und entwickelt durch die Lektüre aller Klassiker, und zwar an Dingen, die auch zu lernen sind: die Metrik, der Vers- und Periodenbau, die Länge und Breite und Nachbarschaft der Bilder, die Syntaxis (sowohl die verzierte als die andere), kurz der ganze poetische Leib, den sogar der geist- und leibliche Hämling Boileau messen und wiegen kann …[265]

Bei der Betrachtung von Jean Pauls Werk unter diesem Aspekt der ›poetischen Enzyklopädie‹ stellt sich jedoch die Frage nach der Beachtung der Chronologie sowie danach, ob nicht Entwicklungen im Werk des Autors unterschlagen werden. Da jedoch der Übergang von Satire und Philosophie zum Roman als Ergebnis der Aporie des naturrechtlichanimistischen Denkens anzusehen ist, das bei Jean Paul von Platner vornehmlich geprägt wurde, ist die zweite Frage hinfällig: diese historisch

---

[264] Ebd., XII. Programm ›Über den Roman‹. § 69 ›Über dessen poetischen Wert‹. (S. 248–251, Zitat S. 249–250). Vgl. hierzu auch die Verteidigung des Lehrgedichts als *poetischem* Werk, die von dem Gedanken der Identität von Denken und Fühlen ausgeht (§ 75, hierzu S. 274; s. a. oben Anm. 57).

[265] ›Kom. Anhang‹ zum ›Titan‹, ›Krit. Unter-Fraisgericht‹, Art. 8: Hanser III, S. 914–15.

bedingte Konsequenz der Platnerschen Physiologie war ja nicht revidierbar. Auf die erste Frage gibt Eduard Berend in seinen ›Prolegomena‹ zur historisch-kritischen Ausgabe Auskunft.

1825 sollte nochmals eine Gesamtausgabe letzter Hand des Werkes von Jean Paul vorbereitet werden, an der Jean Paul radikale Änderungen vorzunehmen beabsichtigte; es war ihm natürlich nicht entgangen, daß gerade in seinen letzten Lebensjahren das Verständnis für den Zusammenhang der polyhistorischen Elemente verloren gegangen war. Vor allem war deshalb geplant, die Einschübe herauszunehmen, die den Handlungsfluß ständig unterbrechen, und sie als ›Extrabände‹ (wie beim ›Titan‹) oder als Anhänge (wie im ›Fixlein‹, ›Katzenberger‹ und ›Komet‹) zu geben.[266] Aber das von Berend erwähnte Blatt zum Plan der ›Gesammtwerke oder opera omnia‹ (Fasz. 19) zeigt, daß die alten Prinzipien der Gestaltung dadurch nicht aufgegeben werden sollten; im Gegenteil, noch mehr Ungedrucktes und Verworfenes, aber auch bisher nicht Integriertes sollte eingebracht und damit die gegenseitige Verweistechnik der Werke immer dichter gehandhabt werden – und schließlich sollten die Werke wohl auch in dem in der ›Vorschule‹ angekündigten Sinn »immer schlechter« werden. Erst Schelling soll Jean Paul von diesem Plan abgebracht haben.[267]

Das Problem, das sich dem Editor stellte, stellt sich auch dem Interpreten: Jean Pauls Werke lassen sich nicht nach der Chronologie ihrer Entstehungszeit edieren und auch nicht beurteilen. Sie durchbrechen die Auffassung von der Autonomie der Einzelwerke und lassen Berend deshalb nur die Wahl, nach Erscheinungsdaten vorzugehen. Und darin liegt auch eine Rechtfertigung für das Grundprinzip der Behandlung des Dichters in dieser Arbeit: die im philosophisch-satirischen Jugendwerk gegebene Grundlage für entwicklungslos anzusehen und die ›Romane‹ und Schriften vom Erscheinen der ›Unsichtbaren Loge‹ an als Auffaltung und Literarisierung des polyhistorischen Materials zu erkennen, ohne daß eine Neuorientierung des Prinzips der Materialverarbeitung erfolgt wäre. Gegen stilistisch-ästhetische Bedenken, daß damit der künstlerischen Entwicklung des Autors Gewalt angetan würde, sei noch einmal Berend zitiert:

[266] Eduard Berend, Prolegomena zur historisch-kritischen Ausgabe von Jean Pauls Werken. Abhandlungen der Preußischen Akademie der Wissenschaften, Jahrgang 1927, Phil. Hist. Klasse Nr. 1. Berlin 1928, S. 8.

[267] Ebd., S. 9; vgl. hierzu Vorschule, H. V. S. 125: das ›Humoristische‹ steigert sich, führt Jean Paul am Beispiel Swifts aus, je »schlechter« in ästhetisch-geschmacklicher Hinsicht die literarischen Anlässe sind. Auch in der Theorie des ›Humors‹ und des ›Witzes‹ spielt die physiologische Metapher, der ›Sinn‹ eine große Rolle, die den Prinzipien des ›Geschmacks‹ entgegengestellt wird.

Der Gedanke, dadurch (d. h. durch chronologischen Abdruck der Werke) ein lückenloses Bild von Jean Pauls schriftstellerischer Entwicklung zu geben, hat auf den ersten Blick etwas Verlockendes. Indessen ergeben sich bei näherer Betrachtung doch schwerwiegende Bedenken. Wäre es wirklich darauf abgesehen, die künstlerische Entwicklung des Dichters rein vorzuführen, dann müßten notwendig die Werke in der ersten Fassung gegeben werden; das widerspräche aber dem Willen des Dichters und den Grundprinzipien der historisch-kritischen Ausgabe.[268]

Wesentlicher ist jedoch der zweite Einwand Berends, der die Gestaltung und bewußte Zusammensetzung der Romanelemente durch Jean Paul, ohne Rücksicht auf die Chronologie, betrifft:

Es müßten ferner die gedruckten Werke nicht nach dem Zeitpunkt ihres Erscheinens, sondern nach dem ihres Entstehens angeordnet werden. Das wäre aber nur möglich, wenn man die von Jean Paul selber geschaffenen Bucheinheiten zerstören würde, in denen oft wesentlich ältere Bestandteile erhalten sind ... Die Zusammenschweißung verschiedener, oft heterogener Teile zu einem Ganzen ist eine so charakteristische Eigentümlichkeit der Jean Paulschen Werke, daß sie unbedingt gewahrt werden muß. Das chronologische Prinzip aber wird dadurch freilich an allen Ecken und Enden durchlöchert.[269]

Und diese Kombination der verschiedenen Elemente bleibt bis ins Spätwerk erhalten, nachdem sie auch durch die neue Form des Romans nur eine andere Form der Darbietung gefunden hatte:

Es wäre gewiß interessant, z. B. den Übergang Jean Pauls von der Satire zur darstellenden Dichtung zu Ende der achtziger und Anfang der neunziger Jahre in chronologischer Folge vorzuführen; aber die Stücke, die hier in Betracht kommen, sind fast alle in spätere Werke übergegangen: die Rede des toten Shakespeare in den Siebenkäs, Freudel und Fälbel in den Fixlein, Wutz in die Unsichtbare Loge usw. So kann die wirkliche Entstehungsfolge der Werke nur in Form einer Übersichtstabelle am Schluß der ganzen Ausgabe veranschaulicht werden, nicht aber durch die Folge der Werke selbst.[270]

---

[268] Berend, Prolegomena, S. 15.
[269] Ebd.
[270] Ebd.

II. Historischer Teil:

Jean Pauls Werk als Verteidigung des naturrechtlichen Weltbildes in der Form einer ›Poetischen Enzyklopädie‹

1. Jean Pauls Gesamtwerk als ›Poetische Enzyklopädie‹

Als Resultat des analytischen Teils dieser Untersuchung läßt sich folgende These aufstellen: Jean Pauls »Romane« repräsentieren nicht die literarische Gattung des ›Romans‹, sondern sind ›poetische Enzyklopädien‹, wie er sie nennt, in einem ganz wörtlichen Sinn – ›Enzyklopädien‹ im Sinne Diderots und d'Alemberts, als ein Netzwerk von wissenschaftlichen Aussagen (teils in literarisierter Form), die – über die chronologischen Grenzen des Einzelwerks hinaus – aufeinander Bezug nehmen; und ›poetisch‹, weil die wissenschaftlich-philosophischen wie die sozialen Grundlagen in der Ära Kants ihrer einheitlichen, naturrechtlichen Fundierung verlustig gehen. Sie sind wohl poetisch erzählbar, aber halten mit der wissenschaftlich-rationalen und der sozialen Entwicklung - zum Idealismus und zum Historismus – nicht mehr Schritt. Der scheinbar empfindsam-poetische Begriff der »All-Liebe« Jean Pauls ist nichts anderes als eine Übertragung von Francis Hutchesons Begriff der ›universal benevolence‹ aus dem angefochtenen Bereich naturrechtlicher Ethik in den der Dichtung. Ebenso übernimmt er den Begriff des Lebens- bzw. Nervengeists aus der Physiologie Ernst Platners in den Bereich ästhetischer Aussagen, und erst hieraus gewinnt die Programmatik von Witz, Humor und Roman in der ›Vorschule‹ mit ihren Metaphern des ›Verkörperns‹ und ›Beseelens‹ ihren textlichen Sinn und ihre historische Bedeutung.[1]

Beinahe jedes Werk Jean Pauls enthält Rückverweise und Anspielungen auf frühere Werke, Personen aus jenen treten wieder auf, einschließlich des Autors, gesammeltes Material wird – alphabetisch oder

---

[1] Ursprünglich war geplant, diesen Einfluß der Platnerschen Physiologie auf Jean Pauls Ästhetik detailliert darzustellen. Da dies aber im Rahmen dieser Arbeit nicht möglich ist, bleibt es vorläufig bei dem Hinweis, dem die Jean Paul-Forschung hoffentlich bald nachkommt.

nach Paragraphen geordnet – eingestreut, sogar auf kommende Bücher wird verwiesen; jeder Jean Paul-Leser kennt die Schwierigkeit, mit diesem Stil fertig zu werden, der sich einem fortschreitenden Erzählen hartnäckig verweigert. Besonders die Anmerkungen, Verweise, Exzerpte oder bloß metaphorischen Anspielungen erscheinen einer abstrusen Vorstellung Jean Pauls hinsichtlich dessen zu entspringen, was seine Leser amüsant finden und darüber hinaus als ›romanhaft‹ empfinden könnten. Wenn man in den letzten Jahren versucht hat, diese epischen Formen der Integration von Stoff und Reflexion durch die Analogie mit modernen Autoren aufzuwerten, so waren diese Versuche selten erfolgreich. Mit der bloßen Feststellung eines stilistischen Bewegungsprinzips[2] oder einer Negation der bestehenden Realität als Kennzeichen des Darstellungsstils[3] ist nicht erklärt, warum die Masse des freigebig verstreuten Wissens für den Leser und Interpreten »tot« bleibt und damit der umfassende Komplex der Jean Paulschen Texte kein Bedeutungsgefüge aufweist. So findet man sich mit der chaotischen Gelehrsamkeit ab – und weicht der entscheidenden Frage aus: warum hat Jean Paul diese Schreibweise beibehalten, obwohl sie schon prominenten Zeitgenossen (aus ästhetischen Gründen) mißfiel und auch unter dem weniger anspruchsvollen, aber enthusiastischen Leserkreis Verwirrung stiftete? Erscheint uns heute das Werk des »konfusen Polyhistors aus Bayreuth«[4] nicht nur deshalb konfus, weil wir den Zusammenhang der Argumentation, welcher der Auswahl des gelehrten Materials zugrunde liegt, nicht mehr verstehen? Und wenn sich die Zeitgenossen dagegen wehrten, war dann die Art der Argumentation nicht auch für sie bereits überholt? Und trotzdem hat Jean Paul seine witzig-enzyklopädische Schreibweise nachhaltig verteidigt:

> Der Maler, der Dichter nimmt überall neuere Gelehrsamkeit in Anspruch: warum darf es der Witzige nicht dürfen? Man lerne durch das Buch für das Buch; bei der zweiten Lesung versteht man, als Schüler der ersten, so viel wie der Autor. – Wo hörte das Recht fremder Unwissenheit – nicht ignorantia juris, sondern jus ignorantiae – auf? Der Gottes- und der Rechts-Gelehrte fassen einander nicht – der Großstädter fasset tausend Kunstanspielungen, die dem Kleinstädter entwischen – der Weltmann, der Kandidat, der Geschäftmann, alle haben verschiedene Kreise des Wissens – der Witz, wenn er sich nicht aus einem Kreise nach dem andern verbannen will, muß den Mittelpunkt aller fodern und bilden; und noch aus bessern Gründen als denen seines Vorteils. Nämlich zuletzt muß die Erde *ein* Land werden, die Menschheit *ein* Volk, die Zeiten ein Stück Ewigkeit; das Meer der Kunst muß die

[2] Walter Höllerer, Nachwort zu Hanser IV, S. 1234.
[3] Wolfdietrich Rasch, (127), passim.
[4] Heinrich Heine, Ludwig Börne (1. Buch). Ausg. Walzel Bd. VIII, S. 358.

Weltteile verbinden; und so kann die Kunst ein gewisses Vielwissen zumuten.[5] Drei Aussagen enthält diese Passage, die ein »Bedürfnis des gelehrten Witzes« rechtfertigt: nämlich die Rückführung des witzigen Prinzips auf die Schreibweise des Polyhistorismus; ihre Begründung, mit diesem allgemeinen Konversationston (dem rhetorischen Ideal der ›urbanitas‹) die Isolation der Lebens- und Wissensbereiche zu überwinden; und die Bezeichnung ihres Ziels, nämlich Verwirklichung der aufklärerischen Perfektibilität, die der Poesie zufällt, nachdem Wissenschaften, Religionen und gesellschaftliche Schranken diese eher behindern als befördern. »Man lerne durch das Buch für das Buch«: in diesem Satz faßt Jean Paul zusammen, was in Morhofs ›Polyhistor‹ über die Kunst und den Zweck des Exzerpierens gesagt ist:

Haec [sc. collectio locorum excerptorum] etsi ingenium facile per se praestet in ingeniosis, tamen, si exempla multa collecta habueris, novae semper cogitationes & inventiones sub manu crescent: quae ita formandae sunt, ne exscriptum carmen videatur, & facile est novo aliquo colore rem incrustare ... Ac incidunt interdum aliqua, quae tu ipse inventioni novae accomodare possis, de quibus non cogitarunt Autores. quos legis.
Ut qui domum exstructurus est, lignis & lapidibus opus habet: ita qui egregium aliquid in quocumque doctrinae genere conatur, silvam prius congerere debet ad opus suum idoneam. Quorsum enim multa legere proderit, nisi cum fructu legantur, & in usus nostros, velut in horrea quaedam seponantur?[6]

[Eine solche Sammlung von Exzerpten bietet an sich schon in ihren geistvollen Sätzen einen bequemen Zugang zu geistigen Möglichkeiten; aber erst nach der Anhäufung einer großen Zahl von Beispielen werden neue Gedanken und Erfindungen dir unter der Hand anwachsen: diese sind dann so anzuordnen, daß sie in deiner Wiedergabe nicht wie kopiert wirken, und man kann einer Sache mühelos eine irgendwie neue Färbung verleihen ...
Doch manchmal trifft man auf Sätze, die du selbst zur Erfindung eines neuen Zusammenhangs verwenden kannst, woran die von dir gelesenen Autoren nicht gedacht haben.
Wie jemand, der ein Haus bauen will, Holz und Steine benötigt: ebenso muß der, welcher in irgendeinem Bereich des Wissens etwas Hervorragendes leisten will, zuvor reichliches Material zusammentragen, das für sein Unternehmen geeignet ist. Denn wozu dient das Viellesen, wenn man nicht mit Ertrag liest und diese Lesefrüchte nicht zum eigenen Gebrauch beiseite – gleichsam wie in eine Scheuer – einbringt?]

Jean Pauls witziges Prinzip besteht also darin, aus den Bestandteilen der Lektüre neue Ideen und Kombinationen abzuleiten, Unbekanntes aus Bekanntem zu erfinden und schließlich eine ›Poetik des

---

[5] Vorschule, IX. Programm ›Über den Witz‹. § 55 Bedürfnis des gelehrten Witzes. H. V, S. 203–207, Zitat S. 205.
[6] Morhof, Polyhistor. (37), Tom. I. Lib. III: Cap. X De excerptis poeticis, §§ 37, 38 (S. 629) sowie ebd. Lib. II. Cap. I De excerpendi ratione. § 1 (S. 559/560).

Wiederlesens‹ zu entwickeln, die darauf beruht, daß die Probleme des Übergangs von der Satire und der Philosophie zur Dichtung in den Werken nach 1790 ständig reproduziert werden. So wird das Erscheinen der ›Selbstliebe‹-Abhandlung im ›Quintus Fixlein‹ folgendermaßen begründet:

> Da ich diesen Aufsatz zweimal umgeschrieben: so hab' ich zweimal jenes stärkende Vergnügen gekostet, das uns erfrischet, wenn der Kopf die Wünsche des Herzens vidimieret und assekurieret.[7]

Die erste Fassung des Aufsatzes war die theoretische Abhandlung von 1790 gewesen, von der bereits mehrfach zu sprechen war; die zweite erscheint als ›Erstes Fruchtstück‹ im ›Siebenkäs‹ unter dem Titel ›Brief des Doktor Viktor an Kato den Ältern über die Verwandlung des Ich ins Du, Er, Ihr und Sie – oder das Fest der Sanftmut am 20ten März‹.[8] Von den Lesern des ›Fixlein‹ dürfte kaum jemand den kleinen Artikel Jean Pauls und die darauf folgende Auseinandersetzung gekannt haben, und zum Verständnis des ›Siebenkäs‹-Aufsatzes war auch die Kenntnis des ›Hesperus‹ nötig, um die Anspielung auf die genannten Personen zu verstehen. Jean Paul nimmt keine Rücksicht darauf, ob seine Freude an dieser Reminiszenz und diejenige des Lesers sich decken. Das Ideal des angestrebten Konversationstons zeigt damit den bereits besprochenen Widerspruch (s. S. 93–97) zwischen der Privatsprache und dem humoristischen Eigensinn des Autors in der Anspielung auf Verknüpfungen, die z. T. nur für ihn sinnvoll und auflösbar sind, und der angestrebten Universalität dieses humoristischen Konversationstones. Ursache dieser literarischen Merkwürdigkeit ist im Fall Jean Pauls zunächst die philosophische Begründung, daß die Menschen einander ohnehin nur mangelhaft verstünden, daß ihr Bewußtsein Monadeninseln gleiche, deren Entfernung voneinander ein Durchschauen des andern nicht wirklich ermögliche.[9] Dieser Übersteigerung der Monadenlehre Leibniz' korrespondiert eine Übersteigerung in der Beschreibung des Zieles des witzigen Verfahrens: Überwindung der historischen Gegebenheiten, um einen naturrechtlichen Zustand des Ausgleichs aller Unterschiede herbeizuführen. Dieser Universalismus ist für das bürgerliche Denken des 18. Jahrhunderts bezeichnend – der Bürger gilt als ›der Mensch‹ schlechthin;[10] aber bei Jean Paul nimmt diese Auffassung bereits mythisch-ver-

---

[7] Hanser IV. S. 223.
[8] Hanser II. S. 416–440.
[9] Vgl. die frühe Abhandlung in den ›Übungen im Denken‹: Jeder Mensch ist sich selbst Masstab, **wonach** er alles äußere abmist‹. In: GW II/1, S. 62–67. Sie wird später (s. u. S. 180) in ihrer Bedeutung für die Ausbildung von Jean Pauls Denkhaltung dargelegt.
[10] Zur Darstellung des bürgerlichen Universalismus vgl. Martino (87), S. 338ff.

klärende Züge an, welche – wie im Fall der »All-Liebe« – die rationale Herkunft aus dem politischen Programm des Naturrechts zu verdecken beginnen, dafür um so deutlicher die Krise der ›sociabilitas‹ signalisieren. Diese Problematik der Verbindung von polyhistorischem Substrat, Reduktion der sensualistischen Erkenntnis (durch Einschränkung auf das persönliche Bewußtsein) und Literarisierung der philosophischen Probleme ist nun im folgenden an der Entwicklung von Jean Pauls Werk zu illustrieren: das polyhistorische Substrat liefert einen skeptischen Vergleich verschiedener Wissensauffassungen; die Reduktion des Sensualismus beschränkt sowohl die Erfassung der Gegenstände der sinnlichen Welt wie der menschlichen Handlungen und führt schließlich dazu, daß die Position philosophischer Aporie Jean Pauls die unlösbar gewordenen Probleme in Erzählstoffe übersetzt. Diese ›Literarisierung‹ begründet auch den Gegensatz zu der formbewußten Ästhetik der Klassiker: Jean Pauls Dichtung ist Erbin der natürlichen Theologie des naturrechtlichen Weltbildes, die klassische Ästhetik ist ein eigener Sinnbereich fast sakralen Charakters, ästhetische Religion. Und schließlich ist dieser Gegensatz auch stilistisch begründet: gegen Goethes mittleren Stil vermag Jean Pauls zwischen extremen Tonlagen oszillierende Schreibweise ihre Position nur solange zu halten, als das vieltönige rhetorische System noch Geltung besitzt. Mit dem Ende dieser Polyphonie rhetorischer Möglichkeiten blieb in der historischen Betrachtung Jean Pauls neben dem erzählenden Moment, das er selbst verachtete, vor allem der lyrische Aspekt des ›lyrisch-witzigen‹ Stils als wesentliches Element erhalten, während Jean Paul diesen erst später ausgebildet und mit dem früher erarbeiteten und bedeutsameren witzig-gelehrten Stil verbunden hat. Wie in der Musik der Zeit die Verschmelzung von galantem und gelehrtem Stil, von Rokoko und Bachs Polyphonie selbst im Werk eines Künstlers wie Mozart vom Publikum nicht mehr akzeptiert wird, weil sie der Tendenz der Vereinheitlichung zur Homophonie zuwider lief, war das Zustreben auf einen ›mittleren Stil‹, weg von der Vielfalt der literarischen Töne, entscheidend für den Niedergang der stilgeschichtlichen Stellung Jean Pauls.[11]

Einige Blicke auf das Gesamtwerk des Autors unter den bisher dargelegten Prinzipien zeigen eine offenkundige Diskrepanz zwischen der Beschaffenheit der vorliegenden Texte und den geleisteten Interpretationen: man folgt in der Wertung fast einmütig einer späten Selbstaus-

---

[11] Vgl. hierzu F. Sengles ›Literarische Formenlehre‹ (93) und Max Webers ›Die rationalen und soziologischen Grundlagen der Musik‹. Tübingen 1972. Die Bemühungen des Literarhistorikers und des Musiksoziologen ergänzen sich in der Analyse der Motive für die Vereinheitlichung des ›Töne‹-Systems.

sage Jean Pauls, daß er erst neun Jahre in einer »satirischen Essigfabrik« gewerkelt habe, bevor er ans Dichten ging.[12] Die Interpretation der berühmten Todesvision vom 15. November 1790 nimmt dadurch Züge eines Durchbruchserlebnisses, einer Konversion in einer literarischen Heiligenvita an.[13] Störend ist daran nur, mit welcher Beharrlichkeit Jean Paul auf die Texte, die er in dieser Zeit der »Essigfabrik« verfaßt hat, zurückgreift: er macht seine Romanfiguren zu Verfassern seiner Satiren (so Siebenkäs, Leibgeber/Schoppe, Vult) und gewinnt dadurch die Möglichkeit, die Satiren und ihre Thematik wiederzuverwenden. Die ›poetische Enzyklopädie‹, also das fortlaufende Gesamtwerk Jean Pauls, bezieht die Texte der satirischen Periode mit ein, und nicht nur in der Zeit der ersten Romanversuche, sondern über lange Zeiträume hinweg. Das ›Gespräch über den Adel‹ in den ›Flegeljahren‹ (1805) verwendet Passagen aus der Adelskritik des ›Lob der Dummheit‹, das 1781/82 entstanden war;[14] überhaupt wird das Prinzip der Ständesatire – die Veranschaulichung eines witzigen Satzes an einer Reihe von Beispielen – bis in die letzten Werke Jean Pauls weitergeführt. Bestand dieses Prinzip im ›Lob der Dummheit‹ darin, daß die allegorische Figur typisierte Vertreter der Gesellschaft als ihre Gefolgsleute vorführte, so exerziert Jean Paul noch in der ›Clavis Fichtiana‹ die parodierte Auffassung der ›Wissenschaftslehre‹ Fichtes an verschiedenen Ständen vor.[15] Jean Paul ist also weit davon entfernt, nach diesem ›Todeserlebnis‹ ganz von vorne zu beginnen und eine neue Stilentwicklung einzuleiten, sondern er unternimmt es, größere Erzählformen für die philosophischen Probleme zu entwickeln, die sich in philosophisch-abstrakter Form für ihn nicht mehr lösen lassen. Er benutzt dazu die Formen der Satire und des

[12] Vorrede zur zweiten Auflage der ›Unsichtbaren Loge‹. Hanser I, S. 15.

[13] Vgl. etwa Hans Bach, Jean Pauls Hesperus. Palaestra 166, Leipzig 1929, S. 1ff.; Bach spricht von der »Geburtstunde seiner ganzen Dichtung«. Er wie andere Autoren übersehen dabei generös, daß Jean Paul ausdrücklich sagt, er habe zuerst ›Wutz‹ geschrieben, nicht die ›Loge‹; außerdem entstanden gleichzeitig die erst im ›Fixlein‹ eingefügten ›Fälbel‹- und ›Freudel‹-Satiren. Der Autor tastet sich von Kleinformen erst zum ›Roman‹ vor. Vgl. hierzu die jeweiligen Entstehungsangaben bei Berend in den GW, sowie S. 130–134 von Döppes Diss. über die Stilentwicklung Jean Pauls (118).

[14] Flegeljahre, 2. Bändchen Nro. 30 (Hanser II, S. 796–798); Lob der Dummheit (GW II/1, S. 318–319). - Zum Prinzip der Ständesatire wie in der ›Bittschrift der deutschen Satiriker‹ vgl. Berends Einleitung zu GW II/2, S. XI.

[15] Clavis Fichtiana, § 14 Fetischerei. Hanser III, S. 1046–1049. Als ähnliche Fälle, unter vielen anderen, vgl. etwa die Schilderung der Tischgäste in der ›Unsichtbaren Loge‹ (Hanser I, S. 268–270) oder das ›Nachtblatt der Schläfer‹ in den ›Palingenesien‹, das sich der Autor der ›Nachtwachen‹ zum Vorbild genommen hat (Hanser IV, S. 755–761).

Traums, in denen er sich bisher als Literat erprobt hatte, und verwendet parabelhafte Erzählkerne, die er selbst erfindet bzw. seinen Quellen entnimmt. Und gerade auch in der Zeit der Niederschrift der großen heroischen Romane beharrt Jean Paul auf den satirischen Elementen, und damit dem Prinzip des Shaftesbury'schen ›Test des Erhabenen‹; dies zeigen die Briefe an Christian Otto während der Niederschrift des ›Titan‹, gegen dessen kritische Einwände er das satirische Element auch in diesem Werk zäh verteidigte.[16] Selbst in diesem, scheinbar ganz vom erhabenen Stil geprägten Werk gilt das ästhetische Prinzip des 18. Jahrhunderts, nach dem der Witz »schön« (Kant) und »unerschöpflich« (Jean Paul) sei, und nicht der erhabene, vernunftgemäße Ernst.

Die Verknüpfung von polyhistorischem Substrat, Reduktion des Sensualismus und Literarisierung ursprünglich philosophischer Themen sei nunmehr im Zusammenhang dargestellt, um die These von der ›poetischen Enzyklopädie‹ zu erläutern; dabei wird ausgegangen von dem Vorbild der ob ihres scheinbaren Atheismus berühmten ›Rede des toten Christus‹, nämlich der ›Rede des toten Shakespeare‹ aus der ›Baierischen Kreuzerkomödie‹ (1789). Sie gestaltet die skeptische Einsicht in die Unbeweisbarkeit der Unsterblichkeit aus der Natur, der »Selbstmörderin«,[17] deren ständiger Prozeß von Entstehen und Vergehen keinen ›Sinn‹ zu enthalten scheint. Wichtig ist dabei die kosmische Metaphorik, deren Herkunft aus dem Bereich mechanistischer Erklärung der Natur zur Verstärkung des Gefühls der Sinnlosigkeit eingesetzt wird und dem empfindenden Ich kontrastiert: der Erzähler erwacht am Schluß und widerlegt den Traum durch sein Bewußtsein. Zu beachten ist vor allem, daß es *eine* Sonne ist, die dem Erwachenden den Glauben aus seiner Selbstgewißheit bestätigt; sie steht, im Gegensatz zu den *vielen* Sonnen und Welten der Traumschilderung, in einem animistischen Verhältnis zum Menschen:

> Wer hält den Zufal ab – als wieder der Zufal –, daß er nicht den Sonnenfunken austrit und durch Sternen Schneegestöber schreitet und Sonne um Sonne auswehet, wie vor dem eilenden Wanderer Thautropfen um Thautropfen ausblinken?

---

[16] Vgl. hierzu Jean Pauls Briefe an Christian Otto in den Jahren 1799/1800 (abgedruckt in GW III/3), in denen der Autor seinen satirischen Stil und die ständigen Abschweifungen gegen die wohlmeinende Kritik des Freundes in Schutz nimmt; auffällig sind auch die Listen von Büchern (ebenfalls in III/3), die sich Jean Paul laufend bei Herder ausborgt: Lessing, Swift, Holberg, Liscov, Diderot, Fontenelle, Voltaire, Sterne und enzyklopädische Werke machen den Hauptteil seiner Lektüre aus und zeigen deutlich, woran sich Jean Paul während der Niederschrift des ›Titan‹ orientiert (vgl. dort S. 206, 244, 268, 323).

[17] GW II/3, S. 163–166; s. hierzu S. 165.

[Es läutet Mitternacht ...]

... und ich erwachte und war froh, daß ich Gott anbeten konte. *Seine* Sonne aber schien röther durch die Blüten und der Mond stieg über das östliche Abendroth und die ganze Natur ertönte friedlich wie eine ferne Abendglokke.[18]

Die ›Mehrheit der Welten‹ – um Fontenelles berühmten und Jean Paul bekannten Dialog zu nennen –, welche nach der Erschütterung des ptolemäischen Weltbildes von der Aufklärung zur Schaffung eines Ausgleichs von mechanistischen und animistischen Tendenzen im rationalen Weltbild herangezogen worden war[19] und der natürlichen Theologie zur Bestätigung Gottes diente, erscheint hier mit aktualisierter naturwissenschaftlicher Kraft: das mechanische Gesetz, dem sie folgen, erscheint paradox als bedrohliche Metapher des ›Zufalls‹, der dem ›Glauben‹ als metaphysischem Bedürfnis widerspricht. Dieser ›Zufall‹, von dem Jean Paul hier spricht, verweist nicht auf ein personifizierbares Fatum, wie es die Theologie der Zeit bekämpft hatte, also auf

daßjenige unbekannte Wesen, von welchem nach der Philosophie des großen Haufens die zufälligen Begebenheiten, d. i. die, deren Ursachen uns unbekannt sind, abhängen sollen, und welches wohl auch der blinde Zufall, das Schicksal genannt wird.[20]

In dieser Funktion tritt der ›Zufall‹ in K. Ph. Moritz’ ›Anton Reiser‹ auf: als Substitution der göttlichen Vorsehung durch ein Wesen, das den Menschen seinem Schicksal überläßt. Für Jean Paul handelt es sich jedoch um ein naturphilosophisches Problem, und zwar in dem Sinn, der die Theologie Giordano Brunos These von der Unendlichkeit der Welten für ketzerisch erklären ließ. Im ersten Fall lautete die Frage nur, wieweit sich die Wirkung Gottes auf das Dasein des Menschen erstrekke, ohne daß seine Existenz angezweifelt war; dies aber geschah mit Brunos These, und deretwegen mußte sich Jean Pauls Lehrer Platner

---

[18] Ebd., S. 166.

[19] Fontenelle, Dialogen über die Mehrheit der Welten, (18). Jean Paul erwähnt diesen Text als vorbildhaft zum Studium der Astronomie (bes. für Frauen) in der ›Levana‹, § 96 (Hanser V, S. 712). Offensichtlich ist der Text so populär, daß die Nennung als »astronomischer Fontenelle« genügt. Bemerkenswert übrigens ist, daß Jean Paul in diesem Abschnitt der ›Levana‹ ein Versprechen erfüllt, das er Jahre zuvor im ›Fixlein‹ gegeben hatte: er wolle etwas über die Bildung der Mädchen schreiben, wobei der Astronomie ein besonderer Rang zukomme (vgl. Fixlein, Hanser IV, S. 34 Anm. 1 sowie ebd., S. 51, Z. 17–25). - Zur historischen Bedeutung Fontenelles vgl. auch Hans Blumenberg, Die kopernikanische Wende. Frankfurt/Main 1965, S. 159–162.

[20] Zitiert nach Karl Philipp Moritz, Anton Reiser. (64), S. 112–113, Fußnote (durch den Hrsg. Wolfgang Martens). - Siebenkäs, Hanser II, S. 273.

noch 1777 gegen eine Anklage wegen Atheismus bzw. Materialismus beim Konsistorium in Leipzig verantworten.[21] So sehr sich Jean Paul für Platner auf Grund dieses Vorfalls begeisterte, so bleibt ihm doch die Unabhängigkeit mechanistischer Erklärung von einer ›prima causa‹ in Gott das Schreckbild einer Ewigkeit, die »auf dem Chaos liegt und es zernagt« (so formuliert die Umarbeitung später in einem poetischen Bild).

Jean Paul greift in der ›Rede des toten Shakespeare‹ auf einen früheren Ansatz zurück, nämlich die im Mai 1781 niedergeschriebene dreizehnte Untersuchung seiner philosophischen Exerzitien, die er selbst ›Übungen im Denken‹ betitelt hatte; die genannte Untersuchung ist überschrieben: ›Die Warheit (!) – ein Traum‹.[22] Es handelt sich um ein Streitgespräch zwischen dem Verfasser, der durch die Endlichkeit seines Wissens bedrückt ist, und einem ›Seraph‹, der diesem seinen Unmut verweist und betont, daß in dieser Endlichkeit das Glück des Menschen liege; eine wesentliche Rolle spielt hier bereits die Einkleidung des Streitgesprächs:

> Mir träumte, ich gieng' an einem schönen Maiabend spazieren. Stil gleitete der murmelnde Bach zwischen den mondbeglänzten Kieseln hinweg – ruhig lispelte der sanfte Zephyr in den schwankenden Roren – hel überdämmerte der liebe Mond die halbe schlafende Erdenwelt – feierlich stil war Gottes Schöpfung … Ein Himmel, wo Welten Gottes an Welten Gottes funkelten, erinnerten die Sel' an ihre grosse Bestimmung, die weiter als dies Erdenleben reicht … [Der Geist des Autors empfindet aber diesen Frieden nicht, sondern fühlt sich beunruhigt von den verschiedenen Begriffen von ›Wahrheit‹, die ihm bekannt sind.]

> Durstend eilt der Geist herum, die Warheit in ihrer göttlichen Gestalt zu umarmen, sich an ihrem Anblik zu laben – allein unbefriedigt geht er hinweg, er findet nicht, was er suchte … Ich les' einen Zeno, Epikur, Moses, Spinoza, Paullus, Lamettrie, Leibniz, Baile, Luter, Voltaire und noch hunderte – und verirre mich in ein Labyrint on' Ausgang. Lauter Widersprüche – und Widersprüche zwischen grossen Geistern! …

[21] Das Material ist abgedruckt bei Bergmann (74a) im Anhang: Dokumente zum Aphorismenstreit von 1777, S. 313–318. - Jean Pauls Enthusiasmus für Platner gründet sich auf diesen Vorfall, wie R. O. Spaziers ›Biographischer Kommentar‹ darlegt. (R. O. Spazier, J. P. F. Richter. Ein biographischer Kommentar zu dessen Werken. Zwei Bde. Neue unveränderte Ausg. Berlin 1835; vgl. hierzu Bd. 2, S. 11–12).

[22] GW II/1, S. 85–91. - Zur Vorgeschichte der ›Träume‹ und ›Traumsatiren‹ als spezifischer Kleinformen vgl. generell Klamroth (146). Er legt dar, daß die lateinische Traumsatire des 17. Jahrhunderts zum Vorbild der ›Träume‹, die sich in dem moralischen Wochenschriften in solcher Anzahl finden, dienten (vgl. S. 107 und S. 121ff.). Jean Paul bedient sich also zunächst einer Kleinform, die durchaus gängig ist, so wie er später Erasmus und Pope nachahmt.

Warum besteht unser Verdienst vor den Alten nur darinnen, daß wir sie wi-
derlegen, und an die Stell' ihrer windigen System' neue sezzen, deren Umsturz
die Ere der Nachwelt ausmacht? »Erwarte, sagte das überirdische Wesen [der
Seraph] Belerung. Die grösten Geister haben am meisten geirt, weil sie die
meisten Warheiten einsahen. Je mer der Mensch Kräfte fült, auf dem Weg der
Warheit fortzugehen, destomer ist er der Gefahr ausgesezt, sich zu verirren.
Es scheint ihm ein kleines Verdienst zu sein, auf dem Wege fortzuschlendern,
den alle gehen – er sucht neue Banen, er erklimt unersteigbare, aber auch
desto gefärlichere Höhen. Der Sterbliche würde seltener irren, wenn er mit
dem zufrieden wäre, was er gewis weis – aber weil sein Geist in nichts Gränzen kent, so wil er mer wissen als er wissen kan – wo er Warheit nicht deutlich
sehen kan, sezt er Hypotesen an ire Stelle – er träumt. Daher eure Widersprüche. Jeder träumt, und träumt anders, als der andre.[23]

Die Harmonie zwischen Kosmos und mikroskopischen Winzigkeiten in
der Natur, deren Elemente an Brockes erinnern und deren Darstellung
Klopstocks poetischen und mehr noch Gessners prosaepischen Stil tastend nachahmt, erscheint in der Szenerie, die der junge Jean Paul hier
entwirft, als gestört; ganz im Unterschied zum Bewußtsein der Beruhigung, die von der Beschreibung der nämlichen Situation für den frühen
Kant ausgeht, welche am Schluß seiner ›Allgemeinen Naturgeschichte
und Theorie des Himmels‹ (1755) steht. Die Welt in ihrer Vielfalt enthält
in ihrer »mechanischen Lehrverfassung« einen Verweis auf den Schöpfer und seine Anordnung des Weltbaues, auch wenn dieser selbst in den
unmittelbaren Erscheinungen der Wirklichkeit immer weniger in seinem Wirken nachweisbar wird und damit der theologische und teleologische Verweischarakter der Realität immer stärker abnimmt. Dadurch,
daß es ein universales Erklärungsprinzip der Welt gibt, das analog für
Bereiche der Spekulation eingesetzt werden kann,[24] verschwindet alle
Beunruhigung über die Ungewißheit des gegenwärtigen und des künftigen Zustands des Menschen:

[23] Ebd., S. 85–86 und S. 89. Eduard Berend gibt in der Einleitung des Bandes (GW
II/1, S. XVI) Engels ›Philosoph für die Welt‹ als Muster an (einen Traum Galileis); ferner verweist er auf ein Exzerptenheft von 1778, das das Interesse an
dieser literarischen Kleinform der Traumsatire bekundet. (ebd., S. XXXIII
Anm. 2)
[24] Der Zweck der ›Allgemeinen Naturgeschichte und Theorie des Himmels‹
wird folgendermaßen zusammengefaßt: »Wenn man sich also eines alten und
ungegründeten Vorurteils, und der faulen Weltweisheit, entschlagen kann, die,
unter einer andächtigen Miene, eine träge Unwissenheit zu verbergen trach-
tet: so hoffe ich, auf unwidersprechliche Gründe, eine sichere Überzeugung
zu gründen: daß die Welt eine mechanische Entwickelung, aus
den allgemeinen Naturgesetzen, zum Ursprung ihrer Verfassung, erkenne: und daß zweitens die Art der mechanischen Erzeugung ... die wahre sei.« – Die Tendenz gegen den Deismus in der Naturwissenschaft, den ich als ›animistisch‹ bezeichnet habe, ist deutlich (vgl. Vorkritische Schriften. (28), S. 358).

In der Tat, wenn man mit solchen Betrachtungen, und mit den vorhergehenden, sein Gemüt erfüllet hat: so gibt der Anblick eines bestirnten Himmels, bei einer heitern Nacht, eine Art des Vergnügens, welches nur edle Seelen empfinden. Bei der allgemeinen Stille der Natur und der Ruhe der Sinne redet das verborgene Erkenntnisvermögen des unsterblichen Geistes eine unnennbare Sprache, und es gibt unausgewickelte Begriffe, die sich wohl empfinden, aber nicht beschreiben lassen.[25]

Für den jungen Jean Paul aber verweist diese Harmonie nicht einfach auf einen Schöpfer und sein in der Weltanordnung wirksames Gesetz, sondern er geht aus vom subjektiven Bewußtsein, das diese Harmonie nicht mitempfindet. Die subjektive Erfassung der Welt ist vollständig getrennt von metaphysischer Gewißheit, wie sie Kants mechanistisch-deduktives Prinzip der Analogie stützt; sie ist relative Erfahrung, die fremder Erfahrung notwendig widerspricht. Selbst das Genie ist dem unterworfen; ihm kann deshalb in Jean Pauls Augen – auch bei so großen Autoren wie den im ›Traum‹ genannten – keinerlei Vorbildlichkeit zukommen; auch geniale Einsichten bleiben hypothetisch, sie bleiben für andere unverbindlich, auch wenn sie besondere geistige Leistungen darstellen. Jean Paul greift in diesem erzählten Streitgespräch ein Thema auf, das er in seinen ›Übungen im Denken‹ bereits zuvor behandelt hatte: unter dem Titel ›Jeder Mensch ist sich selbst Masstab, wonach er alles äußere abmist‹ begründete er in der neunten Untersuchung der ›Übungen im Denken‹ (Dez. 1780) die Subjektivität des Erfahrungswissens und die Ablehnung jeglicher Systematisierung des Wissens nach einem einheitlichen Prinzip:

Jeder Mensch hat eine eigne Masse von Begriffen, die er durch Erfahrung bekommen hat. Diese Begriffe hängen mit einander auf's genaueste zusammen. Einer modifizirt sich mit dem andern. Er begreift einen Begrif nur insofern, als er aus seinem eignen, individuellen Vorrat von Säzzen Ideen nach dem Assoziazionsgesez herbeifüren kan, die ihm diesen Begrif aufklären, mit ihm zusammenhängen, und sich zu ihm als Teile zum Ganzen und umgekert, oder als Grund und Folg' und umgekehrt verhalten. Nun hat ieder Mensch ein System von Begriffen, das vom System eines andern verschieden ist.

Ich gebe zu, daß das Assoziazionsgesez der Ideen bei allen Menschen gleich wirkt. Aber 's findet nicht bei iedem änlichen Stoff.[26]

Dieses Bekenntnis zum Sensualismus[27] in der theoretischen Denkübung wie in der literarischen Gestaltung des ›Traums‹ ist jedoch von

---

25 Ebd., S. 396.
26 GW II/1, S. 62-67; hierzu S. 62-63. Man vgl. hierzu auch Berends Komm., S. 415.
27 Es ist nicht besonders sinnvoll, bei jedem neuen Autor, den der junge Jean Paul exzerpiert, einen Wandel in der Weltanschauung festzustellen: Döppe neigt gelegentlich dazu (vgl. (118), S. 63-65) obwohl er zu Recht feststellt, daß bei der Beurteilung dieser Denkübungen die Fragestellungen, nicht die Ant-

der Besonderheit gekennzeichnet, daß – entgegen den optimistischen Anschauungen der sensualistischen Theorie im allgemeinen – der Rahmen der Erklärungsmöglichkeiten der Entstehung von Erfahrung und ihrer Gültigkeit frühzeitig verengt wird; dies ist bei Jean Paul bedingt durch die Isoliertheit des jungen philosophischen Autodidakten und sein Verständnis der Leibnizschen Monadologie. Fremde Handlungen erscheinen ihm nur im Bezug auf das eigene Ich interpretierbar und erfahren deshalb zwangsläufig eine Verzerrung durch die Selbstinterpretation des Betreffenden:

> Wir sehen iemand handeln; und leihen ihm dan unsre Lage. Alsdann sehen wir freilich viel Ungereimtes, Lächerliches und Böses darinnen: es kommt aber nur daher, weil wir dies hineinsezzen.[28]

Neben dem Ursprung des Lächerlichen in fremden Handlungen, dessen Erklärung noch im betreffenden Paragraphen der ›Vorschule der Ästhetik‹ wirksam ist,[29] erscheint in der theoretischen Denkübung keine Äußerung über das Verhältnis des Ich zur Außenwelt. Diese ist ›Stoff‹ für die individuelle Erkenntnis, die sich nur in Hypothesenform verallgemeinern läßt, wie Jean Paul in einem Fragment aus dem ersten Semester seines Leipziger Studiums feststellt. Der Text behandelt, bereits das Hauptthema der Platnerschen Physiologie aufgreifend, die Verbindung von Leib und Seele; in ihr äußert sich Jean Paul sehr zweifelnd über die Verbindlichkeit der Erfahrungserkenntnis:

---

worten entscheidend seien (ebd., S. 63). Aber gerade die Ansicht, daß die Zeit vor der ›Unsichtbaren Loge‹ bloß Wissensballast wälze, gegen den sich der ›echte‹ Jean Paul erst durchsetze (S. 72) verführt zu diesen Inkonsequenzen. Daß die Zeit der satirische-philosophischen Versuche die notwendige Voraussetzung der ›poetischen Enzyklopädie‹ des Jean Paulschen Romans darstellt, ist dagegen meine These. - Auch solche Feststellungen, wie die, daß Jean Paul sich »zaghaft« gegen eventuelle materialistische Konsequenzen seines Räsonierens wehre (bei der Lektüre Hartleys; vgl. Döppe, S. 63 und die betreffende Stelle bei Jean Paul in GW II/1, S. 26), geben der Einzelstelle zuviel Gewicht. Übrigens sieht ein andrer Kommentator der gleichen Stelle eine besonders »energische« Parteinahme für den psychologischen Sensualismus, ohne Rücksicht auf die Nähe zum verschrieenen Materialismus (Bodo Lecke, Zwischen Empfindsamkeit und Phantasie. In: (112), S. 9). Alles, was jedoch der siebzehnjährige (!) Autodidakt festhält, ist die Wichtigkeit und das Interesse für die Frage nach der Wechselwirkung von Körper und Geist. Erst unterErnst Platners Einfluß, den Lecke ignoriert und den Döppe nur für die Befestigung von Jean Pauls Leibniz-Verehrung anführt (S. 65), bekommt Jean Pauls Interesse für physiologische Fragen bestimmtere Züge – in Richtung auf einen idealisierten Sensualismus.
[28] GW II/1, S. 63.
[29] Vorschule der Ästhetik, § 28 Untersuchung des Lächerlichen (Hanser V, S. 109–115, hierzu bes. S. 109/110).

Unser Durchforschen der Geheimnisse in der Natur lert uns nicht, ihre Natur entwikkeln; sondern sie lert uns nur noch mer die Undurchdringlichkeit der Geheimnisse einsehen. Die Alten glaubten wol von manchen Dingen, daß die genaue Kentnis derselben der Nachwelt vorbehalten wäre – sie schrieben also ihre Unwissenheit ihrer Schwachheit zu. Aber wir, die wir Jartausende nach ihnen leben, sind nicht zu einer Auflösung der Geheimnisse gekommen, nur darin sind wir weiter gekommen, daß wir einsehen, auch eine Nachwelt wird ihre Kraft umsonst an der Aufklärung einer Sache versuchen, die der Schöpfer als einen Beweis der Gränzen unsers Denkens dargestelt. In vielen Dingen besteht unser Vorzug vor den Alten nur darin, daß wir g e w i s wissen, wir wissen nichts.

Die menschliche Sel' ist ein Bal, der d(en) Ph(ilosophen) gegeben ist, mit ihm zu spielen.[30]

Damit unterscheidet sich Jean Pauls Annäherung an den Sensualismus deutlich von den optimistischen Grundannahmen, von denen etwa Helvétius ausgeht: zwar ist die Erkenntnis immer an die Sinne gebunden und findet darin ihre Grenze, wobei Einzelerkenntnisse immer relativer Art sind. Aber für die Wissenschaft gibt es zwei Arten von Erkenntnis:

Die eine ist die der Beziehungen, die die Dinge zu ihm (dem Menschen) haben. Die andere ist die der Beziehungen der Dinge untereinander.[31] –

Helvétius wird hier im Folgenden zum Vergleich herangezogen, nicht weil er auf den jungen Jean Paul besonderen Einfluß ausgeübt hätte, sondern weil sich im typologischen Vergleich mit ihm – trotz der Übereinstimmung des sensualistischen Grundprinzips – die Unterschiede bzw. die spezifische Entwicklung Jean Pauls zu einem reduzierten und dann idealisierten Sensualismus demonstrieren läßt. –

Da für Helvétius die physische Empfindungsfähigkeit nach dem naturrechtlichen Gleichheitsgrundsatz eine universale Fähigkeit des Menschen – in verschieden stark ausgebildeter Form – ist, garantiert sie die Gemeinsamkeit des ›Interesses‹ und damit die Handhabung der Realität in den Wissenschaften, welche die Beziehung der Dinge untereinander festhalten. Die Entdeckungen und Arbeitsergebnisse des Individuums, selbst die des Genies, werden überprüft und gehen in Allgemeingut über: jede, auch die noch so geniale Erkenntnis, ist auf Tatsachen zurückzuführen und wird dadurch für jeden Menschen demonstrierbar. (Selbstverständlich heißt das nicht, daß Helvétius nun jedem Menschen geniale Fähigkeiten zuspricht; jedoch haben beide, das Genie, wie der

---

[30] Über die Verbindung zwischen Leib und Seele. GW II/1, S. 168–170. Zitate S. 168–169 und S. 170.
[31] Claude Adrien Helvétius, Vom Menschen, (21), S. 482–483.

Durchschnittsmensch, der die Entdeckung des ersteren nachvollzieht, die selben geistigen Operationen durchzuführen.)[32] Daher sind alle Wissenschaften in einem obersten Prinzip verknüpft, dem der physischen Empfindungsfähigkeit. Dies gilt für die Moral, die Ästhetik und für die Erfahrungswissenschaften (Mathematik (!) sowie technische und theoretische Naturwissenschaften) gleichermaßen,[33] da sie alle ihre Erkenntnisse in die Form eines Vergleichs verschiedener Objekte fassen, um daraus bestimmte Folgerungen zu ziehen; bei genialen Entdeckungen liefert diese vielfach der Zufall.[34] Die Formulierung von Erkenntnissen, die somit

> losgelöst von dem Dunkel der Wörter und auf mehr oder weniger einfache Sätze zurückgeführt, vom Reich des Genius in das der Wissenschaft übergegangen sind.[35]

ist mit dem Prinzip der physischen Empfindungsfähigkeit verknüpft: denn die Sätze, in denen eine Erkenntnis ausgedrückt wird, müssen in der Form vergleichender Urteile abgefaßt werden und enthalten somit, als Urteile, wiederum Empfindungen. Der Begriff der Methode enthält bei Helvétius deshalb nur heuristische Anleitungen, ohne irgendein deduktives Prinzip zu kennen.[36]

---

[32] Vgl. ebd., Zweiter Abschnitt, Kap. 23 und 24, der Titel lauten: ›Es gibt keine Einsicht, die sich nicht auf eine Tatsache zurückführen ließe‹ (S. 165–169) und ›Der Geist, der zum Verständnis der bereits bekannten Erkenntnisse notwendig war, reicht auch aus, um zu den unbekannten vorzudringen‹ (S. 169–170).

[33] Vgl. ebd., S. 481 und 482.

[34] Ebd., S. 169; zur Rolle des Zufalls vgl. auch Helvétius, ›De l'esprit‹. (20) tome II, discours IV, chap. I, S. 188–190.

[35] Helvétius, Vom Menschen. (21), S. 166.

[36] Helvétius, De l'esprit. (20), tome I, discours I, chap. I:»La conclusion de ce que je viens de dire, c'est que, si tous les mots des diverses langues ne désignent jamais que des objets ou les rapports de ces objets avec nous & entr'eux, tout l'esprit par conséquant consiste à comparer & nos sensations & nos idées, c'est-à-dire, à voir les ressemblances & les différances, les convenances & les disconvenances qu'elles ont entr'elles. Or, comme le jugement n'est que cette appercevance elle même, ou du moins que le prononcé de cette appercevance, il s'ensuit que toutes les opérations de l'esprit se reduisent à juger.« (S. 9–10) »Cependant ce jugement n'est réellement qu'une sensation. En effet, si par l'habitude d'unir certaines idées à certains mots, on peut, comme l'expérience le prouve, en frappant l'oreille de certains sons, exciter en nous à peu près les mêmes sensations qu'on éprouveroit à la présence même des objets; ... d'ou je conclus que tout jugement n'est qu'une sensation.« (S. 11–12) »... une méthode n'est autre chose que le moyen dont on se sert pour parvenir au but qu'on se propose. Supposons qu'un homme ait dessein de placer certains objets ou certaines idées dans sa mémoire, & que le hasard les y ait rangés de manière que le ressouvenir d'un fait ou d'une idée lui est rappellé le souvenir d'une infinité d'autres faits ou d'autres idées, & qu'il est ainsi gravé

Trotz der Identifikation von Erkennen und Empfinden vermeidet der Sensualismus, wie er hier begründet wird, die Relativierung des Wissens, wie sie aus dem zitierten Text Jean Pauls über die ›Verbindung zwischen Leib und Seele‹ spricht, und wie sie sich in den frühen Denkübungen mehrfach findet. Da Jean Paul die Individuen und ihre Erkenntnis zu sehr voneinander getrennt sieht, also jeden Menschen mit seinem Bewußtsein als ›Ich‹-Monade begreift, und ihm die Logik – die allgemeine Regeln des Denkens angibt – als »scholastische« Wissenschaft verdächtig ist, versucht er, objektive Regeln des Denkens durch eine Psychologie der einzelnen subjektiven Handlungen zu ersetzen. Der assoziativen Einbildungskraft fällt dabei die Rolle zu, neue Gedanken durch Schaffung neuer Bilder zu erzeugen. Erkenntnis vollzieht sich durch Aufdecken eines Zusammenhangs des sinnlichen Objekts mit scheinbar ganz heterogenen Gegenständen des Gedächtnisses. Die Einbildungskraft, die zunächst als identisch mit dem Gedächtnis erscheint, erhält den Status des obersten Seelenvermögens, die Vernunft eine begleitende Funktion der logischen Kontrolle, erstellt jedoch selbst keine vergleichenden Urteile;[37] Jean Paul wird sich später, in den Vorreden zur ›Clavis Fichtiana‹ (dem ›Protektorium für den Herausgeber‹) und zur ›Vorschule der Ästhetik‹ ausdrücklich gegen den Parallelismus bzw. die Analogie verschiedener Wissenschafter und Künste verwahren, um daraus eine Suprematie der Vernunft über die sinnliche Erfahrung abzuleiten. So resultiert aus dem Kontrast Einbildungskraft-Vernunft einmal ein besonderes Interesse für die physiologische Vermittlung des Sinneseindrucks und den dadurch ausgelösten psychischen Vorgang vermittels des ›Nervensafts‹.[38] Helvétius[19] hatte diese Frage nach der

---

plus facilement & plus profondément certains objets dans sa mémoire: alors, juger que cet ordre est le meilleur & lui donner le nom de *méthode*, c'est dire qu'on a fait moins d'efforts d'attention, qu'on a éprouvé une sensation moins pénible, en étudiant dans cet ordre que dans tout autre: or, se ressouvenir d'une sensation pénible, c'est sentir; il est donc évident, que, dans ce cas, *juger* est *sentir*.« (S. 12–13)

[37] Zur Identifikation von Einbildungskraft und Gedächtnis vgl. unten S. 200f;vgl. dazu auch Jean Pauls Abhandlung von 1791 ›Über die Fortdauer der Seele und ihres Bewustseins‹ (GW II/3, S. 355).

[38] Auch wenn Jean Paul eine anatomische Erweisbarkeit des Nervensafts ablehnt, setzt er diese Theorie Platners fort: als typisches Ergebnis des ›Rationalisierungsvorgangs‹, der die spirituellen Elemente aus der Wissenschaft ausschließt und nur die mechanistischen Elemente beläßt. Die Stationen dieses Weges von Helmont, Stahl, Platner zu Jean Paul verdienten eine eigene Untersuchung; im Rahmen dieser Untersuchung muß man sich mit der Feststellung begnügen, daß Jean Paul diese ursprünglich naturwissenschaftliche ›Konjektur‹ in den Bereich der Dichtung übernimmt. Vgl. hierzu genauer Anm. 95 dieses Kapitels.

[19] Helvétius, De l'esprit (20), t. I, disc. I, chap. I erklärt die Frage für seine Dar-

anatomisch nicht erweisbaren, aber induktiv erschließbaren ›Substanz‹ psychophysiologischer Vorgänge ausschließen können, weil ihm in seiner Abhandlung ›De l'esprit‹ an der Verbindung dieser Hypothese mit der Frage nach der Materialität oder Immaterialität der Seele nichts gelegen war, und die Hypothese selbst den Bereich des sinnlich Erfaßbaren überschritt. Jean Paul greift die damit verbundene Frage nach dem Beweis der Unsterblichkeit begierig auf, als ihn Platner in Leipzig während seiner Studienzeit mit der physiologischen Hypothese des ›Nervensafts‹ bekannt macht.[40] Die Trennung zwischen ›Geist‹ und ›Seele‹, die Helvétius philosophisch vornimmt, ist unter physiologischem Gesichtspunkt nicht möglich. Platner wie Jean Paul betrachten das Wesen des ›animus‹ - immer in Abhängigkeit von physiologischen Prozessen -, also die gesamten seelischen Vermögen: sinnliche Auffassung (mens), Einbildungskraft (phantasia) und Vernunft (ratio). Der ›animus‹ ist eine Substanz im Sinne von Leibniz, und das ›Denken‹ eine ›Kraft‹,

---

stellung als irrelevant und letztlich nicht entscheidbar (S. 5-6). Vor allem die Tatsache, daß die Kirche hier dogmatisch Glaubensentscheidungen fälle, erschwere es, dem Vernunftprinzip einer Entscheidung nach guten Gründen zu folgen. In ›Über den Menschen‹ trennt Helvétius scharf zwischen ›Geist‹ und ›Seele‹, also dem Prinzip des Denkens, das eher zugänglich ist als das ohne dogmatisch-theologische Aussagen nicht lösbare Prinzip des Lebens in der ›Seele‹: »Der Philosoph geht stets auf die Krücke der Erfahrung gestützt; er geht vorwärts, aber immer nur von Beobachtung zu Beobachtung; er hält da ein, wo ihm die Beobachtung fehlt. Er weiß nur, was der Mensch fühlt, daß in ihm ein Prinzip des Lebens ist, daß er sich aber ohne die Flügel der Theologie nie zu der Erkenntnis dieses Prinzips und seines Wesens aufschwingen kann. Alles was von der Beobachtung abhängt, gehört zum Gebiet der philosophischen Metaphysik; was darüber hinausgeht, gehört zur Theologie oder zur metaphysischen Scholastik. Aber warum hat die menschliche Vernunft, von der Beobachtung erhellt, bisher noch keine klare Definition, oder genauer, keine deutliche und eingehende Beschreibung des Lebensprinzips geben können? Das heißt, daß dies Prinzip sich noch der genauesten Beobachtung entzieht. Aber das, was man Geist nennt, kann sie eher in den Griff bekommen.« (21). S. 89.

[40] Hauptquellen sind für diese Frage Platners Darstellung in seiner Dissertation von 1767 ›De vi corporis in memoria‹ (38), die erste Fassung seiner ›Anthropologie‹ von 1772 (39) [vgl. darin bes. Erstes Hauptstück, Achte Lehre: Von dem Gehirn, den Nerven und dem Nervensaft, §§ 144-178, S. 39-49] sowie die Diskussion in den 1795 erschienenen ›Quaestiones Physiologicae‹ (44). Wichtig ist im zuletzt genannten Werk vor allem das vierte Kapitel des zweiten Buches (›De fontibus spiritus vitalis‹, S. 215-264), in dem Platner eine äußerste Form der Rationalisierung seiner Konjektur vorlegt: das Wirken des Nervengeistes kann, eher noch als Wirken eines elektrischen Prozesses (statt als Bewegung einer Flüssigkeit, des ›fluidum nerveum‹) aufgefaßt werden. (ebd., S. 219).

also Modifikation dieser Substanz; daraus resultiert eines der Haupt-
argumente beider Autoren gegen Kants Begriff der ›reinen Vernunft‹:
daß dieses bloße ›Vermögen‹ der Vernunft nicht sich selbst zum Gegenstand seines Nachdenkens machen könne. Besonders Jean Paul argumentiert immer wieder mit dem Vergleich, daß die ›Vernunft‹ eben
so wenig sich selbst ›denken‹ könne, wie der Vorgang des Sehens sich
selbst ›zu sehen‹ imstande sei. Ebenso strukturiert ist das Argument aus
der Abhandlung über die ›Selbstliebe‹ (1790), das er später gegen Fichte
anwenden sollte: ebenso wenig wie das ›Ich‹ sich selbst lieben könne, sei
eine Setzung des empirischen durch ein abstraktes ›Ich‹ möglich.[41]

Zweitens resultiert aus der Auffassung von der Einbildungskraft eine
besondere Auffassung des Genies; Helvétius hatte dessen herausra-
gende Position mit Rücksicht auf die Gleichheit der Individuen im Konzept des ›universalen‹ Menschen der Aufklärung zurückgenommen.
Jean Paul versucht, einen Menschentypus zu erstellen, indem er parallel zum vertrauten Kontrastpaar des Weisen und des Narren einen Gegensatz des ›Genies‹ und des ›Dummen‹ aufstellt.[42] Dieser Genie-Typus

---

[41] Eine Einteilung der Seelenvermögen (des ›animus‹; wir werden ihn im folgenden häufig mit ›Lebenskraft‹ übersetzen) findet sich bei Platner in den ›Quaestiones physiologicae‹ (44), S. 47-49; der wichtigste Beleg für Jean Paul ist die
mehrfach erwähnte Abhandlung von 1791 ›Über die Fortdauer der Seele und
ihres Bewustseins‹ (GW II/3. S. 339-360) vgl. hierzu bes. den zweiten Punkt des
Abschnitts II ›Vermuthungen und Beweise für die Fortdauer‹, der eine Darstellung der Funktion der Nerven enthält (ebd., S. 348-350). Jean Pauls metaphorischer, zirkelhafter Ausdruck, daß »das Sehen das Sehen nicht sehen könne«, greift ein Argument aus Platners Theorie der Vorstellungskraft auf: die
Sinne können sich nicht selber Grundbegriffe des Erkennens geben. Denn,
meint Platner, »der Ausdruck [Kants]: es sind der Seele ursprünglich angebo-
ren die Formen der Grundbegriffe, ist noch immer eine Metapher: der eigentliche Sinn ist: Die Seele ist von Natur so eingerichtet, daß sie alles, was sie
vorstellt oder denkt, als Gegenstände sinnlicher Erfahrung vorstellt oder
denkt, in der Form jener Grundbegriffe.« Philosophische Aphorismen § 666,
(30) S. 316. - In der ›Clavis Fichtiana‹ erscheint dieser zirkelhafte Vergleich zur
»Definition« und Verspottung der ›Vernunft‹ im Fichte-/Leibgeberschen System: § 11 ›Vernunft‹. Diese kennt keine Geschöpfe als ihre; ihr *Sehen* ist nicht
bloß ihr *Licht*, ... sondern auch ihr *Objekt* ;so daß ihr Auge, indem sie es zum
transzendenten Himmel aufhebt, sofort daran steht als Gott oder Stern ...«
(Hanser III, S. 1037). Zur naturrechtlichen Herkunft dieses Zirkels vgl. unten
S. 239-240.
[42] Die wesentlichsten Abhandlungen in Jean Pauls Frühschriften zu diesem Thema sind: ›Über Narren und Weise - Altags Zeug‹ (GW II/1, S. 67/68); ›Über
Narren und Weise, Dummköpf' und Genie's‹ (ebd., S. 82-86); weitergeführt in
›Unterschied zwischen dem Narren und dem Dummen‹ (ebd., S. 249-254) und
in ›Von der Dumheit‹ (ebd., S. 255-263), bis der thematische Komplex schließlich in der umfangreichen Satire ›Das Lob der Dummheit‹ (1781/82) ausführlich abgehandelt wird (ebd., S. 293-297).

ist orientiert am Begriff der Einbildungskraft, am Finden von Zusammenhängen,[43] und damit an einem von der Naturwissenschaft ausgehenden Idealbild des 17. und 18. Jahrhunderts, von dem Young und Gerard noch Züge zur Begründung des ästhetischen Genies übernahmen, die bis dahin nicht voneinander getrennt waren: so hieß es von Newton, er hätte statt der Entdeckung der Gravitation ebenso gut ein Epos verfassen können.[44] Diese Herkunft ist jedoch in der Genie-Lehre des Sturm und Drang bereits unkenntlich geworden.[45] Kant und Schiller schließlich trennen den gesamten Geniebegriff rigoros von den Naturwissenschaften ab und schränken ihn auf den Bereich des Ästhetischen ein.[46] Jean

---

[43] In ›Von der Dumheit‹ bemerkt Jean Paul: »Auch in den tiefsinnigsten Untersuchungen verrichtet die Einbildung das Hauptgeschäfte; bei dem gewönlichen Menschen stelt sie das Bild der Sache, bei dem tiefsinnigen die Teile der Sache, lebhaft dar. Leibniz hätt' eben so gut anstat der Teodizee, eine Iliade schreiben können; und Malebranche war Pindar in der Metaphysik....« (GW II/1, S. 256, Anm. 2).
Der berühmte englische Kritiker Dr. Johnson sagte von Newton, daß er statt der Entdeckung der Gravitation ebenso gut ein Epos hätte verfassen können (vgl. Bernhard Fabians Aufsatz ›Der Naturwissenschaftler als Originalgenie‹, (139), S. 56).

[44] Vgl. hierzu den hervorragenden Aufsatz von Fabian, (139), S. 48 und 56.

[45] Vgl. hierzu etwa den dritten Abschnitt von Herders Abhandlung ›Vom Erkennen und Empfinden‹: »Was wirkt das mancherley Erkennen und Empfinden auf die mancherley Genie's, Charaktere, oder wie die Zaubernahmen heißen?« (22), S. 74ff. - Gerade im Inhalt des hier vorgetragenen Angriffs auf Helvétius auf dessen Idee der Ausbildung des Genies (S. 74) und in seiner eigenen Genie-Konzeption, als »inneres Leben der Apperception und Elasticität der Seele«, deren Maß von der Natur zugeteilt wird (S. 75), unterscheidet sich Herder von Jean Paul in beträchtlichem Maße. Jean Pauls Reserven gegenüber dem französischen Autor beruhen auf dessen Eigennutz-Theorie, die er ebenfalls mit Argumenten der physiologischen Bewußtseinstheorie bekämpft, auf der auch seine Genie-Lehre begründet ist. Herders Genie-Lehre schließt jedoch, wie die Begriffe des Zitats zeigen, an der mechanistischen Nerventheorie Hallers an, die, statt vom ›Nervensaft‹, von einem mechanischen Prozeß der Kontraktion und Elastizität der Nervenfasern ausgeht; sie dient zur Grundlage von Herders Begriff des ›Organischen‹.

[46] Vgl. hierzu die Stellen in Kants ›Kritik der Urteilskraft‹, die im Stichwort ›Genie‹ erfaßt sind: (30), S. 371, und zwar unter der spezifischen Bestimmung ›Genie in der Kunst, nicht in der Wissenschaft‹. - Schiller folgt Kant in der Trennung von Philosophie und Naturwissenschaft, wobei er philosophisches und poetisches Genie parallel setzt. Vgl. ergänzend zu dem in Anm. 86 zu Teil I zit. Xenion das folgende Distichon:
Wissenschaftliches Genie.
Wird der Poet nur geboren? Der Philosoph wirds nicht minder,
Alle Wahrheit zuletzt wird nur gebildet, geschaut.
Ausg. Fricke/Göpfert Bd. I, S. 263). - Daß Ernst Platner und Jean Paul in den ›Xenien‹ von Schiller und Goethe gleichermaßen schlecht fahren, ist unter dem

Paul behauptet jedoch weiter diesen Typus und damit die Kombination von wissenschaftlichem und künstlerischem Genie, und zwar in deutlicher Wendung gegen Kant,[47] hat ihn aber mittlerweile selbst modifiziert: um die Isolation des Genies – entsprechend der Vereinzelung des Bewußtseins – zu überwinden, erweitert er die Wissensgebiete des Genies und gewinnt damit Anschluß an die polyhistorische Tradition, die auf seinen Kampf gegen die ›kritische Philosophie‹ bedeutsam einwirken wird.[48] Hatte zuvor der Geniebegriff in Kunst und Wissenschaft die gleiche Struktur, aber in verschiedenen Bereichen, so verhilft nun in Jean Pauls Sicht erst die Verknüpfung verschiedenen Wissensbereiche zu ›Genie‹; deshalb kann jeder Mensch zum Genie herangebildet werden, wenn er zum »Philosophieren« (!) in diesem Sinn, und nicht zur mechanischen Wissensaneignung angeleitet wird. In dieser Auffassung wird sowohl das Roman- wie das pädagogische Prinzip Jean Pauls in der ›Unsichtbaren Loge‹ und der ›Levana‹ begründet und damit die Einbringung der Wissensstoffe in den Roman gerechtfertigt.[49] Damit ist auch

---

Aspekt der verschiedenen Genie-Lehre und des Verhältnisses von Philosophie, Dichtung und praktischer Wissenschaft verständlich. Zu Schillers Xenien gegen Platner vgl. Bergmann (74a), S. 76.

[47] Vgl. hierzu das ›Kampaner Tal‹, »503. Station«. (Hanser IV, S. 587–589). Jean Paul zitiert ausdrücklich einen Passus aus der ›Kritik der Urteilskraft‹, in dem die Unterscheidung von wissenschaftlichem und philosophisch-dichterischem Genie dargelegt wird und setzt dagegen sein (polyhistorisches) Ideal der ›logica inventiva‹. Bedeutsam ist schließlich auch, daß Jean Paul hier eine Bedrohung des Unsterblichkeitsglaubens sieht, sollte diese alte, naturrechtliche Verbindung von wissenschaftlichem, philosophischem und dichterischem Genie aufgehoben werden. Diese Aussage wird im III. Programm der ›Vorschule‹ (Über das Genie, § 11. Vielkräftigkeit desselben. Hanser V, S. 55–56; vgl. bes. die Anm. 1 zu S. 56) weitergeführt: die Leugnung des prinzipiellen Unterschiedes von Wissenschaft und Dichtung und die Notwendigkeit des Vielwissens für den Dichter ist die Voraussetzung für die Erhaltung der monistischen Einheit von Ethik und Naturwissenschaften im Sinn der naturrechtlichen Logik. Jean Paul sieht die Rechtfertigung dafür in der Assoziationskette der Vorstellungen.

[48] Vgl. dazu im folgenden den Exkurs, S. 195–200.

[49] Dieser Gedanke Jean Pauls ist auch später in der ›Levana‹ noch anzutreffen, wenn er dort schreibt: »Das Dorfkind stehet im Stadtkinde nur durch seine spracharme Einsamkeit nach« (Hanser V, S. 831). – Die sich aus dem Unterschied der Erziehung ergebenden Mißverhältnisse in der Bildung, die bei Erwachsenen als Unterschiede der Begabung erscheinen, hat Jean Paul in einem der Beiträge zu Dalbergs ›Museum‹ als aufklärerische Kritik am Bildungssystem der Zeit, an der Bevorzugung der sozial Bessergestellten und als Kritik am bloß ästhetischen Genie-Kult formuliert:
»Unterirdischer Schatz von Genies.
Wenn man berechnet, wie viele talentvolle Kinder man in Dorf- und Stadtschulen antrifft, und wenn man bedenkt, daß das Volk schon als Mehrzahl der

bei Jean Paul der Grundsatz der Gleichheit der Aufklärung erhalten, als Gleichheit der ›Vermögen‹, die verschieden ausgebildet sind; er bleibt hinter Helvétius nur in dem Punkt zurück, daß dieser auch eine Gleichartigkeit der geistigen Operationen feststellte, die eine ›Intersubjektivität‹ des Erkennens ermöglichte, die bei Jean Paul fehlt.

Ein weiterer Unterschied zwischen beiden Autoren ist festzuhalten, und in ihm liegt die heftige Abwehr Helvétius' durch Jean Paul begründet; denn er nimmt eine weitere Modifikation des Genie-Typus vor, indem er ihn mit der ›sociability‹ Shaftesburys und Hutchesons verknüpft.[50] Die damit angebahnte Umwandlung des entworfenen Genie-Typus in den ›hohen Menschen‹ der ›Unsichtbaren Loge‹ wird ebenfalls durch die Verengung der sensualistischen Theorie veranlaßt:

Köpfe die Mehrzahl der guten schenken muß: so sieht man sich zwanzig Jahre später im Staate erstaunt und vergeblich nach diesen genialen Dorfköpfen in Kollegien. Regimentsstäben und auf anderen hohen Stellen um; – fast bloß die Minderzahl der höhern Stände versorgt mit Talenten den Staat nothdürftig; und die Dorf Genies verloren sich in die Scheunen, Kasernen und Handwerkstätten. So wird also kein Staat und Schlag Schatz als der, den der Himmel aus der Volkstiefe aufschickt, und keine Gottes Domäne so verschwendet als die der Köpfe. Die Samenkörner ewiger Ernten wirft der Himmel umsonst in die Beete, wir aber begießen und impfen nichts. – Ein rohgelaßnes Dorfgenie gleicht dem Pfunde Eisen, das in Frankreich 1 Sou kostet; verarbeitet aber zu 700.000 Uhrfedern, ist es (nach Rumford) 16 Millionen und 800.000 Sous werth. Zu wie vielen Uhr-, Schwung- und Triebfedern wären nicht die Kräfte des Dorfs auszubilden.« (GW I/16, S. 83–84: Museum, Sedez-Aufsätze, Dritte Lieferung). – Man vgl. dazu auch Helvétius, Vom Menschen. (21), S. 119–121: Zweiter Abschnitt, 11. Kapitel ›Über das ungleiche Fassungsvermögen des Gedächtnisses‹: »Ein außerordentliches Gedächtnis macht die Menschen zu Gelehrten, vertieftes Nachdenken zu Genies. Um zu einem selbständigen Geist zu gelangen, ist der Vergleich der Gegenstände untereinander und die Wahrnehmung von Beziehungen, die den gewöhnlichen Menschen unbekannt geblieben sind, zur Voraussetzung.« (Anm. zu S. 119). Auch hier ist die Nähe von Jean Paul zu Helvétius auffällig (genau darauf beruht der poetische wie wissenschaftliche Genie-Begriff, Beziehungen zu entdecken) und damit deutlich, wie weit er von der ästhetischen Genie-Auffasung des Sturm und Drang oder Herders entfernt ist.

[50] Vgl. das Extrablatt des 25. Sektors der ›Unsichtbaren Loge‹: ›Von hohen Menschen – und Beweis, daß die Leidenschaften ins zweite Leben und Stoizismus in dieses gehören‹ (Hanser I, S. 221–224). Jean Paul übernimmt die Verbindung seines Typus des ›hohen Menschen‹, der durch die ständige Präsenz des Gedankens an die zweite Welt gekennzeichnet ist, mit der Ablehnung des Stoizismus, der nur kalte Abwehr, aber auch Bindung an dieses Leben bedeutet, von Hutcheson; zu Hutchesons Anti-Stoizismus vgl. Martino (87), S. 206 Anm. 65. – Die Umformung ist durch die Problematik der Abhandlung über die ›Selbstliebe‹ (GW II/3, S. 233ff.) und die Abhandlung über die ›Fortdauer der Seele und ihres Bewustseins‹ vorbereitet (vgl. hierzu bes. GW II/3, S. 351–352).

für Helvétius ist das berechtigte Privatinteresse mit dem übergeordneten Interesse der Nation verbunden, als Selbstliebe, die in der Erhaltung des Staates und der Gesellschaft ihr eigenes Interesse vertritt; die ›Selbstliebe‹ resultiert nach Helvétius' Auffassung aus dem Streben des Menschen nach physischer Lust und nach Vermeiden von Schmerz.[51] Jean Pauls Auffassung der Individuen bedarf – in einer bereits von der theoretischen Krise der ›sociabilitas‹ geprägten Epoche – eines stärkeren Antriebs, um die Isolierung der Ich-Monaden zu überwinden. So muß jede Handlung des Individuums von ihrem auf das eigene Bedürfnis bezogenen Antrieb befreit werden[52] – eine Interpretation als ›Selbstliebe‹ im Sinne Helvétius' oder Mandevilles lehnt Jean Paul ab. Vielmehr ist er der Ansicht, daß zwar jede Handlung das Gefühl des Eigennutzes enthält, aber in unbewußter Form; damit wird der eigennützige Antrieb aus moralischer Sicht irrelevant, und somit der Begriff der ›Selbstliebe‹ hinfällig. Dies ist das Ergebnis der Auseinandersetzung Jean Pauls mit dem Pfarrer Völkel und dem Redakteur Wernlein über Jean Pauls merkwürdig formulierte These: »Es giebt keine eigennüzige Liebe, sondern nur eigennüzige Handlungen« (1790).[53] Jean Paul ist in dieser Debatte nicht mehr in der Lage, die verschiedenen Einflüsse, die sich in seiner Argumentation überlagern, anders als in Form einer Parabel darzustellen: dies führt zu einem verwirrenden Hin und Her von

---

[51] Helvétius, Vom Menschen. (21), S. 136–137 Identifikation des ›Interesses‹ mit dem Begriff des ›Guten‹, wobei ›Interesse‹ und ›Bedürfnis‹ als Grundlagen der Soziabilität zu werten sind (S. 113); S. 199–200 Definition der Selbstliebe und S. 272–273 Angriff auf Shaftesburys Begriff des Moralisch-Schönen.

[52] Die erste Abhandlung über das Thema in den ›Rhapsodien‹ (1781) ›Über die Liebe‹ steht noch stark unter dem Einfluß des kleinen Roman-Versuchs ›Abelard und Heloise‹ und vermeidet die philosophische Argumentation, in der sie Auseinandersetzung von 1790 sich gänzlich verwirrt. Aber auch hier sind schon einige der Grundsätze ihrer späteren Behandlung deutlich: anhand der Typisierung, die Jean Paul für seinen Geniebegriff aufzustellen versucht (hier erscheinen die Typen des Jünglings als Toren (!), des selbstsüchtigen Greises – auf die spätere Konstellation Viktor-Lord oder Albano-Gaspard vorausdeutend – und des Weisen), erscheint ihm das Wesentliche der ›Liebe‹ in der Überwindung der Einschränkung auf das eigene Selbst zu liegen, auch wenn dieser Enthusiasmus der kalten Vernunft als ›Torheit‹ gilt (GW II/1, S. 288–290, hierzu S. 289).

[53] ›Es giebt keine eigennüzige Liebe, sondern nur eigennüzige Handlungen‹. In: GW II/3, S. 230–251. Der Abdruck bei Berend enthält Jean Pauls Abhandlung unter diesem Titel (S. 230–232), Völkels Entgegnung (S. 232–237), Jean Pauls ›Kontraapprochen‹, (S. 238–243), Völkels zweite Entgegnung (S. 243), und erneute Einwände Jean Pauls (S. 243–244), Wernleins Abhandlung in der ›Höfischen gelehrten Zeitung‹ (244–247) und Jean Pauls ›Antikritik‹ (247–251). – Hierzu vgl. Kontraapprochen S. 242.

Gegenargumenten, und das Resultat ist ein vollständiges Nicht-Verstehen der Kontrahenten Jean Pauls. Offensichtlich zu Recht; denn er selbst gesteht sich ein, daß seine Argumentation zwar richtig sei, aber besser in poetischer Form gegeben würde:

> Ich wolte, ich wäre Selbstrezensent in der höfischen gelehrten Zeitung gewesen, ich hätte geschrieben: »gegenwärtige Liebes Abhandlung ist kahl - kalt, weitschweifig - plan, aber wahr und wir wünschen, daß der uns unbekante vortrefliche H. Verfasser seine Früchte nicht in Baum Blätter sondern in Blumenblätter kleide.« Und das sol auch, aus Achtung für den Selbstrezensenten und für meinen 2ten Antagonisten geschehen.[34]

An die Stelle der philosophischen Abhandlung (der »Baum Blätter«) treten der poetische Charakter des ›hohen Menschen‹ Gustav und das Stilprinzip des ›Romans‹, beide aber nochmals theoretisch erläutert: in den Extrablättern über den Vorzug witziger vor klassischen Autoren und über ›hohe Menschen‹, im 16. bzw. 25. ›Sektor‹ der ›Unsichtbaren Loge‹.

Damit ist auf ein entscheidendes Problem des frühen Autors verwiesen, das durch die Konstruktion der plötzlichen Umwandlung Jean Pauls zum Dichter im allgemeinen ignoriert wird: daß er sich enttäuscht von der Philosophie und erlöst von der Satire abgewandt habe, um sich endlich seiner lyrischen Begabung hinzugeben. Wie die übrigen Autoren der Zeit hat Jean Paul auf ein gewisses Maß an Selbststilisierung nicht verzichtet und dadurch diese Interpretation gefördert: das gilt ebenso für die Angabe, daß er bis zu seinem dreißigsten Lebensjahr keinen Roman veröffentlichen wollte, wie für die Behauptung einer Abkehr von der Philosophie.[35] Tatsächlich verband Jean Paul seit Beginn

---

[34] Ebd., Antikritik, S. 249.
[35] Lichtenberg hatte Jean Paul diesen Rat gegeben, bis zu seinem dreißigsten Jahr nichts zu veröffentlichen (Vorrede zur 2. Auflage der ›Unsichtbaren Loge‹, H. I, S. 16); aber schon diese Zahl dreißig ist literarisch: Tschirnhaus, der berühmte Mediziner und Philosoph, und einer der bedeutendsten Briefpartner von Leibniz, hatte nach einem schlecht ausgefallenen Druck eines frühen Werkes diesen Entschluß gefaßt, mit seiner nächsten Publikation zu warten. Der Entschluß erlangte durch Fontenelles Lobrede auf den Verstorbenen in der Académie Française Berühmtheit (vgl. Fontenelle, Eloges des Académiciens de l'Académie Royale des Sciences, Morts depuis 1699. Eloge de M. Tschirnhaus. In: Oeuvres de M. Fontenelle. Londres 1785, tome I, S. 224–244, hierzu S. 229). Für die literarische Berühmtheit dieser Eloge spricht auch ihre Erwähnung bei Herder in ›Vom Erkennen und Empfinden‹, (22), S. 32. Auch an Rousseau ist dieselbe schriftstellerische Zurückhaltung - selbst bei seinen Gegnern - berühmt geworden; so feiert sie Marmontel in seiner Autobiographie: Jean François Marmontel, Mémoires d'un père pour servir à l'instruction de ses enfants. Paris An XIII (1804), t. I, livre IV, S. 329–330. - Die ›Abkehr‹ von der Philosophie, von der Jean Paul vor allem in seinen Briefen spricht, bedeutet jedoch nicht, daß an die Stelle der Philosophie die Dichtung tritt, son-

191

seiner Notizen seine philosophischen Denkübungen mit literarischen Mustern und begann schließlich selbst welche zu erfinden oder fremde Erzählstoffe – oft philosophischen Ursprungs – zu erzählenden Parabeln umzuformen. Und erst als er eine hinreichende **Klärung** hinsichtlich seiner philosophischen, religiösen und naturwissenschaftlichen Position erreicht und gleichzeitig anhand seiner satirischen und philosophisch-poetischen Versuche genügend stilistische Erfahrungen gesammelt hatte, wagt er sich tastend, ohne eigentlichen Handlungsplan, an größere Formen des Erzählens und an die gleichzeitige Auseinandersetzung mit der Schule Kants, wozu ihn seine polyhistorische Schulung von Anfang an vorbereitet. Diese Auseinandersetzung vollzieht sich von Jean Pauls Seite her darin, daß er Kant, Fichte, Schiller (als Theoretiker) und die Romantiker in die Schemata einordnet, die er sich auf Grund seiner philosophischen Ausbildung zwischen 1780/90 gebildet hatte.

Die Literarisierung philosophischer Fragen, deren Verbindung und Ansatzpunkte hier zusammenfassend als Reduktion der sensualistischen Theorie dargestellt wurde, ist nun ausführlicher in der Auswirkung bis in die Hauptwerke hinein zu verfolgen:

– einmal unter dem Aspekt der ›Idealisierung‹ seiner philosophischen Position, die sich als die Physikotheologie bzw. Teleologie, die Kant, oder als ›induktiver Idealismus‹, den Fichte bekämpfte, erweist; ihre Basis ist die Platnersche Physiologie, welche dem deduktiven Idealismus unterlegen und deshalb in Vergessenheit geraten ist;

– zweitens in der Untersuchung einiger Elemente, die die Grundlage für die Ausbildung größerer Erzählformen bildeten; die Wiederholung und Erweiterung des einmal gefundenen Erzählschemas (der ›Unsichtbaren Loge‹) entwickelt eine poetisch-enzyklopädische Romanform, deren Elemente jedoch in der ›Titan‹-Zeit den Rahmen eines einzigen Werkes sprengten: Resultat ist, daß Jean Paul gleichzeitig an zwei Ro-

---

dern die Dichtung führt vielmehr fort, was die Philosophie nicht zu leisten vermag. So ist der Satz aus dem Brief an Jacobi vom 10. Nov. 1799 zu verstehen: »Seit dem 13 Jahr trieb ich Philosophie – warf sie im 25 weit weg von mir aus Skepsis und holte sie wieder zur Satire – und später näherte mich ihr, aber blöde, das Herz. –« (GW III/3, S. 253). Denn mit ›Philosophie‹ ist hier jedoch die Einschränkung auf den abstrakten Bereich der Ontologie und Metaphysik, also Kants »gereinigte Weltweisheit« gemeint, nicht ihre angewandte, naturrechtlich begründete Form in Physiologie, Religion und Ethik. In dieser Form hat Jean Paul niemals auf die Philosophie verzichtet; nur ihren Ursprung sieht er in der erfindenden Logik der Dichtung, deren Verfahren den geistigen Zusammenhang begründet, über den die Philosophen nachdenken, und in der auch das Verfahren seiner poetischen Enzyklopädie begründet ist.

manen (Titan, Flegeljahre) und vier theoretischen Werken (Clavis Fichtiana, Vorschule der Ästhetik, Kampaner Tal, Levana) arbeitet; »erzäh-
lende« wie »theoretische« Werke werden jedoch von derselben Problematik getragen.

Idealisierung des Sensualismus

Im Unterschied zur Gewährleistung der Intersubjektivität des Wissens
bei Helvétius – dadurch, daß auch der durchschnittliche Mensch jede
noch so geniale Erkenntnis nachvollziehen kann – ist für Jean Paul die
Beziehung der Dinge untereinander, abgelöst von subjektiver Be-
einflußung, nicht erkennbar: diese Beeinträchtigung der Voraussetzung
wissenschaftlicher Erkenntnis nannten wir Reduktion des Sensualismus.
Für Helvétius war eine skeptische Logik möglich;[36] Ernst Platner, Jean
Pauls Lehrer, schreibt in seiner ›Logik und Metaphysik‹:

> § 192.
> Die Regeln der Definition verhelfen nicht zu objectiv, sondern nur zu logisch,
> wahren Begriffen (§ 184.); lehren aber objectiv richtige Begriffe entwickeln
> und darstellen.

Der Paragraph, auf den Platner zurückverweist, lautet:

> § 184.
> Jeder Begriff ist logisch wahr; sofern seine Merkmahle einstimmen. (*Omne
> ens est verum*).[37]

Entgegen dieser Bestimmung der Logik durch den skeptischen Sensualismus als durchaus zulässigem wissenschaftlichem Instrument erscheint diese in Jean Pauls ›Lob der Dummheit‹ als dogmatisches Relikt
scholastischer Wissenschaft: diese verdankt, wie die Erzählerin – die
allegorische Figur der Dummheit – höhnisch befriedigt feststellt, ihre
»Weisheiten« dem blinden Glauben an Autoritäten:

> Die Philosophen ... sind nach den Theologen diejenigen, die am tapfersten für
> meine Herrschaft fechten. Sie sind die Erfinder des Unsins, den der Theologe
> kanonisirt; sie demonstriren das, was dieser predigt, und leihen ihm die Waf-
> fen der Vernunft zum Streite gegen die Vernunft.

[36] Vgl. De l'esprit, t. I, disc., chap. I (20), S. 6–7, Anm. e.
[37] Ernst Platner, Lehrbuch der Logik und Metaphysik. (45), S. 54., § 192 und S. 52,
§ 184. – Jean Pauls Satz in der ›Vorschule‹: »Jede Klassifikation ist so lange
wahr, als die neue Klasse fehlt« (H. V, S. 24) ist übrigens nichts anderes als eine
Übertragung der Platnerschen Aussage auf den Bereich der Ästhetik, in der
die absolute Antisystematik, aber auch die Abwehr der alten Gattungspoetik
begründet ist.

Es ist kein Wortspiel, wenn ich sage, daß die Logik am besten one Logik geschrieben und die Kunst zu denken am besten durch Nichtdenken gelert wird: denn es ist eine Warheit, die aus dikken Logiken, one Syllogistik geschlossen werden kan. – Man wird dieses sogleich einsehen, wenn ich die Entstehung einer gewönlichen Logik bei ihrem Verfasser beschriebe habe. Wenn dieser, eh' er seine Gehirnfibern oder seine Feder in Bewegung sezt, durch die Vernunft eines andern auf den unscholastischen Gedanken gerät, daß die Logik nichts als eine Psychologie sei, daß sie nicht denken lere, sondern die Gesezze des Denkens und ihr Verhältnis zur Warheit erforsche, und also weniger Termen und mer Erfarungen und keine Regeln enthalten müsse, u. s. w.: – dan komm' ich zu ihm in feierlicher Gestalt, in Gestalt seines alten Schullerers, oder des Aristoteles. Logischer Ernst furchet auf meinem Gesicht philosophische Linien und gräbt tiefsinnige Runzeln; die Wichtigkeit meiner Miene verkündigt die Wichtigkeit des Spielzeugs der Kinder auf dem Katheder. Ich lasse ihn zurüksehen in iene Zeiten, wo der fette Mönch in seiner Zelle über Distinkzionen und Termen brütete und seine Phantasie mit dem Unsin seiner Vorgänger beschwängerte, um neuen zu gebären; wo die scholastischen Esel die Disteln der Dialektik abgrasten, wo Okame und Skotusse zwei Here von exerzirten Dunsen gegen einander anfürten, um Dumheit durch Dumheit zu besiegen. Ich zeige ihm den Aristoteles, wie an ihm nichts mer sichtbar ist als der Unsin seiner Kommentatoren, wie seine Vererer in ihm das Geschöpf ihrer christlichen Dumheit anbeten und diesem Vater der Vernunft die Vernunft zum Opfer darbringen, wie Abgötter dem Vater der Menschen die Menschen. ...[58]

Wiederum benutzt hier Jean Paul eine literarische Form, die durch ihr Reihungsprinzip künstlerisch nicht besonders anspruchsvoll ist, aber in Erasmus' ›Encomium moriae‹ und Popes ›Dunciad‹ formal wie inhaltlich berühmte Vorbilder besitzt, um philosophische Einsichten zu ›literarisieren‹. Die Ausklammerung der Erkennbarkeit des Zusammenhanges der Dinge aus dem sensualistischen Ansatzpunkt bewirkt, daß jede Form philosophischer Logik zur psychologischen Erfassung der vereinzelten Erkenntnis umgestaltet werden muß. Keine (deduktiven) Regeln, aber Erfahrungen (und daraus induktive Schlüsse) – das ist die naturwissenschaftliche Basis des Baconschen Weltbildes, von dem Jean Pauls Begriff des Denkens und des Genies ausgeht, und auf dem die programmatische Abhandlung des ›Sechzehnten Sektors‹ der ›Unsichtbaren Loge‹ beruht. Sowohl die literarische Figur des ›hohen Menschen‹ wie der konkrete Erziehungsplan der ›Levana‹ basieren darauf: der § 136 der Levana verweist einfach darauf, man möge die entsprechende Abhandlung in der ›Unsichtbaren Loge‹ nachlesen. Das Prinzip der Erziehung zum Denken ist, die Erkenntnis möglichst frei von Regeln zu halten, um die Erfahrung des Kindes wie des Genies von fremder Beherrschung frei zu halten. Jean Paul wünscht sich eine Philosophie, deren Begrifflichkeit nur durch die Erweiterung der Erfahrung zustande kommt:

---

[58] Lob der Dummheit, GW II/1, S. 332–333.

Warum giebt's noch so wenig Philosophie? ...

In unserer Kindheit macht uns ieder zu den Behältnissen seiner Dumheit oder Weisheit; dadurch werden wir im reifern Alter genötigt, vorher die Gedanken andrer herauszuwerfen, ehe wir die unsrigen einsamlen und aufbewaren können. Warum versezt man uns aber in die grausame Notwendigkeit, an allem zweifeln zu müssen, da wir derselben überhoben sein könten, wenn man uns weniger Gedanken, aber mer denken lerte, wenn man uns weniger mit Antworten befriedigte, und mer zu Fragen reizte, und überhaupt uns alzeit nur die Rechnung aufgäbe, ohne das Fazit zu sagen? – Wir solten nicht die Kinder unterrichten, sondern sie gewönen, sich selbst zu unterrichten; wir solten nicht Philosophie, sondern philosophiren leren: wir solten überhaupt die Kunst lernen, den andern erfinden zu leren. –

So wie man uns in der Kindheit zu Christen macht, damit wir als Männer Heuchler sein können; so lert man uns eine Weisheit in der Jugend, die nichts als unsre Dumheit im Alter befördert. – Nur der Skeptiker ist der beste Lerer der Philosophie, allein nur für die, welche Philosophen werden können, nicht für die, welche sich bloß so nennen wollen. Der philosophische Geist wird sich alsdan mer ausbreiten, wenn es weniger Pedanten, Demonstratoren und Gelerte geben wird.[39]

Das Mittel zur Erweiterung der Erkenntnis ist also die Kunst der Erfindung, die nicht aus der abstrakten ›Vernunft‹ und ihrem streng deduktiven Gebrauch hervorgehen kann; Vernunft ist nur ein Vermögen, eine Kraft des Gedächtnisses, der ein anderer psychischer Bereich gegenüber steht: die Einbildungskraft.

Aber widerspricht die Ablehnung der Gelehrsamkeit, besonders der frühen **Befrachtung** von Kindern mit nutzlosem Wissen, wie sie diese 1781 niedergeschriebenen Entwürfe festhalten und wie sie weiter von dem Erziehungs-Extrablatt der ›Loge‹ und später der ›Levana‹ vertreten wird, nicht dem Substrat des Polyhistorismus, von dessen grundlegender Bedeutung für Jean Paul meiner Ansicht nach auszugehen ist?

Exkurs: Das polyhistorische Substrat
von Jean Pauls Ablehnung der frühen Gelehrsamkeit.

Das Haupt Werck eines Gelehrten soll seyn, daß er das lerne, wodurch er seine und andrer Menschen Glückseligkeit befördern könne.

Dies ist der zentrale Satz einer programmatischen Äußerung Gottlieb Stolles, der neben Morhof zu den bedeutenden Vertretern des Polyhistorismus zählt; er wendet sich damit in seinem ›Discours von dem Nutzen der Historiae et Notitiae Literariae ...‹ (1714) gegen die Gegner

---

[39] Allerlei, Nr. 17. GW II/1, S. 285–286.

wie die übereifrigen Verfechter des Polyhistorismus.[60] Ziel des rechtver-
standenen Vielwissens ist Aufklärung, Befreiung von Vorurteilen sowie
eine richtige Form gesellschaftlichen Verhaltens. Zwei Hauptgegner
kennt die polyhistorische Bewegung: die Theologie und ihr dog-
matisch-deduktives Verfahren und den naturrechtsfeindlichen Absolutismus. So antwortet Stolle auf den Vorwurf, daß der Polyhistorismus wissenschaftlich und religiös zur Zerstreuung und im geselligen
Bereich zur Isolierung (innerhalb einer höfischen Gesellschaft) führe,
daß dies »mystische« und »politische« Scheingründe wären:

> ... sich allzusehr zerstreuen, und immer ausser sich herum flattern, ohne an
> sich selbst und an GOtt mit Ernst zu gedencken, ist ja wohl Thorheit; aber
> immer in sich gekehrt seyn und sich selbst betrachten, ist wahrhafftig keine
> Weisheit, sondern eine desto gefährlichere Narrheit, je mehr sie sich in den
> Mantel der Heiligkeit verhüllet. Der Mensch ist nicht zum speculiren, sondern
> vornehmlich zur Liebe GOttes und des Nächsten geschaffen, welche ohne alle
> Zerstreuung nicht ausgeübet werden kan. Der Mensch muß demnach in und
> ausser sich zu Hause seyn, wenn er weislich handeln will. Wer des Tages eine
> Stunde der Historie der Gelahrtheit schencket, kan GOtt und dem Nächsten
> schon dabey dienen. Die mystischen Seelen ... schreiben ja selbst *Bibliothecas*
> und *Historias Theologiae mysticae* : sie machen vernünfftige *philosophos* zu
> Atheisten: warnen vor den Schrifften der Heyden, die sie dann gelesen haben
> müssen: führen weitläufftige *Corresponden*tzen: kümmern sich um Leute, die
> sie nichts angehen: nehmen auch wohl Weiber, zeugen Kinder: trincken sich
> zuweilen ein christlich Räuschgen: kümmern sich um andrer ihrer Schwach-
> heiten, damit sie sich aus heiligem Eyfer darüber kützeln oder erzürnen kön-
> nen: gehen spatzieren, und schöpffen nach ihrer mühsamen Andacht auch
> wieder frische Lufft. Welche Dinge, so viel ich in meiner Einfalt begreife, gar
> viel Zerstreuungen in sich fassen. Die *Historia literaria* lehret uns gute Bücher
> kennen. Nun ist ja gute Bücher lesen was gutes. Wie will ich sie aber lesen,
> wenn ich nichts davon weiß: wer in diesem *Studio* so vertieffet, daß er
> alle Kleinigkeiten ausgrübeln will, und die Erkänntniß sein selbst und andre
> nöthige Dinge darüber versäumet, ist nicht klug: wer aber die Historie der
> Gelahrtheit an und vor sich selbst vor schädlich ausschreyet, und die Leute
> davor warnet, ist entweder ein Kerl, der nichts verstehet, *secundum illud: Ars
> non habet osorem, nisi ignorantem* [gemäß jenem Satz, daß die Wissenschaft
> nur den Unwissenden zum Feind habe]: oder ein unvernünfftiger Sonderling,
> der durch das falsche Licht einer *affectirten* Heiligkeit verblendet, sich und
> andre betrüget, und die Welt gerne mit Idioten anfüllen möchte.

Der jetzt beantwortete Scheingrund war theologisch. Wir müssen aber die
zugleich mit beygefügte politische Einwendung auch nicht vergessen. Denn

---

[60] Gottlieb Stolle: Discours von dem Nutzen der Historiae et Notitiae Literariae,
welchen der Verfasser den 19. April 1714 als damaliger Director des Gymnasi
Illustris zu Hildburghausen, bei der Intimation eines Collegii Literarii daselbst
ans Licht gestellt. In: Gottlieb Stolles ... Anleitung zur Historie der Gelahrtheit, denen zum besten, so den Freyen Künsten und der Philosophie obliegen.
Jena (4. Auflage) 1736, S. 783–798.

wenn die Literatur nur Grillen Fänger, und solche Thiere macht, die, wie *Hieronymus* in einem Briefe von sich selbst schreibt, in ihrem Winckel vor sich murmeln wollen: wenn die, so sich drauf legen, allen Wohlstand verlernen, und sich in keine vernünfftige und galante Gesellschaft schicken, so wird sie freylich eher unter die schädlichen als nützlichen Wissenschafften zu setzen seyn. Ich setze aber immer, die gute *Historia literaria* sey hieran unschuldig.[61]

Dies ist die Basis für das Verhalten der ›hohen Menschen‹ Jean Pauls in der höfischen Gesellschaft der Romane: Gustavs, Viktors und Albanos Erziehung und Studierweise demonstriert diese Angriffsrichtung der polyhistorischen Bewegung, betrachtet aber aus dieser Position heraus auch Kants und Fichtes Philosophie als Nachfolge der deduktiven Ontologie des 17. Jahrhunderts, gegen die der Polyhistorismus entstanden war. Gegen sie sind einige wesentliche Passagen aus Daniel Morhofs ›Polyhistor‹ gerichtet, deren Auffassung vom Lernprozeß als einer ›Logik der Erfindung‹ (»logica inventiva«) die historische Grundlage für Jean Pauls im Erzieh-Extrablatt grundlegend zusammengefaßte Ansichten bildet:

> Pueri Grammaticae artis capaces non sunt.
>
> Non possum hic laudare Huarti sententiam, qui imaginativam ac intellectum ita sibi contrariari existimat, ut, qui imaginativa praevalet, intellectu valere non possit; nam plane aliter ego colligo: cum enim omnis nostra cognitio procedat a sensibus, atque tantum sciamus, quantum illis nobis demonstratum sit, sequitur hinc, cum, qui in concipiendis rerum imaginibus felix & foecundus est, eo magis quoque intellectu valere, cum ille, his quasi fundatus, in varios se cogitationum orbes dispergat. siquidem organa ipsa non sunt vitiata, omniaque recte se habent. Occultis illae inter se nexibus facultates junguntur, neque altera alterius operam facile destituit: Imaginatio viam quasi sternit, & cuniculos agit, quibus se non ingerere non potest intellectus, eadem promptitudine hunc quasi typum & indicem suum secuturus.
>
> Quare falsae sunt illae opiniones, eos, qui Latinam linguam egregie noverint, vel Calligraphia vel Poetica excellant, inhabiles esse ad speculativas scientias ... Ego quidem sic existimo, eandem esse Grammatices difficultatem, quae est vel Metaphysices vel Logices, atque adeo ineptos illos esse, qui illius minutiis puerorum ingenia torqueant. Numquam ego de tam felicis quenquam puerum ingenii fuisse arbitror, qui Grammatices artem illa aetate apprehendere potuerit: nam usus & maturior aetas, quae ad philosophiam apta est, illam demum docebit. Quo magis miror esse homines, qui tricas tricis augent, ac novas Grammaticas Philosophicas comminiscuntur, quibus expeditius, si Diis placet, informentur pueri.
>
> [Im Knabenalter versteht man sich nicht auf die Kunst der Grammatik.
>
> Ich kann dem Satz des Huarte nicht beifallen, der Einbildungskraft und Vernunft für derart gegensätzliche Vermögen hält, daß ihm zufolge derjenige, der sich durch Phantasie auszeichnet, sich nicht durch Vernunft hervortun könne;

---

[61] Ebd., S. 796–797.

denn ich gelange zu ganz anderen Folgerungen: da nämlich unsere gesamte Erkenntnis von den Sinnen ausgeht, und wir nur das wissen, was uns in jenen erwiesen wird, so folgt daraus, daß jemand, der in der Erfassung der Bilder der Dinge rasch und eifrig ist, sich um so mehr auch durch Vernunft auszeichnet, da diese sich, auf die Bilder der Phantasie sozusagen gestützt, auf weite Gebiete des Nachdenkens ausbreiten kann; unter der Voraussetzung, daß die Sinnesorgane nicht verdorben und sich alle im richtigen Zustand befinden. Durch verborgene Verknüpfungen sind diese Vermögen mitsammen verbunden, und kaum jemals läßt das eine das andere im Stich: die Einbildungskraft bricht sich Bahnen und gräbt sich durch unterirdische Stollen, wo der Verstand dann zwangsläufig folgen muß, gleichsam als einem Vorbild und Wegweiser. Deshalb sind jene Meinungen falsch, daß diejenigen nicht für die spekulativen Wissenschaften taugen, welche die lateinische Sprache gut beherrschen, oder sich durch schönen Stil oder in der Dichtkunst hervortun … Ich bin freilich der Ansicht, daß die Schwierigkeiten der Grammatik von eben der Art sind wie die der Metaphysik und der Logik, und daß deshalb diejenigen so verfehlt handeln, welche mit deren Kniffligkeiten die Hirne der Schüler verdrehen. Ich bin der Ansicht, daß es niemals ein Kind von so glücklicher Anlage gegeben hat, daß es schon im frühen Alter die Kunst der Grammatik zu erfassen imstande gewesen ist: denn der Gebrauch und ein reiferes Alter, das Eignung für die Philosophie gibt, unterrichtet schließlich auch in jener. Um so mehr wundere ich mich darüber, daß es Leute gibt, die diese Widerwärtigkeiten durch neue vermehren, und neue philosophische Grammatiken ersinnen, durch die, so die Götter wollen, die Schüler bequemer ausgebildet werden möchten.[62]

Unter ›Grammatik‹ ist hier an die cartesianischen Schriften von Port-Royal zu denken, denen Morhof die ›logica inventiva‹ Bacons entgegenhält, nämlich Veranschaulichung und freie Verknüpfung von Gegenständen, als deren praktisches Muster der ›Orbis sensualium pictus‹ des Comenius gerühmt wird. Aus der Präsenz sinnlicher Gegenstände, der Erfindung von Zusammenhängen, auch wenn diese ganz verschiedenen Bereichen entstammen, entsteht Ausbildung der geistigen und schließlich auch der philosophischen Fähigkeiten des Kindes, nicht aus abstrakten Deduktionen.[63] Daher auch das Lob des Vielwissens aus verschiedenen Bereichen:

Est scilicet quaedam scientiarum cognatio & conciliatio, unde & ἐγκυκλοπαιδείαν vocant Graeci, ut in una perfectus dici nequeat, qui ceteras non attigerit. Sellulariarum, vilium & sordidarum artium alia ratio est, quibus nulla inter se est coniunctio; ex quarum ingenio liberales illae censendae non sunt. Fabrilia qui tractat, impune ignorare sutoriam potest: at in liberalibus illis conspirant omnes, manusque iungunt. In Architecto suo quid

---

62 Morhof, Polyhistor. (37) Tom. I, Lib. II, Cap. I, § 30 (S. 326).
63 Vgl. hierzu ebd., sowie Cap. III ›De facultatum animi subsidiis‹, §§ 3–7, S. 338–339: die geistigen Fähigkeiten werden ebenso wie der Körper, durch praktische Übung ausgebildet, nicht durch abstraktes Räsonieren.

requirat Vitruvius, novimus. Nulla pene disciplina est, quam ille attingi non velit. In Oratoribus & Poetis, perfectis scilicet, ea omnia, quae in Architecto suo Vitruvius, requirunt earum disciplinarum Magistri. Et has quidem scientias artesque omnes ita congerendas in Philosophum suum judicarunt *Stoici*, ut nec mechanicarum artium rudem esse voluerint, ac indignum eo crediderint, si aliorum ministeriis ad vitae civilis necessitates uteretur. ·

[Es gibt demnach eine Verschwägerung und Verknüpfung der Wissenschaften, welche deshalb von den Griechen auch ›Enzyklopädie‹ genannt wird, die es nicht erlaubt, jemand vollkommen in einem Wissensbereich zu nennen, wenn er die übrigen nicht wenigstens gestreift hat. Die gewöhnlichen handwerklichen Tätigkeiten, bei denen man sich die Hände schmutzig macht, sind anders geartet; sie kennen eine Teilung der Arbeit, und so können die freien Künste nicht nach ihrem Verfahren beurteilt werden. Wer das Zimmermannshandwerk betreibt, braucht sich nicht auf dasjenige des Schusters zu verstehen; aber in den Bereichen des geistigen Handwerks wirken alle Bereiche zusammen und reichen einander die Hände. Wir wissen, was Vitruv alles von seinem Architekten verlangt: es gibt kaum ein Gebiet, in dem er nicht Kenntnisse von ihm verlangte. Bei den Rednern und Dichtern, den besten freilich, wird all dies, was Vitruv von seinem Architekten erfordert, von dem Meistern dieser Disziplinen zur Bedingung gemacht (d. h. um den Titel eines Meisters zu verdienen). Und die Stoiker waren sogar der Ansicht, daß der Philosoph alle Wissenschaften und Handwerke in sich vereinen müsse, sodaß er ihrem Willen nach nicht ohne Kenntniss der mechanischen Fertigkeiten sein durfte; und sie hätten ihn des Namens ›Philosoph‹ für unwürdig gehalten, wenn er der Dienste anderer für die Erfordernisse seines Unterhalts bedurft hätte.][64]

Stellen wir diesen Passagen das Resumee des Erziehungs-‹Extrablatts‹ aus dem 16. Sektor der ›Unsichtbaren Loge‹ gegenüber:

eh' der Körper des Menschen entwickelt ist, schadet ihm jede künstliche Entwicklung der Seele; philosophische Anstrengung des Verstandes, dichterische der Phantasie zerrütten die junge Kraft selber und andre dazu. Bloß die Entwicklung des Witzes, an die man bei Kindern so selten denkt, ist die unschädlichste - weil er nur in leichten flüchtigen Anstrengungen arbeitet; - die nützlichste - weil er das neue Ideen-Räderwerk immer schneller zu gehen zwingt - weil er durch Erfinden Liebe und Herrschaft über die Ideen gibt - weil fremder und eigner uns in diesen frühen Jahren am meisten mit seinem Glanz entzückt. Warum haben wir so wenig Erfinder und so viele Gelehrte, in deren Köpfen lauter *unbewegliche* Güter liegen und die Begriffe jeder Wissenschaft klubweise auseinandergesperrt in Kartausen wohnen, so daß, wenn der Mann über eine Wissenschaft schreibt, er sich auf nichts besinnt, was er in der andern weiß? - Bloß weil man die Kinder mehr Ideen als die Handhabung der Ideen lehrt und weil ihre Gedanken in der Schule so unbeweglich fixiert sein sollen wie ihr Steiß.[65]

---

[64] Ebd., Lib. I, Cap. I §§ 3, 4 (S. 2).
[65] Hanser I, S. 135.

Ablehnung der Logik und Metaphysik als isolierter Disziplinen, vor allem zur Pädagogik, das Beharren auf Sinnlichkeit und Anschaulichkeit (völlig konträr zur Anschauung Kants von der Fehlleitung des Verstandes durch sinnliche Vielfalt) – dies sind die Kennzeichen des poetischen Stils, den Jean Paul aus der ›logica inventiva‹ des Polyhistorismus übernimmt und sowohl der philosophischen, der literarischen und der pädagogischen Stilbildung zugrunde legt. Gustavs und Albanos Erziehung, Viktors Studierkunst, die entsprechenden Passagen der ›Vorschule‹ über den Witz und der ›Levana‹ über die Erziehung der Knaben wurzeln hierin. Zugleich deutet sich die antimetaphysische Tradition des Polyhistorismus – in der Wendung gegne die ›philosophische Grammatik‹ – an, die für Jean Pauls Wendung gegen die Wiederbelebung der Ontologie durch Kant und Fichte grundlegend war. So vereinigen die Helden der Romane, die nach den Prinzipien des Polyhistorismus erzogen werden, die Elemente, die historisch für den Charakter dieser Bewegung im 17. und frühen 18. Jahrhundert bezeichnend gewesen waren: des Pietismus, des galanten Ideals der Frühaufklärung, des Skeptizismus und der enzyklopädischen Bewegung. Aus eben diesen Charakterzügen bestehen Jean Pauls ›hohe Menschen‹.[66] Soweit dieser Exkurs. –

Das Mittel zur Erweiterung der Erkenntnis ist also die Logik der Erfindung, die nicht in der ›Vernunft‹ und ihrem, von wenigen Prinzipien ausgehenden deduktiven Gebrauch liegen kann; die zitierte Stelle aus dem ›Lob der Dummheit‹ zeigt – ganz in Übereinstimmung mit Morhof –, Vernunft ist nur ein Vermögen, eine Kraft des Gedächtnisses, dem ein anderer psychischer Bereich gegenübersteht: die Einbildungskraft. Schon in den Denkübungen hatte sich Jean Paul mit dieser beschäftigt und ihre untrennbare Verbundenheit mit dem Gedächtnis, dem Organ zur Speicherung der Sinneseindrücke, festgestellt; die Funktion der Vernunft wird dabei auf ein bloßes Vergleichen der Sinneseindrücke eingeschränkt:

> Gedächtnis und Einbildungskraft scheint einerlei zu sein.
>
> Es ist schwer, Gedächtnis und Einbildungskraft zu unterscheiden. Die Gränzlinien, wo's eine anfängt, oder's andre aufhört, sind zu fein gezeichnet. So viel ist gewis. Gedächtnis ist nie on' Einbildungskraft. Ich kan mich keiner Sach' erinnern, one zugleich ein Bild derselben wenigstens dunkel in meiner Sele zu

---

[66] Lewalter spricht davon, daß sich die Strömungen des Pietismus, des galanten Ideals der Frühaufklärung, des Skeptizismus und des Polyhistorismus, denen alle die antimetaphysische Wendung gemeinsam ist, meist in einer Person vereinigten; vgl. (86), S. 81. Viktor z. B. im ›Hesperus‹ läßt am deutlichsten diese Herkunft erkennen.

haben. Und ist dies nicht Wirkung der Einbildungskraft? - Auch ist Einbildungskraft nie one Gedächtnis. Denn von allen möglichen Bildern, die iene
zusammensezt, ist der Stof aus der Natur genommen, den das Gedächtnis an die Hand giebt. Es ist möglich, daß das Ganze dieses nie in der Natur
existirt hat; aber seine Teile sind doch da gewesen. Einbildungskraft tut nichts
weiter als zusammensezzen: nicht aber schaft sie. Sie ist ein Töpfer, der wol
dem Ton allerlei Gestalten giebt, aber ihn nicht hervorbringt. Einbildungskraft
würde also nicht sein, wenn das Gedächtnis nicht wäre. -

Wenn das vermeinte Gedächtnis wirken sol, so müssen zwei Bilder von einer
Sache in der Sele vorhanden sein, die man miteinander vergleicht, und aus
deren Änlichkeit mit einander man schließt, daß eins schon da war. Also ist
bei iedem Aktus des Gedächtnisses ein Urteil. Die Einbildungskraft hat nur
allezeit Ein Bild vor sich.[67]

Wichtig ist die letzte Festlegung, daß die Einbildungskraft »allezeit Ein
Bild vor sich« habe. Die Tätigkeit des Gedächtnisses bedarf - gemäß
der sensualistischen Theorie - eines zweiten Bildes, um die vergleichende Funktion, die ihm eigen ist, ausführen zu können; insofern stimmt
Jean Paul mit Helvétius überein. Das Vorhandensein e i n e s Bildes in
der Einbildungskraft wird für die Definition der Poesie in der Abhandlung über die ›Natürliche Magie der Einbildungskraft‹ bedeutungsvoll
werden: denn der Charakter dieses »Einen Bildes« wird dort bestimmt. Es
erhält weder den Status einer platonischen ›Idee‹ oder eines angeborenen
Begriffes im cartesianischen Sinn (Jean Paul teilt die allgemeine, von Locke
ausgehende sensualistische Kritik an den ›angeborenen Begriffen‹),[68] oder
gar eines synthetischen Begriffes a priori Kants; sondern dieses Bild ist
dem Bewußtsein eines ›Grenzenlosen‹ assoziiert, das jeder sinnlichen
Erfahrung beigegeben ist und das Jean Paul, in Analogie zu den physiologischen Sinnen, als einen eigenen ›Sinn‹ ansetzt.

---

[67] Bemerkungen (Anhang zu den ›Übungen im Denken‹), GW II/1, S. 74-75.
[68] Lockes erstes Buch des ›Essay Concerning Human Understanding‹ enthält
eine Kritik an Descartes' Konzept, der sich auch Leibniz im ersten Buch seiner ›Nouveaux Essais sur l'entendement humain‹ anschließt. Helvétius
genannte Werke widersprechen dem Cartesianismus schon in ihren Grundprinzipien. Zu Platner vgl. ›Anthropologie‹ (39), Zweytes Hauptstück: Von der
Erzeugung der Ideen. Erste Lehre: Wider die angebohrnen Ideen (§§ 179-192,
S. 49-54) sowie die Festlegung, daß der Ursprung kombinierter Ideen (Lockes
›particular ideas‹) nicht begründbar sei (§§ 324-325, S. 106). Zu Jean Paul vgl.
›Über die Fortdauer der Seele und ihres Bewustseins‹ (GW II/3, S. 358), wo
Jean Paul von der »Anstrengung der Seele nach einem dunkeln Bilde« spricht;
es handelt sich dabei - wie die Levana später an der Darstellung der Entwick-
lung des Kindes zu zeigen versucht - um ein deistisches Ideal, das dem Bewußtsein gegeben ist, ohne eine begriffliche Form oder Anschauung (vgl.
Hanser V, § 40, S. 480ff. sowie § 41, S. 587ff.).

Durch diese Analogie-Setzung nähert sich Jean Paul dem idealistischen Standpunkt Kants insofern, als er dem seiner Meinung nach obersten Seelenvermögen, der Einbildungskraft – wie Kant der ›reinen Vernunft‹ – ein ihr inhärentes Regulativ der Erfahrungserkenntnis zuschreibt, auch wenn er dazu sensualistische Formulierungen benutzt: dieses Regulativ ist enthalten im B e d ü r f n i s der Affektregungen n a c h U n e n d l i c h k e i t.[69] Jean Paul übernimmt damit die Denkform der Analogie in den Bereich der Physiologie, deren eigene Denkform die ›coniectura‹ ist. Ernst Platner hatte Kants Übertragung des an der mechanistischen Kosmologie gewonnenen Vernunftbegriffes auf physiologische Probleme kritisiert; und Jean Paul hatte Herders gleichlautender Kritik bei der Mitarbeit an der ›Metakritik‹ zugestimmt.[70] Der Grund dafür liegt jedoch nicht in logischer Inkonsequenz, sondern erwächst aus der Rechtfertigung des metaphysischen Bedürfnisses. Schon zu Beginn der genannten Fixlein-Abhandlung spielt Jean Paul Kants Darstellung der Unbegrenztheit der Einbildungskraft gegen die eingeschränkte Rolle der Phantasie bei Helvétius aus (nicht ganz zu Recht),[71] und signalisiert

---

[69] Über die natürliche Magie der Einbildungskraft. Anhang zu ›Quintus Fixlein‹, Hanser IV, S. 200.

[70] Das Ziel des Angriffs von Platner, Herder und Jean Paul ist vornehmlich Kants Darstellung der ›Postulate des empirischen Denkens überhaupt‹ in der ›Kritik der reinen Vernunft‹: (29), S. 248–256, hierzu bes. S. 253–254. Kant gesteht damit seiner Analogie die Möglichkeit zu, »comparative a priori das Dasein [sc. eines Dinges] wahrzunehmen« (S. 253). – Dagegen wendet sich Platner in den ›Quaestiones physiologicae‹ S. 134 und S. 221: es ist nicht möglich, kategorisch so verschiedene Dinge wie mechanisch-unbelebte (Planetenbahnen, Mineralien) und belebte Wesen (Tiere, vor allem den Menschen) in Analogien zu setzen (S. 134); aber diese Neigung zur Analogie entspringt einem Bedürfnis: »Ex qua re tanta idearum nostrarum existit, claritas quae, licet fictitia plerumque magis sit, quam vera, ipsum tamen iudicium assensionemque facile capiat et inclinet; praesertim si analogiae vis accesserit, cui mire fauet ingenium humanum, ob similitudinis nimirae reperiundae desiderium, et efficiundae voluptatem.« [Daraus ergibt sich eine solche Klarheit unserer Ideen, die, mag sie auch mehr Erdichtung sein als Wahrheit beinhalten, unsere Urteilskraft und Zustimmung leicht für sich einnimmt und zu sich hinwendet; vorzüglich wenn die Kraft der Analogie hinzutritt, zu der der menschliche Geist sich in wunderlicher Weise hingezogen fühlt, auf Grund des übergroßen Bedürfnisses, Ähnlichkeiten aufzudecken, und sich damit Vergnügen zu bereiten.] (S. 221) – Zu Jean Pauls Kritik an der Analogie vgl. den Brief an Herder vom 23. 11. 1798 mit den Anmerkungen zur Metakritik: GW III/3, Nr. 158, S. 117–122 (s. Jean Pauls Bemerkungen zu Blatt 44/45 des Herderschen Manuskripts, S. 119). – Berends Wiedergabe reicht jedoch wegen des allzuknappen Kommentars zu diesem Brief nicht aus: so sei vor allem auf den Abdruck und Kommentar bei Stapf verwiesen: (24), S. 32–37 und S. 169–181, hierzu vgl. S. 34 und S. 175.

[71] Es handelt sich hier um eine Auseinandersetzung mit Kants ›Kritik der

damit die idealistische Umformung bzw. die logische Brüchigkeit des induktiven naturrechtlichen Denkens, dem er selbst seine philosophische Orientierung verdankt. Natürlich bedeutet das nicht, daß Jean Paul Kants Trennung von ›Sinnlichkeit‹ und ›Verstand‹ akzeptiert, da das »Eine Bild« des Sinneseindrucks bedarf, um durch den psychophysiologischen Prozeß seiner selbst bewußt zu werden. Jean Paul drückt dies konsequent in einem Brief an Jacobi (vom 10. Nov. 1799) aus:

> Gegen deinen Saz, daß die Objekte uns vernünftig ordnen, hab ich ... noch dieses, daß du ja nicht das Bewustsein bekomst, weil die Objekte es wecken oder bringen, sondern umgekehrt bemerkst du diese durch jenes mir unbegreifliche erwachende Bewustsein.[72]

Aber die moralische Idee, die Jean Paul dem Bewußtsein in das Bild des ›Grenzenlosen‹ legt und damit Shaftesburys Begriff des ›Moralisch-Schönen‹ und Hutchesons ›inneren Sinn‹ fortbildet, rechtfertigt im Zusammenhang mit der Umkehr des Verhältnisses von Sinneseindruck und Bewußtsein den Begriff einer ›Idealisierung‹ des Sensualismus.[73] Denn statt der sensualistischen Reihenfolge, nach der ein sinnlicher Gegenstand das Bewußtsein erweckt, läßt Jean Paul die Seele, die mit

---

Urteilskraft‹; man vgl. die Registerangaben bei Vorländer zum Begriff der Einbildungskraft, unter dem Stichwort ihrer ›Unbegrenztheit‹: (30), S. 366. - Die Anspielung auf Helvétius scheint ein Mißverständnis zu enthalten: dieser bringt im discours IV, chap. II von ›De l'esprit‹ eine Abhandlung ›De l'imagination et du sentiment‹ (tome II, S. 196ff.), worin er die ›imagination‹ als »un assemblage nouveau d'images & un rapport de convenances apperçues entre ces images & le sentiment qu'on veut exciter« vom Gedächtnis unterscheidet: »la mémoire consiste dans un souvenir net des objets qui se sont presentés à nous« (S. 196). Offensichtlich verwechselt Jean Paul beide Definitionen und kritisiert als Helvétius' Auffassung von der Einbildungskraft, was dieser unter ›Gedächtnis‹ versteht. Helvétius' Begriff der ›imagination‹ dagegen trifft auf Jean Pauls Auffassung der Allegorie zu: als »leichteste Gattung des bildlichen Witzes« und die »gefährlichste der bildlichen Phantasie« (Vorschule, § 51; Hanser V, S. 189).

[72] GW III/3, Nr. 343, S. 251-252. - Dieser Brief ist, neben dem ›Protektorium für den Herausgeber‹ in der ›Clavis Fichtiana‹ (Hanser III, S. 1019ff., bes. S. 1024-1031) die wichtigste Äußerung zu diesem Problem. - Eine ausführliche Kritik der Kantschen Trennung von ›Sinnlichkeit‹ und ›Verstand‹ enthält der erste Band der dritten Auflage der ›Philosophischen Aphorismen‹ (43), § 701, S. 346-348.

[73] Schon Helvétius hatte die Idee des Moralisch-Schönen bei Shaftesbury als Wiedereinführung des Systems der ›angeborenen Begriffe‹ der Cartesianer unter anderem Namen und damit als Verstoß gegen Lockes und seine eigenen sensualistischen Prinzipien begriffen und deshalb attackiert (Vom Menschen. (21), S. 272, Anm.). Hutcheson, der Jean Paul wesentlich beeinflußt hat, hat sich gegen diese Interpretation als eine Unterstellung nachdrücklich gewandt: ›Inquiry‹, (26), S. 128.

den autonomen – in ihrer Tätigkeit also nicht von den Gegenständen der Außenwelt abhängigen - Kräften des Willens und der Phantasie ausgestattet ist, auf die physischen Bedingungen des sensualistischen Prozesses (Nerven und Gehirn) frei einwirken:

> Wenn man auf sich bei den Erfindungen des Wizes, Scharfsins p., bei dem Erinnern Acht giebt: so findet man eine Anstrengung der Seele nach einem dunkeln Bilde, d. h. sie erschaft die Veränderung im Gehirn, die sie anschauen wil ...[74]

Der »Sinn des Grenzenlosen« wird in der Abhandlung über die »Natürliche Magie der Einbildungskraft« nun folgendermaßen beschrieben:

> Die Arme des Menschen strecken sich nach der Unendlichkeit aus: alle unsere Begierden sind nur Abteilungen *eines* großen unendlichen Wunsches ... Alle unsere Affekten führen ein unvertilgbares Gefühl ihrer Ewigkeit und Überschwänglichkeit bei sich – jede Liebe und jeder Haß, jeder Schmerz und jede Freude fühlen sich ewig und unendlich ... Wir sind unvermögend, uns nur eine Glückseligkeit vorzuträumen, die uns ausfüllte und ewig befriedigte ...
> Was nun unserem *Sinne des Grenzenlosen* – so will ich immer der Kürze wegen sagen - die scharfabgeteilten Felder der Natur verweigern, das vergönnen ihm die schwimmenden nebligen elysischen der Phantasie.[75]

Dieser »Sinn« wirkt am stärksten in den Erinnerungen an die Kindheit:

> Die Kindheits-Erinnerungen können aber nicht als Erinnerungen, deren uns ja aus jedem Alter bleiben, so sehr laben: sondern es muß darum sein, weil ihre magische Dunkelheit und das Andenken an unsere damalige kindliche Erwartung eines unendlichen Genusses, mit der uns die vollen jungen Kräfte und die Unbekanntschaft mit dem Leben betrogen, unserem Sinne des Grenzenlosen mehr schmeicheln.[76]

Diese Erinnerungen reflektieren spiegelgleich ein unbewußtes aber sicheres Wissen, einen »Sinn« des Grenzenlosen, dem nur die Dichtung genügen kann, da er in der Natur kein Objekt hat (bzw. es durch die Mechanisierung verloren hat):

> Das Idealische in der Poesie ist nichts anders als diese vorgespiegelte Unendlichkeit; ohne diese Unendlichkeit gibt die Poesie nur platte abgefärbte Schieferabdrücke, aber keine Blumenstücke der hohen Natur. Folglich muß alle Poesie idealisieren: die Teile müssen wirklich, aber das Ganze idealisch sein.[77]

---

[74] GW II/3, S. 358; vgl. auch ebd., S. 357: »Die Seele kann also eine absichtliche Veränderung in den Nerven oder in dem Gehirn erregen, von der sie vorher keine oder eine schwache Empfindung hat ...«.

[75] Hanser IV, S. 200/201.

[76] Ebd., S. 202.

[77] Ebd.

Mit dieser Aussage ergänzt Jean Paul den Protest gegen die »griechenzende« Theorie der Naturnachahmung, den er in der ›Geschichte meiner Vorrede‹ zum ›Fixlein‹ gegen A. W. Schlegel als den Vertreter eines Winckelmannschen Klassizismus erhoben hatte.[78] Der Grad der Ähnlichkeit zwischen Kunstwerk und Vorbild besagt nichts über dessen Gehalt an »Kunst«. Provozierend formuliert Jean Paul, daß die ›Idealität‹ des Kunstwerks im wesentlichen sogar in einer Unähnlichkeit des nachgeahmten Gegenstandes zu seiner künstlerischen Wiedergabe bestehen muß, wenn das ›Grenzenlose‹ in Erscheinung treten soll:

> Aber in einem andern Sinne ist allerdings eine Unähnlichkeit vonnöten: diejenige, die in der Materie die Pantomime eines Geistes eindrückt, kurz das Idealische. Wir stellen uns am Christuskopfe nicht den gemalten, sondern den gedachten vor, der vor der Seele des Künstlers ruhte, kurz die Seele des Künstlers, eine Qualität, eine Kraft, etwas Unendliches.[79]

Das ›Idealische‹ beruht in einem Vorgang des Beseelens der Materie: während diese nur sinnlich erfaßbare Quantitäten liefert und damit die reale Welt für die Sinne meßbar macht, besitzt das Seelenvermögen der Einbildungskraft ein »sensorium commune« für die Unendlichkeit der Sinnesgegenstände, die an ihnen als Qualität offenbar wird, sobald sie der »innere Sinn« affiziert. Dieser enthüllt, daß die Dinge eine nicht meßbare ›Realität‹ abzuspiegeln vermögen, die aus den bloßen, naturgegebenen Sinnesdaten nicht abzulesen ist:

> ... alle Quantitäten sind für uns endlich, alle Qualitäten sind unendlich. Von jenen können wir nur durch die äußern Sinne Kenntnis haben, von diesen nur durch den innern. Folglich ist für uns jede Qualität eine geistige Eigenschaft.[80]

Hier wird die Auswirkung der ›Idealisierung‹ des Sensualismus deutlich faßbar: als Opposition von endlichen Sinnesdaten, welche die Vernunft registriert, und nicht meßbaren spirituellen Qualitäten, welche die beseelende Kraft der Phantasie erfaßt oder erst verleiht.[81] Jean Paul überträgt diesen Gegensatz auf seine Definition ›hoher‹ Poesie und verknüpft sie gleichzeitig mit der ethischen Sphäre des Willens:

---

[78] Geschichte meiner Vorrede zur zweiten Auflage des Quintus Fixlein. Hanser IV, S. 15–42; zum Angriff auf A. W. Schlegel S. 26–29.
[79] Über die natürliche Magie der Einbildungskraft; H. IV, S. 203.
[80] Ebd., S. 202.
[81] »Blumenstücke hoher Natur« (ebd., S. 202) soll die idealische Poesie geben; dieser Begriff der Überhöhung des Realen wird von Jean Paul seit der Definition des ›hohen Menschen‹ in der ›Unsichtbaren Loge‹ häufig verwendet, so im Untertitel der vierten Jobelperiode im ›Titan‹ (›Hoher Stil der Liebe‹, H. III, S. 114).

Es ist sonderbar, daß man von der Phantasie, deren Flügel einen unendlichen *Raum* und eine unendliche *Zeit* bedecken wollen, weil sie über jede endliche reichen, und von der Vernunft, die keine endliche *Kausalreihe* denken kann, nicht weiter geschlossen hat auf den Willen.[82]

Die Auffassung von ›idealischer‹ Dichtung, wie sie Jean Paul hier vorträgt, schließt mit seiner Theorie der Beseelung, der Unterscheidung von Quantitäten und Qualitäten und der Theorie der beiden grundlegenden Seelenvermögen (Phantasie und Wille) unter dem Einfluß Ernst Platners einerseits an Leibniz' Dynamismus an,[83] und damit an dem Versuch, entgegen dem cartesianischen Dualismus von Körperwelt (›res extensa‹) und Geist (›res cogitans‹) eine monistische Einheit von Naturwissenschaft, von Psychologie/Erkenntnistheorie und von naturrechtlicher Ethik/Theologie zu erhalten. Andererseits zeigt die beschriebene Umkehr des sensualistischen Vorgangs eine Nähe zum Idealismus, ohne daß dessen apriorische Setzungen für Jean Paul annehmbar werden.[84]

---

[82] H. IV, S. 200.

[83] Der wachsende Einfluß Leibniz' auf Jean Paul wird auch von Döppe bestätigt, auch wenn er die Rolle, die die physiologische Theorie dabei spielt, ignoriert. - Generell nimmt jedoch Leibniz' Bedeutung in Deutschland seit der postumen Veröffentlichung der ›Nouveaux Éssais‹ (1765) sehr stark zu: vgl. Ayrault, (71), S. 231-244.

[84] Widerspruch fordert Wolfgang Harichs Deutung der philosophiegeschichtlichen Position Jean Pauls als eines »naiven Realismus«, eine Bezeichnung, die zudem mit der Autorität Lenins gedeckt wird, um diesen Begriff zu rechtfertigen: (121), S. 11, S. 41 u. passim. Lenin kennt in ›Materialismus und Empiriokritizismus‹ nur die Alternative zwischen Idealismus und Materialismus als wissenschaftlichen Positionen, und keine Vermittlung zwischen diesen; denn der Materialismus stellt ihm zufolge die wissenschaftlich bewußte Ausformung jener naiven, selbst aber nur vorwissenschaftlichen Haltung dar, die von der Unabhängigkeit der Außenwelt von der Perzeption ausgeht (Lenin, Materialismus und Empiriokritizismus. Ausg. Reclam Leipzig 1974, S. 69/70). Einen wissenschaftlich-philosophischen ›naiven Realismus‹ gibt es also gar nicht bei Lenin! Dessen Einteilung zufolge wäre Jean Paul ebenfalls ›Idealist‹, denn gerade für ihn ist alle Erkenntnis nur Perzeption, wo daß er an der sensualistischen Grundlage festhält, daß Perzeption reale Gegenstände voraussetze; ob und wieweit diese objektiv und richtig erkannt würden, diese skeptische Einschränkung wird dadurch nicht aufgehoben. Lenin spricht, anläßlich der Notizen zu Aristoteles' Metaphysik, von der Möglichkeit eines »urwüchsigen Idealismus« (Werke Bd. 38: Philosophische Hefte. Berlin 1970, S. 352-353). Wenn schon, dann hätte sich hier eine marxistische Kategorie zur Bezeichnung von Jean Pauls philosophischer Position angeboten' Es mutet wahrhaft merkwürdig an, sich mit wissenschaftlichen - und demnach überprüfbaren - Darlegungen hinter den breiten Rücken einer politischen Autorität zu begeben! Ergänzend sei dazu bemerkt, daß auch andere Ausführungen Harichs, wie die einer ›semantischen Kritik‹ des Idealismus durch Jean Paul, die als besonderes Novum vorgestellt wird, recht merkwürdig unsachlich und unhi-

Damit ist die Auffassung der Dichtung Jean Pauls als Übergang von der Physiologie und dem Sensualismus durch folgende Merkmale bezeichnet:

1. Die Beseelung der Gegenstände der Dichtung, die Jean Paul aus dem dynamistischen Konzept zur Idealisierung seiner philosophischen Position übernimmt, stellt in ihrer physiologisch wie naturrechtlich beeinflußten Argumentation die Grundlage der Dichtungstheorie dar. Die Äußerung, daß das Idealische »in die Materie die Pantomime eines Geistes eindrückt«, ist mehr als eine bloße Metapher, sondern Resultat der Übernahme physiologischer Grundlagen in die Theorie der Dichtung.[85]

2. Die Einschränkung der Gegenstände der sinnlich erfaßbaren Welt auf bloße Quantitäten bewirkt die Anschauung von der Geschichte als einem fortschreitenden Prozeß der Entzauberung der physischen Welt, an dem Jean Paul im Anschluß an Herder das Christentum beteiligt sieht,[86] und der dazu führt, daß das Reich des Grenzenlosen aus der meßbar gewordenen Außenwelt ganz in das der ›Innenwelt‹ zurückgenommen werden muß.[87] Damit ergibt sich eine vollkommene Trennung der quantitativen Erfahrungserkenntnis von dem ›qualitativen‹ Erkennen des inneren Sinnes, die Jean Paul unter dem Eindruck des Relativismus der polyhistorischen Enzyklopädien vornimmt. So rechnet er (wie in der zitierten Denkübung ›Die Warheit – ein Traum‹) den naturwissenschaftlichen und philosophischen Genies die Irrtümer und Widersprüche ihrer Entdeckungen und Lehrsätze vor; diese werden dadurch ebenso relativiert wie die ›Wahrheiten‹ bestimmter Religionen

---

storisch sind: seit Lockes / Leibnizens Kritik am Mißbrauch der Wörter spätestens (jeweils im dritten Buch ihrer Abhandlungen über den menschlichen Verstand) ist dies ein Topos philosophischer Abhandlungen. Es gibt überdies eine Tradition der Sprachkritik an der neoscholastischen Ontologie, auf die Lewalter hinweist (vgl. (86), S. 30, Anm. 1 und S. 76-83), die Jean Paul hier fortsetzt, eben weil er Kant und Fichte als ›Scholastiker‹ betrachtet.

[85] Vgl. hierzu die große Rolle dieser Metaphorik bei der Bestimmung des ›Romantischen‹ bei Jean Paul. ›Vorschule‹ § 24 ›Poesie des Aberglaubens‹, H. V, S. 94-98, bes. S. 97-98.

[86] Vgl. hierzu die §§ 22-23 der ›Vorschule‹, H. V, S. 86-94, bes. S. 91.

[87] Der Begriff der ›Innenwelt‹, den Jean Paul dabei gebraucht, ist zunächst frei von den Konnotationen eines ›Rückzugs in die Innerlichkeit‹ aus politischen, gesellschaftlichen oder künstlerischen Motiven; er besagt nur, daß es bloß dem Bewußtsein und seinen Vermögen (Phantasie und Wille) vorbehalten ist, eine nicht weltliche ›Realität‹ zu postulieren, wenn sie schon wissenschaftlich nicht demonstrierbar ist: als Auseinandertreten des Ausgleichs von Mechanismus und Animismus des naturrechtlichen Weltbildes, wie es hier bezeichnet wird. Jean Pauls Texte können deshalb nicht auf ihre ›ästhetischen‹ Qualitäten, sondern müssen in der Fragestellung dieser Arbeit auf ihre historische Bedeutung hin gelesen werden.

und Gesetze, die nach Völkern und deren Lebensmilieu (Klima, geographische Gegebenheiten) variieren: allerdings mit dem Unterschied, daß die positiven Wissenschaften zum Ergebnis haben, daß wir »nichts wissen«,[88] während das Resultat der Abstraktion von den positiven Religions- und Rechtsnormen darin besteht, daß universal gültige Naturrechtsnormen erkennbar werden. Und gerade dies bemängelt Jean Paul an den quantifizierenden Wissenschaften, daß sie es unterlassen, den moralischen ›Sinn‹ der Gegenstände der natürlichen Welt aufzudecken.[89]

3. Die Trennung von Qualitäten und Quantitäten und die Ausschaltung der Frage nach dem moralischen Sinn aus den Wissenschaften – wofür Jean Paul besonders die kritische Philosophie Kants verantwortlich macht; schließlich hatte Kant den Versuch gemacht, mathematische Zahlbegriffe auf die Philosophie und Moral zu übertragen und damit auch dort Quantitäten einzuführen[90] – macht es notwendig, an der Auffassung einer ›evolutionären‹ Stufenreihe festzuhalten, die teleologisch die gesamte Natur umfaßt. Von den unorganischen und unbeseelten Gegenständen über die Pflanzen und Tiere bis zum Menschen, ja zu möglichen höheren Wesen reicht diese Stufenfolge und sichert ihr Dasein als Bestandteil einer moralischen Weltordnung ab: jedes Lebewesen stellt seinen eigenen Zweck dar und hat damit das Recht auf Glück, auf Erfüllung seines Daseins.

Dieser Gedanke der von Kant bekämpften Physikotheologie schließt an Leibniz, Bonnet und Herder an; aber bei Jean Paul verstärkt sich, unter dem Eindruck der historischen Situation, die Betonung des Unsterblichkeitsgedankens, der mit dieser Stufenfolge verbunden ist. Denn diese besagt, daß allen Gliedern der Kette eine geistige, vom Schöpfer

---

[88] Nochmals sei der Satz aus den Frühschriften zitiert, der die Skepsis hinsichtlich der Geltung wissenschaftlicher Aussagen zusammenfaßte: »In vielen Dingen besteht unser Vorzug vor den Alten nur darin, daß wir gewis wissen, wir wissen nichts.« (GW II/1, S. 169)

[89] Man vgl. hierzu die Stellen über die Gegenstände der natürlichen Welt als Zeichen eines ›höheren‹ Sinnes: in der Abhandlung über die ›Natürliche Magie‹ (H. IV, S. 203–204), im § 24 der Vorschule über die ›Poesie des Aberglaubens‹ (H. V, S. 97–98) und in der naturwissenschaftlichen Abhandlung ›Frage über das Entstehen der ersten Pflanzen, Thiere und Menschen‹ (GW I/16, S. 59): ein für das Verfahren Jean Pauls typisches Wandern von Wörtern und Sätzen durch verschiedene Texte, das ein Kennzeichen der ›poetischen Enzyklopädie‹ ist (s. u. S. 224 ff.) und zugleich aus der geistesgeschichtlichen Situation resultiert.

[90] Vgl. hierzu Kants Schrift von 1763 ›Versuch den Begriff der negativen Größen in die Weltweisheit einzuführen‹. (28), S. 777 ff. Die Bedeutsamkeit der Schrift erweist sich gerade in Schillers ›Gespräch aus dem Geistersehers‹.

ausgehende Kraft innewohnt (in verschiedenem Maß). Sollte sich diese Kraft mit dem Tod des Menschen auflösen, statt fortzubestehen – eine Möglichkeit, die Jean Paul als »Seelenvernichtung« bezeichnet –, so würde dies auch das Ende der teleologischen Rechtfertigung des Daseins der Dinge wie des Menschen sowie die Hinfälligkeit ihres Glücksanspruches bedeuten.[91] Dieser Anspruch ist es, der die Annahme einer Existenz Gottes rechtfertigt und notwendig macht, obwohl sie nicht beweisbar ist, sondern ein bloßes, aber unabdingbares Bedürfnis des Menschen darstellt, das sich aus dem Bewußtsein des ›Grenzenlosen‹ im Menschen rechtfertigt:

> Den Durst nach unsrer Fortdauer hätte uns der Schöpfer, blieb er ewig ungelöscht, gewis erspart und dieses Alexandrinische Sehnen nach einer zweiten Welt zur Eroberung, das bei den Besten am Höchsten steigt, können wir, sobald es eine Lüge ist, so gut wie die Thiere zu unserem Fortkriechen ins Grab entbehren. Keine einzige Neigung unsrer Natur steht verwaiset ohne ihren Gegenstand da.[92]

Jean Pauls letzte philosophische Abhandlungen von 1790/91 fassen alle Argumente aus den vorangegangenen Denkübungen zusammen; aus ihrem philosophischen Ergebnis, das in allen Wissenschaften nur ein Abmessen der Sinnenwelt feststellt, ohne auf die ›Qualitäten‹ Rücksicht zu nehmen, ergibt sich die Konsequenz des Übergangs von der Philosophie zur Dichtung. Die vier Bereiche, mit denen sich Jean Paul vornehmlich beschäftigt hatte, erscheinen alle in der Schrift von 1791 ›Über die Fortdauer der Seele und ihres Bewußtseins‹ und zwar im Zusammenhang mit der Unsterblichkeitsproblematik. Physiologie, Philosophie, Religion und Recht sowie die Betrachtung des Genies werden dabei von ihren wissenschaftlich-mechanistischen Grundlagen abgelöst betrachtet, um die einheitliche deistische Grundlage der naturrechtlichen Interpretation zu betonen. Das doppelte ›regnum naturae‹ Leibniz', das unter dem Begriff der ›Kraft‹ sowohl meßbare wie spirituelle Kräfte

---

[91] ›Über die Fortdauer der Seele und ihres Bewustseins‹, GW II/3, argumentiert Jean Paul: Tugend oder erlangter Grad der ›Vollkommenheit‹ kann kein immanenter Zweck des Daseins sein, denn diese Perfektion wird mit dem Tod ausgelöscht, und jeder Unterschied wäre damit hinfällig (S. 353–354). Nochmals sei auf Schillers ›Gespräch aus dem Geisterseher‹ verwiesen: die Frage ist, ob Moralität einer Stütze bedürfe, oder ob sie auf ihrer »eigenen Achse« ruhen könne (vgl. Ausg. Fricke / Göpfert, Werke V, S. 167). Für Jean Paul ist letztere Antwort unmöglich: seine Sittlichkeit bedarf der deistischen Stütze des Naturrechtsdenkens. Schillers Anschauungen, auf Kants Schrift basierend, vermögen darauf zu verzichten: als Ergebnis des Vorgangs der ›Rationalisierung‹, der Überwindung des Naturrechtsdenkens.

[92] ›Über die Fortdauer‹, GW II/3, S. 359.

erfaßte, ist in einen unüberbrückbaren Kontrast dieser beiden Prinzipien getreten. Wenn Eduard Berend meint, dem jungen Jean Paul habe Leibniz' prästabilierte Harmonie nicht mehr genügt, so liegt der Grund dafür nicht darin, daß dieser sich etwas ›Richtigeres‹ vorstellen konnte, sondern eben in der durch das Begriffspaar Mechanismus/Animismus bezeichneten Situation, in der die Verklammerung von physischer und spirtueller Welt zerbrach.[93]

Physiologisch vertritt Jean Paul die Auflösung der rationalen Grundlage der Vermittlung von Sinneseindrücken, nämlich der Hypothese der ›Mittelkraft‹ als Bindeglied zwischen Geist und Körper. Ihm zufolge sind die Nerven, bei Platner als materielles Substrat der ›Mittelkraft‹ betrachtet, der »Körper der Seele«. Der prinzipielle Unterschied zwischen Materiellem und Geistigem ist solange nicht aufgehoben, als dieses materielle Substrat für die Erklärung der Verbindung von Körper und Seele maßgebend ist.[94] Erst die Formulierung, daß alles Materielle eigentlich selbst ›geistig‹ sei, schafft die Grundlage, um die Einwirkung des Körpers auf den psychischen Bereich und die Möglichkeit der Perzeption der sinnlichen Welt zu erklären. Viktors Satz im ›Hesperus‹: »Die Seele ist der Tanzmeister, der Körper ist der Schuh.« findet sich in diesem Aufsatz bereits vorformuliert:

> Leute von Welt, d. h. die besten Beobachter und elendesten Philosophen, verkörpern sogleich ihre Seele mit ihren Schlüssen, weil sie in der Laune, Empfindung, Tugend p. sie sooft als das Repetierwerk des Körpers befinden – das ist soviel als wenn ein Tanzmeister, der fände, daß er in bleiernen Schuhen plump, in hölzernen besser, und in seidnen am flinkesten tanzte, fragen wolte, ob ihn nicht offenbar seine Schuhe, die besondre ihm unbekante Springfedern haben müsten, emporschnelten und ob er wol ohne alle Schuhe es zu einem Pas bringen würde, da er schon mit bleiernen es kaum vermöchte.[95]

---

[93] Vgl. hierzu Leibniz (33), S. 391.

[94] ›Über die Fortdauer‹, GW II/3, S. 344 und 349.

[95] Ebd., 350–351. – Bei dem Versuch, die Materie zu spiritualisieren, wäre der anatomische Nachweis eines materiellen Substrats des Seelenorgans für Jean Pauls Theorie der Immaterialität der Seele (die auf alle übrigen Substanzen ausgedehnt wird), gefährlich. Daher schreibt er zweimal (in der behandelten Schrift, ebd., S. 342, und im ›Kampaner Tal‹, H. IV, S. 602) über die »Bonnetischen und Platnerschen Unterziehkörperchen« als Materialisierungen von ›Geistern‹, die eine von ihm angestrebte monistische Lösung des Gegensatzes von Leib und Seele unmöglich machen würde (noch in der Selina polemisiert Jean Paul gegen die Annahme von derartigen ›Mittelkräften‹; vgl. Hanser VI, S. 1188). So bezieht Jean Paul mit der Ablehnung eines materiellen Erweises des ›Nervensaftes‹ in dieser Abhandlung dieselbe Position, wie sie Platner in seinem letzten umfangreichen physiologischen Werk, den ›Quaestiones Physiologicae‹, ebenfalls einnimmt; (44), S. 219–220 und S. 223. – Jean Pauls Wendung gegen Haller und seine Berufung auf das »Unbewußte in der Seele

Auf diesem physiologischen Substrat – der Grundannahme also: »Die Materie selbst ist immateriell«[96] – basiert das m o r a l i s c h e Postulat einer Fortdauer, auch wenn Jean Paul es als bloßes Bedürfnis erkennt:

> So zergienge also um den stehenden Got das kämpfende Sein und aus und unter den verlöschenden Wesen brente ein einsames Urwesen heraus – so fürchterlich, wie die Sonne durch die unermeslich Nacht lodert* – O wenn's auch Täuschung wäre: gebt uns unsern blauen Himmel wieder stat dieses schreklich schwarzen! Was war denn dan der Zwek des Schöpfers? War das zerrüttete Bewustsein aller dieser Wesen blos Mittel zu irgend einem Zwek, der sie nicht angieng: so wärs erklärt; aber wir können uns keinen denken …

Typisch für das Verhältnis von mechanistisch-wissenschaftlicher Erklärung und animistisch-deistischer Naturinterpretation ist die beigefügte Anmerkung:

> *) Da nur die Farbe der Luft das Himmelsblau giebt: so mus über unsrer Atmosphäre die Sonne aus einer dichten Nacht und einem ganz schwarzen Himmel stralen und schrecken.[97]

Die Rechtfertigung des Bedürfnisses liegt also darin, daß ein Zweck im Dasein der Dinge und Menschen sein muß, daß sie nicht Mittel eines außerhalb von ihnen liegenden Zweckes sein können. Jean Paul formuliert diesen n a t u r r e c h t l i c h e n Grundsatz in der Abhandlung folgendermaßen: theologische Argumente, daß Gute und Böse verschiedene ›Belohnungen‹ im Jenseits erhalten würden (und daraus impliziert die Ungleichheit im Diesseits gerechtfertigt ist), können keine Rolle spielen:

> wenn nur das sicher ist, daß der Gute nicht seines Lohns beraubt wird: so kan immer der Schlimme unverdienten abgewinnen; denn das erstere, nicht das

---

selber« als den Ort des Lebensgeistes (Selina, Hanser VI, S. 1188) deckt sich exakt mit Platners Argumentation gegen Haller, daß er durch seine Lokalisierung des Lebensgeistes im Blutkreislauf diesen »mechanisiere« (vgl. (44), S. 223) und damit den Bereich des Unbewußten und seinen Anteil am Ablauf der körperlichen Funktionen vernachlässige, in dessen Berücksichtigung das Prinzip der Platnerschen Physiologie beruht (ebd., S. 183–184). – Man vgl. hierzu auch den § 4 der Abhandlung Jean Pauls ›Muthmaßungen über einige Wunder des organischen Magnetismus‹, in dem er von einem »höheren Sinnenkörper oder Ätherleib« spricht (I/16, S. 14ff.). Daß parallel hierzu die Auffassung vom Wesen des Genies und seiner Grundlage im Unbewußten in der ›Vorschule‹ erscheint, dürfte nicht mehr verwundern: vgl. das III. Programm der ›Vorschule‹, H. V, S. 60ff.
[96] Über die Fortdauer, GW II/3, S. 345.
[97] Ebd., S. 354.

letztere stritte gegen die Gerechtigkeit. Vielmehr beweiset die ganze Natur die Gewöhnlichkeit des letztern: z. B. wodurch verdiente das Genie sein Genie – der Dumme seine Dumheit – das Thier seine niedre, und der Mensch seine höhere Natur? Welche Tugend trug den Fürsten auf den Thron und welches Verbrechen drükte den wühlenden Sklaven unter den Thron zur mephitischen Silberader hinab? Warum leben wir nicht in den finstern Zeiten und Ländern? Man sage immer: »die Wesenkette foderte Thiere und Dumme und Neger« aber sie foderte auch Menschen und Genies und Engländer: ieder kan fragen, warum gerade er den ersten Foderungen, und sein Nachbar den zweiten abhelfe?

Die Folgerung für Jean Paul ist der scheinbar simple Satz:

Die Wahrheit wird öfter vom Herzen als Kopfe gefunden,[98]

der aber seine Komplexität aus einer vorhergehenden Bemerkung gewinnt:

Die Philosophie verwirte sich am meisten dadurch, daß man sich das vor- stellen (d. h. ein sinliches Bild davon machen) wolte, was schlechterdings nur gefühlt werden kan d. h. alle Qualitäten (blos Quantitäten sind vorstel- bar) z. B. Kraft, Wirkung, Existenz, einfache Wesen, deren Nothwendigkeit wir so gut fühlen als die Unmöglichkeit ihrer iemaligen Vorstellung.[99]

Die Konkurrenz der Überzeugung der Vernunft mit der des Gefühls, von der Ernst Platner schon gesprochen hat,[100] endet bei Jean Paul mit der Negation der rationalen Philosophie, weil keine ihrer Methoden (Jean Paul nennt in einem Fragment von 1790 Descartes und Leibniz gemeinsam) zu wirklicher Überzeugung führt.[101] Das moralische Postu- lat, das Jean Pauls Auffassung der Bereiche Physiologie, Religion und Recht zugrunde legt, kann deshalb nicht mehr wissenschaftlich unter- sucht, sondern nur noch literarisch-poetisch demonstriert werden, um es nicht zu verflüchtigen. Eine Passage aus der ›Unsichtbaren Loge‹ formuliert dies nochmals, bereits nach dem Übergang zum Roman:

Es geht andern Leuten auch so: der Gegenstand der Wissenschaft bleibt kein Gegenstand der Empfindung mehr. Die Injurien, bei denen der Mann von Ehre flutet und kocht, sind dem Juristen ein Beleg, eine Glosse, eine Illustra- tion zu dem Pandekten-Titel von den Injurien. Der Hospital-Arzt repetiert am Bette des Kranken, über welchen die Fieberflammen zusammenschlagen, ru- hig die wenigen Abschnitte aus seiner Klinik, die herpassen. Der Offizier, der auf dem Schlachtfeld – dem Fleischhacker-Stock der Menschheit – über die zerbrochnen Menschen wegschreitet, denkt bloß an die Evolutionen und Vier- tel-Schwenkungen seiner Kadettenschule, die nötig waren, ganze Generati-

---

[98] Ebd., S. 341 und S. 351.
[99] Ebd., S. 346 Anm.
[100] Platner, Anthropologie (39), §§ 589–591, S. 198ff.
[101] ›Über die vorherbestimte Harmonie‹ (1790), GW II/3, S. 218–221.

onen in physiognomische Fragmente auszuschneiden. ... So zieht jede Erkenntnis eine Stein-Kruste über unser Herz, die philosophische nicht allein.[102]

Die Kennzeichen des ›hohen Menschen‹ sind jedoch bereits in der bisher ausführlich zitierten Abhandlung festgelegt worden; so setzt Jean Paul den obigen Satz, daß die Wahrheit öfter vom Herzen als vom Kopf gefunden werde, folgendermaßen fort:

> es giebt Dinge, die nur gute Menschen finden und fassen, noch andre gehören nur für edle Menschen. In unsern Tagen ist fast alles im moralischen Sinne, wie zu Wien im heraldischen, edel; ich mag aber dies Wort nicht verschwenden sondern verstehe darunter blos die Menschen, die in diese Welt – nicht passen.[103]

Diese Bezeichnung wird das Extrablatt des 25. Sektors der ›Unsichtbaren Loge‹ übernehmen, während dasjenige des 16. Sektors über die Lektüre und Ausbildung des jungen Genies Auskunft gibt: der polyhistorische Genie-Typus wird mit dem ethisch hochstehenden Menschen gekoppelt, wie dann Viktor und Albano, poetischer als der von ›Extrablättern‹ explizierte Gustav, demonstrieren werden. Gerade ein Kommentar des Erzählers zur Entwicklungsgeschichte Albanos im ›Titan‹ bezeichnet diese Herkunft des Charakters dieses Typus, und damit auch die Funktion des Literarischen als einer natürlichen Theologie, die in der Realität ihre wissenschaftliche Grundlage verloren hat:

> Woher kommt es, daß diese körperlichen Flügel uns wie geistige heben? Woher hatte unser Albano diese unbezwingliche Sehnsucht nach Höhen, nach dem Weberschiffe des Schieferdeckers, nach Bergspitzen, nach dem Luftschiffe, gleichsam als wären diese Bettaufhelfer vom tiefen Erdenlager? Ach, du lieber Betrogener! Deine noch von der Puppenhaut bedeckte Seele vermenot noch den Umkreis des Auges mit dem Umkreis des Herzens und die äußere Erhebung mit der innern, und steigt im physischen Himmel dem idealischen nach! Denn dieselbe Kraft, die vor großen Gedanken unser Haupt und unsern Körper erhebt und die Brusthöhle erweitert, richtet auch schon mit der dunkeln Sehnsucht nach Größe den Körper auf, und die Puppe schwillt von den Schwingen der Psyche, ja an demselben Bande, woran die Seele den Leib aufzieht, muß ja auch dieser jene heben können.[104]

Unter den vier Aspekten der Physiologie/Philosophie, der Religion, des Naturrechts und des Ästhetischen, das alle diese Sachbereiche aufgreift, läßt sich ein Überblick über Jean Pauls gesamtes Werk nach 1790 gewinnen, um den Grundgedanken der ›poetischen Enzyklopädie‹ zu de-

---

[102] Unsichtbare Loge, H. I, S. 290–291.
[103] Über die Fortdauer, GW II/3, S. 351.
[104] Titan, 2. Jobelperiode, 12. Zykel, H. III, S. 77.

Werke	Sachbereiche				
	Physiologie/Philosophie	Religion		Naturrecht/Satire	Ästhetik
		als induktive Gewißheit	als ethisches Postulat		
1780–1791 Übungen im Denken, satir. Versuche, Ausbildung kleiner Erzählformen	1791: Über die Fortdauer der Seele und ihres Bewußtseins: Zusammenfassung der Wissensbereiche und Ankündigung des Übergangs zur Poesie				
Unsichtbare Loge	Erzieh-Vorlegblätter (16. Sektor) Medizin. Abhandl. (48. Sektor, H. I, S. 367ff.); Physiologie als „Arznei des Geistes"	Gustavs Traum (33. Sektor) vorgebildet von der Höhlenszene (5. Sektor);	Extrablatt zum 25. Sektor: »Von hohen Menschen«	Hofschilderung [gilt ebenso für »Hesperus«, »Titan«]	Extrablatt zum 16. Sektor
Hesperus	Viktors Aufsatz über das Verhältnis des Ich zu den Organen (H. I, S. 1099–1105)	Traum Emanuels, daß alle Seelen eine Wonne vernichte (38. Hundsposttag: Emanuels Tod)		Über die Wüste und das gelobte Land des Menschengeschlechts (Sechster Schalttag, H. I, S. 867ff.)	Studien-Flitterwochen eines Gelehrten (8. Hundsposttag, S. 586–590 Philosoph. V. Schalttag (S. 799–801)
Quintus Fixlein	Über die natürliche Magie der Einbildungskraft (H. IV, S. 199ff.) und Physische Note über den Zitteraal (S. 224/225)	Die Mondfinsternis (aus »Geschichte meiner Vorrede«, S. 38ff.) und Mußteil für Mädchen (S. 45ff.)	Es gibt weder eine eigennützige Liebe noch eine Selbstliebe ... (S. 219ff.)	Billet an meine Freunde (über »drei Wege des Glücks«) sowie »Letztes Kapitel« (S. 9ff. bzw. S. 181ff.)	Geschichte meiner Vorrede (S. 15ff.)
Siebenkäs	Rede des toten Christus/Der Traum im Traum (H. II, S. 270ff.)		Brief des Doktor Viktor (S. 416ff.)	Beilage zum zweiten Kapitel: Regierung des Marktfleckens Kuhschnappel (S. 71ff.)	Vorrede, womit ich den Kaufherrn Jakob Oehrmann ...
Titan	Clavis Fichtiana Traum Albanos (25. Jobelper. 99. Zykel: H. III, S. 550ff.)			Hafteldorns Idylle auf das vornehme Leben (Kom. Anhang zum »Titan«, H. III, S. 868ff.)	Albanos Jugend (2. und 3. Jobelperiode)

Werke	Sachbereiche				
	Physiologie/Philosophie	Religion – als induktive Gewißheit	Religion – als ethisches Postulat	Naturrecht/Satire	Ästhetik
Titan-Zeit	*Vorschule der Ästhetik:* Lehre vom Instinkt (§§ 13–15), Quelle des Witzes (§§ 49/50): Metaphorik des Beseelens und Verkörperns	*Das Kampaner Tal*	*Vorschule:* Lehre vom Instinkt, parallel zur »*Clavis Fichtiana*«, sowie zum „Niederdrücken des »Selbst«" in *Levana* (§ 31 und §§ 111–115)		*Kampaner Tal:* Genie-Begriff (H. IV, S. 588/89) *Clavis Fichtiana:* Vernunft-Auffassung (H. III, S. 101) sowie »Krit. Unterfrais – Gericht« (H. III, S. 909ff.)
	Levana: Abschweifung über den Anfang des Menschen und der Erziehung (§§ 41–44), 7. Bruchstück (passim), Entwicklung des geistigen Bildungstriebes (H. V, S. 825ff.)	*Levana:* Erziehung zur Religion (§§ 38–40)		*Levana:* 2. Bruchstück, 3. Kapitel: »Über den Geist der Zeit« (H. V, S. 567ff.)	*Vorschule:* Grundlage §§ 43 u. ff. Witz–Scharfsinn–Tiefsinn Identifikation von Witz/ Phantasie und Vernunft/ Tiefsinn (H. V, S. 173ff.)
	Wunder des organischen Magnetismus (GW I/16, S. 9–43)				
	Über die Entstehung der ersten Pflanzen, Tiere und Menschen (GW I/16, S. 51–75)				
Spätwerk	*Selina:* Verhältnis von Geist und Körper (H. VI, S. 1172ff.)	*Neues Kampaner Thal* (GW II/4, S. 133–215)	*Überchristenthum* (GW II/4, S. 37–67)	*Dämmerung für Deutschland:* »Über den Gott in der Geschichte und im Leben« (H. V, S. 921–936)	*Levana:* Über Aufmerksamkeit und Vorbildungskraft (H. V, S. 834ff.) und Ausbildung des ästhetischen Sinnes (S. 854ff.)
	Kains Magnetschlaf im »*Komet*« (H. VI, S. 994ff.)			Regina Tanzberger (Anhang zum »Komet«, H. VI, S. 1022ff.)	
	Selina				

monstrieren. Den Modellfall stellt gewissermaßen die umfangreichere Idylle vom ›Quintus Fixlein‹ dar, die zugleich auch historisch vorbereitend für die späteren theoretischen Werke ist: damit treten die Bereiche der ›poetischen Enzyklopädie‹ weiter auseinander, die Texte finden ihre Gegenstücke oft nicht mehr im gleichen Werk, sondern in einem anderen Text. In der vorstehenden Übersicht können natürlich nur die Stellen angegeben werden, an denen sich die theoretischen Grundlagen verdichten und deutlich auf ihr theoretisches Substrat verweisen, entsprechend dem zitierten Ausspruch Jean Pauls von seiner »Sammlung von Aufsätzen« mit »Ideen aus allen Wissenschaften ohne bestimmtes gerades Ziel« (s. o. S. 166).

Die Elemente der ›poetischen Enzyklopädie‹

Die Darlegung des Übergangs von der rationalen philosophischen Auseinandersetzung mit den Fragebereichen der Physiologie/Philosophie, der Religion und des Rechts zum poetischen Erzählen, das an die Stelle des Untersuchens die skeptisch gebrochene Behauptung des Gefühls setzt und darin die deistische Grundlage des Naturrechtsdenkens zu erhalten versucht, ist die Voraussetzung für die Betrachtung des Erzählstils von Jean Paul: derselbe Gegenstand kann philosophisch behandelt wie in poetischer Form vorgestellt werden; aber auf Grund der wissenschaftlichen Bedrohung der deistischen Elemente in der Philosophie und der damit gegebenen Aporie seines Philosophierens zieht Jean Paul es vor, zu »erzählen«. Die Elemente und Kennzeichen dieses poetisch-enzyklopädischen Stils seien nunmehr dargelegt:

1. Das philosophisch-wissenschaftliche Substrat erlaubt die Verknüpfung aller Werke, die Jean Paul ohne Rücksicht auf die Chronologie (und das Verständnis des Lesers) vornimmt. Die behandelten Probleme bleiben, wie die Übersichtstafel über die Sachbereiche der ›poetischen Enzyklopädie‹ zeigt, von der ›Unsichtbaren Loge‹ bis zur ›Selina‹ gleich und in fast allen Werken gleichermaßen präsent. – Es seien einige Beispiele für die ›Literarisierung‹ von philosophischen Sätzen angeführt: 1790 verfaßt Jean Paul einen kleinen Text mit dem Titel ›Das Leben nach dem Tode.‹[105] Die Thematik schließt sowohl an die ›Klage des toten Shakespeare‹ wie an die philosophische Abhandlung ›Über die Fortdauer‹ an, nämlich Betrachtung der »Seelenvernichtung« und ihre Überwindung durch den Glauben an die Einheit des Selberbe-

---

[105] GW II/3, S. 252–255.

wußtseins.[106] Wichtig ist an diesem Text vor allem, daß nach einer handlungslos-poetischen Betrachtung der Vergänglichkeit und ihres Schrekkens – wenn es keine Unsterblichkeit gäbe – zur Erzählung übergeleitet wird:

> Verstumt aber die tröstende Stimme des Predigers auf dem Gottesacker: so sehen die fressenden Gräber gräslich aus wie käuende Rachen, die Väter, Freunde, Waisen vor euch zermalmen und ein giftiger Dämon, feind iedem Menschenpaar, das sich umschlingt, äschert allemal die eine Hälfte ein und an die heisse Brust legt er nichts als einen kalten Todten.
> *Ich wil alles dieses noch einmal sagen, indem ich diese kleine Geschichte erzähle.*
> Hylo liebte die Mehalla, beide waren gut, aber keines glüklich ...[107]

Der Gedanke wird erzählt, wobei die Erzählung parabelhafte Züge annimmt; stilistisch aber ist sie Gessners Prosa-Epos vom ›Tod Abels‹ nachgebildet, dem auch der Frauenname Mehalla entnommen ist, ebenso wie die Personenkonstellation des Paares zu einem Freund-Feind Gannet, der dem Hylo die Mehalla wegnimmt (worüber dieser stirbt): das Verhältnis von Kain und Abel bei Gessner hat hier als Vorbild gedient. Jean Paul übernimmt diesen Text auch teilweise in der »phantasierenden Geschichte«, die unter dem Titel ›Der Mond‹ zum Aggregat der Fixlein-Texte gehört. – Andere Beispiele: kleine Satiren, wie der Entwurf ›Meine lebendige Begrabung‹ (1790)[108] werden zu Kernen der Erzählung von Siebenkäs' Scheinsterben und vielleicht auch Fixleins Todesgedanken;[109] oder das ›Vierzigtags-Blat‹ (1789) mit seiner Satire auf die Sitte der öffentlichen Schulvorträge liefert dem »Schulaktus« des ›Fixlein‹ ebenfalls ein Handlungsmuster.[110] Ein weiteres Beispiel für die Verknüpfung von Texten sei genannt, das Jean Paul wieder bei der Auswertung und Literarisierung von philosophischem Material zeigt: in der kleinen Erzählung ›Die Mondfinsternis‹, welche die ›Geschichte meiner Vorrede‹ beschließt, verwendet Jean Paul als Grundla-

---

[106] Der Schluß des Textes (S. 255) repetiert dabei ziemlich den Wortlaut einer Passage aus der ›Klage des toten Shakespeare‹ (ebd., S. 164) – Zeichen für den sich anbahnenden Stil der ›poetischen Enzyklopädie‹.

[107] Ebd., S. 252 (Hervorhebung im Text von mir. W. P.). – Der erste Abschnitt der zitierten Passage erscheint wieder in der Abhandlung ›Über die Fortdauer der Seele und ihres Bewustseins‹ (ebd., S. 360).

[108] GW II/3, S. 280–290.

[109] W. Höllerer verweist darauf, daß hier das Vorbild für Fixleins Todes-Idee liege; ich sehe die Abhängigkeit nicht so deutlich; aber Höllerers Interpretation der Idylle und ihres Zusammenhangs mit den lyrischen Kleinerzählungen der Annexe ist ein wertvoller Beitrag zum Gedanken der ›poetischen Enzyklopädie‹ (vgl. Nachwort zu Hanser IV, S. 1243ff.).

[110] GW II/3, S. 99–107; Fixlein, Siebenter Zettelkasten, Hanser IV, S. 126ff.

ge den Artikel ›Eva‹ aus Bayles ›Dictionnaire‹. Nur im Zusammenhang mit ihm ist die Szene zwischen dem bösen Genius des 18. Jahrhunderts, der Stammmutter der Menschen und dem Genius der Religion verständlich.[111] In der hier erwähnten Verführung Evas durch den Teufel, aus der Kain als Sohn hervorgeht, wurzelt auch das Grundkonzept für die Einführung des ›Ledermenschen‹ Kain im ›Komet‹;[112] von der weiteren Verwendung von Bayles Artikel ›Kain‹ war bereits die Rede. – Gleichzeitig dient aber der bildliche Komplex der Erzählung ›Die Mondfinsternis‹ Jean Paul im ›Titan‹ dazu, das Liebesgeständnis Albanos an Liane metaphorisch zu illustrieren: die Schlange – die Lichtgestalt des Genius Albano – Lianes empfindsames Zurückschrecken vor der Liebe als einem Gedanken der Verführung – sowie das Bild des Mondes als Heimstätte, zu der die reinen Seelen zurückkehren.[113]

2. Die Art der Verwendung der Motive ist somit nicht beschränkt in ihrer Form oder ihrem Umfang, oder nach stilistischer Lage; die Art der Ausführung des Motivkomplexes Eva/Kain aus Bayles ›Dictionnaire‹ – zur kleinen, in sich geschlossenen Szene im ›Fixlein‹, zum größeren Handlungs- und Erzählzusammenhang im ›Komet‹, oder zur metaphorischen Ausschmückung einer Szene im ›Titan‹ – zeigt diese Beliebigkeit exemplarisch. Die Motive, die Jean Paul seiner Materialsammlung

---

[111] Bayle, Dictionaire. (7), Bd. II, S. 1189–1195. - Zu der von Jean Paul erwähnten Vermischung Evas mit dem Teufel vgl. dort S. 1192–93 und die zugehörige Anm. (G).

[112] Komet, H. VI, S. 970.

[113] Titan, 14. Jobelperiode, 66. Zykel: vgl. H. III, S. 345–348. Die so ursprünglich poetisch wirkende Idee, daß der Mond die Heimstätte der Seelen sei, hat ebenfalls eine wissenschaftliche Grundlage: nämlich Fontenelles Anschauung, »daß der Mond bewohnt sei«, die er im zweiten und dritten ›Abend‹ seiner ›Dialogen über die Mehrheit der Welten‹ vorträgt (vgl. (18), S. 77–135 und 136–183). Selbst der Astronom Bode, der Hrsg. der von mir benutzten deutschen Ausgabe, spricht noch der »sehr wahrscheinlichen Vermutung, daß dieser Weltkörper gleichfalls wie die Erde bewohnt sei« (S. 79, Anm.). Sogar Kant, der in den Frühschriften gnadenlos über alle Hirngespinste wissenschaftlicher Art spottet, schließt seine ›Allgemeine Naturgeschichte und Theorie des Himmels‹ mit einem Anhang ›Von den Bewohnern der Gestirne‹, der von dem Satz ausgeht: »Ich bin der Meinung, daß es eben nicht notwendig sei, zu behaupten, alle Planeten müßten bewohnt sein, ob es gleich eine Ungereimtheit wäre, dieses, in Ansehung aller, oder auch nur der meisten, zu leugnen.« Vorkritische Schriften (28), S. 377–387. Kant sieht diese These Fontenelles mit seiner »mechanischen Lehrverfassung« der Welt vereinbar; Jean Paul verwendet das wissenschaftliche Theorem bewußt poetisch-animistisch: ›Seelen‹ bewohnen den Mond. Natürlich spielt Klopstocks kosmische Poesie des ›Messias‹ vorbildhaft herein; aber auch diese ist, wie ihr Vorbild Milton, nicht ohne den wissenschaftlichen Hintergrund der Revolution des Kosmologie zu begreifen.

entnimmt, erweisen sich als dehnbar und adaptierbar. Darin ist auch begründet, weshalb aus dem ursprünglich schmalen Konzept des ›Siebenkäs‹ (in der genannten Satire ›Meine lebendige Begrabung‹) ein umfänglicher Roman werden konnte, obwohl der Umfang samt den eingestreuten ›Blumen-, Frucht- und Dornenstücken‹ den des ›Fixlein‹ nicht übersteigen sollte. Nach der ›Loge‹ und dem ›Hesperus‹ erwies sich hier das Motiv der konträren Freunde (dort Gustav/Amandus bzw. Fenk, Viktor/Flamin), das in Siebenkäs/Leibgeber fortgesetzt wird, als der Grundantrieb für die Ausdehnung der Handlung zur Breite eines Romans; dabei ist festzuhalten, daß kaum in einem anderen Werk Jean Pauls das Spiel mit der Fiktion, daß eine »historische« Biographie vom Autor gegeben wird, so ausgeprägt ist wie hier – die Wendung gegen den historisch-pragmatischen Erzählstil[114] wird dadurch verdeutlicht. Auch für das Handlungsmotiv der Freunde ist unter den kleinen Erzählungen aus der Zeit um 1790 – der philosophischen Krise und des Beginns der Erzähl-Tätigkeit – eine Keimzelle zu finden:

Die Freunde

Es waren 2 Knaben, die einander liebten; war der eine krank, wars der andere auch; wurde der eine geschlagen, so weinte der andere; der eine as nichts, wenn der andere nichts hatte. Aber einmal zankten sie sich und liefen voneinander – sie sahen einander nimmer an – jeder suchte sich einen andern Knaben zum Freunde. Einmal waren beide Knaben auf dem Feld und sahen sich und sehnten sich wieder zueinander; aber keiner hatte das Herz, den Anfang zu machen. Endlich schwärzte sich der Himmel mit Wolken; wie Armeen zogen die kanonierenden Wolken am Himmel herauf – ein ganzer Ozean hing am Himmel herunter. . . . die 2 Freunde liefen unter einen Baum; »wollen wir wieder gut sein« sagten sie und umarmten einander. . . . und auf einmal krachte ein Donnerschlag herab und zerschmetterte die 2 guten Knaben – sie blieben tod an einander gehangen und wurden in ihrer Umarmung begraben. Ruht sanft, ihr guten Knaben, der Mond schimmere sanft auf eure Gräber, Blumen müssen aus eurer Todesasche wachsen, und steht mit einander, wenn diese Erde zerstört wird, froh aus dem Grab auf und geht in den Himmel ein, indem ihr einander an der Hand haltet, und jeder der über euer grünes Grab geht, sage: lasset uns einander lieben, wenn wir noch beisammen leben und uns einander nicht quälen, solang das Herz nicht Asche ist.[115]

---

[114] Vgl. Hanser II, S. 171: Der Leser muß »von historischem Geist« sein; S. 291: Siebenkäs-Geschichte als »Historie«; S. 484: der Verfasser als »Geschichtschreiber«; S. 532: bei Siebenkäs' »Leichenbegängnis« trifft die Nachricht vom Tode Friedrichs d. Großen ein. - Roger Ayrault hat hieran (vgl. 71, S. 141ff.) eine Interpretation geknüpft, die dem Fiktionscharakter nicht gerecht wird. Zur Funktion solcher Zeitangaben vgl. Werner Krauss (149), S. 397.
[115] GW II/3, S. 362–363.

Der knappe Text dieses Erzählkerns ist von überragender Bedeutung für die Handlungen der großen Romane Jean Pauls und ihrer Freundschaftsdarstellungen. Noch eine kleine Handlungsskizze, die in den ›Titan‹ eingestreut ist, nimmt hierauf Bezug und enthält gleichzeitig eine Zusammenfassung der gesamten Handlung der ›Flegeljahre‹. Es ergibt sich damit auch eine weitere wesentliche Folge des poetischen Verfahrens: der Charakter und seine Schilderung rangiert vor der Handlung; diese reflektiert nur den Charakter des Helden. Deshalb erscheint gerade hier in der ›Vorschule‹ die Metapher vom Charakter als beseelendem ›Geist‹, während die Handlung, in die der Held verstrickt ist, als ›Körper‹ des Romans bezeichnet wird.[116]

›Die Freunde‹ wurde Ende 1791/Anfang 1792 niedergeschrieben, und zwar mit einer weiteren kleinen Erzählung, mit der sie zusammen unter dem Titel ›Zwei Geschichten für Kinder‹ erscheint. Diese zweite Erzählung trägt den Titel ›Der doppelte Tod‹; sie enthält ein lyrisches Bild vom verzweifelten Tod des römischen Tyrannenkaisers Domizian und vom verklärten Tod Christi. Hier liegt die Keimzelle für die vielfachen musivischen Doppelungen, von denen bisher die Erschießung des Deserteurs im ›Fälbel‹ oder die beiden Christus-Träume im ›Siebenkäs‹ angeführt wurden; aber auch der Ballon-Flug im ›Kampaner Tal‹ und Giannozzos Luftfahrt, oder Kains und Selinas Magnetschlaf sind Beispiele solcher Doppelungen im Sinn Shaftesbury's, über die Grenzen eines Einzelwerks hinaus. Gleichzeitig ist hier auch die Doppelung der Figuren begründet, wobei die Gegenbilder zum ›hohen Menschen‹ unter sich nochmals in Kontrastbilder zerfallen können: so

Gustav (reflektiert im ›Genius‹)	und Amandus/Fenk
Viktor (reflektiert in Emanuel)	und Flamin
Siebenkäs	und Leibgeber
Albano (reflektiert in Dian)	und Schoppe/Roquairol
Walt	und Vult
Nikolaus Marggraf	und ›Jean Paul‹/Kain.[117]

Man kann berechtigt die Frage stellen, wieweit alle diese Figuren nicht nur Facettierungen eines einzigen Charakters und einer einzigen Problematik darstellen, nämlich Jean Pauls selbst. Die ›Palingenesien‹ mit ihrer Doppelung des Erzählers, der einem ›alter ego‹ begegnet (nämlich seiner eigenen Figur Siebenkäs), verweisen darauf; und in der ›Vorschule‹ schreibt Jean Paul über die ›Entstehung poetischer Charaktere‹:

---

[116] Zum Titan vgl. H. III, S. 840: Kom. Anhang zum Titan, Pestitzer Realblatt, Die Doppelgänger (S. 839–844). - Vorschule, H. V, § 62, S. 229ff.

[117] Der doppelte Tod: s. GW II/3, S. 361–362. - Zur satirischen Doppelung in den ›Palingenesien‹ vgl. H. IV, S. 891–899.

Der ideale Prototyp-Charakter in des Dichters Seele, der ungefallne Adam, der nachher Vater der Sünder wird, ist gleichsam das ideale Ich des dichterischen Ich; und wie nach Aristoteles sich die Menschen aus ihren Göttern erraten lassen, so der Dichter sich aus seinen Helden, die ja eben die ihm selber geschaffnen Götter sind.[118]

3. Nachahmung fremder Quellen: Neben den bereits erwähnten Artikeln über Eva und Kain aus Bayles ›Dictionnaire‹ gibt es noch einen Abschnitt, der für Jean Paul interessant gewesen ist: den über Gaspar Scioppius, also den deutschen Satiriker, Polyhistor und Gelehrten (ca. 1577-1649).[119] Die Züge der historischen Figur Kaspar Schopps, die Bayle darstellt, verteilt Jean Paul auf zwei Gestalten: Gaspard, Albanos Vater, und Schoppe, den Leibgeber im ›Siebenkäs‹. Gaspard erscheint als Vertreter der intellektuellen Kälte, des Stoizismus (der historische Scioppius hatte seine große Zuneigung zum Stoizismus in einem Gespräch mit dem bedeutenden Historiker Paolo Sarpi bekannt und in einem Buch ausgeführt[120]); Schoppe/Leibgeber übernimmt die anderen Charakterzüge der historischen Figur, nämlich Ungeselligkeit und Sarkasmus gegenüber den Hochgestellten. »Er hassete Höfe bitter« sagt Jean Paul von seinem Schoppe, und gibt dabei einen Charakterzug der historischen Gestalt wieder. Und noch etwas an Bayles Artikel ist bemerkenswert: Scioppius war bemüht, einen »Schlüssel«, also eine »Clavis« zur prophetischen Weisheit der biblischen Schriften zu verfassen

---

[118] Vorschule, § 57 Entstehung poetischer Charaktere: H. V, S. 213.

[119] Daß Jean Paul Bayles Artikel gekannt hat, bezeugt die Vorschule (III. Abt., II. oder Jubilate-Vorlesung, H. V, S. 427). - Der Artikel findet sich bei Bayle im dritten Bd. der zit. Ausg.; (7), S. 2680-2688. Ein kurzer biographischer Abriß sei gegeben: Kaspar Schopp (oder Gaspard Scioppius) konvertierte knapp zwanzigjährig zum Katholizismus, machte sich aber als Gottesgeißel der literarischen Welt unter Katholiken, Protestanten, Jesuiten und Gelehrten durch die Arroganz und die sichere Gelehrsamkeit seiner Schriften gleichermaßen verhaßt; in Madrid verschafften ihm seine Satiren auf Jakob I. von England Prügel durch die Botschaftsangehörigen, in Venedig brachte ihn seine Rolle im Streit zwischen der Kurie und der Republik ins Gefängnis (wobei der Chronist Sarpis voll Entsetzen vermerkt, Scioppius habe Texte des in Neapel eingekerkerten Campanella mit sich herumgetragen); dem Kaiser empfiehlt er, die Protestanten blutig zu bekämpfen, usw. Er mokiert sich über Ciceros lateinischen Stil, er verschafft sich bereits frühzeitig ein schlechtes Odium durch eine - detailliert kommentierte - Ausgabe priapeischer Gedichte, und erregt im Alter Staunen durch tiefste Kenntnis der heiligen Schriften; dabei wurde er verdächtigt, er wolle wieder zum Protestantismus übertreten. Persönlich von spartanischer Lebensweise, aber von intellektuellem Ehrgeiz, dabei gierig nach politischem Einfluß und persönlichem Rang, muß er in Bayles (und auch Morhofs) Schilderung auf den jungen Jean Paul faszinierend gewirkt haben.

[120] Vgl. (7), S. 2684, Anm. (J).

und darin die Kunst der Prophezeiung in ein System zu bringen: ›Clavis scientiae ad aperienda regni coelorum mysteria propediem consummanda‹ (Schlüssel zur Wissenschaft der Eröffnung der Geheimnisse des Himmelsreiches, demnächst vervollkommnet), sollte der Titel dieser Systematik der Prophezeiung lauten.[121] Daß bei Jean Paul der wahnsinnig gewordene Schoppe eine ›Clavis Fichtiana‹ verfaßt - einen Schlüssel zu aller himmlischen und irdischen Weisheit, als die Jean Paul Fichtes ›Wissenschaftslehre‹ hier karikiert, geht ganz von der Anregung des literarischen Vorbildes aus.

Eine weitere geniale Nachahmung und Literarisierung eines philosophischen Themas stellt Gustavs Höhlenaufenthalt in der ›Unsichtbaren Loge‹ dar, die der ›Troglodyten‹-(Höhlenbewohner-) Episode von Montesquieus ›Lettres Persanes‹ nachgebildet ist: die Troglodyten sind ein Volk, das zunächst in fast tierhaftem Zustand sich selbst vernichtet. Wenige überlebende Familien bilden ein tugendhaftes Gemeinwesen, das - durch den Angriff von Feinden - gezwungen ist, den Naturzustand, der keine religiösen oder staatlichen Einrichtungen kennt, aufzugeben. Die Wahl eines Königs beendet den idealen Zustand: die Naturgemeinschaft hat das Höhlendasein verlassen.[122] Betrachtet man Gustavs Geschichte unter diesem Blickwinkel - Erziehung eines vollkommenen, vom Genius der Natur herangebildeten, nicht verbildeten Menschen - so wird auch klar, welcher Gehalt der Episode der Verführung dieses scheinbar vollkommenen Menschen durch die Regentin Bouse zukommt: es ist aus Montesquieus Sicht unvermeidbar, daß das Ende des Naturzustandes den Menschen der Verführung und Dekadenz aussetzt. Dieser Ansicht folgt Jean Paul hier - wohl in Erinnerung an Jacobis ›Allwill‹, allerdings zum Befremden des Publikums: die Intention des philosophischen Schreibens stößt hier mit der Frage nach der Wahrscheinlichkeit des Charakters zusammen.[123] Jean Paul hat den Widerspruch in den folgenden Romanen getilgt, für deren Ablauf sonst jedoch die ›Loge‹ zum Vorbild geworden war: im ›Hesperus‹ wie im ›Titan‹

---

[121] Ebd., S. 2685, Anm. (L).

[122] Montesquieu, Lettres Persanes. Édition revue et annotée par Henri Barckhausen. Paris 1913 (2 Bde., Text in Bd. 1, Kommentar in Bd. 2). Vgl. hierzu Lettres XI-XIV, S. 23-33. - Montesquieu wird auch sonst gerne zur Bildung von Vergleichen verwendet: so in einem Passus des ›Esprit des Loix‹ in der ›Unsichtbaren Loge‹, nach Gustavs Verführung (s. H. I, S. 354 sowie Komm. S. 1261).

[123] Noch Joh. Alt stößt sich in seiner Monographie daran, daß der eben noch als ›hoher Mensch‹ geltende Gustav so schnell der Verführung nachgibt (vgl. (111), S. 117). Solange man Gustav psychologisch-ästhetisch betrachtet, hat der Einwand Berechtigung; sobald man der hier vorgeschlagenen Interpretation folgt, verschwindet diese Schwierigkeit.

mißlingt die Verführung, wobei in Roquairol noch dem ›hohen Menschen‹ Albano das Gegenstück des gefallenen ›hohen Menschen‹ beigegeben wird, und Jacobis Allwill-Thema nochmals erscheint.[124]

Weitere Übernahmen fremder Erzählstoffe brauchen hier nicht aufgezählt werden; es genügt der Hinweis auf diese Vorbilder, um die Verwendung und Bedeutung des Lektürematerials für die ›poetischen Enzyklopädien‹ Jean Pauls zu demonstrieren. Nur ein Bild, eine für die Technik der Romane bedeutsame Metapher sei noch erwähnt: sie steht im Zusammenhang mit dem Abschluß der Romane. Jean Paul verwendet vielfach das Bild der ›Petersinsel‹,[125] das Bezug nimmt auf die ›Rêveries du promeneur solitaire‹ von Rousseau (entst. 1776/78, Erstdruck 1782), als dem Sinnbild des »Vollglücks in der Beschränkung«, d. h. eines idealen idyllischen Zustandes. Dieser ist das Ziel, auf das die Romane zustreben: sobald dieser Zustand erreicht ist, ist der Roman für Jean Paul abgeschlossen, selbst wenn die Handlungsfäden nicht gelöst sind. Die Teidor-Insel der ›Unsichtbaren Loge‹, die ›Insel der Vereinigung‹ des ›Hesperus‹, Isola bella im ›Titan‹, der Schluß des ›Siebenkäs‹, der alle Schwierigkeiten löst, der ›Traum‹ der ›Flegeljahre‹ und Kains Magnetschlaf mit dem Bild des Glücks der wiedergefundenen Identität im ›Komet‹: alle enthalten dieses abschließende Moment eines erreichten Glückszustandes.[126] Rousseaus Insel-Bild, Georg Forsters Reisebericht von den Südseeinseln, Gessners Idyllen – sie und andere literarische Vorbilder[127] geben aber den zeitgeschichtlichen Hintergrund an, dessen Bedeutung sich am deutlichsten in der ›Siebenkäs‹-Abhandlung demonstriert: das Gespräch über das moralphilosophische Thema der Eigenliebe, von dem der ›Brief des Doktor Viktor‹ berichtet,[128] findet auf einer Insel im Rhein statt; Idylle und philosophisches Problem – Aufhebung des Eigennutzes als Voraussetzung des idyllischen naturrechtlichen Zustandes, wie ihn die Insel repräsentiert – zeigen hier ihre Ver-

---

[124] Heinz Nicolai unterscheidet in seinem Allwill-Nachwort (63), S. 127, zwischen Eduard Allwill, der bloß »ohnmächtig zur Liebe« sei, und Jean Pauls Roquairol, als gewissenlosem Immoralisten. Der Unterschied scheint mir in diesem Maß nicht gegeben: Roquairol ist zunächst Freund Albanos, Spiegelbild wie Flamin zu Viktor im ›Hesperus‹. Jean Paul entwickelt hier seine Figur, um die negativen Anlagen des hohen empfindsamen Menschen, die in all diesen Figuren angelegt sind, vorzuführen.

[125] Vgl. etwa Vorschule, H. V. S. 259.

[126] Der Schluß ist bloße, um des Effekts willen angefügte Coda, nicht Widerlegung des Magnetschlafs; dies sei nochmals gegen Schweikerts Interpretation betont.

[127] Vgl. die Aufzählung im Idyllen-Paragraphen der ›Vorschule‹. H. V. § 73, S. 257–262.

[128] Hanser II, S. 416–440.

bundenheit, deren Darstellung nicht von literarischen Gattungsfragen bestimmt sein kann. Für die Idylle ist der Schauplatz »gleichgültig«.[129]

Freilich widerspricht diese Auffassung von Jean Pauls Werk als ›poetischer Enzyklopädie‹ gerade allen Interpretationen, die in seinen ›Romanen‹, Idyllen und Satiren ein »realistisches« Zeitbild sehen wollen. Aber Jean Paul hat selbst die Gestaltung der Umgebung, in der die Handlungen seiner Erzählungen spielen, nach literarischen Vorlagen ausgerichtet, also die ästhetische Realität also nach der Realität »zweiten Grades« seiner Quellen gestaltet. Evident ist dies etwa bei der Schilderung Roms im vierten Band des ›Titan‹, aber es ist mir gelungen, ein »realistisches« literarisches Vorbild für den ›Fälbel‹ und den ›Siebenkäs‹ zu finden: Johann Michael Füssels ›Unser Tagbuch oder Erfahrungen und Bemerkungen eines Hofmeisters und seiner Zöglinge auf einer Reise durch einen großen Theil des Fränkischen Kreises nach Carlsbad und durch Bayern und Passau nach Linz‹, erschienen 1778ff. Der Text enthält wichtige Beschreibungen der Lebensgewohnheiten der Stände, von Handwerkszweigen, Fabriken (einer Zinngrube im Fichtelgebirge, einem Goldbergwerk mit Kinderarbeit, Hauswebereien, Spinnereien, Steinbrüchen und Gefängnissen), Universitäten, Heilbädern, Parks (die Naturparks der Eremitage und Fantaisie), aber auch einem berühmten Naturalienkabinett – Orten, Ereignissen und Plätzen, denen man in Jean Pauls Werk ständig begegnen kann. Fälbels Reise mit seinen Schülern – niedergeschrieben kurz nach Erscheinen von Füssels Buch, aber erst im Fixlein-Anhang publiziert –, die Parklandschaften des Hesperus, Titan und Siebenkäs, aber auch das Vogelschießen, bei dem Siebenkäs gewinnt, erhalten dadurch einen realistischen Hintergrund, der den Abstand der ästhetischen Darstellung Jean Pauls von der literarisch-realistischen Vorlage ermessen läßt.[130] Eine Neupublikation dieses Texts wäre – gerade im Interesse der Jean Paul-Forschung – angebracht; ihn ausführlich vorzustellen fehlt hier die Gelegenheit.

4. Musivische Technik: ›aufklärerische‹ Enzyklopädie und ›romantisches‹ Studium. Jede Textstelle in Jean Pauls ›poetischer Enzyklopädie‹ läßt sich – über den Handlungszusammenhang hinaus – auf andere Textstellen, andere Werke oder andere Themenbereiche beziehen. Die philosophische Intention und literarische Erfordernisse stehen hier in scharfem Gegensatz, allerdings nur so lange, als man eine spezifische

---

[129] Vorschule, H. V, S. 261.
[130] Vgl. (61). Für die Jean Paul-Forschung ist vor allem der 7./8. Tag des ersten Teils (mit der Beschreibung der Naturaliensammlungen) sowie die Beschreibungen des 29./30. Tages des zweiten Teils (Eremitage, Material zum gesellschaftlichen Verhalten, Vogelschießen) bedeutsam.

ästhetisch wertende Betrachtung zum Maßstab der Texte Jean Pauls erhebt. Dem entgegen wurde bereits in der Einleitung festgestellt, daß der ästhetische Werkbegriff unanwendbar ist, der von einer geschlossenen und einmaligen Komposition – möglichst auf einen spezifischen biographischen und zeitgeschichtlichen Hintergrund der Entstehung bezogen – ausgehen kann. Dies zeigt schließlich deutlich die obige Übersichtstafel über das Werk Jean Pauls. Nun ist ferner darauf zu verweisen, daß die vier Bereiche der ›poetischen Enzyklopädie‹ nicht strikt voneinander gesondert sind: Begriffe, Metaphern können von einem Bereich zum andern übertragen werden. Es seien nur zwei Beispiele dafür erwähnt. Das erste zeigt die mehrfache Verwendung einer Metapher. In der erwähnten Fixlein-Geschichte ›Die Mondfinsternis‹ heißt es vor dem Erscheinen des bösen Genius:

> Jedem Jahrhundert sendet der Unendliche einen bösen Genius zu, der es versuche. – Fern vom kleinen Auge steht der gestirnte, die Ewigkeiten umziehende Plan des Unendlichen im Himmel als ein *unauflöslicher Nebelfleck*.*

Die zugehörige Anmerkung lautet:

> *)Ein unauflöslicher Nebelfleck ist ein ganzer in unendliche Fernen zurückgeworfener Sternenhimmel, worin alle Gläser die Sonnen nicht mehr zeigen.

Während Jean Paul hier die Unendlichkeit des Fixsternhimmels zum poetischen Bild für die Unendlichkeit Gottes und damit für die Unwissenheit über den Zweck des Daseins verwendet, kommentiert ein zeitgenössischer Astronom (Bode) Fontenelles Aussage über die Fixsterne (eventuell der Ausgangspunkt von Jean Pauls Anmerkung): die Mutmaßung der Wissenschaft, es handle sich um ein technisch lösbares Problem, sei vorläufig nicht ganz zu teilen.[131] Die Verwendung des Bildes vom Nebelfleck, der eigentlich ganz dem mechanistischen Bereich der Astronomie entstammt, zeigt, daß Jean Paul genau diese wissenschaftliche Situation erfaßt, um sie als ›animistische‹ Metapher zu benutzen. – Gleichzeitig verwendet er es in einem ganz anderen Zusammenhang, nämlich zur Kennzeichnung des Genies Hamanns:

> Manchem göttlichen Gemüte wird vom Schicksal eine unförmliche Form aufgedrungen, wie dem Sokrates der Satyr-Leib; denn über die Form, nicht über den innern Stoff regiert die Zeit [So für Jakob Böhme.] So ist der große Hamann ein tiefer Himmel voll teleskopischer Sterne, und manche Nebelflecken löset kein Auge auf.[132]

---

[131] Hanser IV, S. 39. – Fontenelle, Dialogen. 5. Abend: Daß alle Fixsterne Sonnen sind, die ihre eigenen Planeten erleuchten. (18), S. 268–333, vgl. hierzu Bodes Kommentar S. 290–293.
[132] Vorschule, H. V, § 14, S. 64.

Hier illustriert Jean Paul seine Auffassung vom Genie mit der Nebelfleck-Metapher, aber auf eine Weise, die den Bereich der Kunsttheorie der poetisch-religiösen Auffassung aus der Erzählung der ›Mondfinsternis‹ nahebringt:

> Dieser Weltgeist des Genius beseelet, wie jeder Geist, alle Glieder eines Werks, ohne ein einzelnes zu bewohnen.... Dies ist der Geist, der nie Beweise gibt,* nur sich und seine Anschauung, und dann vertrauet auf den verwandten, und heruntersieht auf den feindselig geschaffnen.

Die zugehörige Anmerkung präzisiert wiederum eine Grundanschauung:

> *)Über das Ganze des Lebens oder Seins gibt es nur Anschauungen; über Teile Beweise, welche sich auf jene gründen.[133]

Wiederum findet man den Übergang von der Philosophie zur Dichtung in seinen Motiven reproduziert: der »Grund des *Seins* der Welt«, der »gar nicht zu vermitteln ist«,[134] ist nur hypothetisch-induktiv durch die Poesie zu erfassen; die Wissenschaften bieten nur Teilwahrheiten. –

Ein zweiter Begriff, der im religiösen, ästhetischen und philosophischen Sinn verwendet wird, ist der der ›Allmacht‹: in der ›Clavis Fichtiana‹ spricht Jean Paul von der ›aseitas‹, dem ›Von sich ausgehenden Ursprung‹, den das Setzen des ›Nicht-Ich‹ durch das ›Ich‹ bei Fichte bedeutet;[135] diesen Begriff einer Allmacht, die nur in sich selbst liegt, und den er bei Fichte als logischen Sophismus verurteilt, macht sich Jean Paul jedoch für die Poetik zunutze, um die ›Allmacht‹ des Schriftstellers über sein Werk zu bezeichnen;[136] gleichzeitig verwendet er ihn, nochmals im Rückbezug auf Fichte, im Paragraphen über ›Humoristische Subjektivität‹ zur Kennzeichnung des ›falschen‹ Humors.[137] Auch in den Notizen zum ›Neuen Kampaner Tal‹, die in der ›Selina‹ ausgewertet werden, wird das Problem der Allmacht – als theologisches Problem – behandelt:

> Sogenannte Allmacht ist mehr ein Theologen Wort. Denn Macht setzt Widerstand voraus; und wie kann es einen geben, wenn man den Widerstand selber geschaffen?

---

[133] Ebd.
[134] Clavis Fichtiana, § 9. H. III, S. 1034.
[135] Ebd., § 6, S. 1033.
[136] Vorschule, H. V, § 74, S. 263–264.
[137] Ebd., § 34, S. 135ff.

Die Setzung des Nicht-Ich durch das Ich bei Fichte und die theologisch gefaßte Allmacht eines Gottes, der ja ohnehin alles geschaffen hat, sind strukturgleiche Aussagen, die Jean Paul ablehnt (nicht umsonst ist ihm Fichte ein ›Scholastiker‹):

> Es gibt keine Allmacht, sondern eine Allliebe (!), die höher steht und aus welcher unser Lieben kam und zu ihm hinauf geht. Was aber Liebe ist, das weiß die Philosophie nicht.[138]

Allmacht des Philosophen, des Schriftstellers, des Theologen – das eine Stichwort in drei verschiedenen Bereichen dient jedoch der Bezeichnung einer einzigen Position.

Die Epochenbegriffe, zwischen denen Jean Pauls Bild philosophie- und literaturgeschichtlich schwankt, sind Aufklärung und Romantik, und trotzdem würden beide Zurechnungen die historische Bedeutung des Autors verfehlen. Zum Begriff der ›Romantik‹ wurde bereits gesagt, daß Jean Paul der romantischen Schule n i c h t zugehört, soweit sich diese an Kant und Fichte orientiert und die Dichtung als ihrer naturrechtlichen Funktion enthoben betrachtet. Die geschichtliche Situation des eintretenden ›Romantischen‹ ist nicht an diese Schule gebunden, sondern an die Veränderung der geistesgeschichtlichen Situation, den Umschlag des philosophischen Denkens zuungunsten der enzyklopädischen Methode, die eine beliebige Einteilung der Wissenschaften kennt: daß es

> ebenso viele besondere Wissenschaften wie Wahrheiten gäbe, die sich nachher wieder zu Ganzheiten verbinden würden, je nachdem, wie man sie anordnet.[139]

Aus Skepsis gegen die Realisierbarkeit eines Repertoriums deduktiver Begriffe, wie es Leibniz vorgeschlagen hatte (Kants Kategorientafel ist wesentlich sparsamer in der Zahl der Grundbegriffe!), klassifizieren Diderot und d'Alembert nach Subjekten, zwischen denen Querverweise die logische Verknüpfung erstellen.[140] Gerade dieses Prinzip der Enzyklopädie sollte hier an Jean Pauls Texten durch die gegebenen Beispiele veranschaulicht werden. Aber während dieses Denken dem Systemgeist der Cartesianer, der Verbindung von deduktiver Ontologie

---

[138] Neues Kampaner Thal. GW II/4, Nr. 232 Gott. S. 186–187.
[139] Leibniz schreibt diese Vorstellung den Nominalisten zu; zit. nach G. W. Leibniz, Nouveaux Essais sur l'entendement humain/ Neue Abhandlungen über den menschlichen Verstand. Frankfurt 1961 (zweisprachige Ausg. in zwei Bdn.), Bd. 2, S. 669.
[140] Vgl. hierzu Mc Rae (88), S. 8–9 sowie S. 121ff.

und mechanistischer Welterkenntnis bei Kant weichen muß, hinterläßt es seine Methode im Werk Jean Pauls als literarischen Stil: Lichtenbergs nie geschriebener Roman wäre demnach der einzige direkte »Vorfahr« Jean Pauls. Wenn man ihn schon in eine Traditionslinie einzubringen versucht, so hat die Orientierung nicht so sehr an Sternes ›Tristram‹ oder Wielands philosophischen Romanen, also bestimmten Modellen der Gattung zu erfolgen. Das sind Vorbilder, mit denen Jean Paul rechtfertigt, daß er seine durch ›generatio aequivoca‹ entstandenen Enzyklopädien ebenfalls mit dem Namen ›Roman‹ belegt. Was den Erzählstil betrifft, so ist ein unmittelbares Vorbild im aphoristischen Vorwärtsschreiten der Handlung zu finden, wie es K. Ph. Moritz – nicht umsonst schickt ihm Jean Paul das Manuskript der ›Unsichtbaren Loge‹ zu! – im ›Hartknopf‹ vorführt; so besonders im Bericht der Ehescheidung in ›Andreas Hartknopfs Predigerjahre‹, wo nur Stationen benannt werden: ›Freundschaft und Zärtlichkeit‹, ›Der geheimste Kummer‹, ›Das höchste Opfer‹, ›Die Trennung‹. Unter diesen Überschriften erscheinen einige knappe Reflexionen über Freundschaft und Liebe, ohne daß irgendwelche Fakten erzählt und zu einer Handlung verknüpft würden.[141] Eine Beschreibung von Jean Pauls Erzählstil hätte neben der Orientierung des punktuellen Vorwärtsschreitens der Handlung an Moritz' ›Hartknopf‹ ferner Bayles Methode zu nennen, wo eine geringe Anzahl von Begebenheiten mit einem riesigen Anmerkungsapparat umkleidet wird.[142] Stilistisch ist vor allem auf die Digressionstechnik Sternes und mehr noch auf Shaftesburys ›Test des Erhabenen‹ zu verweisen. Wissenschaftlich ist neben Lichtenberg und Diderot/d'Alembert vor allem auf Ernst Platners Kettentechnik in Paragraphen zu verweisen, die gerade die Verknüpfung aller Fragen im Sinn der Enzyklopädisten deutlich macht und der Jean Pauls Denkweise, aber auch die Darstellungsweise der theoretischen Schriften (in ihrer Paragraphenform) verpflichtet ist. – Herder spricht in seiner erkenntnistheoretischen Abhandlung ›Vom Erkennen und Empfinden‹ von einer »romantischen Art, zu studieren«, die darin besteht,

> daß, so verschieden dieser Beitrag verschiedner Sinne zum Denken und Empfinden seyn möge, in unserm innern Menschen Alles zusammen fließe und Eins werde. Wir nennen die Tiefe dieses Zusammenflußes meistens Einbildung: sie besteht aber nicht bloß aus Bildern, sondern auch aus Tönen, Worten, Zeichen und Gefühlen, für die oft die Sprache keinen Namen hätte.... Aus

---

[141] (64), S. 293–298.
[142] Vgl. die Beschreibung, die Cassirer von Bayles enzyklopädisch-historischem Stil gibt: (78), S. 270–273.

dem Allen webt und wirkt nun die Seele sich ihr Kleid, ihr sinnliches Universum.[143]

›Romantisch‹ ist Jean Pauls Art zu studieren und zu schreiben in diesem Sinn freilich zu nennen.[144] Aber er benutzt sie, im Gegensatz zur romantischen Universalpoesie, um sich gegen die Kantsche Schule zu wenden und damit die antimetaphysische Tradition der Aufklärung fortzusetzen, während ihn von der späten Aufklärung Nicolais das empfindsame Bedürfnis nach Enthusiasmus unterscheidet, freilich mit dem Gegengewicht seines satirischen Skeptizismus. Jean Paul hat als sein stilistisches Ideal die »empfindsame Kraftdekade« von 1770 bis 1780 genannt, an deren Ende er hauptsächlich Kant die Schuld zuspricht,[145] und damit seine Position zwischen Aufklärung und Romantik deutlich bezeichnet.

2. Die Themen der ›Poetischen Enzyklopädie‹ und ihre Grundlage im naturrechtlichen Weltbild.

*Die ›rationalere‹ Kultur des Kantianismus und des Historismus:
Das Zurücktreten des Naturrechts*

Der erste Teil der Arbeit hatte theoretisch die Notwendigkeit vorgestellt, die Verbindung und Gliederung des Wissensmaterials nach den Bereichen Physiologie/Philosophie, Theologie und Naturrecht im Werk Jean Pauls zu erfassen; das vorangehende erste Kapitel dieses zweiten Teils hatte sich dann mit der Umgestaltung des philosophischen Denkansatzes bei Jean Paul zum dichterischen Verfahren beschäftigt und dieses in seinen Grundzügen illustriert. Insgesamt ist für die Betrachtung der historischen Situation, in der Jean Paul antritt, das Begriffspaar von Mechanismus und Animismus zugrunde gelegt worden, daß nämlich ein einheitliches theoretisches Weltbild in sozialer, religiöser und wissenschaftlicher Hinsicht mit fortschreitender Rationalisierung der Wissenschaften der theologischen Stütze verlustig geht, auf der die sozialen

---

[143] Herder (22), S. 31–32. - Herder erwähnt hier wiederum Fontenelles Éloge auf Tschirnhaus (s. o. Anm. 55).

[144] Zum Begriff des ›Romantischen‹ vgl. Ayraults Darstellung des Gebrauchs bei K. Ph. Moritz, (71), S. 42ff; sowie den Aufsatz von Werner Krauss, Zur Bedeutungsgeschichte von Romanesque im 17. Jahrhundert. In: W. K., Gesammelte Aufsätze zur Literatur- und Sprachwissenschaft. Frankfurt 1949, S. 400–429.

[145] Palingenesien, Sechstes Werk vor Nürnberg. H. IV, S. 789–795.

Auffassungen des 17./18. Jahrhunderts beruhten: der Teleologie der natürlichen Welt. Ergebnis des Prozesses ist in der Zeit um 1800 eine ›rationalere‹ Form der Gestaltung der Wissenschaften durch Kants mechanistisch-deduktiven Wissensbegriff, und eine ebenso ›rationalere‹ Gestaltung des gesellschaftlichen Bereichs durch den eintretenden Historismus. Diese historische Situation ist nochmals, und zwar in der Verbindung dieser Elemente, zu umreißen. Entzog Kants Vernunft-Kritik den Wissenschaften endgültig die Ausrichtung auf eine Teleologie, einen metaphysischen Sinn der Welt, mit dem Resultat, daß sich diese voll auf die Lösung der jeweiligen wissenschaftlichen Probleme ihres Faches konzentrieren konnten, so führte dieselbe Kritik im gesellschaftlichen Bereich zur Aufhebung der »Rechtsmetaphysik« des Naturrechts.[1] Freilich lassen die empirischen Disziplinen der Wissenschaften diesen historischen Schnitt vielfach nicht mehr erkennen, und zunächst war vor allem die romantische Auffassung der Wissenschaften von Kants Theorien beeinflußt; aber die Ablösung der Fachdisziplinen von spekulativen Momenten hat das Stadium des mehr oder minder verstandenen Apriorismus – und damit die mechanistische, teleologiefreie Weltauffassung – zur Voraussetzung,[2] zu der sich – trotz der Möglichkeit oberflächlicher Parallelen – Jean Pauls animistische Naturwissenschaft historisch ›hyponym‹ verhält: dies wurde bereits am Begriff der **Einbildungskraft gezeigt (s. o. S. 110-119). Das entscheidende historische Moment** für die ›Rationalisierung‹ der Wissenschaften ist die Trennung der ›reinen‹ Theorie von den Erfordernissen praktischer Wissenschaften. In Kants Vorrede zur ›Grundlegung der Metaphysik der Sitten‹ heißt es:

Alle Gewerbe, Handwerke und Künste, haben durch die Verteilung der Arbeiten gewonnen, da nämlich nicht einer alles macht, sondern jeder sich auf gewisse Arbeit, die sich, ihrer Behandlungsweise nach, von andern merklich

---

[1] Den Ausdruck gebraucht der Rechtshistoriker Wieacker. Daß er damit den Sachverhalt nicht ganz trifft - insofern als das Naturrecht sich grundsätzlich gegen die ontologische neoscholastische Metaphysik des 17./18. Jahrhunderts richtet - wird die Betrachtung Pufendorfs zeigen. Das Zitat Wieackers wird unten (S. 232f.) ausführlich gegeben.

[2] Material bietet hierfür, vor allem im Bereich der Medizin, Otto Bryks ›Entwicklungsgeschichte der reinen und angewandten Naturwissenschaft im XIX. Jahrhundert‹. I. Band: Die Naturphilosophie und ihre Überwindung durch die erfahrungsgemäße Denkweise. (1800-1850). Leipzig 1967 (Photomech. Nachdruck der Ausg. Leipzig 1909). - Zur Rolle des Apriorismus Kants in der Medizin vgl. vor allem den ersten Abschnitt des Kap. ›Medizin‹: Das Zeitalter der Naturphilosophie (1800-1820), S. 543-564. - Für den Hinweis auf dieses Buch habe ich Georg Jäger zu danken.

unterscheidet, einschränkt, um sie in der größten Vollkommenheit und mit mehrerer Leichtigkeit leisten zu können. Wo die Arbeiten so nicht unterschieden und verteilt werden, da liegen die Gewerbe noch in der größten Barbarei.[3]

Den aufgesplitterten Einzeldisziplinen, die laut den ›Prolegomena zu jeder künftigen Metaphysik‹ keinerlei gemeinsame Züge aufweisen,[4] stellt Kant den systematischen ›Weltbegriff‹ seiner Philosophie gegenüber, der sich gleichzeitig gegen den ›Schulbegriff‹ der traditionellen ontologischen Schulen kehrt (allerdings nur in der Einschränkung, daß ein ›Ding an sich‹ nicht zu erkennen sei, was die traditionelle Schulmetaphysik angenommen hatte; im übrigen betrachtet sich Kant durchaus als Nachfahren und Fortsetzer Wolffs). Aber mit der Kantschen Darlegung der Philosophie als der »Wissenschaft von der Beziehung aller Erkenntnis auf die wesentlichen Zwecke der menschlichen Vernunft« und des Philosophen als des »Gesetzgebers der menschlichen Vernunft«[5] endet die von Bacon ausgehende Tradition, »nach der ›Philosophie‹ für ›begründende Wissenschaft‹ und ›Gründeforschung‹ überhaupt steht und in diesem Sinne jede Art theoretischer Wissenschaft, z. B. auch die Physik Newtons, umfaßt«.[6] Naturwissenschaft wie Moral, Theologie und Recht folgten einem einheitlichen logischen Prinzip in ganz verschiedenen Bereichen der materiellen wie geistigen Welt, das von der ›prästabilierten Harmonie‹ – Leibniz' Formel für den Ausgleich von Mechanismus und Animismus – beider Bereiche garantiert wurde. Mit der Aufhebung des induktiven Denkens als dem logischen Modell der Naturwissenschaften und der Auflösung der Verklammerung spiritueller und materieller Bereiche verliert aber auch das naturrechtliche Weltbild, das auf der Voraussetzung der einheitlichen Geltung eines empirisch-induktiven Interpretationsschemas entstanden war, seine Suprematie über die ontologischen Spekulationen der Schulmetaphysik und die rationalistisch-deduktive Methode der Cartesianer. Der Verzicht des Cartesianismus auf Aussagen im gesellschaftlichen Bereich war bereits von Shaftesbury in ungewöhnlich heftiger Form kritisiert und der damit entstehende ethische Formalismus als unzulänglich in sozialer Hinsicht und als Rückfall in die Scholastik bezeichnet worden. Es ist eine der wenigen Stellen, an denen die ›Characteristicks‹ den Tonfall der ›raillery‹ verlieren, der sonst selbst dem erklärten Gegner Hobbes gegenüber beibehalten wird:

---

[3] Kant, Werke. Ausg. Weischedel. Bd. IV, Darmstadt 1956. S. 12.
[4] Kant, Werke. Ausg. Weischedel. Bd. III, S. 124.
[5] Ders., Kritik der reinen Vernunft. (29), S. 699–700.
[6] Kambartel, Erfahrung und Struktur. (102), S. 63. - Vgl. hierzu generell den zweiten der ›Begriffsgeschichtlichen Exkurse‹ des 2. Kap., S. 61–86.

The study of triangles and circles interfers not with the study of *minds*. [Dies, so führt Shaftesbury aus ist dem Mathematiker selbst bewußt.] But for the *philosopher*, who pretends to be wholly taken up in his higher faculties, and examining the powers and principles of his understanding; if in reality his philosophy be foreign to the matters profess'd; if it goes beside the mark, and reaches nothing we can truly call our interest and concern; it must be somewhat worse than mere ignorance or idiotism. The most ingenious way of becoming foolish, is *by a system*. And the surest method to prevent good sense, is to set up something in the room of it. The liker any thing is to wisdom, if it be not plainly *the thing it-self*, the more directly it becomes *its opposite*.[7]

Genau dieses systematisch-ontologische Denken und die Auffassung vom Körper und der Welt als Maschine, die Shaftesbury angreift (er nennt ausdrücklich Descartes' ›Traité des passions de l'âme‹), tritt mit Kant in neuer Gestaltung die Herrschaft in der Philosophie an.[8] Dies blieb für das Rechtsdenken in Deutschland nicht ohne Folgen, wo die Naturrechtstheorie ohnehin erst gegen Ende des 18. Jahrhunderts Ansätze zu praktischen Folgerungen zeigte, die bald wieder von der historischen Rechtsschule absorbiert werden sollten. Mit der Ausnahme Fichtes, der eine Begründung des Naturrechts auf Kantschen Prinzipien versuchte, waren die Kantianer in der Jurisprudenz Angehörige der historischen Rechtsschule, die aus der ›Geschichtlichkeit‹ des Rechts alle positive Rechtsgeltung ableiteten und auf dieser Grundlage die naturrechtliche Diskussion um die Einschränkung staatlicher wie privater Gewalt durch absolute, inhaltlich gültige Gesetze für ›metaphysische‹ Spekulation erklärten. Es sei hier ein zusammenfassender Abschnitt aus einer rechtsgeschichtlichen Darstellung zitiert:

> ... Kants Kritik der praktischen Vernunft und seine Metaphysischen Anfangsgründe der Rechtslehre [haben] die Rechtsmetaphysik des älteren Naturrechts wie des Vernunftrechts widerlegt, die Unzulässigkeit ihrer absoluten inhaltlichen Postulate erwiesen, und, schon vor Hegel, die Situationsbedingtheit (nicht die Unmöglichkeit!) aller materialen ethischen Entscheidungen aufgedeckt. Damit waren aber die unkritischen Naturrechtssätze der großen Stifter des Vernunftrechts wie die bedenklichen Anschläge des aufgeklärten Gesetzgebers auf das geschichtliche Recht der Nationen geistig diskreditiert – oft zum Nachteil einer gerechten Würdigung ihrer praktischen Verdienste, die ihre methodische Naivität nicht zu beeinträchtigen brauchte. Aber da sich

---

[7] Shaftesbury, Characteristicks. (51), Treatise III: Soliloquy or Advice to an Authour. Sect. III, Part I: S. 261f.

[8] Exemplarisch ist dafür Kants Schrift über die ›Metaphysik der Sitten‹: ihr ethischer Formalismus liefert den Anhaltspunkt für die Angriffe gegen die inhaltlichen Forderungen des Naturrechtsdenkens. Eine knapp zusammengefaßte Anwendung seiner Prinzipien führt Kant selbst in seiner Rezension von Gottlieb Hufelands ›Versuch über den Grundsatz des Naturrechts‹ (1795) vor (vgl. Ausg. Weischedel Bd. VI, S. 809–812).

bereits um 1800 die zukunftsreichsten Rechtsdenker, allen voran [Gustav] Hugo, [Anselm] Feuerbach und [Carl Friedrich von] Savigny in der einen oder anderen Weise zu Kant bekannten, so gründete sich fortan die Frage nach der Gerechtigkeit des positiven Rechts auf Kants Ethik der sittlichen Autonomie der Person und ihres sittlichen Willens und auf Kants Auffassung der Rechtsordnung als der Ermöglichung der größten Freiheit, die mit der Freiheit der Rechtsgenossen bestehen kann. Durch Kants Kritiken, vor allem durch die ›Kritik der reinen Vernunft‹, nahm zugleich die Frage nach den apriorischen Bedingungen einer Sozialethik für diese Denker die Gestalt der Frage nach den formalen Bedingungen einer philosophisch legitimierten positiven Rechtswissenschaft an. Von Kants (selbst keineswegs formaler) Ethik geht daher eine Hauptader des wissenschaftlichen Formalismus, d. h. des rechtswissenschaftlichen Positivismus aus ...[9]

In diesem Abriß der allgemeinen historischen Entwicklung bleibt unausgesprochen, daß die alte ›Metaphysik‹ des Naturrechts – wenn man diesen Vorwurf des »Irrationalen« schon erhebt – durch eine neue, ebenso unwissenschaftliche ›Metaphysik‹ abgelöst wird, wie sie Max Weber unmißverständlich kennzeichnet:

Die historische Schule der Juristen neigte dazu, Evolutionen eines »Volksgeistes« anzunehmen, als deren Träger dann eine überindividuelle organische Einheit hypostasiert wurde ... Mit dieser Auffassung ist wissenschaftlich nichts anzufangen.[10]

Trotzdem handelte es sich um eine ›rationalere‹ Form der Gestaltung des gesellschaftlichen Machtbereichs. Ihr Ausdruck ist die Lehre von der Suprematie der Macht des Staates, der Verselbständigung der Staatsräson, wie sie in einigen Formulierungen Droysens vorgeführt sei:

Das Recht macht den Anspruch, alle Formen, in denen sich die sittlichen Gemeinsamkeiten bewegen, zu regeln und zu begründen.-

Der Staat macht den Anspruch, die Summe, der Gesamtorganismus aller sittlichen Gemeinsamkeiten, ihr gemeinsamer Ort und Hort und insoweit ihr Zweck zu sein.

Nur der Staat hat die Befugnis und die Pflicht, Macht zu sein.

Der Staat ist nicht die Summe der Individuen, die er umfaßt, noch entsteht er aus deren Willen, noch ist er um deren Willen da.[11]

---

[9] Franz Wieacker, Privatrechtsgeschichte der Neuzeit, unter besonderer Berücksichtigung der deutschen Entwicklung. Göttingen 1967 (2. neubearbeitete Aufl.), S. 352–353.
[10] Max Weber, Wirtschaft und Gesellschaft. (110), S. 442.
[11] Gustav Droysen, Historik. Vorlesungen über Enzyklopädie und Methodologie der Geschichte. Hrsg. von R. Hübner. Darmstadt 1974 (Reprogr. Nachdruck der Ausg. München 1937). §§ 70/71, S. 352–353.

Jean Pauls Lektüre von Pufendorfs ›Naturrecht‹ (im Jahr 1785) ist deshalb nicht ein Kuriosum, sondern bezeichnet auch hier seinen historischen Standort genau. Und wiederum ging der Anstoß für diese Lektüre von Ernst Platners Anregung aus.[12] Dieser hat auch 1793 in einem denkwürdigen Brief über die Aussichten einer Revolution in Deutschland den Zusammenhang von Fortbestand des despotischen Absolutismus und historischem Rechtsdenken erläutert; der Brief ist an Platners Schüler und Gönner, Prinz Friedrich Christian von Schleswig-Holstein, einen aufgeklärten Aristokraten und Parteigänger der Französischen Revolution (selbst nach der Hinrichtung des Königs!) gerichtet.[13] Daß es in Deutschland zu einer Revolution nach französischem Vorbild käme, dazu fehlt nach Platners Ansicht jedoch ein auslösendes Moment:[14] die Beteiligung der geistig und politisch führenden Schicht an der Ausbildung eines Nationalgeistes, wie sie Frankreich in der Poesie, in der Phi-

---

[12] Platner hat den Fragenkomplex des Naturrechts in seine Vorlesungen einbezogen. Seine Schriften verraten genaue Kenntnis der wichtigsten Literatur. Als Prinzenerzieher unterrichtete er z. B. 1793 »Moral, Naturrecht, natürliches Staatsrecht und natürliche Religion« (vgl. Euphorion XVII, 1910, S. 52).

[13] Ernst Platner, Begleitschreiben zu einem Brief an den Erbprinzen Friedrich-Christian von Schleswig-Holstein (undatiert, geschrieben im Sommer 1793): ›Ob es wahrscheinlich sey, daß das System der Freyheit jetzt in Europa Fortgang gewinnen, und vielleicht gar einen gänzlichen Umsturz der Fürstengewalt bewirken werde‹ (so lautet die Frage, die Platner dem Erbprinzen beantwortet). Erstmals publ., zusammen mit zwei Briefen von Platners Schwager Chr. F. Weiße an den selben Adressaten, von Hans Schulz: Leipziger Stimmen von 1793 über Deutschland und die Revolution. In:Euphorion XVII, 1910, S. 48–55 und S. 298–306; Platners Abhandlung ab S. 53.

[14] Platner beantwortet die an ihn gerichtete Frage nach der Möglichkeit einer Revolution in Deutschland nach dem französischen Vorbild mit einem klaren Nein und führt neben den im Text wiedergegebenen Gründen folgende Ursachen an: wenn auch die Voraussetzungen durch den Druck des Despotismus und die wachsende Verelendung im Volk gegeben sind, um eine Revolution auszulösen, so fehlt eine nationalstaatliche Grundlage und ein entsprechender Patriotismus; Adel und Geistlichkeit stehen eindeutig und einmütig zu obrigkeitsstaatlichen Prinzipien, sind also nicht, wie in Frankreich, gespalten in Vertreter des ›ancien régime‹ und der Aufklärung; dasselbe gilt für die Beamtenschaft und das Heer. Platners Ausführungen sind eine scharfsinnige Analyse des politischen Zustandes in Deutschland gegenüber dem Frankreich des Jahres 1793. Weder Platner noch sein aristokratischer Briefpartner halten die Hinrichtung Ludwigs XVI. für erwähnenswert. Der Erbprinz erwiderte Platner übrigens, er halte eine Revolution in Preußen, nicht aber in Österreich für möglich, mit der Andeutung, daß dies nur eine Heeresrevolte werden könne. Darin ist aber, mit Platners Interpretation der Rolle des Heeres zusammen, die Möglichkeit einer ›konservativen‹ Revolution in Preußen angedeutet, zu der es schließlich auch kam.

losophie und der Jurisprudenz – als Vorbereitung der Revolution – gekannt hatte:

Nicht weniger Hindernisse der guten Sache sehe ich in dem obrigkeitlichen Stande. Dieser bestehet in Teutschland aus bloßen Juristen, welche ziemlich das Gegentheil von Philosophen und Rednern und, geradezu gesprochen, nichts anders sind, als bloße Gesetzmaschinen, die auf den Universitäten von kunstreichen Professoren organisiert, und dann in Landesregierungen, Fakultäten, Stadtgerichten, Amtsstuben der Justiz von der Hand des Despotismus an dem schreyenden Rade der Verfassung immer und ewig gedreht werden. Diese Leute denken nie daran und dürfen nie daran denken, die Quellen der Gesetze, nach denen ihre mechanischen Geschäfte fortgehen, in der Natur des Menschen aufzusuchen, oder außer dem so genannten Majestätsrechte eine andere verbindliche Kraft derselben zu erfordern. Der Grund von dieser kläglichen Beschaffenheit unseres obrigkeitlichen Standes, liegt offenbar in der teutschen Jurisprudenz; die, wie Ew. Durchlaucht bekannt ist, anstatt auf das Naturrecht gebaut zu seyn, sich keiner anderen Gründe bewußt ist, als der römischen und altgermanischen Gesetze. Durch dieses Verhältniß, welches die gelehrte Pedanterey sehr schön und elegant findet, (Ew. Durchl. wissen, was das in Teutschland heißt, ein eleganter Jurist), wird der Philosophie aller Einfluß auf die Denkungsart des obrigkeitlichen Standes verwehrt. Es ist mit der Abstammung unserer Rechte von den römischen und altgermanischen, gerade wie mit der Abstammung der christlichen Religion von der jüdischen. Was hier das alte Testament ist, das ist dort das Korpus Juris. So lange die Theologen das Christenthum nur auf das Judenthum gründeten: dachten sie nicht daran, seine Gründe in der Vernunft, in der Natur und dem moralischen Bedürfnisse des Menschen zu untersuchen. Und solange die Juristen nur beschäftigt sind, unsere Gesetze von den Römern und den Langobarden herzuleiten: so lange wird der obrigkeitliche Stand keinen Begriff von ihrer Beziehung auf die natürlichen Menschenrechte haben. Dieser Stand ist in der Kultur, glaube ich, noch am allerweitesten zurück, und er wird ihr nicht anders näher gebracht werden können, als durch den juristischen Naturalismus: sowie überhaupt Naturalismus das Ziel a l l e r Kultur ist.
Indem diese Denkungsart des obrigkeitlichen Standes den Despotismus der Fürsten willig unterstützt: so begünstigt sie zugleich seinen selbsteignen. Denn so willig er ist knechtisch zu gehorchen: so aufgelegt ist er gebietrisch zu befehlen. Das kann er aber nur so lange, als die Befugnisse der obrigkeitlichen Gewalt, und die vernunftmäßigen Gründe der bürgerlichen Rechte unerörtert bleiben. Das System der politischen Freyheit müßte nothwendig aller Juristerey in Europa ein Ende machen. Alle ihre Schwachheiten, Gebrechen, Vorurtheile, Anmaaßungen, Gewaltthätigkeiten würden dadurch in das helleste Licht gestellt werden; anstatt daß der monarchische Despotismus sie in das heilige Dunkel der Majestät einhüllt, und ihr eine Autorität ertheilt, durch welche sie über alle Kritik erhoben wird.[15]

Diese ausführliche Passage sei durch eine kurze Stelle des Briefes ergänzt, in dem Platner auf die Frage des Prinzen nach der Möglichkeit einer Revolution zusammenfassend antwortet:

---

[15] Begleitschreiben. Euphorion XVII, 1910, S. 301–302.

Wenn d a s geschehen sollte, daß der Druck unter den man jetzt die philosophische und politische Freyheit zu zwingen sucht, den Widerstand reizte:
dann würde, glaube ich selbst, eine gänzliche Veränderung der Dinge nahe
seyn. Allein eben d a r a n zweifle ich: und darum habe ich Ihre Aufgabe [die
gestellte Frage, ob eine Revolution in Deutschland wahrscheinlich sei] ver-
neinend beantwortet.[16]

Die Erreichung des ›Naturalismus‹, also die Durchsetzung der Naturrechtslehre ist gleichermaßen durch den politischen wie den philosophischen Druck gefährdet: der ›philosophische Druck‹ geht aber von
Kant und seiner Schule aus. In diesem Zusammenhang erhalten Jean
Pauls Passagen der sogenannten ›politischen‹ Schriften, die den Geltungsanspruch einzelner philosophischer, literarischer und religiöser
Richtungen bestreiten, ebenfalls ihre historica Bedeutung: als Verteidigung des naturrechtlichen Weltbildes durch ethisch-politische Aussagen, die in poetisch-literarischen Formen (den eingestreuten ›Polyme-
tern‹) paraphrasiert werden, wie es für Jean Paul charakteristisch ist.[17]
Die Wurzel für die Stellungnahme auf den verschiedenen Gebieten liegt
aber in der antimetaphysischen Tradition des Naturrechts: Jean Pauls
Werk erscheint wiederum als einer der Endpunkte einer Entwicklung,
die ihren Ausgang von Bacon genommen hatte. Die ethisch-politischen
Schriften Jean Pauls und Bacons ›Sermones fideles. Ethici, Politici, Oe-
conomici‹ sind als Ende und Beginn dieser Tradition zu verstehen. –
1784 hatte Jean Paul eine Satire verfaßt: ›Beantwortung der Preisaufgabe:
gabe: Kann die Theologie von der … Vereinigung … zwischen ihr und
der Dichtkunst … sich wol Vortheile versprechen?‹[18] Satirisch heißt es
dort:

Die Frage, auf deren Bejahung es hier ankommt, ist also: nüzt der Theologie ihre
neuere Vermischung mit der Dichtkunst? Daß unter Theologie die Orthodoxie verstanden werden müsse, glaub' ich voraussezen zu dürfen: denn einem
Heterodoxen könte man mit eben so wenig Recht als einem Philosophen den
Namen eines Theologen geben. …
Schon das müst', solt' ich meinen, bei iedem Theologen ein günstiges Vorurt-
heil für die Poesie erwekken, daß sie in nicht wenigen Stükken die gröste
Aehnlichkeit mit der Theologie behauptet. Schlagt die erste beste Aesthetik
auf, sie wird euch in der Einleitung sagen, das Ziel, welches alle Kunstrichter
stekken und alle Dichter treffe, sei die Verdunklung des gesunden Verstandes
durch die untern Selenkräfte. Nehmet nun die schlechteste Dogmatik, so wird

---

[16] Ebd., S. 53.
[17] Man vgl. hierzu bes. die ›Erste‹ und die ›Dritte Nachdämmerung‹ der ›Politischen Fastenpredigten‹: ›Die geistige Gärung des deutschen Chaos‹ (H. V,
S. 1077–1086) und ›Über die Furcht künftiger Wissenschaftbarbarei‹ (ebd.,
S. 1099–1103).
[18] GW II/2, S. 148–170.

sie euch gleichfals lehren, daß die Mittheilung der Dinge, die sich sowol über
als gegen die gesunde Vernunft erheben und auf eine heilsame Weise sie be-
zähmen und vermindern, den Endzwek der Theologie ausmache. Sie, diese
Vernunft, ist folglich der Antichrist oder der Pabst, an dessen Entthronung
dem Theologen und dem Poeten gleich viel gelegen ist ... Nur daß freilich
beide über den gesunden Menschenverstand mit verschiednen Waffen siegen,
nur daß der Theolog den Sieg zum künftigen Glükke und der Dichter blos zum
gegenwärtigen, und der eine zur Besserung und der andre zur Belustigung
braucht.[19]

Der Verbindung orthodoxer Theologie und ›interesseloser‹ Dichtkunst, wie sie Jean Paul zwanzig Jahre später wieder an der Romantik tadeln sollte, steht die Umkehrung dieser »verborgenen Theologie« gegenüber,[20] in seiner eigenen Verbindung von natürlicher Religion und naturrechtlichem Denken im Medium der ›poetischen
Enzyklopädie‹. Während die im Dienst der orthodoxen Religion stehen-
de Dichtung mit Hilfe der u n t e r e n Seelenkräfte die Vernunft herab-
zuwürdigen versucht, wird die Allgemeingültigkeit des deistischen
Substrats aller Religionen mit Hilfe der für Jean Paul obersten Seelen-
kraft, der Phantasie erwiesen. Auch hier spricht sich die antimetaphysische Tradition deutlich aus, die sowohl in der Zeit der Satiren wie in der
viel späteren Wendung gegen die Romantik für Jean Pauls Position
kennzeichnend ist, und deren historischer Hintergrund nunmehr erläutert sei.

Die antimetaphysische Tradition des Naturrechtsdenkens

Gehen wir von einigen Textstellen des ›Titan‹-Anhanges aus, die ohne
den historischen Hintergrund als bloße Kuriosa oder Marginalien erscheinen könnten. In einer Anmerkung zur ›Clavis Fichtiana‹ schreibt
Jean Paul:

> Die wolffianische und die kritische Schule sind im Besitz reichster Kabinetter
> leerer Konchylien. – So ist das Fichtische *Zurückgehen* der Tätigkeit *in sich*
> selber eine Quantitätsmetapher, die auf Kräfte [also Qualitäten!] angewandt,
> rein nichts bedeuten, noch weniger erklären kann.[21]

Die Schulmetaphysik Wolffs, welche die Ergebnisse der theologischen Ontologie des 17. Jahrhunderts mit cartesianischen Elementen im

---

[19] Ebd., S. 152.
[20] Martin Opitz, Buch von der deutschen Poeterey. Ausg. Braune / Alewyn. Tübingen 1963. S. 7: »Die Poeterey ist anfanges nichts anders gewesen als eine
verborgene Theologie und unterricht von Göttlichen Sachen.«
[21] H. III, S. 1025 Anm. 1.

Werk Leibniz' verbindet, wird von Jean Paul bedenkenlos mit der kritischen Schule Kants und Fichtes gleichgesetzt. Daß dies ein historisches Mißverständnis war, ist sicher, nur, daß Jean Paul diese Auffassung aufrecht erhalten konnte, hat seinen Grund in der Prägung durch die naturrechtliche Tradition, die ihn auch das Neue in der Philosophie und Poetik der Zeit in den Kategorien eben dieser Tradition erfassen ließ.[22] So wendet er, um eine ihm abstruse Folgerung der Fichteschen Philosophie zu kennzeichnen – nämlich die Koinzidenz von widersprechenden Naturen wie Gut und Böse, Gott gleich dem Teufel – den Terminus ›communicatio idiomatum‹ an.[23] Dieser Ausdruck der lutherisch-orthodoxen Metaphysik – zur Kennzeichnung der zwei Naturen in Christus, und damit ein wichtiger Begriff der Christologie[24] – wird von ihm herangezogen, um mit einem alten metaphysischen Begriff die ›neue‹ Metaphysik Fichtes zu verspotten; damit ist gleichzeitig die Verbindung zwischen der neoscholastischen und der ›kritischen‹ Ontologie hergestellt. – Ein drittes Beispiel ist, ebenfalls im Rahmen der ›Clavis Fichtiana‹ ein Kommentar zur Zusammenfassung der ›Wissenschaftslehre‹ Fichtes in seiner Sicht: das abstrakte, setzende Ich sei einmal von meßbarer Ausdehnung und empirisch bewußt, also zugleich endlich und unendlich – in Jean Pauls Augen ein scholastisches Absurdum.[25] So ergänzt Jean Paul die parodistische Zuspitzung des Sinnes von Fichtes Ausgangs-

---

[22] Vgl. oben Teil I, S. 131–132. Dies ist auch grundsätzlich die These, die ich Wolfgang Harichs Buch entgegenstelle: ich halte es z. B. für recht nutzlos, die Frage zu stellen, ob Jean Paul Fichte verstanden hat oder nicht (vgl. hierzu Harich (121), S. 100 Anm.). Denn, so schreibt Jean Paul, lesen bräuchte man Fichte eigentlich nicht, »es komt auf das Fassen des Prinzips, seines Archäus und fluidum nerveum an, dan lässet sich sogar vom niedern Kopfe alles andere, was sein höherer nachspint, konsequent und schwizend bei- und nachschaffen« (Brief an Jacobi, 4. 6. 1799; GW III/3, S. 198). So entsteht die ›Clavis Fichtiana‹ als Parodie, einer literarisch-polyhistorischen Tradition folgend; ein literarisches Beispiel solcher antimetaphysischer Satire des 17. Jahrhunderts sei genannt: Johann Beers ›Teutsche Winternächte‹ enthalten eine Verspottung eines ›allgemeinen Collegium Poeticum‹, das nach metaphysischen Begriffen angelegt ist, und eine weitere Einlage ist eine ›Lustige comoedia‹, in der zwei »Philosophen« auftreten, deren ständige ›Distinktionen‹ zu Dialogen in der Art Karl Valentins führen, allerdings in den lateinischen Begriffen der Ontologie des 17. Jahrhunderts (vgl. J. Beer, Die teutschen Winternächte & Die kurtzweiligen Sommertäge. Hrsg. von Richard Alewyn. Frankfurt 1963, S. 58–63 und S. 390–395). Beers Werk erschien 1682.
[23] H. III, S. 1047.
[24] Vgl. Ernst Lewalter, Spanisch-jesuitische und deutsch-lutherische Metaphysik. (86), S. 14. - Auf diese wichtige Untersuchung zur Vorgeschichte des deutschen Idealismus ist mit besonderem Nachdruck zu verweisen.
[25] H. III, S. 1035–1036.

punkt durch die Bemerkung, man sollte doch endlich eine Synopse der scholastischen Philosophie und seiner Version der Kant-/Fichteschen Doktrin schreiben;[26] und er fügt hinzu, daß die Automatik der Sprache des Idealismus diese scholastischen Widersprüche verdecke:

> Denn vom Schaffen haben wir als Geschaffne keine Ahnung, und als Schöpfer kein Bewußtsein. Das Ich als Unendlich. kennt sich nicht, als endlich ist es wieder nicht geräumig genug für eine Anschauung des Unendlichen, ohne das doch wieder keine Endlichkeit denkbar ist. Hier hilft bloße reine Sprache weiter als alles, was man dabei denken wollte.[27]

Die Formel des scholastischen ›circulus vitiosus‹, auf den Jean Paul Fichtes Ausgangspunkt (die apriori-Setzung von Ich/Nicht-Ich) reduziert, ist identisch mit den Stellungnahmen zu Problemen, denen sich das naturrechtliche Denken von Anfang an gegenüber sah: der Abwehr des deduktiven scholastischen Denkens, das eine Uniformität von Theologie und Philosophie postulierte, um Formen orthodoxer Theologie gegen ein begriffsloses Glauben zu verteidigen. Diese Orthodoxie wurde vom Naturrechtsdenken gleichgesetzt mit der Verwendung der Religion als eines bloßen machtpolitischen Instruments, die in seiner Interpretation gleichbedeutend mit Atheismus ist. Daraus erklärt sich etwa die gemeinsame Wendung von Pufendorfs Naturrecht, Ralph Cudworths Naturphilosophie und Shaftesburys Ethik gegen Hobbes' Lehre, wie auch Jean Pauls und Herders Abwehr der kritischen Theorie, der ›Vielgötterei‹ Fichtes, und gleichzeitig der romantischen Religion. – Unter der Bezeichnung des »großen Mysteriums des Atheismus« findet sich der zitierte scholastische Zirkel in Ralph Cudworths ›True intellectual System of the universe‹ (1678),[28] und Herders Vorwurf an Kant geht ebenfalls

---

[26] Ebd., Anm. 2 zu S. 1036.

[27] Ebd., Anm. 1 zu S. 1036.

[28] Ralph Cudworth, The True Intellectual System of the Universe: The First Part, wherein, All the Reason and Philosophy of Atheism is confuted; and its impossibility demonstrated. London 1678 (ein photomech. Nachdruck dieser Ausg. erschien 1964 in Stuttgart-Bad Cannstatt). Vgl. hierzu S. 77, XV. sowie die inhaltl. Zusammenfassung in der unpag. ›Table of Contents‹ am Schluß des Buches. Cudworth gilt als Vertreter der ›platonischen Schule‹ von Cambridge; aber die Assoziation von Weltfremdheit, die sich damit verbindet (vgl. etwa Weisers Shaftesbury-Buch), besteht nicht zu Recht: man vgl. hierzu Christopher Hills Buch ›Intellectual Origins of the English Revolution‹. London 1972 (Erstdruck Oxford 1965). Der Autor faßt dort die Bedeutung der Schule von Cambridge folgendermaßen zusammen: »The Cambridge Platonists ... neatly illustrate the fusion of Puritanism, Parlamentarianism, and science.« (S. 312) – also von religiösem, politischem und wissenschaftlichem Engagement, deren Verbindung als bezeichnend für das naturrechtliche Weltbild anzusehen ist und womit in England sich, unter entsprechenden ökonomischen und sozialen Verhältnissen, die erste bürgerliche Revolution zu entwickeln vermochte.

in die Richtung, daß ein scholastischer Zirkel, der geheimnisvoll erscheint, aber in Wirklichkeit sinnlos ist, dem Prinzip der reinen Vernunft zugrunde liege:

> Sich von sich selbst unabhängig zu machen, d. i. aus aller ursprünglichen, innern und äußern Erfahrung sich hinauszusetzen, von allem Empirischen frei über sich selbst sich hinauszudenken, vermag Niemand. Das wäre ein *prius* vor allem a priori; damit hörte, ehe sie anfing, die Menschenvernunft auf.[29]

Über einen zeitlichen Abstand von mehr als hundert Jahren bekämpfen also die genannten Autoren mit den selben Argumenten ihre philosophischen Gegner und schreiben deren Argumenten dieselbe logische Struktur zu; aber das Problem ist ja nicht eine bloße Frage der Logik. Denn beide Male hängen die Probleme der Rechtfertigung des gesellschaftlichen Zustandes davon ab. Denn wenn es eine Ethik und ein Vernunftrecht gibt, das in der natürlichen Theologie fundiert ist, so ist es dem Einzelnen möglich, sich moralisch – gegen die bestehenden, absoluten Gehorsam fordernden politischen und religiösen Mächte – zu entscheiden: dies beschränkt sowohl die Macht des ›Leviathans‹ bei Cudworth, wie des ›historisch‹ interpretierten und legitimierten Staatsgebildes zur Zeit Jean Pauls.[30] Deshalb verbindet ihn die Abneigung gegen das theologisch-dogmatische Denken und gegen den Atheismus, die die Naturrechtslehre kennzeichnet, mit – Voltaire: gewiß überraschend für Jean Paul, der sich über Voltaire häufig negativ äußert, ganz mit dem Unterton der moralischen Aufrüstung der deutschen Spätaufklärung. Aber die im Herbst 1781 niedergeschriebene ›Vergleichung des Ateism mit dem Fanatizism‹ bestätigt die naturrechtliche Prägung des Jean Paulschen Denkens, das jederzeit bereit ist, sich an Vertreter einer ähnlichen Grundposition anzuschließen, ungeachtet sonstiger Differenzen. Der Atheismus, so Jean Paul, ist ein Irrweg der Philosophie, der leichter verzeihlich ist, als der Fanatismus, der ein Produkt der Theologie ist:

> Ein Ateist mus ein Philosoph sein; ein Fanatiker ein schlechter Teolog. Die Vervolkomnung der Philosophie wird den Ateism, die Vervolkomnung der Teologie den Fanatizism unmöglich machen ...[31]

---

[29] Zitiert nach Stapf (24), S. 170.

[30] Cudworth, True Intellectual System, Book I, Chap. II, XXI, S. 97; vgl. hierzu bes. das 43. Kap. des ›Leviathan‹ von Hobbes. Dort bestimmt der Souverän die Form der Religion, und dieser vorgeschriebene Glaube und der Gehorsam gegenüber dem absoluten Gesetz garantiert die Rechtfertigung im Jenseits.

[31] Vergleichung des Ateism mit dem Fanatizism. GW II/1, S. 277–280, Zitat S. 277. - Die Anregung dazu ging - so Berend - höchstwahrscheinlich von Platners Hume-Kommentar aus: ›Über den Atheismus‹.

Diese Ableitung und Unterscheidung ist bedeutsam für Jean Pauls eigenen Übergang von der Philosophie zur ›Dichtung‹ und die Bewertung der scheinbar atheistischen Texte (›Rede des toten Christus‹): lenkt die Philosophie in ihrer Abstraktheit zum Zweifel an Gott, und steht ihr nur eine Ontologie theologischen Ursprungs gegenüber (die bei den Kantianern (Fichte zumal) in einen logischen Fanatismus ausartet), so bleibt nur ein Mittelweg zwischen beiden, den Voltaire weist:

> Der Ateism und Fanatizism sind die zwei Pole einer Welt vol Verwirrung und Schrekken – Zwischen ihnen liegt die kleine Zone der Tugend; wandelt auf diesem Pfade mit festem Schritte, glaubt einen guten Got und seid gut.[32]

Dieser Mittelweg ist Jean Pauls Dichtung. Die Bedeutung der zitierten Metaphern und Anspielungen der ›Clavis‹ liegt darin, dies zu bezeichnen, auf die antimetaphysische Tradition des Naturrechts zu verweisen: aber zugleich ist dies ein Zeichen, daß die wissenschaftliche Geltung dieser Weltinterpretation zu Ende ist.

Bei all den genannten Autoren erscheint die deistische Stütze des naturrechtlichen Weltbildes als induktiver Glauben, ohne die Notwendigkeit einer theologisch-kodifizierten Form; denn dieser hat nur bestimmte ethische Postulate festzulegen, die zur Regulierung des Zusammenlebens notwendig sind. Diese Postulate müssen allen historischen Formen von Religion und Gesellschaftsverband gemeinsam sein. Dieser Ansatz zum Historismus in dem scheinbar so ahistorischen Naturrechtsdenken des 17. Jahrhunderts verkehrt sich im 18. Jahrhundert zu dessen Nachteil: denn stellt das Naturrecht auf dieser Grundlage im 17. Jahrhundert die Geltung des christlichen absolutistischen Denkens durch den Hinweis auf dessen räumliche wie zeitliche Beschränktheit in Frage,[33] so dient das Prinzip der historischen Distanzierung im fortschreitenden 18. Jahrhundert nun dazu, dem Naturrecht vorzuhalten, daß seine eigene Suche nach umfassenderen Prinzipien des sozialen Zusammenlebens selbst ›historisch‹ sei. »Eine jede Geselschaft schreibt ihr eigenes Naturgesezbuch« lautet die paradoxe Formulierung Michael Hißmanns, in der sich die neue Ausrichtung des Historismus, gegen das Naturrecht als seinen einstigen Urheber, kundtut:[34] daher der Konflikt von geschichtlichem Bewußtsein und me-

---

[32] Ebd., S. 280 Anm. 1 (Übersetzung des frzs. Originals durch Jean Paul).
[33] Ein wertvolles Zeugnis stellt dafür in Deutschland Liscovs Satire auf Manzels ›Naturrecht‹ dar.
[34] Michael Hißmann, Betrachtungen über die Naturgeseze. In: Deutsches Museum 1778. 2. Bd. (Dez. 7. Stück), S. 529–543, Zitat S. 539.

taphysischem Bedürfnis, unter dessen Aspekt Jean Pauls Ausgangssituation bezeichnet wurde. Jean Paul hat den Rahmen des Naturrechtsdenkens nie verlassen.

Die Krise des naturrechtlichen Weltbildes als Vorgang der ›Rationalisierung‹

Das naturrechtliche Weltbild bedeutete im 17. Jahrhundert durch seine Verbindung wissenschaftlicher, sozialer und religiöser Grundlagen auf einer einheitlichen logischen Basis einen Fortschritt auf dem Weg der Systematisierung der Welterfassung: in der Religion Kontrolle des Glaubens durch die Vernunftprinzipien der natürlichen Theologie (»nihil continent praecepta Christi a philosophia morali aut naturali absonum« zitiert Lessing 1754 beifällig den Satz des Cardano)[35]; in der Naturwissenschaft Ablösung von der Vorherrschaft der dogmatischen Theologie (»Ihr habt mehr Angst als ich« soll Giordano Bruno den Richtern bei der Verkündung des Todesurteils zugerufen haben); im Bereich des Natur- und Vernunftrechts die »methodische Emanzipation von der Moraltheologie und die Erhebung zu einer selbständigen profanen Sozialethik«.[36] Denn nach den religiösen und wissenschaftlichen Erschütterungen des 15. und 16. Jahrhunderts, der kopernikanischen Revolution und der Gegenreformation, stellte sich zu Beginn des 17. Jahrhunderts die Frage, ob und inwieweit der Theologe, der Jurist und der Mediziner ›Metaphysik‹ kennen müsse, um sein Fach zu betreiben.[37] Zwei Richtungen stehen sich bei der Beantwortung dieser Frage gegenüber: die Vertreter der lutherischen Orthodoxie, die sie bejahen, weil sie ihre Metaphysik als Waffe gegen das begriffslose Glauben reformatorischer Strömungen konstruieren.[38] Die Wissenschaft vom ›Ding als solchen‹ dient

---

[35] Lessing. Werke. Hrsg. von Kurt Wölfel. Frankfurt 1967. Dritter Band: Rettung des Hier. Cardanus, S. 258. - Girolamo Cardano (1501–1576), berühmter Mathematiker, Mediziner und Astronom, geriet in Ketzereiverdacht, nicht zuletzt wegen eines Vergleichs des Gehalts der drei Religionen Christentum, Judentum und Islam, den Lessing neben Boccaccios formalem Fabelvorbild inhaltlich für die Ring-Fabel des ›Nathan‹ benutzt hat.

[36] Der historische Scioppius gibt davon Kenntnis in einem Brief, der den einzigen Augenzeugenbericht von Brunos Hinrichtung darstellt: »Maiori forsan cum timore sententiam in me fertis quam ego accipio« überliefert er den Wortlaut Brunos (zit. nach Giordano Bruno, De la causa, principio e uno. Introduzione e commento di Augusto Guzzo. Firenze 1955. Nota biobibliografica. S. XXXVIII).

[37] Franz Wieacker, Privatrechtsgeschichte der Neuzeit. Göttingen 1967. S. 266.

[38] Die Vorgeschichte hierzu, die Auseinandersetzung um die humanistischen

als Gegengift gegen die Freiheit des empfindenden Glaubens, der die neu entstandene hierarchische lutherische Kirche als Institution ablehnt. Wissenschaftlich bedeutet dies die Ablehnung des humanistischen Wissensbetriebes, der seit Melanchthon mit Kompendien arbeitet, um den realen Wissenschaften (Mathematik, Naturwissenschaften) neben den klassisch-humanistischen Fächern Platz zu schaffen.[39] Dafür beruft sich die entstehende lutherische Schulmetaphysik, die ihr Zentrum in den Universitäten von Altdorf, Wittenberg und Jean hat, auf die katholische (!) Neoscholastik der spanischen Jesuiten (!), vornehmlich ihres bedeutensten Vertreters Francisco Suarez (1548–1617).[40] Dieser Metaphysik zufolge gibt es eine Wissenschaft vom ›Ens a Deo creatisque abstractum‹, also vom Sein im allgemeinen Sinn, das von den spezifischen Arten des Seins, nämlich den abstrakten verstandesmäßigen ›Substanzen‹ der Dinge handelt, die ihren konkreten, sinnlichen Erscheinungen vorgängig sind.

Hier liegt ein logischer wie theologischer **Bruch** vor, auf den die Gegner dieser orthodoxen neoscholastischen Position hinzuweisen nicht müde werden: diesem Verfahren nach wäre Gott eine bloße Konkretion des absoluten Seins, und diesem folglich untergeordnet.[41] Dies ist eine theologische Absurdität, welche diese gesamte Logik in den Augen der Unorthodoxen deklassiert. (Herders Formulierung gegen Kant und Jean Pauls gegen Fichte beziehen dieselbe Stellung; s. o. S. 239–240). So stellt sich der ontologischen Theologie die Theologia naturalis der deistisch-pietistischen Strömungen entgegen.[42] Diese natürliche Theologie, als Verstandeswissenschaft von Gott konzipiert, steht aber in Gemeinschaft mit der wissenschaftlichen Richtung, die sich als Erbin der Wissenschaftsreform Melanchthons auszuprägen beginnt: des Polyhistoris-

---

Studien, bringt Lewalter, dessen Arbeit hier im Überblick wiedergegeben wird. Resultat der Auseinandersetzung ist die Fragestellung nach der Rolle der Metaphysik vgl. (86), S. 1–20 sowie 28–31. - Eine ausführliche Darstellung der Krise des humanistischen Denkens, die sich in der ›Querelle des Anciens et des Modernes‹ niederschlägt, bietet der dritte Band von Eugenio Garins ›Geschichte und Dokumente der abendländischen Pädagogik: Von der Reformation bis John Locke.‹ Reinbek b. Hamburg 1967.

[39] Freilich gibt es auch unter den Humanisten viele hartnäckige Vertreter der ausschließlichen Beschäftigung mit dem klassisch-philologischen Bereich. Zu Melanchthons Rolle s. Garin (s. obige Anm.), S. 11–14; zur Kritik der protestantischen Neoscholastik an Melanchthon s. Lewalter, (86), S. 30ff.

[40] Sein Hauptwerk ›Disputationes metaphysicae‹ erschien erstmals 1597 in Salamanca und fand in Deutschland sofort große Verbreitung: vgl. Lewalter (86), S. 15–20, sowie S. 40 Anm. 2.

[41] Vgl. ebd., S. 47.

[42] Ebd.

mus, der sich zum Anwalt der empirisch-naturwissenschaftlichen Richtung Bacons und des naturrechtlichen Denkens macht.[43] Daher auch die Gemeinsamkeit in der Definition des Menschen und seiner Stellung in der Natur, die sich bei Bacon und Pufendorf zeigt: der Mensch ist Interpret der Natur, sagt Bacon, und Pufendorf fügt hinzu, die Institutionen der Gesellschaft sind Ausdruck dieser Interpretation:

Homo naturae minister & Interpres tantum facit aut intellegit, quantum de Naturae ordine re vel mente observabit, ipse interim naturae legibus obsessus. [Der Mensch vermag und erkennt als Diener und Interpret der Natur soviel, wie er hinsichtlich der Anordnung der Natur empirisch oder nach Maßgabe seiner sinnlichen Erkenntnis beobachtet, während er gleichzeitig ihren Gesetzen unterworfen ist.] (Bacon)

Ast homini uti praeter insignem corporis habilitatem datum est singulare mentis lumen, cujus ope res posset accuratius comprehendere, eas inter se conferre, ex notioribus ignotiora colligere, deque rerum convenientia inter se judicare; nec non ut motus suos non ad eundem semper modum cogeretur exserere, sed eosdem expromere, suspendere, ac moderari valeret, prout videretur: ita eidem homini indultum adminicula quaedam invenire aut adhibere, quibus utraque facultas adjuvaretur ac dirigeretur. ... Nobis illud jam est dispiciendum quomodo ad dirigendos volontatis potissimum actus certum attributi genus rebus & motibus naturalibus sit superimpositum, ex quo peculiaris quaedam convenientia in actionibus humanis resultaret, & insignis quidam decor atque ordo vitam hominum exornaret. Et ista attributa vocantur entia *moralia*, quod ad ista exiguntur, & iisdem temperantur mores actionesque hominum, quo diversum ab horrida brutorum simplicitate habitum faciemque induant. Exinde commodissime videmur entia moralia posse definire, quod sint modi quidam, rebus aut motibus physicis superaddidi ab entibus intelligentibus, ad dirigendam potissimum & temperandam libertatem actuum hominis voluntariorum, & ad ordinem aliquem ac decorem vitae humanae conciliandum.
[Dem Menschen aber ist außer der ihn auszeichnenden körperlichen Beschaffenheit das einzigartige Licht des Verstandes verliehen, sodaß er mit dessen Hilfe die Dinge genauer zu begreifen, sie miteinander zu vergleichen, aus dem Bekannten das Unbekannte zu erkennen und über den wechselseitigen Zusammenhang der Dinge zu urteilen vermochte, und damit er nicht gezwungen würde, [sc. wie die Tiere] seine Bewegungen ständig nach dem selben Verhalten auszurichten, sondern er diese ausführen, unterlassen oder abwandeln

---

[43] Dabei ist es das Rechtsdenken, das bereits vor dem Auftreten von Grotius und Pufendorf – mit denen sich die Naturrechtslehre konstituiert – den Naturwissenschaften den Begriff des Naturgesetzes vermittelt; vgl. hierzu Edgar Zilsels Aufsatz ›The genesis of the concept of physical law‹ (160). Der Verfasser stellt fest, daß vor 1600 der Begriff des Gesetzes kaum zu finden ist, außer in metaphorischer Übertragung aus dem theologischen und juristischen Bereich (vgl. S. 258ff.). - Zur großen Rolle Bacons für den Polyhistorismus vgl. Morhof, Polyhistor (37) Tom. II, Lib. II, Pars I. Cap. 1: »Quomodo historia naturalis sit instituenda, e mente Franc. Baconis Verulamii, et eius sequentium vestigia« (S. 124ff.).

konnte, je nach Gutdünken. Ebenso ist dem Menschen die Fähigkeit gegeben, gewisse Hilfsmittel zu erfinden oder einzusetzen, um damit seine doppelte körperliche wie geistige Befähigung zu fördern und zu lenken. ... So haben wir nun zu prüfen, auf welche Weise den natürlichen Dingen und Prozessen eine bestimmte Art von Attribut zugelegt wird, vorzüglich um die Handlungen des Willens zu lenken, ein Attribut, aus dem eine gewisse besondere Übereinkunft in den Handlungen der Menschen hervorgehen kann zu dem Ziel, daß eine gewisse hervorstechende Schicklichkeit und Ordnung das Leben der Menschen auszeichnet. Und solche Attribute heißen moralische Begriffe (›entia moralia‹), weil die Sitten und die Handlungen der Menschen an ihnen gemessen und von ihnen moderiert werden, sodaß sie in Gebaren und Ansehen, das sie annehmen, sich von der erschreckenden Rohheit der stummen Natur unterscheiden. – Folglich lassen sich solche moralische Begriffe ganz leicht definieren: es sind bestimmte Verhaltensweisen (›modi‹), die den physischen Dingen oder Prozessen von vernunftbegabten Wesen zugelegt werden, zur Lenkung vorzüglich und Mäßigung der Unbegrenztheit der Willenshandlungen des Menschen, sowie um einer gewissen Ordnung und Schicklichkeit willen, die dem Leben der Menschen zuteil wird. (Pufendorf)[44]

Der Mensch ist zugleich Glied der Kette der Schöpfung, andererseits aber das einzige Wesen, das die unter ihm liegenden Stufen zu überblicken vermag. So wird den Gegenständen der Natur durch das menschliche Denken eine Interpretation hinzugefügt, die aus den Dingen sinnvolle Gegenstände macht. Dieser ›modus‹ ist ein menschliches Konstrukt und liegt also nicht in den Dingen selbst. Die Folgerung ist bedeutsam: es gibt keine abstrakten ›Dinge an sich‹, die eine Metaphysik als Grundlagenwissenschaft rechtfertigten, sondern nur die Welt der physischen Dinge und ihre ›entia moralia‹, ihre moralischen Begriffe, menschliche Interpretationen der natürlichen Welt im wissenschaftlichen wie im ethisch-moralischen Sinn. Bemerkenswert ist ferner, daß bei der Darlegung des Zwecks der ›moralischen Begriffe‹, nämlich der Ermöglichung eines geregelten menschlichen Zusammenlebens, der Hinweis fehlt, daß dieser ›ordo‹ und ›decor‹ ein absoluter Wert in sich sei, da er die Ordnung des Kosmos durch den Schöpfer abspiegle. Dieser Gedanke – der Bestandteil der absolutistischen Denkstrukturen des Barockzeitalters ist und der sich als Forderung nach ›Einheit in der Vielfalt‹ manifestiert – ist Vorbild für das deduktive Denken, für das absolutistische Staatswesen und gleichermaßen für die Ästhetik der ›Vollkommenheit‹; er gehört ebenfalls zum Gedankengut der neoscholastischen Metaphysik. Gegen ihn richtet Pufendorf die These von der grenzenlo-

---

[44] Bacon, Impetus philosophici. Ang. s. o. Anm. 182 zu Teil I; es handelt sich um den achten Abschnitt, der überschrieben ist ›De interpretatione naturae Sententiae XII‹. Zitat S. 363. - Pufendorf, De iure naturae et gentium (47), §§ 2-3, S. 2.

sen Vielfalt der natürlichen Dinge, die nur der Mensch zu erfassen vermöge und darauf sein geselliges Zusammenleben gründe. Staatliche Ordnung ist nicht Abbild einer kosmischen Ordnung, sondern zweckgebunden und demnach veränderlich. Darin beruht die gesellschaftliche, potentiell revolutionäre Kraft des Naturrechts. Zum andern besagt die Definition moralischer Begriffe, als Rahmenvorstellung wissenschaftlichen Denkens, daß eine metaphysische Begriffserkenntnis auf Grund der erkennbaren Beschaffenheit der Gegenstände der natürlichen Welt absolut unnötig ist. Die physischen Dinge besitzen spezifische Eigenschaften, nach denen sie sich regulär verhalten. Nur dem Menschen ist hier Überlegenheit gegeben, nämlich Freiheit vom Zwang, sich ständig in seinen Handlungen zu wiederholen wie die instinktgebundenen Tiere; dafür unterliegt er der Verpflichtung, sein Zusammenleben zu regeln. So hat die ›moralische‹ Interpretation eine wissenschaftliche und eine soziale Funktion. Darin beruht aber die grundlegende Ablehnung der metaphysischen Ontologie:

> *Modos* dicimus. Nam concinnius nobis videtur ens latissime dividere in substantiam & modum, quam in substantiam & accidens. Modus porro ut substantiae contradistinguitur; ita eo ipso satis patet, entia moralia non per se subsistere, sed in substantiis, earumque motibus fundari, ipsasque certa duntaxat ratione afficere.[45]
> [Wir sprechen von ›Verhaltensweisen‹ (›modi‹) [sc. der Dinge, die ihnen durch Interpretation zuerkannt werden]. Denn es scheint mir den Tatsachen mehr zu entsprechen, den Begriff des ›Dinges‹ (›ens‹)[46] ganz weitläufig in ›substantia‹ (nämlich physischen Gegenstand) und ›modus‹ (›moralische‹ Interpretation) zu teilen, statt in ›substantia‹ (metaphysisches ›Wesen‹) und ›accidens‹ (physische Beschaffenheit). Ferner ergibt sich mit der Unterscheidung des Gegensatzpaares von ›substantia‹ und ›modus‹ von selbst die logische Folgerung, daß ›moralische Begriffe‹ nicht ›an sich‹ bestehen, sondern auf der Grundlage der ›Substanzen‹ (der Gegenstände der natürlichen Welt); daß sie in deren Bewegungen ihre Ursache finden und daß sie diesen bloß eine bestimmte erkennbare Verhaltensweise beilegen.]

Pufendorf kehrt damit die Begrifflichkeit der Ontologie gegen diese selbst: er stellt dem deduktiven Prinzip, aus der ›substantia‹ (als metaphysischem Wesen, das allen physischen Dingen zugrunde liegt) die physische Beschaffenheit als bloßes Akzidens abzuleiten, ein ganz konträres Verfahren gegenüber. Die ›Substanz‹ eines Dinges ist bei ihm dessen physische Beschaffenheit. Ihr wird eine ›moralische‹ Bewertung hinzugefügt (in wissenschaftlichem wie sozialen Sinn). **Die Basis der neo-**

---

[45] Pufendorf, (47), § 3, S. 2–3.
[46] Zu den spezifischen Schwierigkeiten bei der Übersetzung der griech./lat. Termini der Ontologie ins Deutsche vgl. Lewalter (86), S. 51–52, Anm.

scholastischen Metaphysik ist damit umgestürzt: was bei ihr ›accidens‹ war, später bei Kant bloße ›Erscheinung‹, bei Fichte ›versinnlichtes Materiale der Pflicht‹, ist bei Pufendorf ›substantia‹. Das ›Ding an sich‹, das ›wahrhaft Wesenhafte‹ der Metaphysik, existiert für ihn nicht: es gibt bloße ›modi‹, menschliche Interpretationen der Gegenstände der natürlichen Welt.

Das theologische Moment und damit die Fragen einer Orthodoxie, einer religiösen Heilsverwaltung – der stärkste Antrieb zur Entstehung der orthodoxen lutherischen Metaphysik – spielen hier natürlich eine geringe Rolle, außer in der Anerkennung des Status der Welt als einer Schöpfung Gottes, ohne daß, so Bacon, die Naturwissenschaft zur Erläuterung der Theologie und andererseits die Theologie als Quelle wissenschaftlicher Erkenntnis dienen könne;[47] in der Theorie des sozialen Lebens in Pufendorfs Naturrecht dient der Hinweis auf Gott dazu, die moralische Interpretation der Welt das wechselseitige ethische Verhalten mit einem göttlichen Vorbild zu rechtfertigen. In Naturwissenschaft wie Ethik ist jedoch einheitlich ein Bestandteil der natürlichen Theologie vorhanden; gleichzeitig aber ein Ausgleich zwischen den mechanistisch-wissenschaftlichen und den animistisch-religiösen Tendenzen, der einen Konflikt beider Elemente nicht kennt, es sei denn, mit den orthodoxen Aussagen einer Theologie. Das ›rationale‹ Element dieses Naturrechtsdenkens gegenüber der neoscholastischen Ontologie, wie zunächst auch dem Systemstreben der Cartesianer, beruht in der einheitlich empirisch-induktiven Logik, welche monistisch wissenschaftliche und ethisch-religiöse Fragen erfaßt: eine Beziehung zwischen Newtons ›Principia mathematica‹ (1687), Spinozas ›Ethik‹ (1677) und Pufendorfs ›Naturrecht‹ (1672) läßt sich insofern herstellen.[48] Aber die Verklammerung von ›causa efficiens‹ (Gott) und ›causa finalis‹ (der Welt in ihren mannigfachen, auf einer Stufenleiter angeordneten Erscheinungen), die all diesen Werken zugrunde liegt, wird in dem Moment problematisch, in dem sich Teile dieses umfassenden Zusammenhanges verselbständigen.

Dem beschriebenen naturrechtlichen Substanz-Begriff, der von den Eigenschaften der physischen Dinge ausging und der in der Kennzeichnung ihrer Interpretation als ›moralisch‹ die meßbaren physischen Kennzeichen und die spirituellen ›Qualitäten‹ gemeinsam erfaßte,[49] tritt

---

[47] Bacon, Impetus philosophici. Ang. s. o. Anm. 182 zu Teil I; S. 369, Abschnitt XII.

[48] Wieacker setzt die drei Texte in Parallele: Privatrechtsgeschichte der Neuzeit. Göttingen 1967, S. 309.

[49] Die Frage, die offenblieb, war generell: wann sind ›Qualitäten‹ spiritueller Art ›Modi‹ oder wo und warum werden sie als ›Substanzen‹ bezeichnet?

in Descartes' Trennung der spirituellen ›Substanz‹ und der physisch meßbaren ›Ausdehnung‹ eine Prinzipienwissenschaft gegenüber, deren scholastische methodische Schulung sich in der wissenschaftlichen Diskussion sofort bemerkbar macht: Descartes verurteilt, in Gemeinschaft mit den älteren Gelehrten der scholastischen Schule – den natürlichen Gegnern des Naturrechtsdenkens – das Werk Galileis, sowohl auf Grund seiner Methodik wie wegen seines wissenschaftlichen Stils:

> Il me semble qu'il [Galilei] manque beaucoup en ce qu'il fait continuellement des digressions, et ne s'areste point à expliquer tout à fait une matière; ce qui monstre qui'l ne les a point examinées par ordre, et que, sans avoir considéré les premières causes de la nature, il a seulement cherché les raisons de quelques effets particuliers, et ainsi qu'il a basti sans fondement.

So schreibt Descartes an Mersenne; der Suche nach der Ursache konkreter Naturerscheinungen, wie sie Bacon initiiert und Galilei methodisch befolgt hat, tritt hier wieder ein Philosoph gegenüber, »der die ›premières causes de la nature‹ nicht als Endziel, sondern als Voraussetzung der Erkenntnisse betrachtet, und der s e i n e Denknotwendigkeiten nur als solche gelten lassen will.«[50] Der Rückgriff auf scholastische Begriffe ist im ›Discours de la méthode‹, der grundlegenden methodischen Schrift Descartes', ganz deutlich, vor allem im vierten Teil, der die Fundamente der Metaphysik behandelt: der Vollkommenheitsbegriff spielt dort eine große Rolle.[51] Damit tritt das ontologisch-deduktive Denken der Schulmetaphysik in eine Synthese mit der mechanistischen Naturerklärung, die in Kants Denken ihren Höhepunkt erreichen sollte. Die größere ›Rationalität‹ dieser neuen Prinzipienwissenschaft aber erwies sich darin, daß sie auf die Verklammerung von Ursprung und Ziel der Welt, der physischen und spirituellen Probleme keine Rücksicht mehr zu nehmen brauchte: der Ursprung der Welt ist Sache der Theologie, die ›causae finales‹ sind für sie irrelevant. Ihre Aufgabe war es, Bedingungen des Wissens zu klären, freilich nicht zu theologischen Zwecken,[52] und andrerseits konnten die physischen Gegebenheiten, in ihrer bloßen ›Ausdehnung‹ und ungeachtet ›spiritueller‹ Kräfte, zu Ge-

---

[50] So die Folgerung Leonardo Olschkis aus dem Brief Descartes' an Mersenne; vgl. Galilei und seine Zeit. Halle 1927, S. 124.

[51] Vgl. (11), S. 50–51 und 66–67.

[52] Dies wird bereits in der Auseinandersetzung Descartes' mit Regius um die Erklärung des menschlichen Geistes deutlich. Letztlich geht es nicht darum, ob die Seele eine ›Substanz‹ oder ein ›Modus‹ sei, sondern um Prinzipien der Erkenntnis. Descartes hütet sich, seine Ansicht zu der – theologisch verfänglichen – Frage zu äußern; er stellt nur fest, daß die Thesen von Regius lächerlich und unpräzise seien. Vgl. hierzu (12), S. 150–151 (Regius' Thesen), S. 170–171 (Descartes' Kommentar).

genständen der Einzelwissenschaft erklärt werden. – Der Bruch zwischen dem Mechanismus Descartes' und der Dynamik Leibniz'[53] ist jedoch symptomatisch für die beginnende Entwicklung, die mit der Ablösung des naturrechtlichen Weltbildes endet: als die zentrale Frage und das zentrale Hindernis erweist sich die widerspruchsfreie Verbindung von Wissenschaft und natürlicher Theologie. War diese zerstört, so konnten auch das Naturrecht und die natürliche Theologie sich nicht halten.

Um die angestrebte Widerspruchsfreiheit herzustellen, greift Leibniz bereits auf Vorstellungen der Naturphilosophie des 16./17. Jahrhunderts zurück, wie sie Cardano, Bruno, Campanella, Paracelsus, Athanasius Kircher und Johann Baptist van Helmont vertreten hatten. Gerade letzterer, der bedeutendste Nachfolger des Paracelsus, hat dabei in Leibniz' Werk offenkundig Spuren hinterlassen. Leibniz' Formulierung, daß auch das mechanische Prinzip im Immateriellen ruhe, steht in Parallele zum Helmontschen ›Ursprung der Formen‹[54] ja Leibniz verweist selbst in seinem Kommentar zu Stahl (Nr. 34 der Bibliographie) auf Paracelsus und Helmont, als die Vorbilder seiner Lösung der Frage nach der Verbindung von Naturwissenschaft und natürlicher Theologie.[55] Welche Art von Beziehung besteht zwischen den autonomen Gegenständen der physischen Welt (im Sinn des naturrechtlichen Denkens) und Gott, dem Inbegriff des Wesens aller Dinge? Die ontologisch-mechanistische Wissenschaft geht von einem metaphysischen Substanz-Begriff aus (wobei theologisch-dogmatische und ontologische Begründung nicht miteinander konkurrieren)[56], demzufolge sich alle physischen Gegenstände als

---

[53] Ayrault spricht von diesem Bruch als einer Möglichkeit, die sich erst mit der Publikation der ›Nouveaux Éssais‹ 1765 zeigte, (71), S. 236; während die Wirkung ihrer Publikation im Rückgriff auf den Anschluß des Philosophen an die Naturphilosophie beruht. Nur war dieser Aspekt zunächst hinter der Wolffschen Verwertung der cartesianischen Elemente in Leibniz zurückgetreten. Aber die Beschäftigung Herders mit Campanella etwa oder das Wiederauftreten Spinozas ist bereits in Leibniz' Beziehung zur Naturphilosophie begründet.

[54] Vgl. Walter Pagel, Helmont, Leibniz, Stahl. (91), S. 46.

[55] Animadversiones, (34), S. 136. Freilich wehrt sich Leibniz gegen den Archeus-Begriff Helmonts und ersetzt ihn durch seine Entelechien. - In Parenthese sei vermerkt, daß auch in Newtons kosmologischer Mechanik Elemente der Naturphilosophie von großer Bedeutung sind: der Begriff der Anziehungskraft verdankt Jakob Böhme den für die Gravitationslehre vielleicht entscheidenden Anstoß. Vgl. dazu K. Poppe, Über den Ursprung der Gravitationslehre. J. Böhme, H. More, I. Newton. In: Die Drei. 34/5 (1964), S. 313–340.

[56] Vgl. Lewalter (86), S. 52–56.

bloße ›Erscheinungen‹, als Akzidenzen präsentieren. Dem entgegen (als einer »heidnischen« Anschauung, die die christliche Scholastik von Aristoteles übernommen habe) führt Helmont ins Feld: wie kann ein Tier, eine Pflanze, selbst ein Mineral wachsen und sich fortpflanzen, und damit eine Kraft göttlichen Ursprungs weitergeben, die ihm selbst nicht gehört, wenn es selbst bloß ein ›Akzidens‹, ein zufälliges Aggregat von Eigenschaften darstellt? Dies müßte ja zur Folge haben, daß Gott, sobald erforderlich, in den Dingen Schöpfungsakte durchführe. Gott würde damit entweder auf eine Art Weltseele reduziert (Spinozismus, mit der Gefahr des Atheismus), oder er würde, wo nötig, in den Gang der Natur eingreifen, um neue Seelen zu schaffen (die Annahme von Wundern wäre die Folge).[57] Beides ist für das Naturrechtsdenken nicht akzeptabel. So formuliert Helmont, ausgehend vom Autonomieprinzip physischer Dinge, nach zwei Präliminarien folgende Sätze über das Verhältnis der ›Dinge‹ zu Gott:

> Zum Dritten; so setz ich denn zum Grunde/ das GOTT das wahre/ vollkommne/ und in der That das gäntzliche Wesen (*essentia*) aller Dinge sey.
> Zum vierdten: Das Seyn aber/ (*esse*) daß die Dinge haben/ das ist des Dinges oder der Creatur selbst: Nicht aber GOtt.
> Zum fünfften: Ob gleich ein Ding sein Seyn (*esse*) hat/ doch abhängiger Weise von GOtt als ein Pfand/ Geschencke/ Lehen/ oder gegebenes Pfund; so ist doch solches Seyn von wegen der Schöpffung (eines jeden Dinges) sein Eigenthum.
> Zum sechsten. Dann so kommt aber einem Dinge mit seynem Seyn (*esse*) dieses zu/ daß es etwas würcke und schaffe zu seiner Fortpflantzung; nach dem Segen: *Crescite & multiplicamini* : Wachset und mehret euch. Denn daher hat es die Krafft eine Ursache der andern Gattung (*causa secunda*) zu seyn.
>   Zum siebenden: So hat denn GOTT bey der Zeugung eines Dinges mit zu thun als (die erste) allgemeine/ anderswo nicht abhangende/ gäntzliche wesentliche und würckender Weise würckende (*efficienter efficiens*) Ursache: Das erschaffne Ding aber hat dabey zu thun als eine anderswo herhangende/ sonderbare/Stückweise/ und zubereitender Weise würckende (*dispositivè efficiens*) Ursache.[58]

Aus dieser Bestimmung resultiert, daß die Verbindung zwischen der ›wirkenden Ursache‹ innerhalb des physischen Gegenstandes und der

---

[57] Dies bekräftigt auch Platner als Konsequenz des Cartesianismus: denn an diesen kritischen Punkten hilft sich Descartes mit einer Assistenz Gottes, die Malebranche zur Lehre von den ›causae occasionales‹ ausgebaut hat. Wieder ist dadurch die Gemeinschaft von metaphysischer Prinzipienkenntnis und dogmatischer Theologie gewahrt, gegen die das Naturrechtsdenken ankämpft: vgl. Platner, Aphorismen (43), § 834, S. 476–477.
[58] Helmont, Aufgang der Artzney-Kunst. (19) XXII. Tractat, Von dem Ursprung der Formen. 16. Abschnitt, S. 174–175.

ersten allgemeinen Ursache in Gott zu einem eigenen Gegenstand der Betrachtung erhoben wird: einem »Mittel-Ding ... zwischen einem zufälligen Wesen und einem selbständigen.«[59] Aus dieser polemischen Setzung einer ›Mittelkraft‹, die Leibniz von Helmont übernimmt, weil sie sich gegen die cartesianisch-ontologischen Prinzipien richtet, ergeben sich jedoch gravierende Folgerungen: einmal für die pragmatische Naturwissenschaft die von Diderot beklagte Verselbständigung der systematisch-rationalen Physik, als Gegensatz zur experimentellen Physik Bacons, die Einzelbeobachtungen sammelt und mosaikartig zusammenfügt.[60] Diese Verselbständigung einer theoretischen Physik ergibt sich jedoch daraus, daß im Bereich des beseelten Lebens das Studium der vorhandenen Erscheinungen mit der Annahme (Konjektur) von ›Mittelkräften‹ – wie des bekannten ›Phlogiston‹, oder der für Platner und Jean Paul wichtigen ›Nervensaft‹-Theorie – auf empirisch nicht verifizierbare Hypothesen gerät, die zwar auf guten empirischen Beobachtungen beruhen; aber sie dienen letztlich mehr den Zwecken einer natürlichen Theologie in der Naturwissenschaft als dieser selbst. Platners Verteidigung des ›studium coniecturale‹ in den ›Quaestiones physiologicae‹ und seine akademischen Reden ›Spes immortalitatis animorum per rationes physiologicas confirmata‹ und ›An ridiculum sit, animi sedem inquirere‹ legen dies deutlich dar.[61] Die großen Erfolge der Mechanik, die zu Platners und Jean Pauls Zeit in der Kant–/Laplace'schen Hypothese gipfeln, begründen die Resonanz der Einführung des Analogie-Prinzips und die Übertragung des logischen Apriorismus auf den Bereich des Organischen, der nun ebenfalls als Bereich notwendiger Gesetzlichkeit, in Analogie zu den Gesetzen der kosmischen Mechanik gelten soll.

Denn für die Wissenschaftstheorie hatte die Konzentration auf die Einheit von ›causa efficiens‹ und ›causa finalis‹ im Begriff der ›Kraft‹ zur Folge, daß sich der naturrechtliche Substanz-Begriff von den realen Eigenschaften der physischen Gegenstände weg auf die ›Kraft‹ selbst verlagerte: ›Substanz‹ und der Leibniz-Helmontsche ›Kraft‹-Begriff sind bei Platner identisch.[62] Die Frage der Erkennbarkeit des materiellen

---

[59] Ebd., Abschnitt 22, S. 176.

[60] Diderot, Philosophische Schriften: ›Essay über die Herrschaft der Kaiser Claudius und Nero sowie über das Leben und die Schriften Senecas – zur Einführung in die Lektüre dieser Philosophen‹ (1778–1782). In: (13), Bd. 2, S. 239–583, hierzu S. 547–548: die Abschnitte XCVI/XCVII knüpfen hier eine Betrachtung der aktuellen Situation der Physik an Senecas Werk über ›Fragen der Natur‹ an.

[61] Vgl. Quaest. physiol. (44), S. 74, sowie (42) und (46).

[62] Vgl. Philos. Aphor. (43), §§ 840–842, S. 481.

Substrats dieser ›Kraft‹ läßt der späte Platner nicht mehr zu: sie würde (wie schon Helmont folgerte) entweder zu Spinozas Weltseele oder der Unabhängigkeit aller ›ausgedehnter‹ Gegenstände von einer ›causa efficiens‹ führen. Dies bewirkt in seinen Augen die Kantsche Transzendentalphilosophie.[63] Jean Pauls Auffassung vom »Trug der Ausdehnung«, der in der Realität liege, ist als Resultat dieser Spiritualisierung des Substanz-Begriffes zu verstehen, die Leibniz angebahnt hat: sie führt bei ihm zur völligen Elimination aller materiellen Komponenten selbst dieser Mittelkräfte und der Annahme eines ätherisch-magnetischen Prinzips, das die Vermittlung zwischen ›Geist‹ und ›Körper‹ in den Sinnesorganen vollzieht:

> Das Ich zum Körper.
>
> … Das sich selber bewußte Ich kennt in sich keinen Punkt, kein Ausdehnen wie ein Aether umfaßt es alles Äußere. Ewig aber dringt der Trug einer Ausdehnung in unsre Vorstellung eines Geistes, als ob in ihm die weite Welt des gelebten Lebens, der Beobachtungen sich lagere …
>
> Abhängigkeit des Geistes vom Körper.
>
> Sie ist wechselseitig, obwol nicht so empfunden. Der sogenannte Körper als ein System von Kräften, die darum nicht weniger geistig sind, weil sie unserm Geiste als Empfindung der Ausdehnung und der Bewegung erscheinen. Nur Kräfte fließen auf Kräfte ein; und das Niedrige liegt nicht im Einwirkenden – z. B. bei der sinnlichen Liebe – sondern im Empfangenden, nicht im Tiefern, sondern im Höhern.[64]

Wissenschaft läßt sich auf dieser Grundlage nicht mehr betreiben. Denn zu der Auflösung des naturrechtlichen Substanzbegriffes und der Spiritualisierung der Materie tritt eine gesteigerte Skepsis hinsichtlich der Geltung der eigenen Aussagen, im wissenschaftlichen wie im ethisch-ästhetischen Bereich, die schließlich selbst die teleologische Betrachtung der Natur als Ansicht eines bloßen Bedürfnisses erscheinen lassen.

> Das mögliche satirische Verfechten aller Säze beweiset den Skeptizismus der Meinungen

notierte schon der junge Jean Paul im ersten Band seiner ›Bemerkungen über den Menschen‹.[65] Und in den ›Palingenesien‹ heißt es,

> daß ein System nicht sowohl durch Angriffe umzuwerfen sei als nur durch ein – neues, das sich kühn danebenstellt.[66]

[63] Ebd., § 768, S. 445–446.
[64] Neues Kampaner Thal: GW II/4, S. 133–215; vgl. Nr. 76 und Nr. 167, S. 148–149 und S. 169.
[65] GW II/5, S. 43.
[66] Palingenesien, Vierter Reise-Anzeiger: H. IV, S. 811.

252

Dieses Denken in Wahrscheinlichkeiten hinsichtlich seiner Logik und der Konjekturen in der Naturwissenschaft unterliegt damit zwangsläufig der Anziehungskraft des logischen Apriorismus, deren Systematik jeder Form des Skeptizismus oder des Denkens in Wahrscheinlichkeiten feind ist, während für Jean Paul hierin der Übergang von der Philosophie zur Poesie motiviert ist: die Bedeutung des Satzes »Die Wahrheit wird öfter vom Herzen als Kopfe gefunden« für die Entwicklung der ›poetischen Enzyklopädie‹ haben wir in diesem Zusammenhang illustriert (s. o. S. 210-213). Zum Abschluß seien vier Stellungnahmen, von Platner zur Physiologie, von Humboldt zur Religion, von Garve zur naturrechtlichen Ethik und von Bachofen zur Geltung des Naturrechts zitiert, welche die Auflösung der naturrechtlichen Grundprinzipien durch die mechanistisch-ontologische Wissenschaft demonstrieren.

Zunächst die zentrale Stelle aus Platners ›Quaestiones physiologicae‹, der Abhandlung, in der der Autor unter dem Gesichtspunkt einer Verteidigung der animistischen Physiologie Stahls gegen die mechanistische Hallers eine Rettung seiner eigenen, gegen die Trennung von metaphysischer Prinzipienwissenschaft und ›mechanistischer‹ Einzeldisziplin opponierende Naturwissenschaft versucht. Haller hatte Stahl vorgeworfen, er unterlasse physische Erklärungen (bei der Behandlung der vitalen Organe wie Herz und Nerven) und wende stattdessen ›metaphysische‹ Erklärungen an, indem er den ›Lebensgeist‹ (›animus‹) zum Gegenstand der Untersuchung mache und nicht die Mechanik der Organbewegungen. Dem hält Platner entgegen:

Igitur duplici quoque responsione videtur esse opus. Primum non video, quid peccatum sit a Stahlio, in quaestione naturali, metaphysicam quandam explicationem adhibente. Vel potius id disquiramus, quid sit metaphysica explicatio? et an omnino non possit ad quaestiones naturales accommodari? Cum unum causarum genus, in varia genera a philosophis tribueretur: inprimis causam efficientem a fine disiunxerunt. Itaque finem, (causam finalem), tantum id esse dicunt, propter quod aliquid efficiatur; efficientem autem per quod, aut cuius vi: ideo rerum naturalium effecta a causis efficientibus, (quas etiam physicas appellant), animorum actiones autem a causis finalibus esse arcessendas. Atque sic alterum hoc causarum genus quo animorum vis continetur, illi physico et efficienti opponentes tanquam contrarium: nullam nisi corpoream vim ad efficientem causam valere; ideoque omnem disputationem ab animorum facultatibus petitam, metaphysicam esse, et a studio naturali remouendam. At vero ista causarum diuisio multum habet ambiguitatis. Nam si in animi actione nec vis est, nec efficiens causa, ex qua effectum quoddam plene atque perfecte intelligi possit: non quid sit animus, sed an sit, dubitari potest. Nam esse est agere: agere autem nulla res potest sine vi. Itaque in animis non minus inest

253

vis efficiendi, quam in corporibus; in quibus solis illi physicam et efficientem causam inesse arbitrantur. Quod si vero ita aptus corpori animus est, vt animus in corpus agat et influat; quod hoc loco tanquam ratum sumimus: hoc quoque consequitur, animum suam posse vim in corpus refundere, et variarum actium causam continere. Haec vis qualis sit, etsi ignoramus: tamen experientia perspicimus, vim esse, eamque ad commouenda corporis instrumenta aptam et sufficientem. Igitur Stahlius, siue a voluntate, siue ab alia mentis facultate vtcunque appellata, motus vitales repetens, non existimandus est, causam ineptam et sollertis physici acumine invidiam attulisse. Vt vero omnem hunc errorem, in quo, tanquam in arce, Stahlii aduersarii consederunt, penitus infringamus, atque comminuamus, obseruandum inprimis hoc est: factum esse peruersa quadam loquendi ratione, vt tantum id physicum diceretur, quod corporum attributa et leges comprehenderet; adeo vt parum abesset, quin animi eorumque proprietates de rerum natura quasi excluderentur. Vnde ille plurimorum error manauit, omnem in quaestionibus naturalibus explicationem vitiosam esse, quae non a corporum legibus ducatur. Itaque cernere licet, etiam impios, qui deum esse negent, hoc eodem argumento vti; quod, cum physica causa huius mundi requiratur, nos metaphysicam adferamus; vtpote qui rudis ac indigestae materiae conformationem a dei consilio, nec ideo ab efficiente causa deducamus. Cum vero omne causarum genus, vt est a nobis alibi in philosophicis demonstratum, efficiens sev physicum sit, i. e. a rerum natura profectum: rectius illa scholarum partitio institui potest sic: vt, quia duo omnino sunt rerum genera, corpora et mentes, etiam duo causarum genera constituantur; vnum corporearum rerum, alterum incorporearum; in quo postremo genere inest omnis animorum actio. Vtrum vero causarum genus naturae humanae functionibus magis aptum sit, hoc verbis non eget. Nam demta vi animi, tollitur notio animalis; hac autem sublata, omnis euertitur physiologiae disciplina. Et aeque absurdum est physiologiam animi notione carere, quam geometriam spatii, aut mechanicen motus. Itaque itero et repeto, physiologiam non esse partem physices, a qua tantum discrepet, quantum a corpore animal. Etenim cum physice in animae materiae proprietates, physiologia autem viui animalis functiones scrutetur: planum et apertum est, eos, qui vtramque communibus praeceptis comprehendant, quadam vel vocabuli, vel rei, similitudine conturbari. Quod ipsi Hallero videtur accedisse, corpoream motus vitalis explicationem a Stahlio exigenti. Itaque Hallerus illam Stahlii explicationem e media philosophia petitam, hoc nomine exagitans, quod metaphysica sit, non physica: in ipsa notione metaphysices videtur errare. Ea enim, si discesseris ab illa prima philosophia, siue ontologia, quae in summis notionibus atque principiis mentis humanae declarandis versatur: tota physica est; quippe quae res extra intellectum nostrum positas et natura comprehensas contempletur. Hoc vnum discrimen est, quod physice res sensibus subiectas, metaphysice autem res a sensuum consuetudine remotas, inquirit. Ergo metaphysice nihil est aliud quam physice subtilior, sensuum vsum augens et exaltans iudicio et consideratione. Quanquam, vt obiter admoneam, periculum philosophis est, ne, dum cogitationes suas sic extollant supra sensuum humilitatem, purae et integrae rationis quasi alis quibusdam subuecti, ridiculo lapso ab ista altitudine in imum fundum decidentes, Icari tragoediam ludant. – Quandoquidem igitur omnis quaestio de rebus extra sensus positis instituta, et non a sensibus sed a ratione suscepta, metaphysica est, quae nos proponimus, non magis metaphysica sunt, quam caetera, quibus alii in physiologia vtuntur;

vt v. c. elementa, fibrae vere simplices, fluidum nerueum. Quod vero huiusce modi res in metaphysicorum libris non tractantur: hoc ideo fit, quod a philosophiae consilio sunt remotiores. Itaque Aristoteles …, in metaphysicorum libris multa attigit, quae hodie solent ad physicorum studia reseruari. Tum Hippocrates quoque in physiologica scripta magnam vim congessit Eleaticae atque Heracliteae subtilitatis; similiter Galenus metaphysicis explicationibus vsus est, et alii.

[Auf die Vorwürfe Hallers gegen Stahl bedarf es nun einer doppelten Antwort: Zunächst sehe ich nicht, welchen Fehler Stahl damit begangen haben soll, daß er zur Lösung einer naturwissenschaftlichen Frage eine gewissermaßen ›metaphysische‹ Erklärung heranzog. Sollen wir nicht besser untersuchen, was unter einer ›metaphysischen‹ Erklärung zu verstehen ist, und ob sie zur Untersuchung einer naturwissenschaftlichen Frage sich nicht doch eignen könne? – Als der allgemeine Begriff der Ursachen von den Philosophen in verschiedene Kategorien aufgeteilt wurde, so hat man hauptsächlich die ›causa efficiens‹ vom Zweck eines Dinges gesondert. Deshalb bezeichnet man als ›Endursache‹ (›causa finalis‹) nur das, was in irgendeiner Absicht bewirkt wurde; als ›causa efficiens‹ aber nur, vermittels dessen bzw. durch dessen ›Kraft‹ etwas zustande kam: folglich müsse man Wirkungen im Bereich der Naturdinge von ihren Ursachen – von denen man auch als ›physischen Ursachen‹ spricht –, die der Handlungen der ›Lebensgeister‹ (›animus‹) jedoch von den Endabsichten ausgehen lassen. Und indem man diese zweite Art von Ursachen, unter die die Kraft des Lebensgeistes subsumiert wird, in Widerspruch zu jener Gattung der physischen und bewirkenden Ursachen setzte, kam man schließlich zu dem verkehrten Schluß, daß nur eine körperliche Kraft eine ›causa efficiens‹ darstelle, und daß deshalb jede von der Kraft des Lebensgeistes ausgehende Erörterung ›metaphysisch‹ sei und deshalb aus dem Arbeitsgebiet der Naturwissenschaften ausgeschlossen werden müsse. In Wirklichkeit enthält diese Einteilung der Ursachen sehr viel Zweifelhaftes. Denn wenn in der Tätigkeit des Lebensgeistes weder eine Kraft, noch eine ›causa efficiens‹ ist, aus der sich eine bestimmte Wirkung voll und ganz ersehen läßt, so hat dies zur Folge, daß man nicht die Bestimmbarkeit des Lebensgeistes allein, sondern überhaupt seine Existenz anzweifelt. Denn Dasein bedeutet Tätigkeit: tätig sein kann aber keine Sache ohne Kraft. Deshalb enthält der Lebensgeist nicht weniger die Kraft zur Einwirkung als ein Körper, während meine Kontrahenten doch der Ansicht sind, daß in letzterem allein eine physische und einwirkende Kraft vorhanden sei. Wenn jedoch nun der Lebensgeist dem Körper so angepaßt ist, daß er auf den Körper wirkt und Einfluß nimmt (wie hier für erwiesen gehalten wird): dann ergibt sich auch die Folgerung, daß der Lebensgeist seine Kraft über den Körper verteilen und die Ursache verschiedener Vorgänge im Körper enthalten kann. Die Beschaffenheit dieser Kraft ist uns nicht bekannt; jedoch sind wir durch Erfahrung zur Einsicht gelangt, daß eine Kraft da ist, und daß sie geeignet und zureichend ist, die Instrumente des Körpers in Bewegung zu versetzen. Wenn nun Stahl die vitalen Regungen – sei es vom Willen, oder von einem, wie auch immer benannten Vermögen des Geistes aus – zu ergründen versucht, so kann man doch nicht die Ansicht vertreten, er habe eine ungeeignete Begründung vorgebracht, die des Scharfsinns eines sorgfältigen Physikers nicht würdig sei. Damit wir aber diesen Irrtum, auf dem sich die Gegner Stahls wie auf einer

Festung eingenistet haben, von Grund auf und gänzlich überrennen und aus-
heben, so ist vor allem dieses zu bemerken: durch eine gewisse verkehrte
Sprechweise ist es dahin gekommen, daß einzig das als ›physisch‹ bezeichnet
werden darf, was Eigenschaften und Gesetze von Körpern enthält; weshalb
nur wenig daran fehlte, daß der Bereich des ›Lebensgeistes‹ und seine Eigenschaften aus dem Bereich der natürlichen Gegenstände ausgeschlossen worden wären. Daraus ging der weitverbreitete Irrtum hervor, daß in naturwissenschaftlichen Fragen jede Erklärung fehlerhaft sei, die nicht aus Gesetzen
von Körpern abgeleitet würde. Deshalb beachte man nur einmal, daß auch die
Atheisten zur Leugnung der Existenz Gottes sich desselben Arguments be-
dienen: nämlich daß dort, wo nach einer physischen Ursache dieser Welt ge-
forscht wird, stattdessen eine metaphysische Begründung gegeben wird; zumal wir die Anordnung der rohen und gestaltlosen Materie aus Gottes Plan
(d. h. teleologisch) und nicht von (physisch) wirkenden Ursachen herleiten. –
Nachdem nun aber der einheitliche Begriff der Ursachen, wie ich an andrer
Stelle philosophisch demonstriert habe,[67] auf Wirkung beruht und also ›physisch‹ ist, d. h. vom Bereich der natürlichen Dinge seinen Ausgang nimmt, so
läßt sich die oben angeführte Schuleinteilung in folgender Weise richtig-
stellen: weil es insgesamt zwei Arten von Dingen gibt, Körper und ›Geister‹
(mentes), so sollen auch zwei Kategorien von Ursachen festgelegt werden,
eine für die Begründung körperlicher, die andere für unkörperliche Dinge.
Diese zweite Kategorie enthält alle Tätigkeiten des ›Lebensgeistes‹. Welche
der Kategorien von Ursachen den Verrichtungen der menschlichen Natur
insgesamt besser ansteht, dies bedarf nun keiner weiteren Worte. Denn ließe
man die Kraft des Lebensgeistes nicht gelten, würde die Erfassung des Seelischen unmöglich; entfällt diese, so wird die gesamte Disziplin der Physiologie
umgestürzt. Und es wäre für die Physiologie ebenso absurd, den Begriff des
›Lebensgeistes‹ aufzugeben, wie für die Geometrie den des Raumes, und die
Mechanik den der Bewegung zu entbehren. Deshalb sei nochmals wiederholt:
die Physiologie ist kein Teil der Physik, von der sie sich so sehr unterscheidet,
wie das beseelte Lebewesen vom unbeseelten Körper. Wenn nun die Physik
die Eigenschaften der unbeseelten Materie, die Physiologie jedoch die Verrichtungen des lebendigen, beseelten Wesens erforscht, so liegt es doch klar
zu Tage, daß diejenigen, welche beide Disziplinen unter gemeinsame
Vorschriften zusammenfassen wollen, durch eine gewisse Ähnlichkeit im
Wortgebrauch oder der Sache selbst in Irrtümer gestürzt werden. Gerade
dies scheint Haller zugestoßen zu sein, als er von Stahl eine physische Erklärung der vitalen Bewegung verlangte. Wenn er jene Erklärung Stahls, die rein
philosophisch begründet ist, mit der Bezeichnung ›metaphysisch‹ statt ›physisch‹ belegt und sie dadurch angreift, so scheint mir schließlich Haller mit der
Bezeichnung ›Metaphysik‹ im Irrtum zu sein. Denn diese Erklärung ist – geht
man einmal vom Bereich jener ›prima philosophia‹ oder Ontologie ab, die sich
einzig mit der Festlegung der obersten Begriffe und Prinzipien des menschlichen Geistes beschäftigt – total ›physisch‹, da sie ja die Dinge betrachtet, die
außerhalb unsres Intellekts und im Reich der Natur bestehen. Der einzige
Unterschied ist dieser, daß die Physik die den Sinnen unterworfenen Dinge,
die Metaphysik jedoch die dem gewohnten sinnlichen Bereich entzogenen

---

[67] Vgl. hierzu Platners ›Logik und Metaphysik‹ (45), S. 147–151 (§§ 423ff.) und die
›Philosoph. Aphorismen‹ (43), S. 479–492, (§§ 437ff., bes. §§ 853–858).

Dinge erforscht. Die Metaphysik ist nichts anderes als eine subtilere Physik, die den Gebrauch der Sinne erweitert und durch die Urteilskraft und Besonnenheit erhöht. Gleichwohl besteht für die Philosophen die Gefahr – und ich erlaube mir, darauf hinzuweisen – daß sie, wenn sie ihre Gedankengänge so über die Niedrigkeit der Sinne erheben, gleichsam emporgetragen auf irgendwelchen Schwingen einer reinen und unversehrten Vernunft, in einem Sturz von jener Höhe in den tiefsten Abgrund hinunterstürzen und damit die Tragödie des Ikarus nachspielen. – Wenn nun schon jede Fragestellung, die von Dingen außerhalb der Reichweite der Sinne handelt, und deren Beantwortung deshalb nicht den Sinnen, sondern der Vernunft zufällt, ›metaphysisch‹ ist: so sind die Argumente, die ich vorbringe, nicht ›metaphysischer‹ als die übrigen, die andere in der Physiologie beibringen, wie die Lehre von den Elementen, vom Nervensaft oder [Hallers eigene Lehre] von den einfachen Fibern. Dinge dieser Art werden in metaphysischen Abhandlungen nicht berücksichtigt, aus dem Grund, weil sie vom Begründungszusammenhang der Philosophie weiter entfernt liegen. Deshalb hat Aristoteles ... in seinen Büchern zur Metaphysik viele Themen angeschnitten, die heute für gewöhnlich den Bereichen physikalischer Probleme vorbehalten sind. Desgleichen hat Hippokrates später ebenfalls in seinen physiologischen Schriften eine große Anzahl subtiler Untersuchungen der Eleaten und des Heraklit eingebracht, und ähnlich haben Galen und andere ›metaphysische‹ Erklärungen verwendet.][68]

Ganz in naturrechtlichem Sinn faßt Platner unter dem Begriff der ›physischen‹ und ›metaphysischen‹ Dinge das Wissen von den natürlichen Gegenständen zusammen, dessen Gegner die Ontologie ist. Die Hallersche Einteilung zwischen bloß physischen, meßbaren Elementen und ›metaphysischen‹, zu vernachlässigenden Fragen im Bereich des beseelten Lebens erscheint ihm von vornherein falsch und zugleich als Bedrohung der gesamten, von Helmont und Stahl her tradierten und von Leibniz bestätigten Physiologie. Daß die animistische Physiologie nach Kant nicht mehr in dieser Form fortbestehen kann, zeigen die beiden Abhandlungen über die Lebenskraft, die ein Jahr nach Platners ›Quaestiones physiologicae‹ erschienen sind: von J. D. Brandis und Joh. Chr. Reil, deren Kritik an den tradierten Vorstellungen sich jedesmal auf Platner bezieht! Die wissenschaftliche Sonderstellung des ›Organischen‹ auf Grund der Verbindung zur natürlichen Religion, die in der Betonung des Lebensgeistes als Teil der (unsterblichen) Seele lag, ist damit aufgehoben.[69]

Die Trennung des religiösen Bereichs von der Kontrolle der Vernunft reflektiert Wilhelm von Humboldt in einer frühen Abhandlung (um 1790) ›Über Religion‹, und noch einmal rückt er die Rolle der natürlichen Theologie gegenüber der Kantschen Trennung von ›Wissen‹ und ›Glauben‹ vor Augen:

---

[68] (44), S. 135–139.
[69] Vgl. Reil (48), S. 57; Brandis (9), S. 14–15.

Kein rechtgläubiger Theologe wird es Kant zum Vorwurf machen, wenn er der Vernunft die Kraft abspricht, über das Wesen der Dinge an sich zu entscheiden; viel mehr wird ja eben der Glaube, auf den er alles zurükführt, um so nothwendiger. Schwerlich aber wird man ihn bei den philosophischen Deisten von dem Verdachte des Atheismus retten können. Denn er untergräbt alle Demonstrationen? worauf dieser seine Überzeugung baut. Sonderbar scheint es, daß so gerade die vortreflichsten Bemühungen unsrer aufgeklärtesten Religionslehrer der wahren Aufklärung und den Fortschritten der Vernunft sollten geschadet haben. Und doch ist diess von der einen Seite unleugbar, unleugbar dass dadurch die religiöse Intoleranz in eine weit drückendere philosophische verwandelt worden ist. Aber man vergesse auch ja nicht auf der andren Seite, dass wir es eben diesen Bemühungen allein danken, wenn die positive Religion jetzt weniger positiv ist, wenn die Fürsten gelernt haben, da nicht Zwang zu gebrauchen, wo Zwang rechtwidrig und verderblich ist, oder vielmehr wenn die Menschheit zu aufgeklärt geworden ist, um das Joch länger zu erdulden.[70]

Noch deutlicher rückt Christian Garve in seiner Einleitung zur ›Ethik‹ des Aristoteles, die er 1798 veröffentlichte, die Folgen der Kantschen Denkrevolution für die natürliche Religion vor Augen:

> Kant, der, wie wir gesehen haben, sich in mehreren Punkten dem kirchlichen Glauben nähert, je weiter er sich von den Begriffen der Philosophen und ihren Beweisen entfernt, hat jene Vorstellungen von dem unendlichen Unterschiede zwischen Gott und dem Menschen unerachtet beyde als vernünftige und sittliche Wesen zu einer Gattung zu gehören zu scheinen, und von dem eben so großen Abstande der künftigen Welt, in Absicht der Vollkommenheit und Harmonie der Dinge, (besonders zwischen Natur und Sittlichkeit,) von der gegenwärtigen ebenfalls angenommen. . . . so machte er jenen uralten theologischen, zum Theil scholastischen, Begriff von den zwey Welten zu dem seinigen, und beinahe zu dem Begriffe seines Zeitalters.[71]

Ist Kants kategorischer Imperativ ein Ersatz bzw. kompensiert er die Tatsache, daß seine Vernunft-Kritik die Fundamente der natürlichen Religion und damit der naturrechtlichen Ethik untergräbt?

> Die Frage nähmlich, welche der nach Gerechtigkeit durstende Mensch sich selbst zur Beantwortung vorlegt, ist die: was soll ich, nach meiner individuellen Beschaffenheit, in diesem gegenwärtigen Falle thun? Und der Moralist Kant antwortet ihm: du sollst dasjenige thun, was du allen vernünftigen Wesen, die sich mit dir in gleichen Umständen befinden, als Gesetz vorschreiben könntest.

---

[70] Wilhelm von Humboldt, Werke in fünf Bänden. Hrsg. von Andreas Flitner und Klaus Giel. Bd. 1: Schriften zur Anthropologie und Geschichte. Darmstadt 1960, S. 6–7.
[71] Die Ethik des Aristoteles. Übersetzt und erläutert von Christian Garve. Erster Band, enthaltend die zwey ersten Bücher der Ethik nebst einer zur Einleitung dienenden Abhandlung über die verschiedenen Principe der Sittenlehre, von Aristoteles an bis auf unsre Zeiten. Breslau 1798. S. 358 und 359.

Aber ist diese letztere Frage nicht, in vielen Fällen, weit schwerer zu beantworten, als die erstere? Wie schwer ist es nicht, nur einem ganzen Volke Gesetze zu geben! und wieviele scheitern in dem Versuche dazu, denen es sehr
wohl gelingt, ihre eigne Aufführung vernünftig anzuordnen! Und hier soll jeder sittlich seyn wollende Mensch sich zum Gesetzgeber für das ganze
menschliche Geschlecht und für alle vernünftige Wesen erheben.[72]

Garve hält mit anderen Worten Kants kategorischen Imperativ für un-
realistisch, bzw. er könnte nur dazu dienen, festzustellen, welche Verhaltensweisen zu u n t e r l a s s e n sind, um das Zusammenleben der Menschen nicht zu beeinträchtigen. Regeln und Pflichten aber lassen sich in
positiver Weise dadurch nicht erstellen. Sie werden vorgeschrieben
durch die besondere Situation der Entscheidung, nicht aus verallge-
meinerten Verhältnissen, aus denen man abstrakt ethische Normen abzuleiten gedenkt.[73] – Nochmals ist daran zu erinnern, wie Treitschke –
als repräsentativer Vertreter des Historismus – diesen Tatbestand interpretiert hat: der kategorische Imperativ ist für »den Menschen«, egal
welcher sozialen Herkunft und unter welchen geschichtlichen Bedingungen, ein Anlaß zur »Beruhigung« (s.o.S. 55/56). Er unterliegt ja »empirisch ... den Gesetzen der Causalität«, d. h. eines historisch gewordenen und dadurch legitimierten Zustandes. Weshalb sollte er einen praktischen Anspruch darauf haben, seine Vorstellungen der Regeln des Zusammenlebens verwirklicht zu sehen? Der Spott über diese Vorstellungen des Naturrechts spricht deutlich aus Bachofens Basler Antrittsrede
von 1841 ›Das Naturrecht und das geschichtliche Recht in ihren Ge-
gensätzen‹:

Ich wiederhole: was für die Religion eine unmittelbare göttliche Offenbarung
allein den Menschen geben konnte, das wird für das Recht die schwache Vernunft der Sterblichen nimmermehr zu leisten vermögen! ... Wohlan also zu!
Lassen wir die Vergötterung der eigenen Vernunft und den Götzendienst
selbstgeschaffener Ideale! Verfolgen wir, ohne wegzusehen, die Bahn, welche
uns die Geschichte vorgezeichnet hat! –[74]

Als 1892 Robert Sommer seine ›Geschichte der deutschen Psychologie und Ästhetik‹ veröffentlichte, begann er eine Reihe von ›Leitsät-
zen‹, in denen er seine Ergebnisse zusammenfaßte, mit der Aussage:

Der Ausgangspunkt, auf welchen der Fortschritt der psychologisch-ästheti-
schen Ideen in Deutschland im vorigen Jahrhundert bezogen werden muss, ist
der Rationalismus und die mechanische Weltbetrachtung *Descartes's*.[75]

[72] Ebd., S. 392.
[73] Vgl. ebd., S. 392–394.
[74] J. J. Bachofen, Das Naturrecht und das geschichtliche Recht in ihren Gegen-
sätzen. In: Ges. Werke, 1. Bd., Basel 1943, S. 7–24, Zitat S. 17–18.
[75] Robert Sommer, Grundzüge einer Geschichte der deutschen Psychologie und

Daß dieser Satz im Hinblick auf Jean Pauls ›poetische Enzyklopädie‹ unrichtig ist, hat die Arbeit dargestellt; daß es seine wissenschaftliche Geltung war, welche die Erkenntnis von Jean Pauls geschichtlicher Stellung – als Verbindung der animistischen Elemente des Naturrechtsdenkens und seiner Wissenszweige in poetischer Form – verhinderte, war das methodische und historische Problem dieser Arbeit. Ihr Ergebnis wird hiermit – auch für andere Autoren des 18. Jahrhunderts – zur Diskussion gestellt.[76]

Aesthetik von Wolff-Baumgarten bis Kant-Schiller. Würzburg 1892, S. 433.
[76] Im Zusammenhang mit den Ergebnissen dieser Arbeit steht mein Aufsatz ›Jean Paul und der Autor der „Nachtwachen". Eine Hypothese.‹ In: Aurora (Jahrbuch der Eichendorff-Gesellschaft) 34 (1974), S. 65-74.

Literaturverzeichnis

Vorbemerkung: Die Bibliographie erhebt keinen Anspruch auf wissenschaftlich vollständige Erfassung der angesprochenen Sachbereiche; sie gibt nur die wesentlichen der für die Problemstellung benutzten Primär- und Sekundärtexte wieder. Weitere Literatur erscheint in den Anmerkungen mit den zugehörigen Quellenangaben; die hier verzeichneten Werke erscheinen im Apparat unter Angabe der Nummer in ().

I. Werkausgaben, Forschungsberichte:

1   Jean Paul, Sämtliche Werke. Historisch-kritische Ausgabe, hrsg. von Eduard Berend. Im Auftrag der Preußischen Akademie der Wissenschaften, Weimar 1927ff.; seit 1952 durch die Deutsche Akademie der Wissenschaften, Berlin.
    Die hist.-kritische Ausgabe wird zitiert als GW, unter Angabe der (röm.) Abteilungs- und der (arab.) Bandnummer.
2   Jean Paul, Werke. Hrsg. von Norbert Miller, mit Nachworten von Walter Höllerer. München (Carl Hanser Verlag) 1960–1963. - Bd. II (enthaltend ›Siebenkäs‹ und ›Flegeljahre‹) erschien 1971 in dritter Auflage mit neuer Apparatgestaltung; diese Neuedition liegt den Zitaten aus diesem Band zugrunde.
    Diese sechsbändige Ausgabe wird als ›Hanser‹ zitiert, unter (röm.) Angabe der Bandnummer.
3   Johannes Krogoll / Eduard Berend, Jean Paul-Bibliographie. Stuttgart 1963 (Veröffentlichungen der Deutschen Schiller-Gesellschaft, Bd. 26).
4   Johannes Krogoll, Probleme und Problematik der Jean Paul-Forschung (1936–1967). Ein Bericht. In: Jahrbuch des Freien Deutschen Hochstifts 1968. Tübingen 1968, S. 425–523.
5   Uwe Schweikert, Jean Paul. Sammlung Metzler 91, Stuttgart 1970.

II. Quellentexte:

a) zu Philosophie, Physiologie und Religion

6   Pierre Bayle, Pensées divers sur la comète. Édition critique par A. Prat (2 tom.), Paris 1911/1912.
7   ders., Dictionaire historique et critique, par M. Bayle. Seconde edition, Revue, Corrigée & augmentée par l'Auteur. (3 tom.) A Rotterdam, MDCCII.
8a [Charles Bonnet] Carl Bonnets Betrachtung über die Natur, mit Anmerkungen und Zusätzen herausgegeben von Johann Daniel Titius. (Fünfte Auflage) Wien 1804 (2 Bd.).
8   Joh. Joachim Becher: Joh. Joachimi Beccheri, D.... Physica Subterranea Profundam Subterraneorum Genesin, è principiis hucusque ignotis, ostendens. Lipsiae MDCCIII. (Diese ›editio novissima‹ wurde von Georg Ernst Stahl redigiert.)

9   J. D. Brandis, Versuch über die Lebenskraft. Hannover 1795.

10   Gerolamo Cardano, Liber de animi immortalitate. In: Hieronymis Cardani Mediolanensis Philosophi ac Medici Celeberrimi Operum Tomus Secundus; quo continentur Moralia quaedam; et Physica. Lugduni Batavorum MDCLXIII, pp. 458–536.

11   René Descartes, Discours de la Méthode/Von der Methode des richtigen Vernunftgebrauchs und der wissenschaftlichen Forschung. Übersetzt und (zweispr.) hrsg. von Lüder Gräbe. (Meiners Philosophische Bibliothek 261) Hamburg 1960.

12   ders., Lettres à Regius et Remarques sur l'explication de l'esprit humain. Texte latin, traduction, introduction et notes par Geneviève Rodis-Lewis. Paris 1959.

13   Denis Diderot, Philosophische Schriften. (2 Bde.) Frankfurt 1967.

14   Jean G. M. Dufour, L'ame ou Le système des matérialistes, Soumis aux seules lumières de la Raison. Lausanne 1759.

15   Johann Friedrich Düfours Versuch über die Verrichtungen und Krankheiten des menschlichen Verstandes. Aus dem Französischen. Nebst einigen Betrachtungen über die Hypochondrie von Herrn D. Ernst Platner. Leipzig 1786.

16   Johann Gottlieb Fichte, Grundlage der gesamten Wissenschaftslehre (1794). (Meiners Philosophische Bibliothek 146) Hamburg 1961.

17   ders., Erste und zweite Einleitung in die Wissenschaftslehre und Versuch einer neuen Darstellung der Wissenschaftslehre (Meiners Philosophische Bibliothek 239) Hamburg 1967.

18   Bernard Le Bovyer de Fontenelle, Dialogen über die Mehrheit der Welten. Dritte gänzlich verbesserte und vermehrte Ausgabe. Mit Anmerkungen und Kupfertafeln von Johann Elert Bode. Berlin 1798.

19   Johann Baptista van Helmont, Aufgang der Artzney-Kunst. Sulzbach 1683.

20   Claude-Adrien Helvétius, De l'esprit. (2 tom.) Amsterdam und Leipzig 1759.

21   ders., Vom Menschen, seinen geistigen Fähigkeiten und seiner Erziehung. Hrsg. von Günther Mensching. Frankfurt/Main 1972.

22   Johann Gottfried Herder, Vom Erkennen und Empfinden der menschlichen Seele. In: Herders sämmtliche Werke. Zur Philosophie und Geschichte. Achter Theil. Seele und Gott. Hrsg. durch Johann von Müller. Carlsruhe 1820, S. 1–92.

23   ders., Ideen zur Philosophie der Geschichte der Menschheit. (Textausgabe. mit einem Vorwort von Gerhard Schmidt) Darmstadt 1966.

24   J. G. Herder / Jean Paul: Der Briefwechsel Jean Pauls und Karoline Richters mit Herder und der Herderschen Familie in den Jahren 1785–1804. Hrsg. von Paul Stapf. Bern und Zürich 1959.

25   Michael Hißmann, Anleitung zur Kenntniß der auserlesenen Litteratur in allen Teilen der Philosophie. Göttingen und Lemgo 1778.

26   Francis Hutcheson, An Inquiry into the Original of our Ideas of Beauty and Virtue; In Two Treatises. I. Concerning Beauty, Order, Harmony, Design. II. Concerning Moral Good and Evil. The Third Edition, Corrected. London 1729.

27   ders., An Essay on the Nature and Conduct of the Passions and Affections. With Illustrations on the Moral Sense. London 1730.

28 Immanuel Kant, Vorkritische Schriften bis 1786. Hrsg. von Wilhelm Weischedel (Bd. I der sechsbdg. Ausgabe). Wiesbaden 1960.

29 Immanuel Kant, Kritik der reinen Vernunft. Hrsg. von Wilhelm Weischedel (Bd. II der sechsbdg. Ausgabe). Wiesbaden 1956.

30 ders., Kritik der Urteilskraft. Hrsg. von Karl Vorländer. (Meiners Philosophische Bibliothek 39a) Hamburg 1963. (Abweichend von der sonst benutzten Kant-Ausgabe Weischedels wurde für die ›Kritik der Urteilskraft‹ Vorländers Ausgabe wegen ihres Sachregisters herangezogen.)

31 Athanasius Kircher: Athanasii Kircheri (Soc. Jesu) Magnes sive De Arte Magnetica Opus tripartitum. Ed. tertia, Romae MDCLIV.

32 Julien-Offray de La Mettrie, Der Mensch eine Maschine. Übersetzt, erläutert und mit einer Einleitung über den Materialismus versehen von Adolf Ritter. (Philosophische Bibliothek, hrsg. von J. H. von Kirchmann, Bd. 67) Leipzig 1875.

33 Gottfried Wilhelm Leibniz, Die philosophischen Schriften. Hrsg. von C. J. Gerhardt. Vierter Band (Philosophische Schriften 1663–1671, Schriften gegen Descartes und den Cartesianismus 1677–1702, Abhandlungen 1684–1703). Unveränderter Nachdruck der Ausgabe Berlin 1880, Hildesheim 1965.

34 ders.: G. G. Leibnitii Animadversiones Circa Assertiones aliquas Theoriae Medicae verae Clar. Stahlii: Cum ejusdem Leibnitii ad Stahlianas observationes Responsionibus. In: G. W. Leibniz, Opera omnia, Tom. II, pars II. (Ed. Dutens) Genevae 1767, S. 131–168.

35 Christian Ludwig Liscov, Anmerkungen in Form eines Briefes über den Abriß eines neuen Rechts der Natur, welchen der (S. T.) Herr Prof. Manzel zu Rostock in einer kleinen Schrift, die den Titel führt: Primae lineae iuris naturae vere talis secundum sanae rationis principia ductae, der Welt mitgetheilet hat. In: Christian Ludwig Liscov's Schriften. Hrsg. von Carl Müchler. Dritter Theil (Deutsche Satyren. Dritter Theil. Liscov's Schriften. Dritter Theil) Berlin 1806, S. 139–398.

36 Ernst Manzel: Ern. Joh. Frid. Mantzelii Primae lineae iuris naturae vere talis secundum sanae rationis principia ductae. Rostochii 1726.

37 Daniel Georg Morhof: Danielis Georgii Morhofii Polyhistor, literarius, philosophicus et practicus. Ed. quarta, cui praefationem, notitiamque diariorum litterariorum Europae praemisit Jo. Albertus Fabricius. (2 Bde.) Lubecae MDCCXLVII.

38 Ernst Platner: Ernestus Platnerus, De vi corporis in memoria. Specimen primum cerebri in apprehendendis et retinendis ideis officium sistens. (Diss.) Lipsiae 1767.

39 ders., Anthropologie für Ärzte und Weltweise. Leipzig 1772.

40 ders., Über den Atheismus. Ein Gespräch. Leipzig 1783 (Neue Ausgabe).

41 ders., Neue Anthropologie für Ärzte und Weltweise. Mit besonderer Rücksicht auf Physiologie, Pathologie, Moralphilosophie und Ästhetik. Erster (einziger) Band. Leipzig 1790

42 ders., Spes immortalitatis animorum per rationes physiologicas confirmata. o. O., o. J. (Es handelt sich um den Text eines Vortrags, den Platner als Procancellarius der Universität Leipzig anläßlich einer Promotionsfeier am 3. Januar 1791 gehalten hat.)

43 ders., Philosophische Aphorismen. Band I (3. Auflage), Leipzig 1793.

44   ders.: Ernesti Platneri Quaestionum Physiologicarum Libri II quorum
      altero generalis altero particularis physiologiae potiora capita illustran-
      tur. Praecedit prooemium tripartitum de constituenda physiologiae dis-
      ciplina. Lipsiae 1794.
45   ders., Lehrbuch der Logik und Metaphysik. Leipzig 1795.
46   ders., An ridiculum sit, animi sedem inquirere. Pars prima, Lipsiae 1795;
      pars altera, Lipsiae 1796. (Es handelt sich ebenfalls um zwei Universitäts-
      reden.)
47   Samuel Pufendorf, De iure naturae et gentium libri octo. (Two vols.: I.
      Photographic reproduction of the edition of 1688. With an introduction
      by Walter Simons. II. Translation). The Classics of International Law, ed.
      by James Brown Scott, Nr. 17. Oxford 1934.
48   Johann Christian Reil, Von der Lebenskraft. Leipzig 1910.
49   Friedrich Schiller, Philosophie der Physiologie.; und: Versuch über den
      Zusammenhang der tierischen Natur des Menschen mit seiner geistigen.
      In: F. Schiller, Sämtliche Werke. Hrsg. von Gerhard Fricke und Herbert
      G. Göpfert. München (4. Auflage) 1967, Bd. V, S. 250–268 und S. 287–324.
50   Christian Gottlieb Selle, Studium medico-physicum oder Einleitung in
      die Natur- und Arzeneiwissenschaft. Zweite sehr vermehrte und verbes-
      serte Ausgabe. Berlin 1787.
51   Anthony Cooper, Earl of Shaftesbury, Characteristicks. (Three vols.)
      London 1743–1745 (erster Bd. 1744, zweiter 1743, dritter 1745).
52   Georg Ernst Stahl, Abhandlung von der Goldenen Ader. Leipzig 1729.
53   J. A. Unzer: Erste Gründe einer Physiologie der eigentlichen thierischen
      Natur thierischer Körper, entworfen von D. Johann August Unzer. Leip-
      zig 1771.
54   Giambattista Vico, Die neue Wissenschaft über die gemeinschaftliche
      Natur der Völker. Nach der Ausgabe von 1744 übersetzt von Erich Au-
      erbach. (Rowohlts Klassiker 196/197, Philosophie der Neuzeit Bd. 10)
      Reinbek bei Hamburg 1966.
55   Adam Weishaupt, Über Materialismus und Idealismus. Ein philosophi-
      sches Fragment. Nürnberg 1786.
56   Melchior Adam Weikard, Der philosophische Arzt. Erster Band, durch-
      aus vermehrte und verbesserte Auflage. Frankfurt am Main, 1790.

b) literarische und ästhetische Texte

57   Nachtwachen. Von Bonaventura. Im Anhang: Des Teufels Taschen-
      buch. Hrsg. von Wolfgang Paulsen. (Reclam 8926/27) Stuttgart 1970.
58   Johann Benjamin Erhard: Brief an Herrn Jean Paul, von einem Nürnber-
      ger Bürger, gelehrten Standes. Mit einem Einschlusse an Herrn J. G.
      Herder. Berlin, Leipzig, Nürnberg 1800. (Der Verfasser nennt sich im
      Brief an Jean Paul »Ambrosius Kümmel« und im zweiten Brief an Her-
      der »Anton Gabriel Schulzhöfer«.)
59   ders., Über das Recht des Volks zu einer Revolution, und andere Schrif-
      ten. Hrsg. von Hellmut G. Haasis. (Reihe Hanser 36) München 1970.
60   Georg Forster, Werke in vier Bänden. Hrsg. von Gerhard Steiner.
      Frankfurt am Main 1967ff.

61 Johann Michael Füssel, Unser Tagebuch oder Erfahrungen und Bemer-
    kungen eines Hofmeisters und seiner Zöglinge auf einer Reise durch
    einen großen Theil des Fränkischen Kreises nach Carlsbad und durch
    Bayern und Passau nach Linz. Erlangen 1787ff. (Das Werk erschien in
    drei Teilen: der erste, über Bayreuth, 1787; der zweite, nochmals über
    Bayreuth sowie Erlangen und Fürth 1788; der dritte, mir nicht zugäng-
    liche Teil erschien 1789 oder eventuell erst 1791.)
62 Frankfurter Gelehrte Anzeigen 1772. Auswahl, hrsg. von Hans-Dietrich
    Dahnke und Peter Müller. (Reclam 374) Leipzig 1972.
63 Friedrich Heinrich Jacobi, Eduard Allwills Papiere. Faksimiledruck der
    erweiterten Fassung von 1776 aus Ch. M. Wielands ›Teutschem Merkur‹.
    Mit einem Nachwort von Heinz Nicolai. (Reihe Metzler 23) Stuttgart
    1962.
64 Karl Philipp Moritz, Anton Reiser. Ein psychologischer Roman. Mit
    Textvarianten, Erläuterungen und einem Nachwort hrsg. von Wolfgang
    Martens. (Reclam 48j3-18) Stuttgart 1972.
65 ders., Andreas Hartknopf. Eine Allegorie (1786); Andreas Hartknopfs
    Predigerjahre (1790); Fragmente aus dem Tagebuche eines Geisterse-
    hers (1787). Faksimiledrucke der Originalausgaben. Hrsg. und mit einem
    Nachwort versehen von Hans Joachim Schrimpf. (Reihe Metzler 69)
    Stuttgart 1968.
66 ders., Über die bildende Nachahmung des Schönen. Hrsg. von Sigmund
    Auerbach (DLD Nr. XXXI). Leipzig 1888.
67 Justus Möser, Harlekin. Texte und Materialien mit einem Nachwort
    hrsg. von Henning Boetius. Bad Homburg – Berlin – Zürich 1968 (Reihe
    Ars Poetica, Texte Bd. 4).
68 Friedrich Just Riedel, Theorie der schönen Künste und Wissenschaften.
    Neue Auflage. Wien und Jena 1774. (Diese zweite Auflage ist – sogar in
    der Paginierung – mit der Erstausgabe (Jena 1767) identisch; sie enthält
    jedoch einen neuen Anhang von ›Briefen‹ des Autors an verschiedene
    Schriftsteller.)
69 Johann Carl Wezel, Über Sprache, Wissenschaften und Geschmack der
    Teutschen. Leipzig 1781.

III. Sekundärliteratur:
a) zur historischen Grundlegung

70 Carlo Antoni, Der Kampf wider die Vernunft. Zur Entstehungsgeschich-
    te des deutschen Freiheitsgedankens. Stuttgart 1951.
71 Roger Ayrault, La genèse du romantisme allemand. Situation spirituelle
    de l'Allemagne dans la deuxième moitié du XVIII siècle. (2 tom.) Paris
    1961.
72 Eva D. Becker, Der deutsche Roman um 1780. Stuttgart 1964.
73 Eric A. Blackall, Die Entwicklung des Deutschen zur Literatursprache.
    1700-1775. Stuttgart 1966.
74 Richard Benz, Die Zeit der deutschen Klassik. Kultur des 18. Jahr-
    hunderts (Bd. 2): 1750-1800. Stuttgart 1953.
74a Ernst Bergmann, Ernst Platner und die Kunstphilosophie des 18. Jahr-
    hunderts. Leipzig 1913.

75 Hans Blumenberg, Die Legitimität der Neuzeit. Frankfurt/Main 1966.
76 Paul Böckmann, Formgeschichte der deutschen Dichtung. Erster Band: Von der Sinnbildsprache zur Ausdruckssprache. Der Wandel der literarischen Formensprache vom Mittelalter zur Neuzeit. Darmstadt (3. Auflage) 1967.
77 Hans Heinrich Borcherdt, Der Roman der Goethezeit. Urach 1949.
78 Ernst Cassirer, Die Philosophie der Aufklärung. Grundriß der philosophischen Wissenschaften Bd. 4, Tübingen 1932.
79 Noam Chomsky, Cartesianische Linguistik. Ein Kapitel in der Geschichte des Rationalismus. Tübingen 1971.
80 Max Dessoir, Geschichte der neueren deutschen Psychologie. Erster Band: Von Leibniz bis Kant. Berlin 1894.
81 Hans Graßl, Aufbruch zur Romantik, Bayerns Beitrag zur deutschen Geistesgeschichte 1765–1785. München 1968.
82 A. W. Gulyga, Der deutsche Materialismus am Ausgang des 18. Jahrhunderts. Berlin 1966.
82a Heinrich Haeser, Lehrbuch der Geschichte der Medicin und der epidemischen Krankheiten. Zweiter Band: Geschichte der Medicin in der neueren Zeit. (Dritte Bearbeitung) Jena 1881.
83 Max Heinze, Ernst Platner als Gegner Kants. Leipzig 1880.
84 Hans-Robert Jauss, Ästhetische Normen und geschichtliche Reflexion in der ›Querelle des Anciens et des Modernes‹. Einleitung zu: Charles Perrault, Parallèle des Anciens et des Modernes en ce qui regard les arts et les sciences. (Faksimiledruck) München 1964.
85 ders., Schlegels und Schillers Replik auf die ›Querelle des Anciens et des Modernes‹. In:H.-R. Jauss, Literaturgeschichte als Provokation. Frankfurt/Main 1970, S. 67–106.
86 Ernst Lewalter, Spanisch-jesuitische und deutsch-lutherische Metaphysik des 17. Jahrhunderts. Ein Beitrag zur Geschichte der iberisch-deutschen Kulturbeziehungen und zur Vorgeschichte des deutschen Idealismus. (Ibero-amerikanische Studien, hrsg. von Harri Meier Bd. 4) Hamburg 1935.
87 Alberto Martino, Geschichte der dramatischen Theorien in Deutschland im 18. Jahrhundert. Erster Band: Die Dramaturgie der Aufklärung (1730–1780). (Studien zur deutschen Literatur 32) Tübingen 1972.
88 Robert McRae, The Problem of the Unity of Sciences: Bacon to Kant. University of Toronto Press 1961.
89 Peter Michelsen, Laurence Sterne und der Roman des 18. Jahrhunderts. (Palaestra 232) Göttingen 1962.
90 Walter Pagel, Johann Baptist van Helmont. Einführung in die philosophische Medizin des Barock. Berlin 1930.
91 ders., Helmont, Leibniz, Stahl. In: Sudhoffs Archiv für Geschichte der Medizin, hrsg. von Henry A Sigerist. Leipzig 1931, H. 1, S. 19–59.
92 Klaus R. Scherpe, Gattungspoetik im 18. Jahrhundert. Historische Entwicklung von Gottsched bis Herder. (Studien zur Allgemeinen und Vergleichenden Literaturwissenschaft Bd. 2) Stuttgart 1968.
93 Friedrich Sengle, Vorschläge zur Reform der literarischen Formenlehre. (Zweite Auflage) Stuttgart 1969.
94 ders., Biedermeierzeit. Deutsche Literatur im Spannungsfeld zwischen Restauration und Revolution. Bd. II: Formenwelt. Stuttgart 1972.

266

b) zur theoretischen Grundlegung

95 Peter A. Angeles, God-Entities and Scientific Entities: A Minor Treatment of Animism and Mechanism as General Methods of Explanation. In: Internationales Jahrbuch für Religionssoziologie Bd. III, Köln-Opladen 1967, S. 167-185.

96 Walter Benjamin, Angelus Novus. Ausgewählte Schriften 2. Frankfurt am Main 1966.

97 Peter L. Berger / Thomas Luckmann, Die gesellschaftliche Konstruktion der Wirklichkeit. Eine Theorie der Wissenssoziologie. Frankfurt am Main (2. Auflage) 1967.

98 Günter Dux, Religion, Geschichte und sozialer Wandel in Max Webers Religionssoziologie. In: Internationales Jahrbuch für Religionssoziologie Bd. VII, Köln-Opladen 1971, S. 60-94.

99 Hans Epstein, Die Metaphysizierung in der literarwissenschaftlichen Begriffsbildung und ihre Folgen. Dargelegt an drei Theorien über das Literaturbarock. (Germanische Studien, Heft 73) Berlin 1930.

100 Carl Gustav Hempel, The function of general laws in history. In: C. G. Hempel, Aspects of Scientific Explanation, and other essays in the philosophy of science. London 1965, S. 231-242.

101 ders., Problems of concept and theory formation in the social sciences. In: Science, Language and Human Rights (American Philosophical Association, Eastern Division Vol. I) Philadelphia 1952, S. 65-86.

102 Friedrich Kambartel, Erfahrung und Struktur. Bausteine zu einer Kritik des Formalismus und Empirismus. Frankfurt am Main 1968.

103 Ernest Nagel, Problems of concept and theory formation in the social sciences. (Angaben vgl. Hempel Nr. 101, ebd.) S. 43-64.

104 Helmuth Plessner, Philosophische Anthropologie. Hrsg. und mit einem Nachwort (Thema: ›Helmuth Plessners philosophische Anthropologie im Prospekt‹, S. 253-316) von Günter Dux. Frankfurt am Main 1970.

105 Alfred Schütz, Das Problem der Relevanz. Frankfurt am Main 1971.

106 ders., Collected Papers I: The Problem of Social Reality. Edited and introduced by Maurice Natanson. The Hague (dritte Auflage) 1971.

107 Wolfgang Stegmüller, Historische, psychologische und rationale Erklärung. In: W. St., Probleme und Resultate der Wissenschaftstheorie und Analytischen Philosophie Bd. I: Wissenschaftliche Erklärung und Begründung (Kap. VI). Berlin - Heidelberg - New York 1969, S. 335-427.

108 Max Weber, Gesammelte Aufsätze zur Wissenschaftslehre. Dritte, erweiterte und verbesserte Auflage, hrsg. von Joh. Winckelmann. Tübingen 1968.

109 ders., Die Wirtschaftsethik der Weltreligionen. Vergleichende religionssoziologische Versuche. In: M. W., Ges. Aufsätze zur Religionssoziologie, Bd. I, Tübingen (4. Aufl.) 1947, S. 275-573.

110 ders., Wirtschaft und Gesellschaft. Grundriß der verstehenden Soziologie. Fünfte, revidierte Auflage, Tübingen 1972.

c) zu Jean Paul:

111 Johannes Alt, Jean Paul. München 1925.
112 Heinz Ludwig Arnold (Hrsg.), Jean Paul. (Sonderband der Reihe Text und Kritik) Stuttgart 1970.
113 Gerhard Baumann, Jean Paul – Zum Verstehensprozeß der Dichtung. (Kleine Vandenhoeck-Reihe 264) Göttingen 1967.
114 Walter Benjamin, Der eingetunkte Zauberstab. In: W. B., Angelus Novus. Ausgewählte Schriften 2. Frankfurt am Main 1966, S. 494–502. (Rezension von (124).)
115 Paul Böckmann, Die drei Wege des Glücks in den Romanen Jean Pauls. In: P. B., Formensprache. Studien zur Literaturästhetik und Dichtungsinterpretation. Hamburg 1966, S. 407–424.
116 ders., Die humoristische Darstellungsweise Jean Pauls. In: Festgabe für Eduard Berend. Weimar 1959, S. 38–53.
117 Beatrix Brandi-Dohrn, Der Einfluß Laurence Sternes auf Jean Paul. Studie zum Problem des literarischen Einflusses. (Diss.) München 1964.
118 Friedrich Döppe, J. P. F. Richters Stilentwicklung von den Jugendsatiren bis zu den Romananfängen. (Diss.) Halle 1951.
119 Elisabeth Endres, Jean Paul, Die Struktur seiner Einbildungskraft. (Zürcher Beiträge 8) Zürich 1961.
120 Wolfgang Harich, Satire und Politik beim jungen Jean Paul. In: Sinn und Form XIX, 1967, S. 1482–1527.
121 ders., Jean Pauls Kritik des philosophischen Egoismus. Frankfurt am Main 1968.
122 Georg Herwegh, Jean Paul. In: G. H., Frühe Publizistik. Glashütten im Taunus 1971, S. 110–116.
123 Friedhelm Kemp / Norbert Miller / Georg Philipp (Hrsg.), Jean Paul. Werk – Leben – Wirkung. München 1963.
124 Max Kommerell, Jean Paul. Frankfurt am Main 1933.
125 Hans Mayer, Jean Pauls Nachruhm. In: H. M., Deutsche Klassik und Romantik. Pfullingen 1963, S. 243–262.
126 Henri Plard, La structure de l'imagination jean-paulienne. In: Etudes Germaniques 18, 1963, S. 136–139.
127 Wolfdietrich Rasch, Die Erzählweise Jean Pauls – Metaphernspiele und dissonante Strukturen. In: Interpretationen 3 (Dt. Romane), hrsg. von Jost Schillemeit. (Fischer Bücherei 716) Frankfurt am Main/Hamburg 1966, S. 82–117.
128 ders., Die Poetik Jean Pauls. In: Die deutsche Romantik – Poetik, Formen und Motive. Hrsg. von Hans Steffen. (Kleine Vandenhoeck-Reihe 250) Göttingen 1967, S. 98–111.
129 Uwe Schweikert, Jean Pauls ›Komet‹. Selbstparodie der Kunst. Stuttgart 1971 (Germanistische Abhandlungen 35).
130 Hans-J. Weitz, Jean Paul in Heidelberg und Stuttgart 1817–1819. Aus Tagebüchern Sulpiz Boisserées. In: Festgabe für Eduard Berend. Weimar 1959, S. 183–190.

d) weitere Texte zu Geschichte, Literaturgeschichte und Methode:

131 Carlo Antoni, Vom Historismus zur Soziologie. Stuttgart 1950.
132 Dieter Arendt, Der ›poetische Nihilismus‹ in der Romantik. Studien zum
     Verhältnis von Dichtung und Wirklichkeit in der Frühromantik. (2 Bde.)
     Tübingen 1972 (Studien zur deutschen Literatur 29/30).
133 Richard Benz, Klassik und Romantik. Von Ursprung und Schicksal eines
     deutschen Dualismus. Berlin 1938.
134 Paul Böckmann, Die Interpretation der literarischen Formensprache.
     In: P. B., Formensprache. Hamburg 1966, S. 493–511.
135 Martin Bollacher, Der junge Goethe und Spinoza. Studien zur Ge-
     schichte des Spinozismus in der Epoche des Sturms und Drangs. (Stu-
     dien zur deutschen Literatur 18) Tübingen 1969.
136 Noam Chomsky, Sprache und Geist. Mit einem Anhang: Linguistik und
     Politik. Frankfurt am Main 1970.
137 Hermann Conrad, Rechtsstaatliche Bestrebungen im Absolutismus
     Preußens und Österreichs am Ende des 18. Jahrhunderts. (Arbeitsge-
     meinschaft für Forschung des Landes Nordrhein-Westfalen. Geisteswis-
     sensch. Heft 95) Köln und Opladen 1969.
138 Benedetto Croce, Storia dell'estetica per saggi. Bari 1967 (erstmals Bari
     1942).
139 Bernhard Fabian, Der Naturwissenschaftler als Originalgenie. In: Euro-
     päische Aufklärung. Festschrift für Herbert Dieckmann, hrsg. von Hugo
     Friedrich und Fritz Schalk. München 1967, S. 47–68.
140 Gottlob Frege, Funktion, Begriff, Bedeutung. Fünf logische Studien.
     Hrsg. und eingeleitet von Günther Patzig. (Kleine Vandenhoeck-Reihe
     144/145, dritte Auflage) Göttingen 1969.
141 Jürgen Habermas, Erkenntnis und Interesse. In: J. H., Technik und Wis-
     senschaft als ›Ideologie‹. (ed. suhrkamp 287) Frankfurt am Main 1968,
     S. 146–168.
142 Georg G. Iggers, Deutsche Geschichtswissenschaft. Eine Kritik der tra-
     ditionellen Geschichtsauffassung von Herder bis zur Gegenwart. (dtv
     Wissenschaftliche Reihe 4095) München 1971.
143 Georg Jäger, Empfindsamkeit und Roman. Wortgeschichte, Theorie
     und Kritik im 18. und frühen 19. Jahrhundert. (Studien zur Poetik und
     Geschichte der Literatur 11) Stuttgart - Berlin - Köln - Mainz 1969.
144 Karl Joel, Der Ursprung der Naturphilosophie aus dem Geiste der My-
     stik. Mit Anhang: Archaische Romantik. Jena 1926.
145 Dieter Kimpel, Der Roman der Aufklärung. (Reihe Metzler 68) Stutt-
     gart 1967.
146 Heinz Klamroth, Beiträge zur Entwicklungsgeschichte der Traumsatire
     im 17. und 18. Jahrhundert. (Diss.) Bonn 1912.
147 Werner Krauss / Hans Kortum, Antike und Moderne in der Litera-
     turdiskussion des 18. Jahrhunderts. Berlin 1958.
148 Werner Krauss, Die französische Aufklärung im Spiegel der deutschen
     Literatur des 18. Jahrhunderts. Berlin 1963.
149 ders., Quelques remarques sur le roman utopique au XVIIIᵉ siècle. In:
     Roman et lumières aus XVIIIᵉ siècle. Colloque du Centre des Etudes et

de Recherches Marxistes/Société française d'étude du XVIII⁰ siècle. Paris 1970, S. 391–399.

150 Edmund O. von Lippmann, Entstehung und Ausbreitung der Alchemie. Berlin 1919.

151 Norbert Miller, Der empfindsame Erzähler. Untersuchungen an Romananfängen des 18. Jahrhunderts. München 1968.

152 Otto Rommel, Rationalistische Dämonie. In: DVj 1939, S. 183–220.

153 Max Scheler, Die Stellung des Menschen im Kosmos. Bonn und München ⁷ 1966.

154 Jörg Schönert, Roman und Satire im 18. Jahrhundert. Ein Beitrag zur Poetik. Stuttgart 1969.

155 Hans Sckommodau, Pygmalion bei Franzosen und Deutschen im 18. Jahrhundert. Wiesbaden 1970.

156 Friedrich Sengle, Wieland. Stuttgart 1949.

157 ders., Der Romanbegriff in der ersten Hälfte des 19. Jahrhunderts. In: F. S., Arbeiten zur deutschen Literatur 1750–1850. Stuttgart 1965. S. 175–196.

158 Maria Tronskaja, Die deutsche Prosasatire der Aufklärung. Berlin 1969.

159 Christian Friedrich Weiser, Shaftesbury und das deutsche Geistesleben. Leipzig und Berlin 1916.

160 Edgar Zilsel, The Genesis of the Concept of Physical Law. In: The Philosophical Review LI.3 (1942), S. 245–279.